引论一

古者太平，万民和喜，瑞应辨至，乃采风俗，定制作。
——《史记·礼书》

观风俗，知得失，自考正也。
——《汉书·艺文志》

移风俗于王化，崇孝敬于人伦。
——《晋书·文苑传》

弘长名教，敦励风俗，宜加褒显，以劝将来。
——《旧唐书·孝友传》

清白畏慎，为政必先究风俗。
——《新唐书·王质传》

乐哉！天下安宁。道化行，风俗清。
——《宋书·乐志》

引论二

　　本之天理,民彝之大,而并及夫衣服饮食之细,通乎古今治忽之微而不遗乎?簿书朱墨米盐之末,夫人得而观之,知山川如是,物产如是,风俗如是,人物仕宦文章如是,古如是,今如是,而岂无所思乎?观山川,思朝廷疆理之艰;观物产,思细民力作之苦;观人物,思前言往行之可法;观风俗,思故习转移之孰在;观仁宦,思旧政臧否之可鉴;观文章,思其人贤否何如,其世污隆何如。凡接乎目,必有动于中,而思为吾人所以为之之地,岂徒资见闻考索而已乎!

——明正德·周季凤《云南志·序》

　　窃尝念日月星辰系于天,鸟兽草木系于地,君臣父子夫妇昆弟朋友之伦系于人,耳目口鼻系于面,喜怒哀乐系于情,金石丝竹匏土革木系于音,以奕系秋,以丸系僚,凡类此者,其所系殆无穷也……然而斯系也,发缠绵之隐,任杼轴之劳,生滇者观之,当兴经纶雷雨之思,吏滇者观之,当深桑土绸缪之计。

——清嘉庆·师范《滇系·自序》

　　国家大经大法外宜兼详民事也。中国旧史,大都详朝廷制度,略于民间礼俗。《史记》独多言民事,千古称之,今宜扩而充之。凡民间礼俗之大,居处炊食之细,及一切日用之于风教有关者,良窳得失,灿然无遗。考其原委,上补前史之缺,明其变通,下征进化之美。庶几免一姓家谱之诮乎!

——民国·袁嘉榖《与清史馆馆长第一书》

　　方志之作,其体史也,其用则政书也。一方宜详考历代文化递嬗之迹象,以为征文考献之资;一方宜备载民情风土之所宜,以为施政庸民之鉴。故收罗必广,记载必周,庶几彰往察来,可裨实用。

——民国·周钟岳《新纂云南通志·序三》

引论三

云南善地，朕所亲历，倘非天命有归，愿封于此足矣。
——元世祖忽必烈（见民国《滇绎》）

云南之地，稽之古典，气厚风和，人民尚兵。
——明太祖朱元璋（见明洪武《云南机务抄黄》）

气厚风和，君子道行之所系。
——明太祖朱元璋（见明·刘文征《滇志》）

士大夫多材能，乐事朝廷，不乐外宦。
——元·虞集《云南志略·序》

田无旱潦，米不传输，山泽之利，取之无禁，民至老死不相往来，他方乐土未必胜此也。
——明·谢肇淛《滇略》

人禀名山大泽之气，子弟多颖秀，科第显盛。民遵礼教，畏法度。士大夫多材能，尚节义，彬彬文献，与中州埒。
——明·刘文征《滇志》

云南府：自元明至本朝，人物科第，后先振起，服食器用，骎骎乎有中原之风焉。汉多彝少，风气渐开，士雅民淳，教化易入，耕织贸易，各安其俗。

昆明县：士多秀颖，素重名义。民性淳良，不好争讼。但近城市多习贸易而少事耕织，服食交际不无奢靡耳。
——清康熙《云南府志·风俗志》

惟滇会区，西南要地，握两迤枢，应井鬼位，地灵所钟，物华所萃，昆水深凝，金碧高峙，秀谷苍峦，奔赴而至，疆域既雄，形势自异，时序既合，畜植自利，况尔民风，简朴易治，扶之育之，厥有其事，往哲前贤，茂迹不坠。

——清康熙《云南府志·地理志·序》

兵民错居，间阎栉比。野安耕凿，户习诗书。民无告讦之风，士有干谒之耻。

——清雍正《云南通志·风俗·云南府》

滇南人心风俗，视他省独厚。兵将一心，忠义奋发。砥柱天南，军威一震，中原时势转弱为强，又不独全滇之幸，实天下大局之幸也。

——清·吴鲁《昆明县志·序一》

惟滇首邑，西南乐土。君子攸宜，行道之所。

——清道光《昆明县志》

吾滇人重去乡，昆明为尤甚。县中自士大夫之服官于外，惟乡举赴礼部试，乃出里门。否则，井田桑麻以终老田间为乐也。其他牵车牛远服贾者，百不一二见，以故淳朴之气较他处为优。然碍以见闻辄失之窒，漆园叟之所谓拘于墟者，信乎。

——清道光《昆明县志》

世所称本籍人者，言之其性质纯善谨慎，息事泯争，各务生业，各守本分，且思想缜密，举措敏捷，在昆明县全境中当首屈一指，是其优点。惟富保守性，无冒险进取之志，又喜独立不羁，少合群美德，加以近年竞尚奢靡，中人之家，多属外强中干，是其缺点。至于业工者，间守成规，不思改进，业商者习于诈伪，罕见诚实，故市内凡有起色之工商业，皆操外省外国或外县人之手，尤为莫大缺点。

——民国《昆明市志》

老昆明的场面可分两大类：

一类是官僚、富人的场面，讲究的是"场面上要过得去"，昆明谚谣所谓"升官发脾气，发财讲阔气"是也。此风一开，殃及社会，又有一句谚谣："好事官开路，坏事官带头"。清朝官吏摆官谱、论官势、爱排场、显派头，说话有官腔，行事有官派，衣食住行，无不排场，以显官威。于是官官之间有官场，进官场必经科场，上沙场必进教场，官民之间讲过场，士绅之间有排场，人神之间有祭场，僧道念经有道场，夺人之命有法场等等。如罗养儒所说，清代官员"于人事上讲究禁忌，于体制上着重陈格，于风气上不违习俗，此而相因相袭"〔《纪我所知集》（《云南掌故》）〕。于是官贵之场，无论是教场、科场、官场、祭场、刑场，上场如上戏场，或排场，或过场，或粉墨登场，或袍笏登场，都讲究场面，至于如何收场，想的人并不多。至于末局终场，下场各异，各由天命——这叫"无可奈何天"。

还有一类是民间的场合，有说场，有玩场，有整场——昆明话的词尾有了这个"场"，就有点意思了。比如民间"戏场"，滇戏是"戏花子"捧出来的，花灯是"灯花子"捧出来的；再比如"吃场"，是在"民以食为天"的初级、中级、高级阶段出现的；又比如"玩场"，是老昆明的娃娃耍出来的。各人有各自的"底气"，这些"场"才有了今天的好运：或成为传统文化的瑰宝，或成为如日中天的时尚——这也叫"无可奈何天"。

老昆明 旧话旧照 那些场面

朱净宇 编著

云南美术出版社

图书在版编目（CIP）数据

老昆明旧话旧照．那些场面 / 朱净宇编著．-- 昆明：云南美术出版社，2019.1（2024.6 重印）

ISBN 978-7-5489-0324-6

Ⅰ.①老… Ⅱ.①朱… Ⅲ.①地方文化-昆明 Ⅳ.① G127.741

中国版本图书馆 CIP 数据核字（2019）第 026311 号

选题策划：张文璞　肖　超

责任编辑：戴　熙　何　花
整体设计：高　伟　昆明创境广告有限公司
责任校对：赵异宝　孙雨亮　沈正德　赵　婧
摄　　影：[法]奥古斯特·费朗索瓦（方苏雅）
　　　　　[美]伯特·克拉夫奇克
　　　　　朱净宇　赛　克　王　浩　孙家福　等

老昆明旧话旧照 那些场面

朱净宇　编著

出版发行：云南美术出版社
印　　制：昆明美林彩印包装有限公司
开　　本：787mm×1092mm　1/16
印　　张：22.25
字　　数：410 千
版　　次：2021 年 6 月第 1 版
印　　次：2024 年 6 月第 2 次印刷
书　　号：ISBN 978-7-5489-0324-6
定　　价：98.00 元
电　　话：0871-64107562　64195028（营销中心）
社　　址：云南省昆明市环城西路 609 号云南新闻出版大楼 24~25 楼　邮编：650034
（凡出现印装质量问题请联系承印厂调换。部分图片作者联系不上，望速与出版社联系）

序

叮叮糖,

叮叮糖,

吃了不想娘,

想起娘来哭一场。

还记得这首昆明儿歌吗?

如今一座座高楼平地而起,水泥钢筋,直插云天,势不可当,犹如夜场上的欢歌狂舞,灯红酒绿,甘之如饴,让人欲罢不能,恰似"吃了不想娘"的"叮叮糖"。

身后一间间老屋黯然离去,依稀故人,如烟往事,魂牵梦绕,又似月光下的二胡独奏,余音绕梁,乡愁涌来,让人情不自禁,"想起娘来哭一场"!

"糖"可养身,"娘"可安心,鱼与熊掌,"想"与"不想",如何兼得?——老昆明的儿歌一语成谶,不服不行。

一

来了城市化,正好寄存皮囊;走了老昆明,何处安放灵魂?600年的近日楼早就消逝了,"九里三分"的城墙早就没有了。淡出昆明的还有五华山的瞭望塔、藩台衙门的菜市、得胜桥的桥头堡、象眼街的大象铺石、太和街的石板路、北门街的唐家花园、威远街的龙公馆、惠家大院的西南联大"教授楼"、塘双路的滇越铁路车站建筑群、巡津街东廊的法式楼院、文武官员到此下马的文庙大门、"一颗印"和"八面风"建筑成群的武成路、长春路和大观街,还有护城河、洗马河、金汁河、银汁河、玉带河、西坝河、篆塘河、明通河、采莲河、金家河、乌龙河、兰花沟、大小绿水河和新老运粮河,有的河段消失了,有的河段成了地下暗河、城市下水道……彷徨在后现代的门槛前,可叹"鸡鸣紫陌,马踏红尘,教弟子向哪头跳去?"

（明·陈用宾撰金殿楹联）

城市化突如其来，来势汹汹，昆明主城膨胀，人口锐增，"九里三分"骤然稀释，八方人潮迅速聚集。外则改天换地，内则脱胎换骨。当初逐鹿丛林，心无旁骛，此后利弊互见，触目惊心：江山依旧而城市变形，高楼林立而霸气侧漏，街巷划一而面目全非，不知此城为何城！邻里星散而乡情解体，人心不古而世风日异，个性消解而文脉错位，直认此城为他城——若有所失，满怀乡愁，又不知往哪里安放？

我们曾自以为离得开"老昆明"，听任它消解淡化，渐行渐远。但它总会悄然归来，或隐或现，无形无影，无声无息。但无形之中，它仍然会一飞冲天；无声之处，它仍然会一鸣惊人——夜半猛醒，乡愁袭来，扪心自省，清泪两行。原来"老昆明"无所在而无所不在，无所能而无所不能，它永远留驻在我们心中，渗透在我们的血脉里。

二

天佑昆明，让昆明得天独厚，四季如春；让昆明得地独秀，山奇水异；让昆明得城千年，史迹遍地；让昆明得人百族，风情别具。人说昆明，元世祖称之"云南善地"，明太祖谓之"气厚风和"，明代四川状元杨慎赞之"春城"，清代云南"状元"袁嘉穀称之"可恋可誉"。老昆明不仅在高原山水之间留下了一座美轮美奂的城池，还为我们留下了特殊的地方文脉，深厚的文化底蕴，鲜活的城市个性，独有的山国气质，传奇的历史记忆——这是昆明的灵魂，是昆明的精神，是昆明人的"娘"。

面对老昆明，我们应有敬畏之意、惕惧之心，然后可知昆明云彩独奇，月亮独大，堪称天下唯一；可知昆明"三山一水""五湖四海"全是风水宝地；可知30000年前有"昆明人"，10000年前有"贝丘文化"；可知从庄蹻而有滇国，从《史记》而有"昆明"；可知从南诏而有拓东路，从辛亥而有光华街；可知先祖多来自柳树湾，先人多出自高石坎；可知昆明人有容乃大，道、儒、释三教一体；可知山国有寡民，有"温吞水"性格，有"家乡宝"情怀，还有"不问能不能做，只问该不该做"的血性。

人常存敬畏之心，可以知礼，如做官之"修身齐家，正己化人"；可以知义，如"联大"八百壮士之从军，书生意气亦慷慨；可以知廉，如刘文征家两代清官，满城争睹"刘青菜",如严清之廉正,官至尚书而早朝无腰带;可以知勇,如钱沣之千字文弹劾和珅,如马毓宝之满腔热血独赴"一战";可以知用,如"黄包车"之押解日寇战俘,"闪扁担"之挑送斯诺行李;可以知荣,如战国青铜器沉淀之"南方丝路"信息,民国"工程碑"记载之中国最早水电厂;可以知善,如老中医之讲医德还要讲气节,老商人之"诚朴"经营而多积"阴德";可以知难,如禹碑"蝌蚪文"之怪诞,王官坟碑武则天造字"坙""圀"之奇僻;可以知源,如"吃馒馒""颠嘟嘟"都是"宋词","硬挣挣""恶噉噉"出自"元曲";可以知古,如清代开发过房地产,抗战时就有过"大昆明规划";可以知趣,如警察敲门而店铺开张,"邮政骑马"而"电报骑牛";可以知音,如街上有人喊"有旧衣烂裳么找来卖——",巷口有人叫"咳嗽、发烧呢买药啦——";可以知美,如杨慎之诗,如担当之画,如孙髯之联,如钱沣之字……

惕惧则可以知己之丑,有"见闻辄失之窒"(清道光《昆明县志》),"无冒险进取之心"(民国《昆明市志》);可以知人之耻,冯甦卖身搭着老娘卖,"贪官碑"上贪官贪得遗臭万年;可以知乱世之祸,吴三桂作乱天下而身败名裂,徐之铭巡抚云南而竟杀官越财;可以知无德之恶,"天盛当诱人上当,王安良丧尽天良";可以知"围海造田"之蠢,买官卖官之害;可以知城隍庙之神,东岳庙之鬼,善而有善报、恶而有恶报。

敬畏而惕惧更可以知足,知足者常乐,知乐者忘忧;可知汉唐宋元,伟烈丰功,卷不及暮雨朝云;可知天有常道,人有常志,后人须择善而从;可知"尽人事、知天命"而行大道;然后知可为,知不可为,知其不可而为之,达到从心所欲、不违天命的最高境界。

惕惧还可以知"龟蛇龙气"之谬,"金碧交辉"之误;可以知早年书圣更比孔圣"拽",西寺塔"跑"到东寺街;可以知城隍庙有宣讲"圣谕"的右厢房,南教场有砍头示众的大刑场;可以知"老将"于教场"祭霜降娘娘"之丑,考官于科场上演鹿鸣闹剧之陋;可以知科场如戏场,入场要搜身,封门要拜鬼;可以知官场如剧场,官印要避邪,坐堂要"排衙";可以知男女曾经不得同台演戏,不得同场看戏,大家闺秀出门脸上要盖一块蓝布;可以知婚前要赶"鞭猪",婚夜要造"捶门柬";可以知报丧不进门,磕头不值钱;可以知"女德"之害,那贞女、烈女、节妇、义妇,误了多少卿卿性命;可以知禁娼之奇,妓女要腰悬白绢,穿彩色短装,违禁嫖娼要罚款,还要打手心;可以知当年筑大烟囱要看"风水"的脸色,治大病要请"师娘"

来跳神，无端"开矢口"、有病"洒烂药"……

如今，这一切只能从历代史志、先人笔记、石刻碑传、耆老回忆、坊间传闻中去寻找了，这是一种遗憾，也是一种幸运。随着困惑不断显现，乡愁不断反弹，社会不断开放，资料不断积累，探讨不断加深，记忆不断扩展，影像不断涌现，让我们的老昆明寻觅有了更加多元的角度、更具内涵的深度、更为包容的广度。数年之间，沉浸其中，几次搁笔叹息，小小古城昆明，围城不过九里三分，人口最多不过10万，竟留下了如此厚重的精神遗产——说不完的历史往事、看不断的市井风情、数不清的奇人贤士、道不尽的本土文化，令人叹为观止。历史可畏，先人可敬，如果我们不进行盘点，不进行整理，不得之于祖先而传之于后人。那么，我们将愧对天地，愧对前人，愧对后代。

三

古人修史志而讲"实用"，无非两条：一是"资治"，所谓"施政庸民"是也；二是"资文"，"以为征文考献之资"（周钟岳《新纂云南通志序》）是也。其实还应该有一条，那就是"资民"，即"资"百姓。"资治"是"肉食者"的事；"资文"是"串荤食者"的事；"资民"才是"草食者"的事。

我们可以充满善意地想象，早年如果了解清代和民国两次"泄湖涸田"的论争，"肉食者"们"围海造田"的蠢事或许会有所收敛；如果认真考辨过"春城"和"龟城"的由来，或许会改变一些"食串荤者"人云亦云的话风和文风；而"宾馆菜"和"名人菜"的开发，则很可能会让不少"草食者"大开"洋荤"，大饱口福——以今天的眼光来看，许多往事未免可笑，"然后之视今，亦犹今之视昔"（周钟岳《新纂云南通志序》），自不必讪笑前人。读一书而可知前人如何生活、可思今天如何生活、可求以后如何生活，善莫大焉。

中国自古就有重视风土习俗研究的传统。《史记·礼书》称"古者太平，万民和喜，瑞应辨至，乃采风俗，定制作"；《汉书·艺文志》说"观风俗，知得失，自考正也"；《晋书·文苑传》说"移风俗于王化，崇孝敬于人伦"；《旧唐书·孝友传》说"弘长名教，敦励风俗，宜加褒显，以劝将来"；《新唐书·王质传》说"为政必先究风俗，所至有惠爱"；《宋书·乐志》说"天下安宁，道化行，风俗清"。为此，就要"详考历史文化递嬗之迹象","备载民情风土之所宜",而且"收罗必广,记载必周","彰往察来,可裨实用"(周钟岳《新纂云南通志序》)。云南"状元"袁嘉穀认为:"中国旧史大都详于朝廷制度,略于民间礼俗。《史记》独多言民事,千古称之。今宜扩而充之,凡民间礼俗之大,居处饮食之细,及一切日用之于风教有关者,良窳得失,灿然无遗"。不但要"兼详民事",还要"考其原委,上补前史之缺,明其变通,下征进化之美"。此外,邮电、轮船、铁路均应列专志记述,"庶几免一姓家谱之诮"(袁嘉穀《与清史馆馆长第一书》)。

这里既不是"一姓家谱",不是"一方宦绩",也不是"一纸琐闻"。这是一次用心独到的采访,一次悲喜交集的重逢,一次真挚谦卑的致敬,一次诚惶诚恐的救赎。笔者不揣浅陋,试图以今人的视角、今世的眼光、今天的话语重拾记忆、重述历史、重访风土、重叙人情、重现民俗、重论传统、重返文化、重获个性——不敢妄说"成一家之言",亦求"究天人之际,通古今之变"(司马迁《报任安书》)。

公元1895年,列强瓜分中国大势已成,中国遭遇前所未有之巨变,当彼之时,启蒙思想家严复写了一篇《论世变之亟》,谈及中西文化传统,其有一番精彩的论述:"中国最重三纲,而西人首明平等;中国亲亲,而西人尚贤;中国以孝治天下,而西人以公治天下;中国尊主,而西人隆民;中国贵一道而同风,而西人喜党居而州处;中国多忌讳,而西人重讥评。其财用也,中国重节流,而西人重开源;中国追淳朴,而西人求欢虞。其接物也,中国美谦屈,而西人多发舒;中国尚节文,而西人乐简易。其于学也,中国夸多识,而西人尊新知。其于祸灾也,中国委天数,而西人之恃人力。"有意思的是,百年前的中西文化差异,如今多半演变成了现代昆明与传统昆明的文化碰撞,面对如此尴尬的"移风易俗",也只能如当年的严复一声叹息:"若斯之论,并存于两间,吾实未敢遽分其优绌也。"

滇人、昆明人爱国爱乡,都是"家乡宝"。清乾隆年间,云南进士周於礼在京为官多年,曾遥望西南,赋思乡诗曰:"神茫茫,思转长,彩云一片是吾乡。"云南状元袁嘉穀说:"吾中国人也,读中国书,应有光大中国之作以报中国。"又说:"云南者,中国之一部也。吾生云南,壮而游,老而归,六十年读云南书,应有光大云南之作以报云南。"他大声疾呼:"滇之人生滇、爱滇,将以保永久之滇,不得不考古之滇,以兴起将来之滇。"(《云南大事记》)

先贤教诲,言犹在耳。一介书生,得立于巨人肩上观察、垒字,幸而左右逢源、上下有据、俯仰有道、进退有方,尽管秃笔一支,乃能从心所欲,从容不迫,集古今之成,得一家之言,何其幸也。然而,这毕竟只是一次特殊的"采访",资料浩如烟海,纲目千头万绪,人事众说纷纭,虚实百口莫辩,又何其难也。笔者勉为其难,博采各家之长、众人之说,以百姓为本,以民事为主,以风土为根,以文化为魂,以纪传体为纲、为目,以笔记体为文、为篇,分门别类,编纂成书。无奈学有不及,力有不逮,虽历时五载,日旰忘餐,反复修改,分辨真伪,考证谬说,仍然错误难免,若得高人指教,一一纠正,更何其乐也!

朱净宇

2020年5月4日于昆明虹山

目录

老教场

○ 昆明四大教场和南明教场"考武官"　014
○ 秋操阅兵中"拜霜降娘娘"和"高官甲胄"展示　016
○ "老将"在秋操阅兵式上的搞笑"排场"　018
○ 船坚炮利时代的"弓马刀石"武举乡试　020
○ 从昆明教场走出来的"武功"之将　022
○ 民间武术：老翁"拖刀计"、幼儿"枪手拳"　024

老科场

○ 乡试朝廷考官来昆之"低调"　028
○ 主考、监临"入闱"之"试官进"　030
○ 开闱入场之"以盗贼待士"　032
○ 荆闱"封门"之拜神祝鬼　033
○ 号舍士子待遇之"窘事"　035
○ 乡试"龙虎榜"之"照魁"奇观　036
○ 庆功"鹿鸣宴"上的"儿戏""滑稽戏"　039
○ 科场"大挑"之"品貌"　040
○ 捐纳官："正途"之外的"异路"功名　042

老官场

○ 新官上任"接印"排场　048
○ "父母"官、"公祖"官和"曾祖"官　050
○ 腊月"封印"、正月"开印"和"官印驱邪"　052
○ 官衙"护日""护月"仪式　053

001

○当官"外任有排衙" 055
○孝亲："万事之纲" 057
○廉正："为官之宝" 058
○"宦绩"观："为国家效忠，为人民服务" 059
○送清官、贪官："人去后"的真假"政声" 063
○"致仕"之德："绝迹公门"、惠泽乡里、讲学著述 066
○"万寿节"朝贺、办"皇会" 068
○官家出殡的"哀荣"和"哀仪" 069

老祭场

○"春官"迎春的"越级仪仗"和"闹阔" 074
○民国初年最后的"警察迎春" 076
○"天喜"之日的躬耕"祭先农" 076
○"祭孔"大典的"等级制"和"争胙"之祸 077
○大旱之年官府祈雨的《祷雨文》 080
○大水之年官府"画日""烧山"求晴 082

老刑场

○清末的小偷泛滥和"枷号"示众 086
○三牌坊的"锁系铁杆"和"站笼" 087
○巡抚衙门"秋审"的"徒饰观瞻" 089
○"秋决"监斩官拜城隍避邪 091

老列女

○马皇后的大脚和昆明妇女"裹小脚" 096
○清末民初的昆明"天足运动" 096
○出门上街：从"蒙头"到"半蒙头" 098
○"朝斗"：昆明"妇女节" 099

○公共场所"男女有别" 100
○夫死不嫁、从一而终的"节妇" 102
○官宦之家"节妇"多 104
○"一门双节"和"一门三节" 106
○"婚嫁未谐,为夫矢志"的"贞女" 107
○"奉事姑翁、生养死葬"的"节孝" 108
○"随夫而去"的"烈女" 110
○从"贞女"到"烈女" 111
○战乱中"完身洁己、视死如归"的"烈女" 112
○"抱团"赴死的家族"烈女" 114
○抗拒"寡妇配军"而赴死的"节妇" 115
○为夫而死的"烈女"、因妻留名的夫君 116
○"奉老不嫁、矢志守贞"的"孝女" 117
○让人叹为观止的"烈妾""节妾""孝妾" 118
○危难之中见"义婢" 120
○"壮志不遂归墓门"的侠女 121
○"无才便是德"笼罩下的才女 122
○扶贫济困的"义妇" 125
○"温和静顺、相夫教子"的慈母 126

老戏场

滇剧

○滇剧的"古腔"和"路子" 131
○云南"贡戏"和"查察滇剧" 132
○庙会"高台戏"·草围"拉门戏" 133
○从"堂会戏"到"板凳戏" 134
○从"茶围"到"茶园" 135
○"髦儿戏"引来的"坤角"和"坤班" 136
○滇剧演出中的魔术和杂技 137
○"滇剧疯子"和"大师呆子" 138
○"窝子话"和行规禁忌:"一把甑子多样菜" 139
○老郎神前的"元旦发笔"和"七会祖师" 140

○滇剧"乡班子""公堂""窝子"　141
○戏园"防闲男女"　142

昆明花灯

○崴花灯·唱花灯·演花灯　145
○"古曲活化石"和"滇歌僰曲"遗韵　145
○"愿灯""贺灯""过街灯"和"簸箕灯"　146
○花灯的传统剧和"灯夹戏"　147
○灯会·"花灯窝子"·"灯花子"　148

昆明评书

○云南评书·昆明评书　151
○从"搭棚说书"到"坐馆说书"　152
○"墨折""条子"和"贯口""赞口"　152

昆明洞经

○昆明"洞经"：礼教之乐、禳灾之声　155
○洞经"学"和洞经会　155
○"经坛"和洞经"谈演"　157
○聂耳与洞经：从《老卦腔》到《翠湖春晓》　157

昆明扬琴和曲剧

○从明代"南曲"到"对子书"　160
○从江南"扬琴担子"到"昆明扬琴"　160
○从"昆明扬琴"到"昆明曲剧"　161

老歌场

○清乾隆年间的昆明小调　166
○四城门调　167
○四乡调子会　168
○市井小调　169

老影场

○ 水月轩：中国第一家电影院 174
○《滇越铁路》：最早的云南题材纪录影片 175
○ 唐继尧自演《洪宪之战》：第一部云南故事影片 176
○ 影院的另类"男女有别" 177
○ 电影院的"现场口译"："玛丽，你要哪样？" 178
○ "少奶奶的扇子"和"大逸乐的房子" 180

老吃场

特产：山珍"海"味
○ 昆明奇菌 185
○ 天下鸡㙡 186
○ 神菌鸡㙡 188
○ 御用鸡㙡 189
○ 赤鹫名菌 190
○ 鸡㙡大席 191
○ 干巴菌 192
○ 蕨菜 193
○ "花菜" 194
○ 以粮为菜的炒苞谷 195
○ "辣不怕"的"冲菜" 195
○ 滇池打鱼和昆明"海味" 196
○ "海味"金线鱼 197
○ 清代"贡鱼"和"私鱼" 198
○ 传说金线鱼 199
○ 滇池神鱼名虾 200
○ "海""河""潭"奇鱼 202
○ 滇池蛤、螺、蟹、蚬 202
○ 滇池"海菜花" 204

小吃："周饵"古韵
○ "云南十八怪，粑粑叫饵㙡" 206

○从"军粮"到"民粮" 206
○官渡饵块：踩碓"团颗米" 207
○街头烧饵块："揾酱"很有讲究 209
○大锅、小锅煮饵块 210
○"大救驾"炒饵块 211
○端仕街卤饵块 211
○米线：从精米到"精制餐食" 212
○传奇"过桥米线" 213
○大锅米线和小锅米线 215
○凉米线 216
○卷粉 216
○破酥包子 217
○摩登粑粑 218
○"都督烧卖" 219
○吃了避邪的"赤豆羹" 219
○从甜浆馆、甜食店到甜品馆 220
○街巷小吃馆子、摊子、担子 220
○烧臭豆腐 221

糕饼："三派"融合
○"三派一身"的昆明滇式糕点 224
○合香楼：昆明最早的糕点铺 224
○"坨名'四两'：火腿、洗沙、白糖" 225
○"返工"造就的"西点"回饼 226
○"吉庆祥"取信于客：来店退货，代付车钱 226
○硬壳火腿月饼"天下第一" 227

滇菜："五味杂陈"
○"五味杂陈"的滇菜 230
○餐桌上的"西风东渐" 231
○神秘的"宫保菜""公馆菜"和"宾馆菜" 232

○ 从家常菜到"饭馆菜" 235
○ "饭馆菜"精品 237
○ 昆明的"牛菜" 238
○ "培养正气"汽锅鸡 240
○ "狗街烧鸭"和"宜良烤鸭" 241
○ "花宴"和"药膳" 242
○ 素酒馆的"玫瑰重升"和发芽豆 243
○ 名士酒菜："兴余无别物，下酒是蚂蚱" 244
○ 豆焖饭和洋芋红薯焖饭 247

咸味：盐酢腌菜

○ 玫瑰大头菜 249
○ 路南卤腐 250
○ 太和豆豉 250
○ 茄子鲊·肉鲊·虾酱 250
○ 腌姜·甜蒜·糟辣子·韭菜花 251
○ 泡菜·酸腌菜 252
○ 油鸡㘽·腌菌 253

老茶馆

○ 家居"九道茶"·茶铺"乌龙吐水" 256
○ 坐茶馆·蹲茶馆·泡茶馆 257
○ "坐等茶铺"：衙门传讯·大索行·站前候车 258
○ "坐闲茶铺"："莫谈国事"·送看手相·水烟筒 259
○ "坐吃茶铺"：芙蓉糕·煎血肠·炒面·广东点心 261
○ "坐商茶铺"："排雀"·生意场·"掮客"暗语 262
○ "坐玩茶铺"：围鼓·乱弹·围棋·桥牌 264
○ "坐娱茶铺"：清唱·彩排·滇剧·评书 265
○ "坐读茶馆"：梵文·论文·读书报告·答卷 267
○ "坐讲茶馆"："道理茶"·"吃讲茶"·"吃讲理茶" 269
○ "交际茶馆"：白围裙·"嘣嚓嚓"·留声机 270

老玩场

老儿戏
- ○"颠磕膝"·"逗虫虫"　275
- ○摆"咕嘟馒馒"　276
- ○"吼赢家"·"弹蚌壳"·"弹脑包"　277
- ○"躲猫猫"　278
- ○"拉人"·"打死救活"·"烂网捕鱼"　279
- ○"挤油渣"　281
- ○"跳小黄牛"　281
- ○"背牛"："揍，揍，什么羊？"　282
- ○"斗鸡"·比架　282
- ○"背石板"　283
- ○"过城门"　283
- ○"丢沙包"　284
- ○"老鹰叼小鸡"　284
- ○"老虎抱蛋"　285
- ○滚铁环　285
- ○"闷老姆""挂地澡""挞老埂蹬"　286

玩泥巴
- ○弹珠珠"玻得"　290
- ○抠窑泥·掼手枪　291
- ○"和尚棋"·"三三棋"　292
- ○"仙人针"　292
- ○抓"小胰子"·抓猪拐骨·抓羊拐骨　293
- ○"跳海牌"　294

玩木头
- ○扯"嗡"　296
- ○放"响簧"　296
- ○挑冰棒棍儿　296

○"竹人人"·"竹马"·"吸铁走人" 297

○抽"得儿螺" 298

○"水枪""竹筒枪"和"纸枪" 299

○打弹弓 299

○橡筋枪 300

玩虫草

○斗"嘚嘞" 302

○冲"牛屎拱拱" 303

○斗将军草 305

○吹马豆 305

○比"老鸹嘴" 306

○撕长草 307

○锁眉"节节草" 308

玩纸张

○"男纸"和"女纸" 310

○拍洋画·拍"菱角"·拍烟壳 310

○掼"豆腐块儿" 311

○冲"烟壳"·冲"菱角" 311

○吹"青蛙" 312

○放纸飞机 312

○放风筝 313

○"刻古人" 313

玩手脚

○编手指 316

○猜中指 316

○顶"锅盖" 317

○"花绷绷" 317

○弹酸角核 318

○做手影 318

○跳橡筋 319

○"香炉香炉三只脚" 321
○解"疙瘩" 321
○跳"大火钳"·跳"石门坎" 321
○"脚狸斑斑" 322
○踢毽子 322
○"咯噔咯噔丫杈" 323
○"扯锯拉锯" 323

玩零嘴
○唱零嘴 326
○转"糖人人" 327
○打糕·转糕·漂糕 328
○摸"红鸡蛋" 330

参考书目

后　记

老教场

　　老昆明的教场（校场）是古代军队操练之所。旧时一年一度"沙场秋点兵"的"秋操"就在这里举行。清代秋操一体遵循清初"咸有成法"的老规矩进行，由营中老卒身着将帅甲胄巡游，号称"老将"。这些"老将"们平日懒惯闲惯，此时穿上红边黑色号衣，戴起红缨大帽，而帽顶还有三五十根红缨，已经是勾头垂颈、耸肩缩背，再套上一副重在二十斤以上之盔铠，更让羸弱不堪的"老将"受苦受痛。这些骑在

马上套着盔铠的人,无一不是苦眼愁眉,现出一种似哭非哭的神色,更谈不上什么"精神",说他们是烟屎烟渣还差不多。罗养儒说:"我在幼年之时,见到此种形状,已嫌其丑。今又回忆往昔迎霜降时一切景象上之表现,真可以说是腐化到十二万分。"〔《纪我所知集》(《云南掌故》)〕

教场还是清代"武举"考试之地。晚清之时,清军败了两场鸦片战争,又败了甲午战争,早已知道坚船利炮的重要,或买或造,自己也设法用上了火器。但武举考试考的仍然是弓、箭、刀、石,仍旧坚持"祖制""成法",顽固不化。后来八国联军入侵,清军再度败北,举国上下,无不要求废除武举。清廷才承认武举考试"相沿已久,流弊滋多",不合时宜,"一律永远停止"。武举考试在中国存在了一千多年,终于走到了尽头。仅仅10年之后,清王朝宣告灭亡。

○昆明四大教场和南明教场"考武官"

昆明自古为兵家重地，驻兵、练兵、操兵，教场就必不可少。据明景泰《云南图经志书》记载，明代昆明驻军"演武之地有二处：一在崇正门（南门）外，曰小教场；一在保顺门（北门）外，曰大教场。"到清末，南门外的小教场又称南教场，在今宝善街东段，北门外教场又称北教场。此外又增加了两个演武之地：一个是西箭道，在今胜利堂以西，为抚标三营（巡抚直属部队）马王庙前的一片开阔地，立起箭靶后就成了习射操练之地；一个是承华圃，在今翠湖西岸，原为吴三桂政权的洪化府，平乱时被拆毁，后被辟为教场，仅存的正殿做了演武厅。如今南教场、西箭道已成闹市街道，北教场之名犹在，有教场北路、教场东路、教场西路、教场中路等，也有部队单位驻扎，承华圃留下一个讲武堂遗址，还有一个硕大的内操场，算是当年尚武练兵的余韵。

清末昆明四个演武之地中，最大的是北教场，这里纵阔约300米，大约有6个足球场大。场内不但有演练射箭的箭道，演练骑马的马道，还建有演武厅、将台，立有帅旗桅杆等，是当时总督直属部队"督标三营"、巡抚直属部队"抚标三营"和城守营共享的演兵场。清咸丰年间昆明战乱，北教场被毁，残墙败壁，后更片瓦无存，坟冢累累，一片荒野。

相比之下，南教场要小得多，其东到南华街，西到护国路，南到南强街（南教街），北近南屏街，长近200米，宽近150米，面积约为北教场的一半。今天的祥云街口就是早先教场的大门，叫作"教场口"。此处原有一坊，称"宣威万里坊"，建于清康熙年间。清末南教场逐渐缩小，部分土地被挪作他用，后来更被放弃，成为行刑的法场，平时三教九流会集，摆地摊、弄杂耍，卖艺卖药、卖旧货、卖古董等。

明末清初，南教场兴盛一时。明末清军入关，天下大乱，昆明也遭兵祸，南城门外今三市街、宝善街、金碧路一带被烧成瓦砾场。南明永历

民国初期滇军在行军中埋锅造饭

二年（1648年）二月，四川大西军余部乘乱占领昆明，因为旧教场窄小，就拆除四围民房，填平扩充教场，每日民夫不下数万，动作迟缓、违反命令者必受重刑。当时一下子就拆民房一万七千多间，百姓老幼不敢啼哭，只有"含泪顿足"，隐忍而已（清《滇南纪略》）。

民国初期滇军在北教场阅兵

大西军进入昆明，大举扩军，兵员至二十多万。在南城之下扩建教场，一时规模宏大，殿宇将台，极为壮丽（清《爝火录》），既有练兵之用，又有鼓舞士气之效，更有激励民心之意，这对大西军政权立足滇中，坐望中原，自然十分重要。教场建成后，大西军加强"操练士卒"，每逢三、六、九日，"兵马三日一小操，十日一大操，雨雪方止"，而"每一下操"，奖赏银钱动辄"以万计"（清《滇南纪略》）。苦心经营如此，终于练得一支兵杖精良，骁勇善战的军队，能赤足而战，不畏箭矢，善于使用标枪、大刀，"常以少取胜"（清《永历纪事》）。

后来大西军联明抗清，分路杀出云南，一路在四川击败吴三桂，尽收川南各府；一路由李定国率领，进军湖广，击毙清定南王孔有德，又会战衡州，再毙清军主帅亲王尼堪，收复湘、粤，出兵至江西吉安，清兵闻风丧胆。此时大西军号令数省，军威极盛，均与南教场练兵分不开。后来由于内部争斗，自乱阵脚，不得不退回云南，"功垂成而复败"（清《永历纪年》）。

南明永历十年（1656年），李定国迎永历帝朱由榔来昆，更每天在南教场操练兵马，又请朱由榔"下诏考试武官"，以激励兵心、民心。上至公侯，下至守备，都要考试。考试既考武又考文。"武试"考射箭，分"骑射"和"步射"，各射9箭，"文试"只考1题。先一日考箭，第二天考文。考试之时，各官都要来到教场，"下营站队"。考完后悬榜公布成绩，骑射、步射18箭全部中靶、文试"平通"者录取2人为一等，骑射、步射中靶16箭、"文理亦通"者录取24人为二等，其余200多人录取为三等。张榜公布后，考中的官员要出席庆功宴，然后戴花挂红，由鼓乐队吹吹打打送回官署。这还没完，第二天一大早，通过考试的官员还要到五华山南明皇宫朝见"奏谢"永历帝。从此士气大振，"人心勃勃"（清《滇南纪略》）。南明小朝廷能在昆明偏安一时，南教场练兵也立了一功。

○秋操阅兵中"拜霜降娘娘"和"高官甲胄"展示

清末在北教场准备阅兵的军队

清朝从马上得天下，有重武尚武的传统。清军平时有小操、大操、合操、试炮、巡察、步围、步行等训练制度，每年秋季霜降之日，还要举行大规模合练，叫作"秋操"，又称"迎霜降"。秋操对清军非常重要，有"文官重迎春，武官重迎霜降"之说。据《清史稿·兵制》记载，霜降来临之日，各营将官要整肃队伍，开赴教场，设立大幕，举行校阅。其时教场之中，兵士披甲列阵，中军树起大旗，统兵官将台传令，中军扬旗指挥，三声炮响，台下鸣角、擂鼓，步骑甲士列队行阵，连环射击火枪，挥动长矛短刀，操练校阅，一切依照既有的兵法、制度进行。

清初驻昆清军也有霜降演兵的"成法"，每年都要在南教场祭旗行礼，举行"秋操"。早先一天，军队就要出城准备，幕帐连营，军容军威，看上去十分兴盛。这天晚上，百姓也四处欢游，通宵达旦，民间称为"霜降节"。清康熙四十五年（1706年）九月，驻昆清军正准备在南教场演兵祭旗"秋操"，而昆明人李天极等串联本地团练、驻军，假托明永历帝朱由榔后人，准备趁霜降阅兵时造反起事。当天李天极等在昆明六座城门安置数百人，并在城内设下埋伏，"相约放火为号"，六门响应。就是清军督标、抚标部队中，也有将领暗中配合。不料霜降到来之前，忽然天降暴雨，南教场积水达两尺多深，所设"秋操"营帐、营具，全部被淹被毁。当局只好把秋操改在城内山坡上的西箭道（今兴隆街一带）举行。（清 倪蜕《滇云历年传》）李天极的造反也因此"泡汤"。后来有人告密，造反者全盘皆输。但可见所谓秋操，在一般昆明人眼中，并无"军威"之感，反为造反的可乘之机，而清廷百年不改，此其命矣。

清末军队腐败，军备废弛，固守"成法"而不思改进，"秋操"热衷于演阵图、习架势，仍然是冷兵器时代的一套，真上了战场，往往不堪一击，一败涂地。这时昆明清军的秋操更是重形式，走过场，敷衍应付，自娱自乐，"近于演戏"。"迎霜降"阅兵最大的亮点，并非指挥有方、操兵自如、训练有素、军威凛然等，而是教场"拜霜降娘娘"和穿城游行中的"高官甲胄"展示。

秋操本有祭"六纛之神"的仪式。"纛"是用鸟羽或者牛尾装饰的大旗。中国古代有"天子六军，故用六纛"之说，其"纛"就是军旗，就是军魂，是主帅的象征。操兵之前，要祭旗纛之神，以求旗开得胜，犹如今天对战旗宣誓，这也还说得过去。在昆明北教场的秋操演练中，官兵就位之后，在演武厅正中树起一面三军司令"蜈蚣旗"，其黄缎底、黑缎字、长约一丈、红边似火，倒也威风。不可思议的是，此后三排枪响，演武厅上又展开一幅一丈多长的青女画卷。此女半裸，云里雾里，民间称"霜降娘娘"。台上一班清军将校，立即献上猪、鸡、酒、帛之类供品，然后行祭拜之礼。礼毕，青女像卷轴收起，场内士兵再放三排枪，大队清军便整队出场，鼓乐齐鸣，向昆明城南的南教场出发。阅兵之前"祭美女"，可谓清军一奇！

当然，军旗也是要祭的。清军穿城游行到了南教场，要在演武厅前阶正中再立起那面"蜈蚣旗"，三员阅兵主将又将另一面帅字旗升挂在将台旗杆上，然后并立演武厅前蜈蚣旗下，营兵鸣号三次，再鸣枪三排，一年一度的秋操合练即告结束。

清军秋操时的穿城游行也有看点，就是军队行列中的"高官甲胄"。游行出发地是北教场，经莲花池从北门进入城中，然后过北门街、转升平坡（今华山西路北段的逼死坡）、再转西华街（今华山南路），过马市口直下南正街（今正义路），出大南门（今近日公园），向东抵达南教场（今宝善街东段）。行进在前面的是督标三营，此后由鼓乐开路，在亲兵的护卫下，众军汉扛

清末军队将领

着一座彩亭徐徐而来，彩亭中俨然安放着总督大人的甲胄：共有一盔一甲。"盔"为银胎镀金盔，缀满珠宝翠玉，盔顶竖着一品官员的大红顶子，两侧还有雁翎。"甲"为缎织锁金甲，饰满金泡，金光灿然。后面是抚标三营，其行列之后又是鼓乐和彩亭，看点是巡抚甲胄。这套甲胄外观和总督甲胄差不多，都是金盔金甲，但点缀的珠宝、翠玉要少一些。这些甲胄等级不一，专供秋操阅兵时使用，平时深藏府衙，不轻易露面，此时才让平民百姓一睹为快〔《纪我所知集》(《云南掌故》)〕。

按清朝制度，云贵总督统管云南、贵州两省军政，为两省军队最高指挥官，手握"节制军队"之权，又称"制军"。云南巡抚又统管全省军政，为云南军队指挥官，又称"抚军"。举行秋操，正是权威显现之时，兵威展示之际，而总督、巡抚竟然不参加，只拿出一副华而不实的甲胄作为代表，让部下抬着游街示众，以证尊荣，不知这是不是"咸有成法"之一？

○ "老将"在秋操阅兵式上的搞笑"排场"

秋操一年一度，场面壮观。霜降之时，正值农闲，昆明四乡农民，常成群结队赶来"看操"。昆明南、北教场和清军游行所过街道，观者如堵，万人空巷，卖米线、豆粉、粑粑的小贩也来赶热闹，到处摆摊叫卖，场面如同一个规模巨大的庙会。对清军来说，秋操本来是一个彰显军威，振作士气，凝聚军心、民心的机会，然而，许多"咸有成法"，却让人大惑不解。

幼年的罗养儒多次围观秋操游行，对队伍中的"官府老将"印象深刻。"官府老将"是当时昆明人对五六十岁的绿营老兵的称呼，似有调侃之意。在罗养儒的印象中，"此一班老将，平时无非是用来看守堆子房和哨房、哨楼，分班轮守。不当值者无不在外闲居。有勤于事务者，则寻些小生意来做；习有手艺者，则往街前售其技能；而亦有性静情逸者流，便去种花、种菜、养鱼。届期关饷，则到营中领饷银，仓上打口粮。一月之中实无一日往教场上受一时半刻之操练。彼当值者，亦无非在驻守所上吹烟饮茶，或伫立所前看看过街的人而已"。

然而，就是如此"老将"，竟得在秋

清末"云南布政使亲兵"是这副模样

操游行中大显身手。游行队伍前列是号手、鼓手、乐手组成的军乐队,然后就是一班"官府老将"了。此时他们如何打头阵,"执仗扬旗、缓缓而行",可以想象。

更出人意料的是,按照常理,秋操游行时,各营军官,从中协、游击、都司到守备等,都要披甲戴盔,腰佩弓箭,背负箭囊,骑马率队而行,以示威武。但是,这一班武官公然我行我素,都不亲自穿戴甲胄,而找一个五六十岁的"官府老将"代劳,让他们披甲戴盔,骑一匹老马走在前面,自己则身着黼褂,头戴翎顶,高跨于壮马之上,帽齐顶而褂齐身,洋洋得意,跟在"老将"之后,"在人前夸示显荣也"。不知这是"咸有成法"之规定,还是武官另搞一套的"咸有成法"?

在北教场接受检阅的清军"排头兵"

清末"秋操"结束后军队退出南教场

阅兵之时,让"官府老将"或抬旗持杖,或骑马穿甲行走于前,是表示对老兵的尊重?不像。套在"老将"身上的甲胄,如中协(副将)的甲胄,尚可称金光灿灿,而到了一班守备,则大不足观。其盔以锡片制成,固有缨、有顶、有鏊,却不精致。其甲用青缎夹绵制成,钉有指尖大的若干铜泡。此一盔一铠重二十余斤,套在"老将"身上,相信太难消受。对于如此"成法",有人认为,是武将们抽大烟抽空了身子,穿戴不起那盔那甲,为了操演时不丢底,这才找"官府老将"代劳。

不过,"老将"代劳的效果并不佳。它给罗养儒的观感是:"老将"们平日懒惯闲惯,此时穿上红边黑色号衣,戴起红缨大帽,而帽顶还有三五十根红缨,已经是勾头垂颈、耸肩缩背,再套上一副重在20斤以上之盔铠,更让羸弱不堪的"老将"受苦受痛。这些骑在马上套着盔铠的人,无一不是苦眼愁眉,现出一种似哭非哭的形色,"云到精神,则失之远矣",可谥之为烟屎烟渣。罗养儒说:"余在幼年,见到此种形状,已嫌其丑,今又回忆往昔迎霜降时一切景象上之表现,堪云腐化到

十二万分。"〔《纪我所知集》(《云南掌故》)〕

在隆重的演兵操典中,不求兵阵严整、兵甲鲜明,训练有素,枕戈待旦,为国干城,反将一众羸兵病卒摆出,视国事为儿戏,军威、国威尽失,众目睽睽之下,不以为耻,反以为荣。当时内忧外患,风雨飘摇,而朝野不振,练兵只求形式,不讲实效,以至军备废弛,战斗力不断下降。大清帝国气数将尽,在迎霜降操兵中,已现端倪。

○船坚炮利时代的"弓马刀石"武举乡试

在北教场操练的清军火枪队

清代武官的来源之一是武举考试,这个制度是唐代女皇武则天的创造,目的是网罗武备人才,强化封建统治。唐代武举重武艺而轻兵法;宋代武举武艺、兵法并重;元代武举被废止;明、清两代武举达于极盛,但考试内容又重武艺而轻兵法,而且日趋僵化,最终败落。这在清末昆明的武举乡试中表现得十分明显。

清代武举考试分为四级:县、府举行的童试,考中者为武秀才;省城举行的乡试,考中者为武举人;在京城举行的会试,考中者为武进士;在皇宫举行的殿试,考出武状元、武榜眼和武探花,还有"赐武进士出身"和"赐同武进士出身"资格等。据统计,清代云南全省录取武举人4211人,昆明地区有545人,占12.9%;录取武进士140人,昆明地区取27人,占19.3%。

昆明城有县、有府、有省,武举童试、乡试都有。考场早先是在昆明城南的南教场(今宝善街东段),后因战乱,南教场马道被毁,武举考试改在翠湖西边的承华圃(今省图书馆和讲武堂旧址一带)举行。那里原来是吴三桂孙子吴世璠的洪化府,后来府中亭台楼阁全被拆毁,做了演兵场,剩下一座大殿,又做了演武厅。清代后期,这里又成了武举的外考场,当时叫"武闱"。

按照规定,云南武举乡试的主试官是云南省巡抚,外监临是云贵总督,监试官和襄考官多由一班武将担任。乡试要考四场,其中"外场"考三场:第一场"步射",立定射箭;第二场"骑射",跑马射箭;第三场"技勇",实际上主要测试膂力。"内场"只有一场,考策论武经。武乡试头名叫武解元,第二名叫武亚元,不设武"经魁"之名。武乡试结束要发"鹰熊榜",也要安放在彩亭里,以鼓乐开道,由云南府(辖今昆明市一带)知府和昆明县令护送到巡抚衙门(今如安街老昆八中址)前,张贴在衙门前的大照壁上。几天之后，又在巡抚衙门大堂设"鹰扬宴"，款待新科武举人。

从表面上看，武举外场考试确实很认真。如外场"技勇"要考三项：拉硬弓、舞大刀、拎石礩。弓有软有硬，分8力、10力、12力和12力以上共4张；刀有大有小，分80斤、100斤、120斤共3把；礩有轻有重，分200斤、250斤、300斤和300斤以上共4个。应试武生可自选硬弓、大刀、石礩。弓必须拉满射准；大刀要将"左右闯刀过顶""前后胸舞花"等动作一次完成；选定石礩的武生要单手抠住礩上的两个凿洞，提到离地1尺高时，将石礩底部左右各翻露一次，这叫"献印"，必须一次完成。

清末"武举"考的是"弓、马、刀、石"之类

张弓射箭之时，有3个千把总级的武官监靶。其前放有一面鼓，士子放箭中靶，就击鼓一通，如果射中红心，则击鼓三通。射靶处也有监督，听见鼓声就高声唱报，三个襄考官马上用红笔在考册上标示成绩，士子中靶画个红圈，射中红心则点上红点。三位襄考官所画红圈红点相同才有效，否则就有作弊的可能，必须查处。

武生外场考试合格，就可以参加文场（又称内场）考试。早先文场考试要考兵法，有"策"（问答）有"论"（议论）。后因武生识文断字者太少，不得不降低标准，改为默写《武经》一段，无错即为合格。在昆明考场上，武生们大都挟带一本兵书，进场抄写一段了事。监考官也按惯例睁一只眼，闭一只眼。但即便如此，还是有文盲武生交白卷。若此人外场考试成绩平平，就没有希望了。但若此人外场表现武艺出众，考官就会让他补交一篇，其实就是网开一面，让他请人代抄一纸交上，也可以充数。

时至清末，早已进入了"船坚炮利"时代，清军败了两场鸦片战争，又败了甲午战争，早已知道船坚炮利的重要，自己也用上了火器，但武举考试考的仍然是清初冷兵器时代的一套，而且轻视兵法谋略。当年以"铁骑劲弓"得天下，此时又试图以"铁骑劲弓"保天下，不管如何认真，一板一拍，仍然不堪一击。当时朝野上下呼吁改革武举制度，废除考试弓、箭、刀、石，转而考试枪、炮。但朝廷仍旧坚

北教场阅兵式上的清军火枪队

持武举"祖制",顽固不化。

早在清初,就有了"重文轻武"的社会风尚。文举热而武举冷。康熙六十年(1721年),云南提学使立了一块《为明示条约以宏育真才事》碑,以吸引武举试子,称朝廷文武并重,"文武兼用",通过武举考试的士子可以担任"特简侍卫",还可以授予参将、游击等武职,"武童"们应该"乘时奋兴",踊跃应考。提学大人还宣布了一条"优惠政策":"武举"录取时对"偏科"的"武童"有特殊照顾:无论是"骑射精熟"而文试差欠,还是文试"优通"而"武技未练",考官都会"略短取长","以鼓励将来"。另一方面,提学大人还鼓励士子们弃文从武:文童天资不足,难以在"文举"乡试中取胜,可以改练武童,走"武举"乡试的路子,以求进取,而不可"坐失事机"。这些"优惠"政策还是有点作用的。清乾隆年间,昆明人李观颇有文才,考乡试不中,转而考中武举;他的儿子也考中武举,并从军征讨缅甸。

清光绪二十六年(1900年)八国联军入侵,清军再度败北,举国上下要求废除武举的呼声更高。到光绪二十七年(1901年),清廷才承认武举考试"相沿已久,流弊滋多",不合时宜,"一律永远停止"。武举考试在中国存在了一千多年,终于走到了尽头。10年之后,清朝宣告灭亡。

○从昆明教场走出来的"武功"之将

近代《新纂云南通志》专列《武功传》一章,收录明清两代有战功的滇人,以提倡尚武精神。其编纂者认为,中国近代形势特殊,"非尚武不足以立国,非有尚武精神不足以抵抗外侮",于是因时制宜,特别建立"武功"一门,收录立有战功的滇中先贤,其中有的人驰骋各省捍卫国家,有的人组织乡团保护故里,成为后人投笔从戎的榜样。不过,这个"特别建立"的《武功传》也让人大跌眼镜。据统计,清代在云南府录取武举人共545人,录取武进士共27人,得进入《武功传》的昆明人有17个,其中昆明武举人只有4个,另有两个武进士,却都出在明朝。虽然还有一些"成功"的武举人、武进士被收入其他"传""记",但人数极少,可见武举考试的惨淡成绩。

明代有两个昆明武进士出在明末崇祯年间，一个叫温如孔，一个叫杨斌，两人都靠镇压贵州本地民族造反起家，当了副将。后来强悍的大西军打来，两位武进士一个"义不见贼"，一个"义不从贼"，最后都隐居而死（清康熙《云南府志》）。

清康熙年间，昆明武举人南天章做到湖广提督，官至从一品。但《武功传》称赞南天章的却不是"武功"，而是南天章在讲武之余，留心文章，赋诗"清婉可诵"，书画"亦有士气"。南天章的弟弟南天祥也做到了松江提督，《武功传》称赞他善于画虎，能写文章，所写奏折总能得到皇上的红笔批示。《武功传》称这一对"难兄难弟"不愧为"滇中儒将"，却没有记载这一门两提督的"武功"如何。

身穿甲胄的清军将领

据《武功传》记载，清乾隆年间，安宁武举人张元直做到总兵之职，官至正二品。这个张元直算是和"武功"沾了点儿边：一是担任漕运督标右营守备时，河堤决口，灾民群聚，官府唯恐有变，派张元直率部前往镇抚，其措施得当，升为湖南抚标参将。后来张元直奉命查处军地官员激起兵变的案件有功，又被提拔为福建漳州镇总兵，入觐朝廷时，多次得到皇帝召见。

《武功传》中所立记有"武功"者是清同治年间的昆明武举人顾思义，他曾随云南巡抚岑毓英西征，参加过军中比武，在骑射、火枪比试中，拿下15个第一，得以代理威远营参将之职。顾思义还曾出征越南，参加过中法战争，回兵后任临元镇右军守备，驻守边关6载，后来染上瘴毒而死。

真正有武功的昆明武举人不在《新纂云南通志》的《武功传》中，而在它的《列传》里。清道光十二年（1832年），昆明人王国才考中武举人后从军，因平定东川有功，被调到湖北对付太平军。当时清军一败涂地，王国才奇兵突起，连连获胜。武昌被围告急，王国才率军回援，见城门紧闭，四下无人，便用绳索攀城而入。到了官署衙门，见太平军正在庆功，这才知道武昌已经失守。王国才退无可退，干脆率领一众亲兵杀了进去。太平军措手不及，一时大乱，竟然弃城而逃。王国才登上城楼，召唤城外清军救兵入城，然而放眼四顾，竟不见官军之一兵一卒。《新纂云南通志》论此事说，当时承平日久，清军腐败，不堪一击，还能打仗的，也就是滇黔兵卒。西南是边疆，外敌迫近，民族众多，冲突不断，民风彪悍，能战能守，出入高崖，如履平地，上了战场，"南军"胜于"北师"，已可见矣。

《武功传》不载武功而记"儒将"，不是善于书法，善于绘画，就是能写文章，能写奏折，顶多也就是镇抚灾民，办理军案，圣恩眷顾，都成了"武功"，真正能打仗的却没有几个。清末"尚武"如此，呜呼哀哉！

○民间武术：老翁"拖刀计"、幼儿"枪手拳"

昆明人祖上有不少明清留守的兵勇和屯田的士卒，自古有尚武之俗。明天启年间的《滇志》就说昆明四乡"精壮子弟""喜事技击"，不乏"膂力豪健，不畏事勇往之人"。官府曾以此为基础，建立民团武装，安靖地方。至于清代，昆明民间仍然有尚武习俗，史料所载清初昆明小西门内洪化桥侠女杨娥、城北殷家箐的殷娘娘，都是名噪一时的巾帼武林高手。

清代举办武举（军事科举），却无武学（军事学校），应考武举的人多靠拜师习武。昆明武举乡试起初在南教场举行，早年就有福建人在南教场设场收徒，教授南少林拳法，吸引了不少昆明人。南教场近旁建有武庙，祭祀"忠义神武灵佑仁勇威显护国保民精诚绥靖翊赞宣德关圣大帝"关羽，平时又是民间拜师习武之地。后来武举考场迁到西城内的承华圃，武庙也随之迁到承华圃旁的山坡上（今武成小学址），规模堪比文庙，更有不少人在此教拳习武，民间习武走向职业化。

民国初期，武庙先被改为关岳庙，合祭关羽和岳飞，后来又改建为昆明女子中学附属第二小学。昆明民间练习武术之所转到文庙的省立昆华民众教育馆去了。当局在那里办了个"国术团"，聘请专家担任教练，聚徒练武。此时武术传授的主要场所还在"新学"之中。由于受"东亚病夫"论的刺激，新学创办之初，都很重视体育和武术，以强国保种，抵御外侮。清光绪二十六年（1900年），新开办的学堂开始设置体育课，其中就有武术一项。清光绪二十七年（1901年）开办的新操学堂、清光绪三十二年（1906年）在云南贡院开办的体操专修科、同年在兴隆街开办的体操学堂、清宣统元年（1909年）在承华圃开办的讲武堂，都把武术列为必修课。

民国初期，云南督军唐继尧大力提倡武术。1914年在翠湖边的讲武堂大操场举办了武术擂台赛。法国"大力士"瑞纳人高马大，拳术过人，连连得手，更放出狂言称："有人打赢我，我就马上离开昆明；无人打赢我，我就在昆明开馆收徒。"擂台摆到第三天，讲武学校骑兵科的学员龙云穿着草鞋登上擂台，刚一过招，瑞纳就发现这个瘦瘦小小的中国人来者不善，认为他身藏暗器，龙云脱掉上衣，运气扎桩，以一记"和尚撞钟"将瑞纳撞倒，又将瑞纳死死压住，瑞纳只得认输，离开了昆明。这场武术大战轰动一时，龙云大得唐继尧赏识，后来任唐继尧的侍从副官，并从此起步，之后成为新一代"云南王"。

龙云当政后，更是大力推广武术。当时武术被称为"国术"，有"国术救国"的口号，不但军警必练武术，地方上也习武成风。由于时局动荡，丛林原则盛行，有人习武强身以求自保，有人奋发图强以求救国，不但自己练，还组团练。昆明成立了许多国术社团，如振武社、英武社、云南国术团、昆明市国术团、国术研究会、太极拳研究社等。"国术"

民国时省立一中学生练习新武术操

还被列入学校的正式课程。少林拳、形意拳、八卦掌、螳螂拳、八极拳、六合拳、太极拳、燕青拳、通背拳在昆明城内外风行一时。

从1926年到1935年，云南先后举办了6次全省运动会，6次运动会都有武术表演。1930年在北门外的东陆运动场（今云南大学老校区运动场）举行的运动会上，各界表演的武术就有武当退缩拳、大红拳、少林梅花拳、四门提拳、五虎下西川拳、少林猴拳、少林英雄棍、武当头棍、少林单刀、少林双刀、罗成花枪、二人徒手夺刀、双拳对打、单人地盘拳、八卦巽门藏拳、少林白虎刀、龙虎刀、龙虎对砍、飞桩拳、鹭鸶过岗拳、阴阳连环拳、黄连退骨拳、真武剑、英雄棍、双人拳、四门桩、梅花桩、双飞燕、剪券拳、背三棍、护身三宝刀、武当霸王拳、武当刀、双股剑、马援花枪、九连环双刀、北派四杀单刀、地燔拳、小红拳、五虎拳、南派拳等等，令人眼花缭乱。还有八十老翁的拖刀计、五岁幼儿的少林枪手拳、道士的梅花拳，小学生的棍术、大击棍，中学生的新武术团体操等，可见当时武术的普及程度。这是武术从师徒相授发展到学校教育、从竞技斗争发展到强体健身的标志。1939年，云南还曾获得"国术训练模范省"的称号。

抗日战争初期，昆明各校学生加强军训，武术得以发展。1939年后，日机轰炸频繁，各校奉令疏散到乡间，仍然利用环境，进行武术、爬山、越野等训练。此时中央国术馆和国立体专（国立国术体育师范专科学校）南迁昆明，一批武术高手随之来到昆明。两年之间，他们在昆明开办国术训练班，对外招生授业，推动了昆明武术的普及和发展，并把西式拳击引入昆明，有的学校还开办了拳击课程。昆明传统武术也吸收了西式拳击的长处，练拳时注重准备活动，要压腿、拉伸筋骨以免受伤，并规定在竞技中不得有挖眼、刺喉、抓裆、打脸等动作，不断向现代竞技体育靠拢。

老科场

　　云南学子参加全国科举考试,始于元延祐二年(1315年),当时分配给云南的选拔名额仅5人,而且有民族限制:1个蒙古人、2个色目人、2个汉人。直到元至治元年(1321年),才有昆明人王楫脱颖而出,成为云南首个文进士。元代全国文进士有1139名,云南只有5个。

　　明初云南学子要到应天府(今南京)参加科举乡试,赶考成本极高,不少人被迫放弃。明永乐九年(1411年),朝廷批准在昆明举行云南乡试,云南学子得以在本省参加乡试。明代云南共举行了81次乡试,录取进士253名,其中文进士216名、

武进士47名。

明清科举考试分为三级,初级为小试,或称童试,多在县城举办,考中者为秀才;中级为乡试,多在省城举办,考中者为举人,头名为解元;高级为会试和殿试,在京城和朝廷大殿举行,考中者为进士,头名为状元。在这三级考试中,乡试居中,考生"中举"就有了做官的资格,象征着一人一家一族走进了绅士行列,享有很高的社会地位,乡试因此又有"大考"之称。

清代乡试每三年一考,称"正科",考年称"大比之年",考期在农历八月初八到十六。云南全省生员(秀才)和荫生、官生、贡生等合格者都可到昆明应考,没有功名者,花上100多两银子捐个监生,也可以参加会试。会试录取率一般在1%到2%之间。据统计,清代云南乡试共录取举人6144人,昆明地区有937人,占15.3%;全国会试录取云南进士672人,昆明地区有204人,占30.4%。

清光绪二十九年(1903年),云南的最后一次乡试在昆明举行,此后就"废科举、兴学校"了。其中不少轶事,也渐渐湮没在历史的长河中。

○乡试朝廷考官来昆之"低调"

清代云南乡试主考官到昆明后都要入住的翠湖边的皇华馆，民国时被改建为赵公祠

清代主持乡试的有正、副主考官各一名，由皇帝亲选钦派，一般为翰林院编检官或比编检更高的翰林院侍读、侍讲等，官位高的可达二三品衔，有的本身就是状元出身，很受人尊敬。

按照规定，为防止向主考官行贿，各主考官一旦任命，必须在圣旨下达后5天内离京赴任，并按驿站计算日程，务必在八月初一赶到，开展工作，八月初八准时开考。清乾隆元年（1736年），朝廷规定"各省主考起程日期，云南以十日为限"，如果逾期还逗留不出发，就要查处（清光绪《云南通志》）。清康熙二十九年（1690年），翰林院检讨李澄中来昆明主考乡试，于当年五月六日出北京彰义门，经涿州、南阳、荆州、镇远、相见坡、黄平、平越、贵定、贵阳、清镇、安顺、镇宁、安南、普安、杨林到达云南府（辖今昆明市一带），历时84天。处理完乡试事宜后，直到十月才离开昆明，于十二月底回到北京，足足花了半年多的时间。

主考官出京时，皇帝要颁赐礼物和"路费"，叫作"送主考"。按清乾隆元年（1736年）的规定，"酌量道途之远近，分别路费之多寡"，云南主考的"路费"定为800两银子（清光绪《云南通志》）。这一"送"也提醒主考官，离京赴任时不得携带家属，仆从要少，而且沿途不得会客，不得与旧友相见，不得游山玩水，不能接受各地官员的款待，各地为主考提供一个清洁住处便可——以此断绝主考官与外界交往，杜绝作弊之事。为严肃法纪，"考官所乘之轿门上挂有一块纸糊的篾笆，粘有一礼部大堂封条"，表示外人不可随便接近主考官〔《纪我所知集》（《云南掌故》）〕。据说当年李澄中主考云南，就有人半路行贿，送上大量白银，李澄中勃然大怒，将来人赶走，痛骂道："你竟敢这样来玷污我！"刚刚到昆明，李澄中就公开告示，乡试要公平公正，以文章是否"清真雅正"为准则，否则决不录取。事先堵上了行贿之门。

八月初一，主考官千里迢迢，按时来到昆明，但也不能和总督、巡抚、司道官员等接触，而由乡试事务官员迎接，直接住进菜海子（今翠湖）畔的贵宾馆——皇华馆。主考官进门后,云南府知府、昆明县令马上拿来巡抚部院的两张封条,封住皇华馆正门。此后有人到皇华馆办事,只能从旁边的小门出入。主考官的饮食起居,全部由乡试事务官员料理。地方大员不可进入皇华馆,但可以派人把接风宴席酒菜送进去,以尽地主之谊。送宴也有规定:总督、巡抚、布政使和司道大员各送接风宴席一桌,各折银10两;具体主管乡考官员各送接风"鱼翅上席"各一桌,折银6两——此送称为"公送",非为私也。

待到乡试结束,龙虎榜公布之后,主考官再回皇华馆,就不必"低调"了。地方官的公宴和私宴是少不了的,更有不少银两收入。先是新科举子要备好礼银,前来晋见两位"主师"。礼银多少看新举子家境而定,最少两位"主师"各不下10两银子,也有送古玩、古字画的。初阅试卷的房考官有推荐之恩,新举子也要送上礼银6两、8两或十多两。以清代后期云南乡试录取64名举人计,考官仅这一项收入就有1000~2000两银子。两位主考离昆之时,总督、巡抚还要从府库中提款,向二人各送4000两银子的路费盘缠——这是合法的"定例"〔《纪我所知集》(《云南掌故》)〕,不可少也不必推也。康熙年间的李澄中却是个另类,其主考云南归去之时,据说行箧中仅有一根竹杖、一片松子石、几本日记、几册诗稿,"一时滇人称颂"。乡试结束,李澄中曾游览了昆明滇池、五华山、太华寺、华亭寺等处,留下不少诗文。在《泛滇池游太华寺记》中,李澄中"四望远山环列,秋水如掌,旷然心目间,不知身之在天末矣",并感叹昆明"山川雄秀",养育了不少英才俊秀。

清雍正元年(1723年),雍正皇帝派亲信

清康熙年间曾任云南科举乡试主考官的李澄中

清雍正年间曾任云南乡试主考官,后又任云贵总督的鄂尔泰

清嘉庆年间曾任云南乡试主考官,道光年间又任云贵总督的林则徐

鄂尔泰主考云南。鄂尔泰由此对云南情况有所了解，两年后被任命为署（代理）云贵总督，后再任云贵总督，在云南推行改土归流，兴修滇池水利，颇有政绩。

清嘉庆二十四年（1819年），名臣林则徐主考云南乡试，录取54个新科举人，后来这些举人参加会试，又有17人考中进士，占比近三分之一，为云南科举历史上绝无仅有。林则徐对云南士子的水平深有感触，说云南距离京师8000里，文化教育开办较晚，原来听说滇中人士质朴率真但文才稍逊，经过此次乡试，才知道云南人才济济，蒸蒸日上。乡试结束后，林则徐选编了14篇试卷，都是写得特别好的"文艺诗策"，呈送嘉庆皇帝颙琰亲阅。而滇中人士也对林则徐主持乡试"感悦奋兴"，甚至称之为庄蹻开滇、汉武帝设郡以来从未有过的盛事（《乙卯科云南乡试录序》）。经历了鸦片战争之后，清道光二十七年（1847年），清廷又任命林则徐为云贵总督，显然也和他28年前主考云南的经历有关。

○主考、监临"入闱"之"试官进"

今云南贡院至公堂正门

今云南贡院至公堂北门

八月初六，乡试在即，总督、巡抚、提学史和司道官员照例要在巡抚衙门大厅与主考官相见，并由巡抚设宴相请。此时要排定旗锣伞盖，让昆明县令手持总督、巡抚、司道官员名帖到皇华馆迎请主考官。直到此时，才能将皇华门上的封条揭下，恭请两位主考官乘上官轿，从大门出馆，昆明县令乘轿跟在后面，来到巡抚衙门（今如安街老昆八中址），门外礼炮齐鸣，总督、巡抚、司道齐集院内迎接，主考官居皇华馆5天之久，此时才与地方主官相见，并出席送主考官进入贡院主考的"入帘上马宴"。

欢宴完毕，众官乘轿列队前往贡院，叫作"入闱"。乘坐官轿走在最前面的是乡试"内监试"道官员，多半是翰林或进士出身的外省知府，坐的是普通八人轿；其次为乡试的"外监试"道官员，按例由云南省粮储道、盐法道大员充任，坐的也是普通八人轿；接着是两位主考官，坐的是八人显轿；后面是乡试监临，为主持乡试事务最高长官，由云南省巡抚担任，坐的也是八人"显轿"——那轿撤去了轿帘，以"显"示主考官、监临官之风采，以便沿途百姓瞻仰，又称"明轿"。

一班大员乘轿"入闱"时，都摆开全副仪仗，鸣锣开道：县官鸣锣三响或七响，意思是"让让开""军民人等齐闪开"，称为"三棒锣"或"七棒锣"；府、道大员要打"九棒锣"，意思是"官吏军民人等齐闪开"；巡抚打"十一棒锣"，意思是"文武官员军民人等齐闪开"；总督以上官员更要打"十三棒锣"，意为"大小文武官员军民人等齐闪开"。各官轿前少不了旗、锣、伞、盖，更少不了显赫的高脚牌，还各有一队鼓乐手，吹吹打打，穿街走巷，威风八面，缓缓而行，荣耀一方。昆明全城万人空巷，观者如堵，男女沿途瞻仰，啧啧羡慕不已，都说："体面，体面！"——这又叫作"试官进"，意思是勉励子弟上进〔《纪我所知集》《云南掌故》)〕。官们以此告诉世人和士子："万般皆下品，唯有读书高"——"我的今天，你的明天"是也。正应了昆明那首古谣：

白马紫金鞍，到处惹人看。

要问谁家子，读书人做官。

于是劝学立志：

小小一书生，黄昏读二更。

鸡鸣早早起，心想跳龙门。

士子们一旦跳过龙门，小则可为州、县之类"父母"官，大则可任巡抚、按察使、司道大员、知府之类"公祖"官，出人头地，光宗耀祖。昆明有渔鼓词《状元谱》唱道：

十载寒窗读孔圣，九载熬油费精神。

八月丹桂人尊敬，七篇作出锦绣文。

六领御宴独自饮，五金魁首中头名。

四标彩旗全打定，三杯御酒出皇城。

两朵金花头上顶，一举成名天下知。

不过，瞻仰过得志者的风采，还得认真看看那"轿队"的最后一轿。那也是一抬明轿，抬着的却是一口虎头铡刀，是朝廷专为犯下科场大罪者特别是犯罪主考准备的刑具。上虎头铡叫"大辟"——不是斩首，就是腰斩！

○开闸入场之"以盗贼待士"

云南贡院前广场为考生出入考场的集散地,"入闱搜检"就在此进行

乡试关系一人一家一族的前程,为求功名,历来作弊者不少,花样百出:有人用蝇头小楷把四书五经抄在薄纸上,或者藏进笔管,或者藏在砚台底部,或者藏在衣帽鞋袜夹层,或者干脆塞进干粮,暗中带进贡院号舍,这叫作"夹带"。又有人趁贡院整修之时,把"夹带"埋进号舍的房角墙上;有人把"夹带"捆在砖石上,扔进贡院约定的角落;还有人用信鸽、信鹞传递"夹带"等等。为杜绝无孔不入的作弊,清代乡试规矩极严,场内、场外,试前、试后,防弊无所不至。

清康熙六十年(1721年),云南官府的《为明示条约以宏育真才事》文中,就痛斥考场中有人"嗜利忘义,百弊丛生",严肃警告参考童生务必自重自爱,不要以身试法,"听人蛊惑",以免被诈骗,搞什么冒名代考、场外传递、场内夹带等。

当时贡院四面围墙,遍插荆棘,四角各有一楼,派兵守望,以防有人潜入。贡院中心的至公堂前有一高楼,居高临下,号舍上下一览无余,号称明远楼,可供监考之用。贡院若有整修,完工后要派官员仔细检查几遍,方才投入使用。乡试前要检查贡院附近民宅,派兵在贡院外分段驻守巡逻,以防内外勾结作弊。

贡院内有内帘、外帘之分,阅卷官员在内帘,事务人员在外帘,严禁"串帘"。阅卷的房考官办公处更大书"调帘回避"四字,关防严密。乡试之时,各官有事,只可以在大堂公开见面,考场勤杂人员全部封闭住在贡院内,不得在贡院外居住。所有进入贡院的官员断绝与外间交往,一日三餐及所用物品进出,都必须经过检查。就是主考官和担任总管"监临"的巡抚也不能例外,二人有话要说,都必须隔着内帘门说话,一个坐在门内,一个坐在门外,而且另外有官员陪伴,这叫作"锁院",以防止内外通气、请托作弊。

应考士子入场前,不但要搜捡其身,还要搜检其所带衣物、考篮等,然后按事先编定的位置进入各自的号房。按规定,应考士子必须穿拆缝衣服、单层鞋袜,皮衣不得有面、毡毯不得有里；禁止携带木柜木盒、双层板凳、装棉被褥；所带砚台不许过厚，笔管要镂空，蜡台要空心通底，糕饼馒头等干粮都要切开检查，并严禁考官内外串通，营私受贿，严禁士子与工作人员协同作弊，违者严厉惩处。

为防止替考，当时还用上了"准考签"。其上当然没有照片，但用文字注明了考生相貌，如"面白无须""面麻""微麻""颔下微须"之类。如果怀疑有替考者，先让参加考试的生员互相指认，还可以把原籍的童试原卷调来，比对文章字迹，以辨真伪。替考是重罪，查实要砍头——主考"入闱"时尾轿抬来的那口虎头铡刀，此时正高踞明远楼前，虎视眈眈地盯着考场。

尽管防范如此严密，仍然有人以身试法。清康熙二十六年（1687年），江南人王翰假冒为云南宜良人，竟先后通过了乡试、会试，得中举人、进士，进入翰林院，因恃才傲人，被云南籍进士赵士麟上奏弹劾，结果被发配到河南种地去了。（清·倪蜕《滇云历年志》）

清光绪二十七年（1901年）补行乡试，传闻昆明经正书院主讲陈荣昌的5个得意门生将进场替考。陈荣昌气愤之余，也得避嫌，于考试之日带着几个学生游览西山，以避嫌疑。陈荣昌还写了《西山游诗十首》，自证清白。

清乾隆三十六年（1771年），昆明布衣名士孙髯旁观士子入贡院乡试，作《辛卯观诸生入闱》一诗记其所见，表面上"昆明仲秋选场开，珥笔观光鱼贯来"，冠冕堂皇，但早有人打下埋伏："一金买卷劳相赠，三木囊头怕作灾"——做好了作弊的准备，又担心东窗事发。点名时"唱名胥吏嫌难字，趁空余丁劫横财"——目不识丁的胥吏趁机勒索。入场之时，"墙角□坊添棘刺，看军搜拣带腰牌"——对入场士子以二搜一，如临大敌。待坐定号房，遇上怪题难题，有喜有悲，"师生侥幸欢□号，题目稀奇忒怪哉"。而居心不良者早就有对策了："□□不妨金许厚，咨询打点笑先开。□空天马真难得，地道人参送几枚"（此中"□"为标记古本中浸蠹不辨之字）——行贿作弊，如此而已。

乡试如此，童试可想而知，难怪《续修昆明县志》称这位孙髯自幼有奇气，早年应考童试，必须经过搜检才能进考场。孙髯愤然曰："这简直把士人当盗贼对待，我不能受此侮辱！"说完调头而去，从此不再参加科举考试，以布衣终老。

○ 荆闱"封门"之拜神祝鬼

乡试士子入场程序烦琐，考生数千，从八月初八早上开始，要到下午才能完全入场。下午六时，确定考生完全进场之后，三声炮响，监临发下朝廷专门制作的"龙虎封条"，将贡院所有大门从内封闭，称为"封门"。封门之后，即使有公文、信件，都不能递入递出,这又叫"一帘关节不通风"。据说曾有考生入闱后因急病身亡,也不能违制开门,只好在贡院的墙上打个洞,将尸体运出。

让人匪夷所思的是,士子入场完毕,贡院封门之前,还有一道极特殊的仪式:在贡院中心明远楼上供奉云南总督城隍牌位,云南府知府、昆明县令登楼用香烛纸帛致祭,旁边还站着两个巫师。知府、县令祭完总督城隍,这两个巫师就在明远楼檐下竖起一面黑旗,大声念道:"有冤报冤!有德报德!"念完还要烧化纸钱,然后收旗而下。知府和县令这才离开贡院,打道回府〔《纪我所知集》《云南掌故》)〕——堂堂国家考试,官方也做此拜神祝鬼之事,难以想象。

乡试要考三场,三场都不止一天,考生就得在号房过夜,旧时讲迷信,士子也未能免俗。但凡到天黑,鬼故事就来了。据说平时多做好事多积德,考场上就文思敏捷,如有神助,而做了坏事缺了德,就会遭报应,如半夜三更有披发拖舌的女鬼前来撕卷夺命之类。还说有考生祖上积德,本人行善,乡试答卷时太紧张,写字时少书一点,有一只苍蝇飞来拉屎,正好把那点补上,后来此人果然中举。那巫师高呼"有冤报冤!有德报德!"此其类乎?

乡试拜神,早在贡院初建之时。

保留至今的神羊獬豸雕像

云南贡院大门口有众神"伺候"

明清云南贡院还有座风节亭,提醒乡考士子保持气节为要

贡院明远楼下龙道设有龙门，门前有一对红砂石雕独角兽分立左右，名叫獬豸，是传说中的异兽，据说能辨别是非曲直，立其像于贡院之外，有求公正之意。而乡试临近，更要先行祭礼。孙髯《辛卯观诸生入闱》诗开头就有"积学也知非旦夕，祭神先拜疗河魁"之句。按当时惯例，乡试之前，贡院要举行仪式，祭祀魁星和关圣帝君，礼拜考生功德父母，祈求本次乡试顺利。据说魁星可保成功，关圣帝君可以驱恶，考生的功德父母可以补拙，计划十分周全。

民国《新纂云南通志》记载了一个传说：明崇祯十二年（1639年），安宁人陈达道参加乡试。这个陈达道是个大孝子，多次以身救父，父死后对母亲十分孝敬。乡试阅卷时，主考刚刚摈弃陈达道的试卷，顷刻之间，雷雨大作。主考十分震恐，担心遗漏了贤士，又把陈达道的试卷拿起来认真审阅，发现水平果然不凡，于是列为第一。后来陈达道做到贵州按察副使之职——可见乡试之前士子们求神拜佛，贡院封门之前知府、县令祭总督城隍，巫师祭鬼神，原来都是有原因的。

正因为乡试前途难卜，士子乡试前算命求卦的也不少。明嘉靖四十三年（1564年），鹤庆士子一行到昆明参加乡试，据说就遇见了一位空中神人。他们向神人打听此次乡试鹤庆有几个人能中举。神人展开龙虎榜，查阅一番后说了四个字："留下莫查。"这一年乡试中举的鹤庆人，果然就是刘仁、莫让仁、查伟三人。清初的建水人李建白也是个科举预测高手。据说清康熙二十年（1681年）昆明举行乡试时，有人问他谁能夺魁，李建白说："此人名字叫'节'。"乡试发榜，解元果然是一个叫赵节的人。李建白由此声名大噪。后来更有应考士子请他预测乡试的试题。那是康熙三十二年（1693年），有人问他乡试的题目，李建白说："不知。"来人再问，他说："不知，不知，又不知。"乡试开考，考题是《论语》中"孟武伯问子路仁乎"一章，"不知"两个字在其中出现了3次（民国《新纂云南通志》）。

○号舍士子待遇之"窨事"

按照成例，乡试要连考3场，3天一场，共考9天。士子应乡试，答卷、食宿，都得在号房内解决。为防有人作弊，号房原来全是空的，初进号房时，考生要自己去抬木板，搭成座位和写字桌，夜里在此睡觉、白天在此烧火做饭。三场连考，一共9天，考生就得在号房里住上9天。

应试不易，压力又大，当道者也是过来人，深知此中甘苦，加上为了出政绩，对士子也多有优待。据罗养儒记载，清光绪十年（1884年）以前，凡入场应试者，当局都要供应白饭、稀粥，还有两大个包子，两块煮熟的火腿，每块重达四两，并附送一个红泥小火炉，一个小瓦缸钵。三场考试都如此供应，让考生随时有热餐可用。

从另一个角度看云南贡院东号舍

最后一场考试正值中秋，又格外给月饼两个。大概供应过多，考生在场内紧张，也无心情享用，"不知爱惜食物"，后来改为每场考试"给银四钱"，让考生自备食物，但仍然提供小火炉、小瓦钵，终因不实用，于光绪二十六年（1900年）后就停了。旧时贡院西侧坡上小巷所制红泥风炉很有名气，成为昆明一大土产，想来与此有关。

有人计算过，考生应试一场"给银四钱"，三场考试可得银子一两二钱。按光绪二十九年（1903年）的物价，每斗上米售价为三两七钱之银，这一两二钱银子可购得上米22.8斤，大约相当于一人一个月的口粮，已不薄矣。但考生之中，也不乏面对试卷空叹"题目稀奇忒怪哉"之人，但既入号房，且已封门，不得出入，无所事事之余，便在试卷上画小脚、画美女，"或大书一二怪话于卷上"。

乡试最后一场为"策问"三道，类似今天的论述题。唯"问者直是一些虚而不实，空而复泛之设辞"，考生多半以空对空，"以一种似是而非、言不及义之辞语对之，故完卷极易"。才思敏捷者在中秋夜前就答题完毕，于是"坐而饮酒、食饼，赏月度中秋""竟有饮酒猜拳作乐者"〔《纪我所知集》（《云南掌故》）〕，虽有官员在外巡视，心知肚明，也不干预。第二天早上九时鸣炮开门，士子等便纷纷出号，交卷领签，背着考箱出龙门，贡院"扫场"，乡试全部结束。

○乡试"龙虎榜"之"照魁"奇观

昆明为云南省会，明代"子弟颖秀，科第显盛"，可与内地一较高低（明天启《滇志》）。据统计，清代云南全省科举录取举人6144人，云南府为937人，占15.3%；录取进士672人，云南府为154人，占30.4%。

云南乡试录取举人名额，清光绪年间为正榜64名，副榜10名。正榜第一名称"解元"，第二名称"亚元"，第三到第五名称"经魁"，以下均称"举人"，但资格没有区别。新中举人称"大新爷"，又称"孝廉公"。"副榜"待遇比"正榜"低半级，但仍可做官，可入国子监读书。

乡试结束，经过"弥封""誊录""对读"和"评阅"等烦琐程序，确定录取名次。大约10天之后，于八月二十五前后发榜。发榜之日，多选寅日或辰日，辰属龙，寅属虎，取龙虎榜之意；又因时值秋季，桂花盛开，也叫桂花榜。

所谓"誊录"，指考生以黑色墨书答卷，交卷后先封存，再由专人用红墨誊抄一份，"对录"校对后才送给房官，房官初选后交主考，在此过程中，考官不得接触原卷，防止以笔迹认人，从中作弊。最后由主考定下正榜和副榜中举者，接下来就填榜了。

科举得人失人，全在考官。清康熙二十九年（1690年），翰林院检讨李澄中主考云南乡试，京中学官事前拟出滇中才子22人名单，乡试结束之后，拿来和"登科录"一一比对，被李澄中选拔的就有18人，可见其秉公执法，慧眼识才。清同治九年（1870年），翰林院编修王先谦任云南乡试副考官，按照当时的规定，录取时由正考官决定奇数名次，副考官决定偶数名次。王先谦读过一考生的试卷，非常喜欢，列为第二。有的同考官不以为然，王先谦说："答卷者肯定是个品学出众之人，不信就看结果吧。"发榜一看，答卷者叫许印芳，果然是个博学之士，声望很高。事后许印芳来拜见，王先谦还赋诗相赠，以资鼓励。清光绪二十年（1894年）举行的乡试中，剑川童试第一名、号称"龙首"的赵式铭愤于列强侵略，答卷时一反常套，放言评论时事，虽得房考官欣赏，但被主考官张建勋所废，后来有官员主持公道，赵式铭才得了个"副榜"功名。

清代填写龙虎榜也有独特而隆重的仪式，总督、巡抚、布政使、按察使、提学使和两位主考及乡试事务官员齐聚衡鉴堂，设案端坐，以示公开公正。大堂正中铺着待写的乡试龙虎榜，其宽三丈多，高近六尺，榜头画一龙，榜尾则绘一虎。堂上有官员当众拆封中选试卷，核实中选者姓名、籍贯，然后交书吏唱名，再由各大衙门书吏写榜。各位大员从旁监督，以示无诈。填榜时还有裱糊匠、裁缝各一个站在堂外伺候，如书写有误，即召裱糊匠挖补，裁缝则将挖补之处熨平。

填写龙虎榜须选吉时，鸣炮三响，按例先从第六名填起，取"禄位高升"之意，被称为"开榜举人"。以后从第七名顺序而下，填写到最后一

清末昆明街头的"中举喜报"和背柴人，立显"万般皆下品，唯有读书高"

名。然后掉回头来填写第五名,称"五经魁"。填到此时,时已入夜,又鸣炮三声,堂上突现奇葩之事,公案左右上下,突然冒出上百人,手持数百支燃烛,蹲在公案前,烛照填魁,名曰"照魁",又称"闹五魁"。据说清乾隆皇帝曾化名应顺天府乡试,得中第五名经魁,所以"五经魁"非同凡响,照填五经魁之烛更其宝贵,大吉大利,得之能驱邪除魔。此闹沾有"皇气",在座官员乐得如此,也听之任之。五经魁大名填写完毕,"照魁"之烛也随之熄灭,被众人抢去做吉祥物,"照魁"之人也一一回到案下。

此后继续填榜,从五经魁后倒填而上,经魁出于哪一房官(初阅试卷的同考官),就取来红烛一对,放在这位房官案前,以示荣誉。从第四名、第三名到第二名,最后才书第一名。写到第一名时,又鸣炮三声,正榜全部填写完毕。此后再填写副榜。云南副榜仅有10名,榜纸较小,字亦不大,很快填完,加盖督抚大印,座上官员退出。再卷起龙虎榜,安置在黄绸彩亭之中,但听三声炮响,贡院门开,抬之而出,前有鼓乐仪仗开道,兵丁护卫,府县官则乘轿随行于后,送到巡抚衙门前,张贴在大照壁上,早已等候在此的士子一拥而上,"来看榜者不止千人"〔《纪我所知集》(《云南掌故》)〕——三年一度的大悲大喜就此开始。

据民国《续修昆明县志》和《新纂云南通志》所记,明嘉靖元年(1522年),大理人赵汝濂到昆明应考乡试,和朋友到进耳寺游览,据说在路上遇到一个道士,把赵汝濂拉到松树下,从袖中取出一张大纸说:"这是今年乡试的龙虎榜。"赵汝濂一看没有自己的名字,叹息道:"看来我是没有希望了。"道人说:"你是正直之人,怎么能榜上无名。"于是又看了一遍榜上之人,指着第三名说:"此人品德恶劣,就把他换成你吧。"并马上挖补,改为"赵汝濂"三字,并盖了三道大印。乡试揭晓之日,龙虎榜填到第三名,主管者有点犹豫,有人在旁提醒:"此人出身仕宦之子,富于才名。"主管说:"果然如此,取他为第三名,就显得有私心了。"于是下令把此人的名字挖去,用第四名替补,这个替补者正是赵汝濂,也盖上了三道大印。历史上真有个赵汝濂不假,中举10年之后,他又高中进士,做到太仆寺卿、都察院右副都御史等职。但道士预测应验等等,传说而已。

清代滇中"科举迷"不少。乾隆三十二年(1767年)乡试,滇中"年老士子"舒联元、熊文炳、向洙、黄元赞等四人赴试未中,但总算"妥协完场"。云贵总督富纲奏报乾隆皇帝弘历,弘历念这几个老人"年逾八旬"而"踊跃"参加科举考试,实为"艺林盛事",四位老人都"赏给举人",并准许赴京参加会试,以表示对高龄人才的重视(《清实录·高宗纯皇帝实录》)。清道光年间,富民有个老秀才叫张联镳,80岁时被任命为元谋县学的训导。他老人家仍然勤勤恳恳地干了两任之久,后来活到95岁逝世(民国《新纂云南通志》),非常不容易。

○庆功"鹿鸣宴"上的"儿戏""滑稽戏"

乡试后几天,云南巡抚衙门要举办"鹿鸣宴"。这是为新科举人而设的庆功宴。之所以叫"鹿鸣",一说因宴会上要唱《诗经·小雅》中的"鹿鸣"之诗来祝贺新科举人;一说"鹿"与"禄"谐音,有升官发财之意。

鹿鸣宴起于唐代,而为清代沿袭,一般情况下在巡抚衙门举宴,以正主

晚清云南三才子:从左到右为李坤、施汝钦、袁嘉穀,三人科场得意,高中进士,袁嘉穀更为云南破天荒地摘下"特元"桂冠,民间称之为"状元"

考官居中,副主考官居左,担任乡试监临的巡抚居右,同考官在旁落座。主考官和巡抚身着朝服,先行谢恩礼,继而新科举人谒见考官,然后依次入座开宴,演奏《诗经·小雅》首篇的《鹿鸣》诗,接着跳"魁星舞",再共享佳肴、相互祝贺等等,公事公办,一本正经。

有学者说清末鹿鸣宴仅存形式,宴席非常简单,新科举人大多不参加。但据罗养儒《纪我所知集》(《云南掌故》)记载,清末昆明的鹿鸣宴完全是另一个模式。初看昆明鹿鸣宴很隆重,开宴时巡抚衙门的大门外要升炮三响,巡抚大人、司道官员、八位房考官都要出席,堂下端坐新举子正副榜74人。巡抚入座后,新举子要向上拱手三揖,然后退而入座,皆彬彬有礼。但开宴上菜之时,让人想不到的闹剧就来了——送到主考、巡抚等官员案上的是上等佳肴,无不可口,而送到新举子席上的却是"极其特异之物":八个大碗,看上去花花绿绿,但都不堪入口。碗内装满泥沙,外面封着红纸,上插一根竹签,竹签上穿着一串油炸面品,也用镂空的红纸花罩住。完全是"供人赏玩之物",怎么可以入口?据说历来的鹿鸣宴无不如此,罗养儒也叹为观止,称:"真堪认此一宴等于一种儿戏。"

不仅如此,且更有奇异之事:新科举人就座后,每一椅后必站定一人,每一桌下必蹲有一人。乍然看去,真不解其所为何事。宴会时,上面官员与下面举子只同坐三五

分钟,头门外即鸣炮三响,宣告宴会结束。有人马上把新科举人面前陈列的"极其特异之物"抢走,蹲在桌下的人随即顶起桌子就走,椅子后面的人则把椅子抽去,抬起来就跑,不少新科举人猝不及防,竟跌坐于地。罗养儒再叹道:"简直就是一场滑稽戏。"

如今看来,争抢鹿鸣宴上新科举人享用之物,大概也就是图个吉利。但堂堂巡抚大衙之内,鹿鸣盛宴之上,竟容得如此"儿戏""滑稽戏",真让人叹为观止。然而罗老先生说:"此为余身所经历、目所见到之事,复丝毫不诬,故特写而出之。"

○科场"大挑"之"品貌"

乡试出了新举人,国家就发给20两牌坊银,还要发给衣服帽子。在云南,每个新科举人发给绒缨帽一顶,雀顶一个,贴金箔十张,缎靴一双,束带一条,袍一件,披领一个(清道光《云南通志稿》)。此外还有匾额一方,可以悬挂在家宅大门上,门前还可以竖立牌坊,以光宗耀祖,并从此步入官场。不过,如果要做大官,还得第二年赴京参加会试,博取进士。云南地处僻远,赴京赶考不易。清道光二年(1822年),昆明举人尹尚廉赴京参加会试,搭乘京铜运输船只北上,半路遭遇大风,结果船翻人亡。清光绪十五年(1889年),晋宁举人李承祜、李承祐兄弟结伴赴京赶考,双双落榜之后,李承祐在京逝去,李承祜把弟弟的棺材带回家乡,从此隐居著述,不再想进取官场之事了。

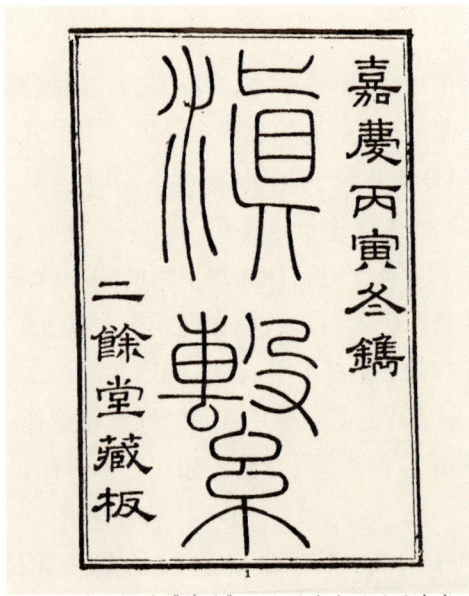

师范编撰的《滇系》,也是本书的重要参考书籍

和乡试比起来,会试难度更高,竞争更激烈,而且还有个殿试,进士不可轻得。更不用说,其中还有不少"潜规则",远在"天末"的云南举人未必能适应。

清光绪十五年(1889年),昆明举人钱鸿遑赴京赶考,通过了会试,正等待殿试,关键时刻,所带旅费用尽,只好拿出珍藏的钱南园书画托人出售。担任主考官的是一位尚书,他见了这些书画,十分喜爱,托人对钱鸿遑说:"如果你肯把这些书画送给主考官,接下来的三场殿试就没有问题了。"钱鸿遑正色道:"科举考试是朝廷大典,我算什么人？岂敢徇私。为了避嫌，请把书画还给我。"那人又说："不行的话，可以卖给主考官。"钱鸿逵说："别的人可以卖给他，主考官不行。"主考官犹豫了几天，归还了书画。殿试结束，钱鸿逵得了个候补知县的进士，后又改为教职，回到云南任丽江府教授，再后来到日本考察学务，兼任云南留学生监督，竟死在日本（民国《新纂云南通志》）。

如果会试一而再、再而三还中不了进士，也可以降格以求，先到吏部注册，参加若干年举行一次的面试，这叫"大挑"。通过"大挑"也可以做个小官——无论如何，还是有官可做的。

"大挑"是"大臣挑选"的简称，不考文字，只看相貌。用罗养儒的话来说，就是"只取其人之气宇恢弘和精神饱足"，看似容易，其实也难。"大挑"在保和殿前举行，主事者是皇上任命的两三个亲王或郡王，以排除法行事。届时让应"挑"者每20人为一班，列队进场，跪成一排，亲王等高坐内阁。上面照单点名，下面应声作答，亲王等一一端详，"品貌姿态"，先剔除8个"寒削萎靡、凶狠精恶"之辈，"令其起而去之"，此8人称为"八仙"，意即铁拐李、张果老之类，自此与做官无缘。剩下12人，先取"纯和谨饬"者8人，可以委任教职，做教谕、学正等官，这叫"二等补用"。最后剩下的4人，则可选任"足以临民治事"的县令、州同知等官员，这叫"一等补用"——所谓"大挑"，如此而已。罗养儒曾讥讽道："此种推选亦无其标准格式可言，要不过看各人之官星能否发现也。"〔《纪我所知集》（《云南掌故》）〕

据说朝廷"大挑"也并非全凭感觉，自有一套标准，即看脸形和身段，以"同田贯日"者为上品——"同"指长方脸；"田"指四方脸；"贯"指头大、身直、体长；"日"则指长短肥瘦适中。相反，"身甲气由"者则为下品——"身"指体斜不正；"甲"指头大身子小；"气"指单肩高耸；"由"指小头大身体。这个标准甚至在官员任满赴吏部考核时也用得上，"同田贯日"者易考核为上等，"身甲气由"者就难入上等了。近代《新纂云南通志》提到昆明通过"大挑"进入仕途的官员，总要形容一下他们的风度神采，说一句"风裁凛然"之类，大概与此有关。

清乾隆三十九年（1774年），云南著名学者师范到昆明参加乡试，考得第二名。但先后参加了7次会试，却7次落榜。后来虽然通过了"大挑"，却被归于"纯和谨饬"之类，屈居二等，只能回到云南做剑川县学官，后来因为立下军功，才得升任安徽望江知县，这已经是经过"大挑"的举人做官的极限了。清乾隆四十六年(1781年)，昆明举人余萃文"大挑"得了一等，得任江西会昌知县，也是个"顶格"任职的例子。

清咸丰年间，天下大乱，几个昆明举人有幸通过了"大挑"，却不幸成了悲剧主角。清咸丰三年（1853年），昆明举人庆桂森得了个"大挑"二等，可以担任教职，回乡时路过河南意外被杀。昆明举人傅士珍也得了个"大挑"二等，先任教职，后来因为有功，升任山东冠县代理知县。清咸丰四年（1854年）三月，傅士珍抵抗太平军进攻，全家被杀。昆明举人范守恒为"大挑"一等，做到直隶（今河北）曲周知县，清咸丰十一年（1861年），被捻军围城擒杀。

也有的人经过"大挑"当了官，又接着考中进士，为自己打开仕途的快速通道。清乾隆年间的安宁举人杨昭，参加"大挑"被列为二等，到寻甸县学当了个训导。乾隆五十四年（1789年），杨昭又考中进士，马上进翰林院做了庶吉士，后来任户部员外郎、监察御史、工科掌印给事中等职（清道光《云南通志》），官至五品，非昔日县学教师可比也。

○捐纳官："正途"之外的"异路"功名

清雍正年间通过"捐官"做到云贵总督的李卫

古代通过科举做官为"正途"，在此之外，通过捐纳钱款做官称为"异路"，一"正"一"异"，大相径庭，但都是"功名"，都是通往官场之路。捐纳又称赀选、捐输、捐例、开纳等，民间直接叫"捐官"，就是朝廷卖爵卖官，弥补财政亏空。士民认"捐"而朝廷笑"纳"，士民得"沾官"，朝廷得银子，一笔交易。

捐纳始于秦代，延续到清代，并"完善"为一个全面的制度。通常分为"常捐"和"大捐"："常捐"只是捐个出身虚衔，捐个封典，捐个穿官服的待遇，戴上红顶、黄顶、蓝顶的官帽。"大捐"则可以捐得知府以下的官职，当然，做官做得皇上满意，还可以再升，那是没有限制的。清代后期内外交困，朝廷财政压力越来越大，捐纳的范围一扩再扩，官场上凡是能卖的都"入市"了：想当官的自然可以"捐官"；被罢官免官又想复职、该退休了不想退可以"捐复"；嫌官做得小想升官可以"捐升"；副职做久了想做正职可以"捐正"；升不了官职转念升官级可以"捐级"；候补官员想"插队"担任实职可以"捐补"；不要官位只要官衔可以"捐衔"；想参加科举乡试没有资格想弄个国子监的"监生"文凭可以"捐监"；当官的犯了罪要减、免处罚可以"捐减"；死了以后想要个官方封典可以"捐典"等等。

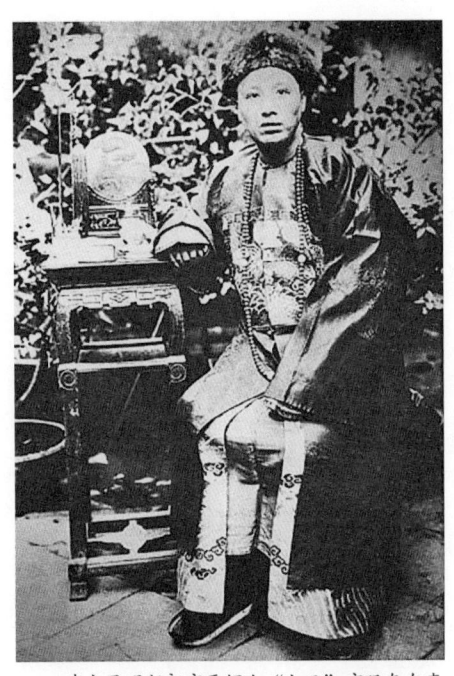

清末昆明新郎官要捐个"九品"官服套在喜服外，以示有地位，有面子

捐官是"朝廷行为"，全国统一管理，明码标价，公开出售，收入统归国库。"捐官"的价码各个时期不同。清乾隆三十九年（1774年），朝中六部的五品郎中，开价银9600两；六品主事，开价银4620两；地方四品道员，开价银16400两；四品知府，开价银13300两；五品同知，开价银6820两；七品知县，开价银4620两；八品县丞，开价银980两。

清代"纳捐"政策深受欢迎，士民反映踊跃，纷纷捐官买爵。朝廷也敞开供应，来者不拒。于是各种"异路"官员大增，甚至超过了"正途"官员，占到了中下级官员的六成以上。由于捐官太滥，后来就不值钱了。到了清光绪二十六年（1900年），郎中降到银子2073两，主事降到1728两，道员降到4723两，知府降到3830两，同知降到1474两，知县降到999两，县丞降到210两。到后来的昆明，捐官的价钱更降到"府同知"银700两、"知州"银500两、"州同知"银300两等。即使廉价如此，朝廷每年也有不少进项，清宣统二年（1910年），清廷甚至把"捐纳"收入列进了国家财政预算，共计565万两。

在捐来的"异路"官员中，也有一些深得朝廷青睐的清官能吏。如清雍正初年从云南监驿道员起步做到总督的李卫，就被皇帝视为全国三大模范总督之一，而这三大模范总督没有一个是进士出身的"正途"官员。但总的来看，清朝捐纳制度越来越滥，越来越坏，问题严重，后患无穷。

清代民间有这样的谚语："捐官做，买马骑"，可谓一语中的。买一个知县要4600两银子，但薪俸只有45两。为了尽快"回本"，不少人就收受贿赂，剥削百姓，"千里为官只为钱"，借助权势，大捞好处，一发而不可收拾，所谓"三年清知府，十万雪花银"是也。于是又有"遍天底下买卖，只有做官的利钱最好"的说法，还出现了"众商伙捐"的现象：几个人约定，共同投资，由一人捐官，得利之后，再由众人"分红"。另一方面，不少"捐纳"款被收归"内府"，成为皇上的"私房钱"。上梁不正下梁歪。在不少地方也出现了封疆大吏瓜分"捐纳"银两的弊端，云南官府也把不少"捐纳"充作文武官员的补贴。如此连锁反应，于是贿赂公行，贪污成风，上行下效，见怪不怪，吏治腐败，盗贼四起，严重的政治社会问题随之出现。

清王朝为解决财政困难，长期搞"捐官"，只认钱不认人，毫无限制，三教九流，愿者上钩，造成大量冗官冗员，官员整体素质下降，被百姓称为"灾官"。朝廷并非不知道问题的严重性，清光绪后期曾一度宣布停止捐纳，但因战争赔款数额巨大，新政经费没有着落，不得不重新实行捐纳。加上废八股、停科举，"正途"一断，大批书生都挤到"捐官"的"异路"上来，买官卖官成了"最后的疯狂"。朝廷为筹钱，"捐纳"一再滥价，昆明人罗养儒也惊呼："真便宜极，国中人士几乎无一不欲出而做官也。"当时有俗语称："婊子多，驴子多，候补道多。"还有民谣唱道："明末无青草，清末无白丁。"都是清代末世社会、官场乱象的生动写照。

每逢乱世，朝廷的财政就特别紧张，特别想搞"捐纳"聚财。但乱世之中，官员容易成为攻击目标，愿意出头做官的人少，更不用说去花钱买个官来做。于是，官府就特别注意表彰那些"死难"的"捐官"。在清光绪《云南通志》中，就收录了好几个在战乱中"忠节"而死的昆明"捐官"：昆明九甲秀才石生辉捐了个儒学训导之职，在战乱中"阵亡"，全家二十余口"殉难"；昆明人卜嘉乐捐了个知府经历（相当于知府秘书长）的官职，同样是"阵亡"；昆明人周振玮，捐了从九品的官衔，结果也是"阵亡"；昆明人牛树勳捐得个通判之职，后来因功得了个同知衔，结局还是"阵亡"。

在昆明，平时捐官的一大群体是商人。据老人们回忆，那时做生意不捐官就吃不开，不但生意场上难得站稳，就是发了财也难得保住。不如拿出部分钱财捐个功名，做个"红顶商人"，可以提高身份，见了大官可以不叩头，也不受胥吏衙役的欺负和骚扰，在商场上先声夺人、高出一筹，何乐而不为？云南同庆丰老板王炽有"钱王"之称，历史上多次捐款垫款"助官"，获封"资政大夫、二品顶戴候选道员"、特赏"三代一品封典"，其父亲、祖父、曾祖父三代皆获赏赠荣禄大夫，其母氏三代皆获赏赠一品夫人。王炽的长子王鸿图是清末云南商务总会第一任总理，捐了个二品道员、四品京堂；他的副手、云南商务总会协理马启元另辟蹊径，捐了个二品武职副将的头衔，又得授建威将军，花翎补用副将加三级等，已经到了正一品，真是见了总督、巡抚都不用磕头，直可称兄道弟了。当时光华街上"聚升号"灯笼铺的老板陈华彰也捐了个七品官衔，得了一顶花翎官帽。至于民间，一般有钱人家娶媳妇时也会花个几十两银子，为新郎捐个九品、从九品之衔，好穿上一身官服，风风光光地出席婚礼。家里老人过世，也会出钱买个典封，让老人最后风光一把。

老官场

往昔国人有言,官场如戏场。诚然。粉墨登场,重台步,重表情,重唱腔,用锣鼓壮其声色,用弦索鼓板壮其音节,稍不合法,台下人即指摘交加,所以台上人一举步,一开口,都不可不慎。彼在官食禄者,又何尝不似戏台上人,于一切行为动作上,无不翼翼干干也。

戏台上开台演剧，必先打锣鼓闹台，再打加官（贺喜），然后有正戏出场。官府到任，上而督抚，下而州县，必先拜阙、拜印、拜仪门，然后升炮坐堂排衙。此而以与戏场相较，其形色上虽有所不同，在规矩礼节上，又无不同也。故以官场犹戏场之一言，为十分正确。

——罗养儒〔《纪我所知集》（《云南掌故》）〕

○新官上任"接印"排场

清末新官到昆明上任,无论是云贵总督、云南省巡抚、云南府知府(辖今昆明市一带)、昆明县知县等等,但进衙门,必先拜阙、拜仪门,然后升炮、坐堂、拜印、排衙,场面极为隆重。旧时所谓"新官上任三把火",头一把火多半在此时就"烧"起来了。

新官入城,必乘官轿,摆开仪仗,吹吹打打,自东而来,至于衙门,这叫作"紫气东来"。一班官员衙役,早已在此迎候。新官下轿,却不忙着进门,要先在衙门前的八字门墙前绕上半圈,这叫"兜青龙"。

进得衙门,新官要向黄色木亭或案桌上大书"北阙"二字的牌位行三跪九叩的大礼。"北阙"指皇宫,这次三跪九叩叫"拜阙",意思是"叩谢圣恩",不能不隆重。此后来到大堂月台下的木牌坊仪门前,也得三跪九叩,这叫"拜仪门"。仪门门额上赫然挂着红底金字大匾:"尔俸尔禄,民膏民脂,下民易虐,上天难欺"。这"十六字真言"出自康熙皇帝之手,算是对上任新官的一个提醒。

这一下,新官要升堂了,这叫行"公座"礼。首先要"发梆"——敲梆子。"头梆"敲七下,表示七个字:"为君难为臣不易";"二梆"敲五下,表示五字:"仁义礼智信";"三梆"敲三下,表示三字:"清慎勤"。三梆敲过之后,新官升堂之时,还要敲三下堂鼓,又表示三字:"奉圣命"。仪式设计者当然期望敲梆振鼓之时,新官会默念其辞,体会其意,以为自警。但新官此时作何想,就天知地知了。梆、鼓敲过,新官升堂,据公案而正坐,公案上有朱砚、笔架和锡制签筒,公案右

清末昆明官员在城边翘首以待新任云南总督

官员在通京大道的村口等候新任云南总督到来

官员在通京大道上迎候新任大员

清末官方仪仗队在金碧坊下准备迎接新官到任

边放置印架，架上放着包裹黄布的木印盒子，盒内空空如也。案上还放着同样用黄布包裹的朝廷封诰，里面裹着的却是一节木棒。新官坐正之后，所属官吏进入，向上拱手一揖，站在一边，叫作"参堂"。参堂之后，就敲云板、擂堂鼓而"排衙"了。此时要擂三下堂鼓，仍表"奉圣命"三字；然后再敲五下，表示"本官掌坐堂"五字。

接着要"验印"。由司印官员验明印信，查得官印铸造年月和铸造局相符、印面无缺角少字、印纽完整，然后交接，两边众人齐声参贺。贺后点名，点到者高声呼应出列，官人躬身行礼即可，吏人要跪伏叩头。新官从此对手下官吏有了个"第一印象"，常常会来个下马威，挑个毛病训话，如应到声太小、礼节不到位、仪表有欠缺等。

退堂前还有一个重头演出：属官们会捧出两幅红纸，左书"上任大吉"，右书"禄位高升"，请新官"标朱"——用红墨画圈。新官提笔在每个字上画一个大圈，然后打开印信盒子，取出官印，在每两个字的中间盖印，用印时从下而上。左边一幅，盖在"吉"字之上时，高呼"吉——"；盖在"大"字之上时，高呼"大吉——"；最后盖在"任"字上，就高呼"上任大吉——"。"禄位高升"一幅也如此盖印，如此高呼。印盖完，"禄位高升"也喊过了，属官就把两幅有字有印的红纸贴在大堂的麒麟门上〔《纪我所知集》（《云南掌故》）〕。最后是四声退堂鼓，表示四字："叩谢皇恩"。众人拱手一揖而退，新官先入后堂，然后属吏列队而出，大家都松了一口气。

此后新官上任的例行公事还有不少，要到城中孔庙、关帝庙、文昌帝君庙和城隍庙拜神拈香；到所属银库、料库、粮仓清仓盘库；到所辖区域阅城巡乡；到男女监房、监押场所清厘监狱；按卯簿花名册对簿点卯等，以示交接。然后开"观风试"考试生童；悬牌告示何时接收诉讼；回拜缙绅、回赠名帖等等，都被称为"例行之事"，多半走过场而已。

○"父母"官、"公祖"官和"曾祖"官

清末靠在拓东路真庆观外墙上的这块"头品顶戴"高脚牌,就是总督级别的"大公祖"使用的

清末新官上任,一个不可少的程序是接受地方乡绅的拜访,对有的人物还得登门回拜,以示尊重地方,尊重民意。绅之见官,如何称呼?并非一声"大人"就可以了事,而要以长辈名分尊称。至于"长"到哪一"辈",得看官位的大小。据袁嘉毂《滇绎·池北偶谈》所记,清末乡绅见了本地州官和县官要称"父母",而见了更高的本地官员,如巡抚、按察使、司道、知府等,称呼也随之升格,称之为"公祖"。袁嘉毂还补充了一句:这是明朝留下来的旧例。

明代云南进士张志淳在《南园漫录》中也记载道:当时的士大夫称本地的府、州、县官为"父母大人",从此又扩大范围,甚至邻近的府、州、县官也被称为"父母大人",甚至官府中的刀笔属吏也进入了"父母大人"之列。同时还不断升级,州县官既为"父母",知府比州县官大,要称"祖父母",而布政司又比知府大,更要称"曾祖父母"。张志淳是进士出身,居官场30年,历经成化、弘治、正德三朝,最后做到南京户部右侍郎,也是个部级高官,对官场十分了解,对此类称呼另有看法。他在《南园漫录》中引经据典,摘句《尚书》《诗经》《大学》《孟子》等儒家经典,认为"父母"二字,本来都是称呼君主的,有"天子为民父母"的意思,而州县官也称"父母",等同于天子,已经是"僭越"了,府官更称"祖父母",省官称"曾祖父母",更没有天理。当时俗称天子也叫"爷爷","爷爷"就是祖父——天子也不过是"父母",顶多也就是"爷爷",而地方官员就敢称"父母"、敢称"祖父母",把"天子之称"加在自己头上,甚至于敢称"曾祖父母",这已经不是僭越,而是凌驾于天子之上了,那还了得!

事过七八十年,到明代的万历年间,谢肇淛在《滇略·俗略》中说,当时云南百姓称呼官员,太守以下都叫"父母";监察、司道以上都称"祖"。南明永历二年(1648年),大西军进逼昆明,声言顺我者生,逆我者死。昆明守城无力,人心惶惶。城中一班绅士耆老,相约恳求巡抚吴兆元迎降大西军,以保全城中百姓。吴

兆元说了一句："守城为上策。"乡绅们跪在地下大哭道："求老祖爷救一城百姓生命。"吴兆元长叹一声，曰："就依你们吧。"（清《滇南纪略》《行朝录》等）此中"老祖爷"就是谢肇淛《滇略》中的"祖"。见之袁嘉毂的《滇绎》，直到清末，仍基本如此。乡绅称州、县官为"父母"，称巡抚、按察使、司道官员、知府为"公祖"，但"曾祖父母"的称呼已经没有了——"今不闻有此称矣"。

袁嘉毂认为这是张志淳的功劳，可见张志淳的《南园漫录》风行之广。但直到清亡，张志淳抨击的"以《诗》《书》所称天子之称加于府州县之臣"仍然存在、可见积重难返，积习难改。

谢肇淛的《滇略》把"父母"官、"祖"官等称呼列为云南习俗则有误。明清称地方官为"公祖""老公祖""大公祖""公祖父母"等，并非云南、昆明独有。明代有《水浒传》、清代有《桃花扇》，所写均非云南，而此类"祖"称比比皆是。谢肇淛又说云南"民呼官"为"父母"、为"祖"，归结到百姓身上，这也不公平。还是张志淳的《南园漫录》一语中的：此中弊端，缘于乡绅有求于地方官员，所以有此不合情理的称呼而不以为耻。这些乡绅多是退休高官，有的还有"居乡奏事"之权，加上功名在身的士人、身家巨万的富商、坐地一方的土豪等等，这些人在地方上树大根深，有钱有势。官员行政行事，也少不了他们的支持，如果不来一番躬身"亲民"，表示"俯仰民意"，以后的日子也不好过。而乡绅们要巩固自己的地位，发展自己的势力，更离不开官府的支持。这样，二者的结合就有了深厚坚实的基础。其中"父母""祖公"之类，不过是其间的润滑剂而已。清末昆明发生教案，总督丁振铎把责任推到乡绅陈荣昌身上。这位老进士愤愤不平道："不必追究大公祖失于察觉，也不要连累痛恨洋人的昆明绅民，杀我一身以谢洋人就足够了！"——此之"大公祖"，指的就是总督大人丁振铎。

张志淳认为，现官和乡绅，互有所求。见官必称"父母大人"和"公祖大人"的乡绅，图的是"外得忠厚之名，内取身家之利"，被称为"父母大人"和"公祖大人"的官员则"外托尊崇之名，内获结托之利"。两大既得利益集团相互勾结，各有所得。于是"父母""祖公"不绝于口，一个有意吹捧，一个有心受捧，全社会都受到影响，普通百姓也跟着叫起"父母大人"和

按照当时的潜规则，清末云贵总督丁振铎就是"大公祖"级别的高官了

"公祖大人"来了。但是,如果情势有变,"一不得利",现官和乡绅就反目相向,"明劾暗构,造谤诋毁,无所不至",所谓"父母之义"就荡然无存了。

张志淳《南园漫录》中所谓"俗称天子亦曰'爷爷'",这个"俗称"直到今天还听得到,多半叫的是清代皇帝,如"顺治爷""康熙爷""雍正爷""乾隆爷"等等,只是没听说过"光绪爷",反而是那位垂帘听政的慈禧太后做了"老佛爷"——至于民国时期满大街的"老爷"和"少爷",不知算不算数?

○腊月"封印"、正月"开印"和"官印驱邪"

清光绪年间的云南巡抚官防大印

清末官府也有"春节大假",这个大假从腊月到正月,长达30天之久。而且放假收假都有仪式:放假仪式叫"封印",封存官府大印,从此停止办公。时间在腊月十九至二十二之间,由朝中掌管天文历法的钦天监确定一个"吉日",奏明皇帝之后,颁示天下衙府统一封印。收假仪式叫"开印",即启封官府大印,从此正常办公。时间在农历正月十九至正月二十一之间,也由钦天监确定"吉日",天下衙门即开印办公。

因为封印、开印都是天子恩准之事,各地府衙门还必须举办隆重的仪式。封印仪式举行的当天零时,就安排专人把官印放进红木雕刻的印匣,再用杏黄色绸布包好,打上印结——当然是活结,不是死扣。然后将龙亭抬上大堂,将大印安放其中,紧闭大堂,派专人看守。四更之时,衙门内外早已张灯结彩,本衙官员穿戴整齐,齐聚衙门口,主官朝服鲜明,立于正中甬道上,文武官员分列左右,执事人员排列于后。五更时到,击鼓三通,大队官员鱼贯前进,来到仪门之前,主官行三跪九叩之礼。此时鼓响五声,鸣炮三响,主官继续前行,在大堂前月台正中三跪九叩,谢恩皇上。属官静立月台之下,吉时一到,便一齐跪下谢恩。又有执事人员禀告"封印大吉",并取出两张红纸,一书"封印大吉",一书"禄位高升",贴在大堂上。此后鼓声再响,众人退下,封印仪式结束。

当时俗语称:"腊月里,整一年;封印后,官事完。"此时各衙府主官要宴请属官属吏,大放鞭炮,开怀畅饮,庆贺岁末,还要走访民间,体察民情等。

早年有"官凭印信"之说，官府封印之后，即停止运作，于是有人乘机作奸犯科。清末风雨飘摇，内外多事，云南乱象尤多，官府停摆一月之久，如何了得？祖训不能改，现实也得应付，于是又有了变通之法。据昆明老人回忆，封印期间，不少官员仍然坐堂，大堂两边照样贴着"封印大吉""禄位高升"的红纸，"实则日日用印，日日在发公文，事件上不无冲突"。而变通之法，是在印戳旁再加盖"预用空白"或"遵印空白"的木戳印记，以示为非常时期的非常处理办法——繁文缛节，"尤极近滑稽"〔《纪我所知集》（《云南掌故》）〕。

位于昆八中老校区的云南巡抚衙门遗址

如此 30 天后，春节大假结束，又有开印仪式，程序和封印大同小异。封印期间用过的印又被黄绸结扣，拿到开印仪式上解开。据说开印时必须单手操作，一抖即开，表示封印为活结而非死扣，大吉大利。如果操作者"抖"得漂亮，还会博得喝彩，得到衙门主官的奖赏。

明代昆明官府"开印"时还有一场闹剧。当时的人都认为，"开印"取纸盖个戳，拿回家贴在门上，可以避邪。相传民间有妇女中了邪，想尽办法都赶不走。后来在这位妇女的衣服上盖了个印，当天夜里鬼邪就被赶走了——此可谓"鬼怕官府"是也。从此每年"开印"之时，衙门上下，从属吏、衙役到仆人，都要拿张红纸来请求盖上一戳。就是衙外百姓，也千方百计托请衙役代为盖戳，竟有"千百计"之多。《滇略》的作者谢肇淛也感叹说："官印本为朝廷名器，竟被看作巫师的符箓之类，完全是一种亵渎！"——谢肇淛身为云南右参政，不知其"开印"之时，是否也入乡随俗，让手下盖戳避邪？

○官衙"护日""护月"仪式

封建帝王当朝，皇帝为日，皇后为月。日有日蚀（食），月有月蚀（食）。日蚀则皇帝有难，月蚀则皇后有恙，都是不得了的大事。于是天下人臣就有"护日""护月"的大忠之举。护日、护月就是护皇帝、护皇后，于是仪式就不可少，而且非常隆重。

清末朝中掌管天文历法的钦天监已经十分厉害，对日蚀和月蚀的时间都能判个八九不离十。明知日蚀、月蚀是太阳、地球、月亮在运行中互相遮掩所产生的

清末昆明城里的官府衙门

昆明日全食影像

自然现象，但为朝廷所需，钦天监仍故作神秘，视为天机，预兆吉凶，以利统治。钦天监算准时间，再由礼部告知天下衙门，届时举行护日、护月仪式，以求吾皇万岁，国泰民安。

清末昆明举办护日、护月仪式的衙门有两个，一个是总督衙门（今胜利堂址），参加的官员有总督、藩司、粮道和云南府知府；一个是巡抚衙门（今如安街老昆八中址），参加的官员有巡抚、臬司、盐道和昆明县令。接到礼部通知，督、抚两衙门要提前在本院仪门到大堂之间张灯结彩，搭设花门彩棚，日、月食到来那天，还要在仪门内放置一面金漆大鼓，在大堂前的月台上摆上香案供品，案前陈设各官的拜位，台下则摆放丝竹管弦乐器等。管理佛教事务的僧纲司官员率领一班僧人，管理道教事务的道箓司官员带着一班道士，都提前到达，准备护日、护月。作为云南的特色，受命前来的还有印佛僧，就是彝族的毕摩巫师。

总督和巡抚各自率领所属官员，身穿取下挂珠彩饰的元青大褂素服，在各自衙门排列整齐，等候在堂下。先由衙门负责天文历法的小吏阴阳生预报日蚀或月蚀的时间，一时礼乐齐奏，众官面向日、月，行三跪九叩之礼。此时日、月初亏，院中三声炮响，众人敲鼓击铙，念诵经文，在大堂前的月台上反复绕行，一时锣鼓喧天，热闹非凡。待到日、月亏尽之时，也由阴阳生通报，衙门再次鸣三炮，官员再次三跪九叩，礼炮三响、锣鼓齐鸣，与僧人、道士、毕摩反复旋转环绕。直到日、月完全复圆，还要三跪九叩一回，才告结束。

官府护日、护月之时，昆明城中百姓，尤其是小孩，听到衙门炮声锣声鼓声齐鸣，也跟着敲锣打鼓，在巷尾街头游行，锣鼓不够，就敲打铜锅、铜盆，于是衙门内外，举城锣鼓响成一片。〔《纪我所知集》（《云南掌故》）〕当然，民间有民间的说法，日食是天狗咬太阳，月食是天狗咬月亮，不吉不利，此时敲打锣鼓铜器，可以驱赶天狗，保护日、月，以求吉利。早在明嘉靖年间，谪滇状元杨慎就有《高峣海庄见月蚀即事》诗曰：

月蚀中元海波暝，高峣膏箪声相竞。

绕巷焚香拜且呼，铜钲敲作古鸾镜。

直到清末，朝廷宣布预备立宪，护日、护月仪式已不合时宜，这才宣布取消。

○当官"外任有排衙"

清末官员讲究排场，有"京官的牙牌、外任的排衙"之说。牙牌是京官的身份证，多用象牙制成，上朝议事，凭牙牌入宫，非常神气，常常以此在地方官面前显摆。而地方官最拿得出手的排场是"排衙"，就是"陈执事，役吏叫头，皂隶吆喝"的衙门"升堂"仪式，常常让阅历不广的京官看得目瞪口呆。

一般来说，衙门主官到大堂办案办事，都要"排衙"。若是新官到任或办完监斩之类的大事归来，"排衙"就格外隆重。昆明官府的"排衙"场面精彩，极似上演一出戏。一般衙门大堂前月台两侧都有木架，各插6根红黑棍，棍长约五尺，上段涂红色，下节涂黑色。主官升堂前，一班衙吏已站成两排，分列左右。但听云板三响，主官升座，又敲起堂鼓，众衙吏向上拱手一揖，侍立两旁。另有12个差役，戴着红帽，穿着号衣，也分为两队，分别到月台木架上取棍。然后左队持棍从左边石

清末昆明大员乘轿出行

清末昆明大员出行的仪仗

民国初期"云南王"拜访法国领事的场面

阶而下,又从右边石阶而上;右队持棍从右边石阶而下,而从左边石阶而上。两队相会时,各人以棍相交叉,大喝一声,然后分头而走。此时堂鼓"咚咚"不息。绕完三圈,衙役们各自持棍,跪在大堂屋檐前,高呼"大老爷禄位高升——"之类,此时头门外又鸣炮三响,鼓声停而云板响,主官退堂,众吏散出,衙役最后又把红黑棍插回木架上〔《纪我所知集》(《云南掌故》)〕。

清末昆明官员的另一大排场是出行。地方官员到任、参加典礼或祭祀,都要摆出全副仪仗,以示隆重,并"听任民众围观",更是一个显摆威风的机会。仅仅是昆明县令,便有蓝呢大轿可乘,前有蓝伞一顶,有差役鸣锣喝道,还有不少高脚牌,如"肃静"牌、"回避"牌、"云南府昆明县正堂"牌、"七品顶戴"牌、"赏戴蓝翎"牌、"丁未举人"牌、"赐进士及第"牌之类。各种旗帜也不少,如"令字旗""清道旗""飞虎旗""五色旗"等,甚至"金瓜""银瓜""耳箭""虎头刀""红棍"等兵器和刑具也会搬出来,轿子后面还有一班跟马随人,再加上敲锣打鼓吹唢呐的衙门"乐队",称得上八面威风。

一个七品县令尚且如此,昆明城中还有一品、从一品或正二品的云贵总督和云南巡抚等等,如果遇有大事,全体出动,昆明街巷为之堵塞,变一死城矣。

据《纪我所知集》(《云南掌故》)所记,清光绪初年,布政使吴某瞎一眼,盐法道钟某瘸一脚,善后局总办刘某驼背,营务处大员徐某独臂。遇有大事排衙,四人同坐总督或巡抚堂前,成为一官场风景。有人作打油诗贴在总督府厅曰:

一眼观尘世,独脚跳龙门。

拱背朝天子,只手扶乾坤。

○孝亲："万事之纲"

明清官场也讲究官德，尤其重视"孝""廉"二字，在地方志书中，"孝""廉"都被列入"宦绩传"中，可见"孝""廉"都是朝廷考核官员的重要内容，是官员"业绩"的重要方面。

明清朝廷"以孝治天下"。明太祖朱元璋大力倡导"敬天、忠君、孝亲"，清康熙皇帝以孝为"万事之纲"，"首崇孝治"。官场也讲"孝"，而且落实到荐举、科举、选官、任官、辞官等各个制度环节上：荐官有举孝廉；科举要考《孝经》；选官孝子优先；做了官可以辞职奉养老病的父母，这叫"辞官养母"；还可以调到

清乾隆年间，"反贪学士"尹壮图得罪了皇帝，被加以"恋职忘亲"的罪名，险些处死，后以回乡养母为名，回到昆明五华书院讲学为生

老病父母居住地附近任职，这叫"便养"或"禄养"；父母逝世要离职为父母服丧，这叫"丁忧"或"守制"等等。所有这些官场制度设计，一是为了影响社会，推行"孝"道；二是希望官员移"孝"作"忠"，成为"忠君"的典范。

明清两代，官员不孝的后果是很严重的。清乾隆年间，云南人尹壮图在朝中做内阁学士兼礼部侍郎，因为冒犯乾隆皇帝，被朝廷问罪，其中一大罪状是尹壮图把70岁的老母丢在昆明老家，自己在京城做官，这叫"恋职忘亲"，不忠而且不孝，丧失人伦，结果数罪并罚，被刑部判了个"处斩"。乾隆皇帝从宽发落，改判革职留任。但尹壮图这回怕了，借"恋职忘亲"之罪下楼梯，辞官回乡养母。后来嘉庆皇帝召尹壮图进京任职，尹壮图仍然以"养母"为由，推辞不就——可见官员生死之间，关键很可能就是一个"孝"字。

朝廷、官府提倡孝道的一个重要手段，是在地方志书中记录官员的孝行。据清乾隆《安宁州志》记载，明万历年间，安宁举人罗大用任湖南华容知县，刚直不阿，严惩横行不法者，得罪了权贵，于是挂冠而归，他对父亲极为孝顺，被邻里称为"古君子"。清道光《云南通志》记载了清乾隆年间昆明举人余萃文的事迹，说他先后

在昆明五华书院、育才书院任教，重建过路南（今石林）文庙、建起了开化（今开远）文山书院、安宁太极书院，一时"士风大振"等等。但记载更为详细是余萃文的"孝悌"事迹：余萃文的父亲做过江西定南县令，后来余萃文被任命为江西会昌知县，赴任江西时，他先到定南县父亲的祠堂去祭拜，结果由于哀痛过度得病，于是辞去县令职务，回云南担任教职。余萃文对母亲张氏非常孝顺，家中贫困，他就教书养母。母亲遇事心里不高兴，余萃文想方设法顺适母亲，一直到母亲笑起来为止。母亲病了，余萃文亲自侍奉汤药，衣不解带，精心护理。哥哥余瑞文经商，余萃文对他也很恭敬，把哥哥接到学署，家中大事小事，都要听哥哥的意见，还趁朝廷封赏之际，为哥哥谋了个八品虚衔。余萃文的族叔母贺氏守寡无子，余萃文让一个族弟从寺院还俗，接回来做贺氏的嗣子，并给他娶妻生子，让族叔后继有人。

清道光《云南通志》还记载了安宁进士杨昭的"孝"迹。杨昭是清乾隆年间人，先后担任过户部员外郎、监察御史、兵科给事中、工科掌印给事中等。在京师做官时，有特别好吃的东西，他都要寄到数千里之外的家中，让母亲享用。为父亲守丧时，杨昭十分哀痛，为了避免引起母亲过度忧伤，杨昭总是偷偷地跑到父亲墓前痛哭。杨昭对继母也十分孝顺，为孝养继母而辞官归里，每天在继母左右侍候，老人的贴身衣物脏了，杨昭也不声不响地拿出来自己洗涤，终身和养母没有隔阂，乡人都说他有古仁人之风。当时一些大官仰慕杨昭的名气，请他进城主讲昆明五华书院，他以"养母"为由拒绝了。官府再三强求，杨昭还是没有去。

诸如此类的官员"孝绩"不少，都被《新纂云南通志》收入《宦绩传》中，和《孝友传》中的事迹相比，有过之而无不及，可见当时的社会价值观。

○廉正："为官之宝"

清廉是中国传统政治文化中"国之四维"之一，更是"仕者之德"——官员自律之道，被历来是"为政之本""为官之宝"。明清两代云南、昆明的志书，都要为清正廉洁的官吏大书一笔，让他们彪炳史册，激励后人。而被民间称之为"清官"，也是仕子们做官一场的荣耀。

历代史志中记载的昆明清官，我们已提到不少。近代《新纂云南通志》把清官放进《宦绩志》，留下了不少昆明清官的事迹。如明代成化年间有安宁举人杨瀚，做官时廉洁谨慎，不接受私人请托，得到朝廷的褒扬。明嘉靖年间，嵩明解元杨均担任福建永安知州时，廉明守节，自甘清苦，后来死在任上，家无余财。清乾隆年间，昆明进士钱士云从翰林院编修做到兵部左侍郎，几次担任乡试、会试的同考官、会试总裁官等，录取了不少知名学士。钱士云为政清廉，官位显达而家无积蓄，后来因病在京都逝世，竟无法归葬故土。还是清乾隆年间，昆明人杨谨做了山西蒲州知府，当时发生了山西巡抚和其衷贪腐大案，省内官员无不贿赂，独有杨谨洁身自好，得到乾隆皇帝的嘉奖，把他提拔为浙江按察使，后来死在任上。

封建官场贪腐成风，讲廉洁必定得罪人，非要有些刚正之气才行。因此，"廉"与"刚正"总是连在一起，不叫"刚廉"，就叫"廉正"，也是历代史志褒扬的对象。据《新纂云南通志》引历代地方志书记载，明嘉靖年间，晋宁举人王一鹏做了四川峨眉知县，刚直不阿，得罪上司，罢官而归，当地百姓仍对他感戴不已，争相赋诗为他送行。明万历年间，昆明举人张兆曾担任河北通州知州，拒不依附权贵太监。还有一位昆明举人叫段师文，先后担任成都府同知、四川监军道、广西左布政等。段师文做官廉明，执法严明，不阿附权贵，得到时人的敬重——如此等等，都作为他们的"宦绩"，记录在册。

明成化年间，云南按察使杨继宗廉正自律，有"天下第一清官"之称

明嘉靖年间，官至山西巡抚的昆明进士孙继鲁以清廉刚正著称，后因得罪皇帝入狱而死

○"宦绩"观："为国家效忠，为人民服务"

近代《新纂云南通志·宦绩传》收录了明清两代120多个官员的"宦绩"，出自明清两代的地方志书。全是云南府的显达之辈，有在朝廷任职的，有在各省做官的，还有在本省儒学任教的，其官位有高低，权责有大小，但都被誉为"为国家效忠，为人民服务"，而且"有优良成绩"。特此辑录为《宦绩传》，以供后人瞻仰、效法——这些都是《新纂云南通志》的说法，从中可以看出明清两代官场的传统政绩观，可以看出当时主流文化认可的政绩观。

明清两代，昆明士人做官追求的是什么政绩？《宦绩传》中记载的主要有：革除弊政、简政便民、轻徭薄赋、抑制豪强、平反冤狱、清匪缉盗、保境安民、兴学教民、修城建桥、兴修水利、救灾赈济、勤于民事等等。用近代《新纂云南通志》编者的话来说，就是"为国家效忠，为人民服务"。

明清昆明人进入仕途，出了不少"好官"：

明万历年间昆明举人吴事心任山东临邑知县，有志兴利除弊，呈请免去额外向百姓多征的一万多两银子，减轻了群众负担，又制止官吏过境滥派马匹脚夫。吴事心因此被弹劾去职，县中民众七百多人赴京挽留。后来调任四川丹棱知县，遇到饥荒之年，盗贼横起，吴事心亲自前往盗贼老窝招降，不战而平定

明成化年间，云南巡抚王恕抵制、揭破镇滇太监钱能里通外国、欺榨滇人的罪行

一方。后来吴事心母亲老病，辞归故土，行囊中也没有多余的银钱（清雍正《云南通志》）。

清乾隆年间，晋宁进士唐文灼做了河南孟津知县，当地两次遭遇大旱，接着又闹瘟疫，唐文灼懂医术，他一面煮粥赈灾，一面制药发放，救下不少灾民。不少乡民远道跑到县衙门来要药方，唐文灼都会连药带方子送给他们。百姓都说："唐公救了我们，再也不怕得病了。"后来又遇到蝗灾，唐文灼率领吏卒日夜捕蝗，竟累死在任上。唐文灼为官清廉，死后家无余财，一时难以归葬，民众闻讯，纷纷捐资相助，唐文灼遗妻遵从丈夫遗志，全都谢绝了。最后典卖衣物，才得以扶棺而归。时人称这对夫妻是"两贤"（清《滇系》）。

清道光年间，安宁进士段荣恩任四川芦山知县时，倡建文庙，修复城池。当时匪徒猖獗，专门对妇女劫财劫色，搅得县境人心惶惶。段荣恩设法缉捕匪徒，依法处置，百姓得以安定。调任江津县令时，段荣恩又撞上了一股土匪，他和邻县联手，偷袭匪巢，灭了匪患。在富顺知县任上，段荣恩清廉自守，革除盐务积弊，又严惩讼棍，昭雪冤狱，百姓感念不已（清光绪《云南通志》）。

清光绪年间，昆明进士李菼在浙江做了8年萧山知县，办了四件大事：

一是当地大旱,饥荒大起,早先粮仓又被毁坏。李菜从香港、暹罗(泰国)买来大米,设立五个供应点,平价卖给百姓,以解民困。直到当地粮食丰收,李菜才撤销平价粮供应点,筹集资金,兴建仓库,收储粮谷。过了4年,萧山又遭灾,米价腾贵,李菜用仓米赈济百姓,前后两年,数以万计的灾民得免于饿死。

二是萧山临江面海,潮涨之时,往往冲溃塘堤,酿成灾祸,李菜兴工修筑塘堤,并为民工捐钱垫款,解决困难,保证工程顺利进行。塘堤建成后,水患得以解除。

三是当地乡民因争地械斗,聚众千余人,李菜得报,仅带着一个仆人前往弹压。他苦口婆心,晓以利害,乡民马上解散。李菜把16个蛮横不从者抓了起来,其余的人都不追究,又收缴民间刀枪,终于平息事端。

邹应龙,明嘉靖年间的云南巡抚,曾处置作恶多端的黔国公沐朝弼,纾解了滇中百姓的困境,为历史名臣

四是萧山经常闹教案,李菜持法刚正,刹住了不法之徒鱼肉乡民之风。后来北方闹义和团,萧山谣言四起,李菜严密保护教堂,境内相安无事。

除此之外,李菜还修文庙、设学校,都倾尽全力。当时的人都交口称赞,说李菜是当之无愧的"循吏"(浙江萧山《德政碑》)。

昆明人在外做官,留下的"宦绩"故事不少:

明代的成化年间,昆明举人吕襘在湖北随州当了7年知州,7年如一日,无不"严明廉慎"。早先文庙举行祭祀,总要用鹿肉做祭品。每逢祭祀,有关部门到处寻购鹿肉,豪强之家漫天要价,百姓不堪骚扰。吕襘说:"神灵不会享用这种扰民的祭品,怎么能这样虐待百姓来祭神呢!"于是下令改用羊肉做祭品,当地百姓都十分高兴(明万历《云南通志》、清康熙《云南府志》)。

改变地方风俗的,还有清康熙年间的晋宁人段如芸,他担任云南剑川州的学正时,遇到疫病流行,百姓常常举家外出,逃避病害,带来了许多社会问题。段如芸耐心劝说"逃疫"的人,并发放药品,帮助他们治病防病,逐渐改变了当地"逃疫"之俗,百姓都感谢他的大德(民国《晋宁州志》)。

外出做官的昆明人中,还有不少"能吏""贤吏"和"勤吏"。

有的善于断案。清代的乾隆年间，昆明举人文钟运担任福建的福鼎知县。文钟运未到任之时，县民王阿真为了争夺祖上财产，打死弟弟阿贱，却诬陷他人，前任县官总断不清这个案子。文钟运刚刚到任，就斋戒住进城隍庙里，半夜提审王阿真，一举判清案件，依法处置了王阿真。当地百姓都说文钟运是贤能的"神君"（清道光《云南通志》）。

有的善于办事。清道光年间，昆明举人缪志鲁到直隶庆云县担任县令，迎接他的是三百多桩案件，已积压多年，几个前任都没有办理完。缪志鲁日夜操劳，一一清理，不出一年，全部审完结案，判案公平合理，令人心悦诚服。当时的直隶总督曾国藩称赞缪志鲁有"吏才"，不失读书人本色（清道光《昆明县志》、清光绪《云南通志》）。

有的勤政亲民。清道光年间，晋宁进士胡廷槐担任湖南零陵知县，办完公事，他总会带着几个随从到县城附近的农家、田间走动，查看农事，勉励农耕，并征求农民对官方政策的意见，农民都争着送饷午饭给他吃，几乎忘了这个胡廷槐是一县之长（清光绪《云南通志》）。清同治年间，呈贡举人秦锡龄到贵州郎岱任同知，判决了不少多年积压的疑案，又加强治安，防范盗贼，境内几乎夜不闭户。政事处理完了，秦锡龄总会下乡巡视，鼓励农耕，奖勤罚懒：勤劳的奖给斗笠、蓑衣，懒惰者加以斥责，境内农业为之一振（清光绪《云南省志》）。

清道光年间进士、从昆明西林书院（五华书院）走出来的张其仁，历任知县、知府、兵备道、粮储道等职，是一位久经官场之人。其曾作《官箴》曰：

肯理事，不要钱。

闲时看书，忙时定气。

蚤起时食，节欲养心。

修身齐家，正己化人。

兴利当防其害，除弊在得其平。

立法贵简明，易于遵守。

用法贵坚强，期能持久。

临事时尽吾之忠，退食时思己之过。

念念存利民济物，事事准天理人情。

恭而有理，猛以济宽。

上交不谄，下交不淡。

勿侈无益之费，勿吝当用之财。

敦俗劝贤，信赏必罚。

坦白以施教，慎密以谨机。

立事惟豫，杜渐于微。
矢志思报君亲，慎独如对天地。
勿造次而违仁，勿浮慕而热中。
常保泰然天君，直养浩然正气。
惟此官箴，庶几贤路。

○送清官、贪官："人去后"的真假"政声"

有人把封建官场形容为"铁打的营盘流水的兵"，官们来来去去，上任离任，有悲剧，也有喜剧，无奇不有。那些号称"父母官"的官员也会讲求"政声"，即为政的名声。在位时大权在握，百姓不好说，离任后没有了顾忌，真话就来了，所谓"政声人去后，民意闲谈中"。不仅如此，百姓的情绪还可以在官员离任时以各种形式表现出来，

后世官民为明末晋宁知州冷阳春立的清官堂和清官碑，至今仍立在盘龙山上

如有的人为官一任，造福一方，离任时百姓就会为他立"德政碑"、送"万民伞"等，有的人为官胡作非为，贪污腐败，百姓也会送"遗臭匾""遗臭联""遗臭碑"之类。

清康熙年间，江都人张瑾在昆明做了三年知县，善政很多，因劳累过度，在任时病故。昆明百姓巷哭路祭，并绘制张瑾画像，藏在家中，以作纪念。官民还为他立了一块"遗爱碑"。此风一直延续到民国时期，1922年，熊从周任新平县长，在任半年，剿匪惩霸、处理冤案、带头捐资兴修水利，被称为"熊青天"，离任时民众为他立"去思碑"，上刻一联："歌功垂石上，遗爱在人间"。1928年，熊从周在临安（今建水）县长任上时，设计剪除了为害乡里多年的土匪头子，离任时建水人赠"万民伞"一把，据说为布伞，由众多妇女刺绣而成，每个妇女在伞上绣一个柳叶，所以叫"万民伞"。

旧时清官离任时，民间还会举行一种特殊的仪式：家家户户门前立一案桌，摆上一碗碗清水、一面面明镜，意在颂扬清官"清如水，明如镜"。但后来也变成了半官方行为。直到民国时期，云南还有此俗。官员离任时，当地绅商父老在闹市摆设香案，放上一面镜子、一盆清水，离任官员立于香案之前，脱帽照镜、照水，似乎有点儿自证心迹的意思，但是不是为官"清如水"而"明如镜"，那就天知道了。

昆明金汁河边保存到清末的"德政碑林",如今已踪迹全无

旧时昆明城隍庙(今五一电影院处)正殿东边另开一院,叫作清官堂。那也是表彰本地离任清官的一种半官方形式。这座清官堂为三开间,堂中塑有二十多个清官,都是名臣名将,从汉代开始,以三国时征服南中的诸葛亮为首,唐朝宰相李德裕第二,有元朝的赛典赤,明朝的傅友德、蓝玉、沐英、沐晟等,还有清朝的鄂尔泰、林则徐、岑毓英等。这些"清官"中,清代以前的大多有定论,但清代搬进"清官堂"的大人物太多,难免有过滥之嫌。

城隍庙二门内左右各有小偏殿一间,殿内各塑一明代人物之像,祭的是明末清初昆明城里的无名乡约、保正。据说大西军孙可望占有昆明时,派亲信夜巡街巷,但听有人在屋内嗟叹或口出怨言,就用白泥在其门上画个圈,第二天派军队上街入巷,凡画有白圈的人家,一概拉出斩首。后乡约、保正得知此事,赶在天明前将白圈擦净。孙可望无处下手,竟将二人割舌斩首。孙可望败后,坊间百姓为二人塑像以谢其德——这大概是获得民间褒奖的官位最小的"清官"了。

昆明城郊的晋城盘龙山上也有个清官堂,殿中塑有明末晋宁知州冷阳春像,殿前立有一块《明末知州冷公阳春殉难碑》,民间称"清官碑"。碑文记载当年冷阳春据城抗拒李定国,城破被俘,为救百姓而死。这"堂"和"碑"都是后世官民共立的,有一定的民意基础。

有意思的是,促使官员离任时民意表达多样化的竟然是贪官。贪官也要面子,更重要的是还想升官,这个"政声"就很重要。其离职时非要当地立德政碑、送万民伞,否则不走。或者事先安排一班同伙,摊派钱粮,先把碑、伞弄好,走时纠集一伙人揭碑、送伞,热热闹闹,装点一下门面,宣扬政声,制造假象。

这种情况愈演愈烈,连乾隆皇帝也看不下去了。清乾隆五十年(1785年),乾隆皇帝痛斥地方官员授意下属或地方缙绅为自己树立"德政碑""去思碑",完全是庸俗官员"不务实政"、属下"借以逢迎上司"的"欺世盗名之术"。乾隆皇帝下旨将这些德政碑一概"扑毁"。岂料各省都不见响应,只有代理云贵总督的刘秉恬奏报说,他已经痛下杀手,查得全省历来文武官员的"去思碑""德政碑"一百多座,无论是"地方官民所建"还是"营兵衙役所立",全部"扑毁",将碑石、亭顶、亭座、砖瓦等拆下收存在省城昆明,作为官办工程的备料。接到奏报,乾隆皇帝很高兴，称赞刘秉恬这事办得好，"实属可嘉"。乾隆皇帝还讲了一番很有道理的话："地方官员搞好吏治、民生，都是分内的责任，如果能够实心从政，也是职责所在，应当做的，何必要立碑歌功颂德，谋取名誉？如果任内并不留心民生之事，离职时强迫命令兵民出资刻碑，败坏风俗人心，更是无耻之尤。"他说，离职官员手下的兵民，平时受其私下庇护，此时带头倡议撰文刻碑，更使得良莠不分，优劣混淆，不可不防微杜渐。乾隆皇帝举例说，滇省的历任总督和巡抚，如鄂尔泰、李湖，都实心实意，勤奋清廉，在督、抚中不可多得，而全省并没有这两个人的德政碑，可见私人的好恶，全不足凭。官员在任的政绩，和离职后有没有立碑记功完全没有关系。乾隆皇帝还说："滇省地处边疆，一经查办，就砸毁了一百多座功德碑，可见此风相沿日久。其他各省的功德碑也不少，而近来各省总督、巡抚为何没有奏报奉旨处理情况。这不是观望徇私，就是自己也做了非法之事。"乾隆皇帝要求各省仿照刘

路南县（今石林县）的民国"贪官碑"，是全国独一无二的"贪官碑"

秉恬所奏，从实查办，"扑毁"境内所有德政碑。（《清实录·乾隆朝实录》）可见乾隆皇帝是动真格了。

不过，刘秉恬"毁碑"之举，并不彻底。近年在昆明郊区的呈贡发现一块正儿八经的德政碑，碑名就叫《呈贡县正堂祝太爷今升山东泰安州正堂德政碑》，立于清康熙年间。从碑文看，这个叫祝钟俊的县令在呈贡任职7年，年轻有为，不但清廉自持，束缚官吏，禁止扰民，还召集流亡民众，耕种呈贡北门外空地，轻徭薄赋，免除劳役，发展生产，有些政绩。后来祝钟俊升任山东泰州知州，离去之时，"呈贡县北门老幼百姓同立"此碑，感恩戴德，祝其"世世公卿"云云。

呈贡还有一块德政碑，立于民国之时。当时的呈贡县长倪之祯在任5年，动员抗战，惩治不法，并制止国民党中央军勒索、欺压民众的行为，后因此被抓捕，幸而被当地士绅营救出来。倪之祯1948年离任，当地也为他立了块德政碑，称他"视民如伤"——语出《左传》，谓其极其顾恤民众疾苦也。

清光绪年间，昆明远郊的石林县（原路南县）北门墙角立过一块《路南州正堂陈公去思碑》，记述当时路南知州陈先溶平定匪患、修复古迹、建立书院等德政，民间俗称"香碑"。民国时期又立了一块"臭碑"，全称是"路南县贪官许良安遗臭碑"，被认为填补了中国古代贪官离任被立碑的空白。

○"致仕"之德："绝迹公门"、惠泽乡里、讲学著述

清雍正年间，有"昆明大师爷"之称的巡抚衙门幕僚倪蜕归隐昆明西郊宝珠山下并倡导乡学，至今为人称道

古代官员退休叫"致仕"，大多是自请退休：如年过70岁或65岁则要"告老""告退"；父母年纪大或有病则"请归"之类；可以因病退休，叫"告病""乞休"等。被强制退休叫"勒休"，有勒令退休的意思，不胜任职务或者年龄太大而不"告老"，都有可能被"勒休"。"告退"还会享受原职的全部俸禄或一半俸禄，被"勒休"一般就没有俸禄了。

退休的官员也有一套不成文的规矩，成为"仕途"的"末端官德"。从地方志书所载"贤官"事迹来看，"致仕之德"主要是不干预地方行政（有上书言事特权者例外）、惠泽乡里、敦睦宗族、教育讲学、潜心书画著作、促进故乡生产等，历来是"宦绩"的尾声。

据地方志书记载，清官良吏退休之后，多半"绝迹公门""不谒公门"，就是不跑到衙门去见地方官员，甚至地方大员来了也拒绝见面。之所以如此，一则避免干预地方行政、避免以"余热"谋利之嫌，二则避免卷入当地官场是非，落得个清静，有的甚至连城都不进。明代的永乐年间，昆明举人熊信从兵部主事位置上退休养母。母亲逝世后，熊信再不谋仕途，"不谒公门"（明万历《云南通志》）。明嘉靖年间，昆阳举人陈琏担任四川德阳教谕，退休归来就闭门教子，"绝迹公门"。当时的巡抚大人徒步来访，陈琏来不及回避，竟翻墙而去。大家都佩服陈琏，说他是高人，而且高不可及（清康熙《云南府志》）。还是明嘉靖年间，宜良人赵汉从澂江学官退休归乡之后，竟20年不进城市，附近乡间举办宴乐，庆祝丰收，多次邀请赵汉和当地官吏一起去当主持，赵汉一概拒绝（明万历《云南通志》）。明万历年间，安宁举人罗大器先被罢官归家，二十多年后又起用为湖南

岳州知府，后来回乡为继母守丧，也"绝迹公门"，官府和乡人对他都很尊重（清康熙《云南通志》）。

造福乡里，造福后人，这是退休官员"老有所为"的重要领域。明嘉靖年间，昆明进士杨经从成都知府任上退休归来，向乡人发放药物，赞助办理红、白喜事，积下不少"隐德"（清康熙《云南府志》）。也是嘉靖年间，晋宁举人康金代理福建邵武知府退休归来以后，不入官府，不议论人，团结宗族，分让资财，赈济贫困，补助葬礼（民国《晋宁州志》），做了不少好事。明万历年间，嵩明举人段师文做到广西左布政使。告老归家之后，

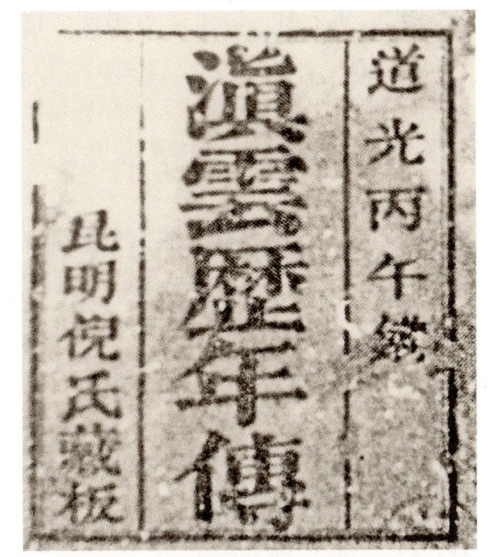

倪蜕所撰《滇云历年传》

段师文恬淡处世，乐善好施，设置义学、义田、义冢，乡人都感恩戴德（清雍正《云南通志》）。清乾隆年间，晋宁举人李应元历任四川7县县令，退休以后，筹备资金，捐款修建桥梁、道路，疏通河道，改修闸门，购置义地、义田等（清光绪《云南通志》）。还是清乾隆年间，晋宁举人萧颖曾任福建寿宁知县，退休归来后，倡建象山书院，捐资疏浚河渠，垦田三百多亩，修筑尖山脚石坝，以灌溉农田，并捐资在县城西门外修建公所，供远道进城的乡民住宿，大大方便了乡民。全乡举办盛宴，感谢萧颖（清光绪《云南通志》）——退休官员能在发展故乡生产上大有作用，十分难得。

讲学育人，通常是古代退休官员一大作为。明景泰年间，昆明举人施铨担任贵州永从知县，告老还乡后，在家教授讲学，滇中研究《诗经》的学者多半出自他的门下（明万历《云南通志》）。清康熙年间，昆明官渡进士王思训曾担任翰林院侍读、江西学政等职，为官廉正，为人称道。王思训酷爱本乡文化，志在著述，无心做官，一再请求退休，终于得到康熙皇帝批准，并赐给大量书籍。王思训将赐书和自己长年收集的大批书籍全都运回昆明，在官渡建起"赐书堂"，置书其中，供家乡士子阅读进取。同时，王思训广泛搜集故土资料，采集滇中掌故，汇集汉代以来关于云南的书籍残章，编为《滇乘》25卷，并著有《见山楼诗文集》等。民国《昆明县乡土教材》将王思训事迹编入其中，并附学习思考题曰：王思训"何以无心做官"？"著述比较做官如何"？可见一时价值取向。清道光年间，昆明举人缪志鲁在直隶庆云县令任上时，被县府中的典史诬陷。刚刚得到澄清，缪志鲁就告老归来，主讲育才书院，循循善诱，培养了不少人才（清道光《昆明县志》、光绪《云南通志》）。

退休官员多半精于诗、书、画，晚年以此自娱，十分自然。还有人潜心著述，

也很有成就。但也有人不以为然。清乾隆年间，安宁人杨昭曾担任过寻甸训导，退休后居家10年，捐资设置义田，以赡养族中老弱，却不轻易著述。他说："古代圣贤教导后人的话，都写在四书六经里。其中深义，汉、唐、宋几代大儒都阐发得尽善尽美，哪里还容得我们坐井观天、画蛇添足呢？"（清道光《云南通志》）

○ "万寿节"朝贺、办"皇会"

清末昆明人为慈禧"祝圣寿"而举办的"皇会"，赶会者摩肩接踵，盛况一时

清代天下有"三大节"，除元旦和冬至之外，就是万寿节。万寿节就是当朝皇帝的生日，隆重如国庆。至于清末，慈禧太后当政，太后生日也列为万寿节了。

昆明官方庆祝万寿节的重头戏在五华山，山上万寿亭要设置仪仗，张灯结彩，总督、巡抚率领全城文武官员，身着朝服、朝冠，齐聚山于此，请出皇帝、太后"龙牌"，香案供奉，三跪九叩，行礼朝贺，山呼万岁，名曰"嵩呼"，声闻五华山下，于是山下又有了条嵩呼巷。"嵩呼"之余，还要"告天祝寿"曰："臣等荷国厚恩，叨享禄位，皆赖天生我圣君（圣太后），保民致治。今兹圣旦，圣寿益增，臣等下情无任欣跃之至！"祝寿礼毕，撤去龙牌，众官跪送。仪式结束，各级官员打道回府，就可以按照规定休假了——放假7天，不理刑名不办公，以示喜庆。据说还有个要求，放假时官员必须身着朝服，头戴朝冠度假，也是为了"以示喜庆"。

为表示"与民同乐"，官们祝寿之后，要在五华山万寿亭前搭一座高台，请戏班唱戏3天，让百姓看3天的"白戏"，不须出钱。于是五华山人满为患，热闹非常。一般万寿节到此为止。若逢皇帝年届40、50、60岁，太后年届50、60、70岁，都是"大寿"，要"普天同庆"，官方民间都要参与，俗称"办皇会"。

据《纪我所知集》（《云南掌故》）所记，慈禧太后七十大寿时，昆明大办皇会，会期3天。五华山、洪化桥、南教场搭台唱戏，城内外各条大街张灯结彩，扯满五色布棚，俗称"瞒天过海"；市中心南正街（今正义路）、三市街、二纛街（今民生街）尤其铺张，沿街搭建了不少高搭彩亭：三牌坊上段和三市街搭起绸缎五彩过街楼,有七八个人坐楼弹琴拨筝、吹箫弄笛,称为"八音亭";沿街商铺也搭起彩绸寿亭,有四角、六角、八角不等,亭上精心布置各自的拳头商品,草药店有人参虫草亭,象牙店有象牙亭,翠花店有翠花亭,珠市桥有料珠亭,玉器店更有宝玉亭——聪明的昆明人把皇会办成了商品博览会。

"赶皇会"的不仅有昆明城内外的居民,还有不少人从乡间和州县前来看热闹,昆明正街之上,白天彩楼彩亭争奇斗艳,入夜更见红烛辉映,流光溢彩,火树银花,人流不息,充塞于道,一片太平景象,全不见危机当前,大清王朝来日无多矣。

○官家出殡的"哀荣"和"哀仪"

旧时官员人生落幕,往往也是一场大戏。生前是"清"是"廉",立见高下。中国人有"落叶归根"的传统,在外地逝世,多要归葬故土,官员更是如此,这叫"扶棺归葬"。一些昆明人在外为官清廉,竟连归葬也难,到了"死不起"的地步。如前面提到的清乾隆年间进士钱士云,官位显达而家无积蓄,后来病逝于京都,竟

清代城中出殡,只有逝者官阶在四品以上,或者有一、二品封诰,才可以从昆明大南门出殡,这是一种莫大的哀荣

无法归葬故土。还是乾隆年间,晋宁进士唐文灼在河南孟津知县任上抗灾累死,靠典卖衣物才得归葬。

就是在昆明做过封疆大吏的清官,也有"死不起"的情况。明万历年间,曾在昆明做过云南巡抚的邹应龙被罢官后死在家中,身后家贫,竟无法下葬。还是地方官员代为求请,朝廷拨发银两,才安葬了这位生前拿下不少大贪官的名臣。清雍正年间,哲学家杨名时也到昆明做过总督和巡抚,因得罪雍正皇帝被罢官,在昆明"待罪"七年,讲学不止,生活极为清苦,甚至揭不开锅。昆明士民争相送上米粮蔬菜,以解燃眉之急。乾隆皇帝登基之后,把杨名时召回北京,赐给高官,委以重任。杨名时病逝,身后无所积蓄,由朝廷赐给费用,才办完后事。

但对于身后"家有余财"的官员来说,葬礼却是人生落幕的一场大戏。清末官场奢侈之风盛行,品官们生亦荣耀,死亦荣耀,称之为"哀荣";生有仪仗,死有

仪仗，称之为"哀仪"。昆明品官出殡，一如生前出巡，前面有人鸣锣开道，紧跟着就是高脚牌，黄纸蓝字，大书逝者生前官衔。若逝者出于科甲门第，则书某科解元、经魁、举人、赐进士出身、翰林院编修或检讨之类，还有某省提督学政、某省正副主考官等；若逝者出自官宦世家，则书某省某某县正堂、某某州正堂、某某府正堂等；若逝者出身甲胄世族，则书某某参游府、某某总镇、协镇、都督府等。其后是白龙亭、铭旌亭，然后怪事就来了：两个人各抬一个纸扎"打街鬼"，"鬼"手上拿着猪尿泡。既称"打街"，亦有"开路"之意。昆明有句歇后语："猪尿泡打人——疼是不疼，碜是碜人"，就是从这里来的。

此后还有三位纸扎神佛：开路神、引路神和接引佛，这还一般，接着有纸扎彩亭大队，一般人家只有四座：香亭、灵亭、客亭和魄亭，官家则有几十座，这就有点儿浩浩荡荡的感觉了。接下来还有五六个鼓乐队吹吹打打，又有披袈裟的和尚队、穿法衣的道士队，大队人马走走停停，扔"买路钱"的挥挥洒洒，放鞭炮的噼噼啪啪，送殡执绋的喊喊嚓嚓——后者全是达官贵人，平日侯门深似海，百姓难得一见，此时也走上街头，以壮观瞻。

清末巡抚衔云南矿务督办唐炯曾下令禁止妇女进寺庙烧香以及死后发灵柩回乡，昆明坊间冷眼相对，编民谣唱道：

糖心包子到云南，吃得俸禄管婆娘。

有朝一日遭报应，敲着马锣回家乡。

一般昆明人出殡，只能出大小东门或大小西门，若逝者官在四品以上，或者有一、二品封诰，就可以求得当局批准，从昆明大南门出殡，这更是莫大的哀荣，非一般人可以企及。直到民国之后，此制取消，百姓出殡也可享受"四品待遇"，从南门出殡。

更早的清乾隆年间，有个在昆明做云南提学使的外地人死在昆明，因族人牵涉大案，不是被抓，就是远逃，此人遗体无人运回，竟在学台衙门僻静处停棺近百年之久，直到咸丰年间才下葬——官场险恶，以至于此〔《纪我所知集》《云南掌故》〕。

按老昆明民俗，在外"凶死"者尸棺不得入城，否则会带来血光之灾。但事涉官员，特别是大官，就不一样了。不仅尸棺可以入城，而且举全副仪仗而入，还可以出入南城门，可谓备极哀荣，可见其时官场葬仪之豪华。1918年，滇军将领庾恩旸在贵州遇刺身亡，当局派人迎灵回滇。4月18日，省城军界少校以上、政界科长以上、警界署长以上官员，还有学、商、绅各界代表，都穿着制服或礼服，到城东三元宫（在今拓东路）迎接灵柩。迎灵队伍经南门入城，送进忠烈祠（在今圆通街）。23天后在忠烈祠举行公祭，再过两天，由庾家主办出殡，从忠烈祠发引，经过城中主要大街，到城郊"回灵"。

1920年，滇军将领赵又新战死四川，灵柩运到昆明东郊，暂存归化寺。后来的迎灵仪式极为隆重，可见当时官场贵人葬仪盛况。据万揆一《忠烈祠的三次入祠仪式》一文记载，迎灵之日，省军政首脑亲至归化寺，上午10时鸣放礼炮19响，迎灵队伍进城。开路的是军乐队，吹的是洋号，打的是洋鼓，后面是鸣道锣和旗帜；接着是刀斧、金瓜等銮驾仪仗和吹奏细乐的香亭；随后是乐鼓班、八仙亭、葡萄亭，还有陈列死者遗物的 6 座白绸扎彩亭，亭与亭之间有细乐、乐鼓各一班；又有装着死者勋位证书、勋章、奖章、礼物的 4 座亭子，中间也有吹鼓手一班；继之而来的是香亭和纸扎战马 4 匹，伴着细乐吹奏的遗像亭，还有八仙亭、军乐队等。此后才是迎灵队伍，首先是赵又新担任过校长的讲武学校代表，接下来是军、宪、警代表，男校代表，女校代表，身披袈裟、手捻素珠的和尚群，纸马后是一长串执绋的亲友和孝子，然后才是灵柩，后面跟着逝者的女眷和各界女宾，再后有雅乐班和道士群，外国领事馆官员，省市政要官绅，各界男宾，最后由警察和宪兵各一班压阵。

途经状元楼时，在此等候的另一班人也加入迎灵队伍，从拓东路、金碧路转三市街，进入大南门，又沿正义路到五华山下转华山南路，再北转华山西路、平政街、圆通街，迎灵队伍一路不断燃放鞭炮，全城商店"悬旗哀迎"，市民围观，万人空巷。时近下午二时，才进入忠烈祠，将灵柩安放在正殿之上，四周全是达官显贵的挽联，省府首脑率众人向灵柩三鞠躬，然后宣读祭词，再绕棺一圈，并安慰遗属，于是迎灵礼成。数日之后又举行公祭，然后发引玉案山下安葬。

官家发丧，耗费巨大。1932 年，"云南王"龙云为亡妻办完丧事后，就将 70 套仪仗服、一座珠亭、17 台亭架送给"阵亡官兵遗族抚恤教养所"，以"保存出租，添补经费"。后来龙云母亲病故时，仅节省下来的丧葬费就达 2000 元，按照死者的遗嘱捐献为医院建设资金。

旧日皇帝驾崩，亦多扰民之事。按清代规制，皇帝驾崩后 3 个月内，官绅士庶一律不得宴会、不得婚嫁，在职官员 1 个月内不得剃头。然而昆明所在僻远，京中有事，须驿传 8000 里之遥，即使用 600 里鸡毛文书飞驰传递，也得十五六天之久。清咸丰帝驾崩时，噩耗传到昆明，而哀诏未至，婚期已定在 3 个月内的百姓就慌了，急急忙忙打时间差，争取一两天内把婚事办妥，这一下就顾不得大操大办了，只要雇得一乘红轿，一班吹鼓手，便把喜事办了。有的唯恐来不及，甚至点着灯笼火把连夜娶亲。到后来，有人甚至等不得红轿，手牵新娘就送到男方家去了。直到咸丰皇帝遗旨传来，称举丧期间，士民婚嫁不禁，昆明城乡方得安宁〔《纪我所知集》（《云南掌故》）〕。

正因为老昆明人办白喜事要扎彩坊、彩亭，办红喜事要彩轿、彩马，市面上的彩扎业也很兴旺。民国初期虽然受到冲击，但直到 1923 年，昆明彩扎业仍然规模不小，计有义盛号、新盛号、万顺号、华成号、鸿顺号、永盛号、美昌号、信成号、华丰号、益兴号、兴盛号、义成号、鸿来祥、启泰号等共 14 家之多（民国《昆明市志》）。

老祭场

　　往昔之帝制国家，无不借重神权，以补助法律之所不及。于是一般臣工，无不尊敬诸神。尊敬而又尊重，当然迷信神权。复生于人事上讲究禁忌，于体制上着重陈格，于风气上不违习俗，此而相因相袭，是者自不敢独斥之为非，非者亦随众称之为是——吾人亦可批之为陋极，虽然，而亦由时世之不同，是彼一时此一时也，若作如此论断，宁非因时制宜之一作为乎？
　　——罗养儒《纪我所知集》（《云南掌故》）

○ "春官"迎春的"越级仪仗"和"闹阔"

清末老昆明城中官员祭庙,街巷观者如堵

直到清末,每逢立春节令,昆明都要举行"迎春"典礼和游行,又叫"打春""鞭春""报春",这个"春"是"春牛"和司春神"芒神"。迎春象征一年春耕开始,有授时历、劝农耕、重农事的意思,表示"民以食为天,国以谷为宝"。据说迎春之俗始于周代,后世成为国家典礼,从朝廷到州县都要举行,十分隆重。

春牛和芒神早先都是泥塑的,称为"土牛",清末改用竹扎骨架、糊纸涂色而成,高三尺六,长七尺二。其他的就年年不同了:牛嘴或张或闭,牛尾或向左或向右,牛头、牛角、牛肚、牛膝、牛蹄和牛尾或青或紫,"芒神"或老或少,其衣裤、腰带、鞋子或红或绿,游行时"芒神"或在牛前,或在牛后,或在牛左,或在牛右……所有这些,都由朝中掌管全国历法和天象的钦天监按照《易经》决定,并行文通知全国各地实行。此中奥妙无穷,一般人难得弄清楚,只有芒神穿鞋的位置容易分辨:两鞋穿在脚上,表示今年少雨;两鞋系在腰间,表示今年多雨;而一鞋在腰,一鞋在脚,表示今年雨水不多不少,正合适,所谓风调雨顺是也。如果春牛张着口,表示这一年咳嗽病流行,这又和卫生健康有关了。

在老昆明,"芒神"的衣装和预告是反的:赤脚披蓑衣,这一年天要大旱;穿鞋穿布衣,这一年雨水就多——全都反过来了,所以昆明人称"芒神"为"拗蚂",过去小孩脾气拗犟,老人就会骂他"拗蚂变的"。

按五行之说,东方归青帝管辖,青帝即司春之神。旧时立春之前,由昆明东门外东庄的农民扎制好春牛和芒神,安放在大东门外的五谷庙"春场"上。立春前一天,由云南府知府、昆明县令、南关水利署任"春官",翎顶挂珠,蟒袍官靴,在巡抚衙门(今如安街老昆八中址)集合,然后三位"春官"乘坐没有遮帘的明轿,大摆仪仗,大张声势,前呼后拥,东出城门,前往春场。游行时三台明轿前各有两部鼓乐,以开山号打头,敲锣打鼓吹唢呐,奏起《大开门》《太平春》之类,明轿后又跟着彩旗、彩灯、吹打，有三大教各路神仙，有滇剧戏班和花灯队伍，还有高跷杂耍、狮子龙灯、刀枪武术等，从"娱神"到"娱民"到"自娱"都全了。

"春官"手持贴有春花的"春鞭"，走到牛前，抽牛三鞭，边抽边呼："一鞭风调雨顺，二鞭五谷丰登，三鞭国泰民安！"这叫"鞭春"。据说春牛是隋炀帝变的，因为其生前为非作歹，死后便永世为牛，挨鞭受苦。"鞭春"后"春官"在前，十多二十个壮汉抬着春牛、芒神在后，返回城中"宣春"。一路观者如堵，随者如潮，大家争先恐后，用杂色春豆抛撒在牛身上，以求人畜平安。抬牛汉子不堪此"洒"，连忙快跑，一时热闹非凡。众人穿街走巷，先后到总督衙门、巡抚衙门、学台衙门、藩台衙门、臬司衙门游走一番，各衙首长高坐大堂"迎春"，并赏来人。最后将春牛、芒神送回"春场"。场上众人一齐动手，打碎春牛和芒神，这叫"打春"。"打春"碎土碎纸多被四乡百姓抢走，碎土则埋进自家田地、圈棚，碎纸片则挂在圈棚、田头、地角，以求五谷丰登，六畜兴旺。后来在春牛腹中预藏小春牛和小芒神，"打春"之后，众人争抢到手，多送到各个衙门领赏，也是一种世风的变化。

清末昆明迎春大典的看点是"春官"们的排场。按照传统，授时、农耕是基层官员知府、县令和水利府的事情，总督、巡抚并不参与"迎""送"。但迎春游行时，"春官"的仪仗除高脚牌外，其余都"越级"使用：知府用总督仪仗，知县用巡抚仪仗，而水利府用学政仪仗等，以示"领导关心"。随行的兵差、衙役手中也没有了兵器刑具，此时或抱火签筒，或持一枝春花，胸前挂一块顶头上司正堂大人赏给的银牌。仔细看去，在"春官"轿前行走的差役所穿马褂，轿后骑马仆从所着大褂，全是名贵皮料制品，如银鼠、猞猁、狐脊、紫貂、芝麻貂等，但都很怪诞地反穿着，而且各自成对，招摇过市。据说这都是千方百计借来的，叫作"闹阔"，大概是主子的仪仗都"升格"了，差役的衙衣也得随之"升级"，显摆一番，昆明人叫"抖草"。因为不是自己的，不好意思，只好反穿，为"春官"们的排场平添了几分幽默感。

昆明城中迎春之时，还有赞礼生走在"春牛"前后，不停地念叨吉令，也叫"春官"。昆明歇后语说"春官的嘴——尽嚼好的"，还有一句"两个春官同时睡——讲不完说不尽"。迎春大典之后，这些"春官"还要带着小春牛走家串户，有的人家让小孩来顶一顶春牛，春官又唱：

病病痛痛，灾星晦气，口舌是非都免了。

让娃娃胖嘟嘟，长大坐官府；

让娃娃站人前，长大当状元。

对于"迎春"，时人有这样一段评说："往昔中国一般帝王，在传统上却有两句常挂于口，而是系于民生、关于民食之陈言，是'民以食为天，国以谷为宝'。又有一句是'一年之计，唯在一春'。论此几句言辞，真也得要领，因而无一人主敢于轻视民生，忽视民食。要必如晋惠帝那样庸愚之人，才会说出'天下饥，何不食肉糜'的话来，然也是千古无两的人。故而一般人主于立春一节，无不重视。清朝入主中原后，于迎春礼节，于春牛芒神之形色上，尤十分注重。"〔罗养儒《纪我所知集》（《云南掌故》）〕

○民国初年最后的"警察迎春"

鞭牛迎春之俗，据说早在周代就有了，延续了两三千年，到民国初年才结束。让人想不到的是，在昆明，千年"迎春"仪式竟然以喜剧加悲剧的形式最后谢幕。

昆明重九起义推翻了清朝在云南的统治，1912年正月立春，留学日本归国任云南警察局长的吴尧又想起了"迎春"之事。他突发奇想，叫来一班手下，戴上前清官员的红顶花翎，挂上朝珠，穿上黼黻，举旗打伞扛高脚牌，摆开仪仗，鸣锣开道，自己则正儿八经地穿上军装，怀抱小孩，手持春鞭，骑上高头大马，充任"春官"，风风火火地出了警察局，又招摇过市，出大东门迎春去也。

吴尧此举，意在戏弄清朝迷信，然而当时"春神"余威尚存，新政权还不稳固，如此恶搞，社会观感极差，实为不智之举。当时各界反应强烈，不到一年，吴尧去职，在昭通得怪病而死。1913年，鞭牛迎春仪式不再举行〔《纪我所知集》（《云南掌故》）〕，悄然退出了历史舞台。但乡间仍有"打春牛"之俗，农人折来柳条，轻轻拍打牛身，从头拍到尾。每拍一处，都要请"春官"念诵相应的祝词，祈求风调雨顺，五谷丰登，如：

春牛进你家的家，谷子长成马尾巴；
春牛进你家的门，财宝堆满聚宝盆。

○"天喜"之日的躬耕"祭先农"

旧时昆明的涉农祭祀，除了正月立春时的鞭牛迎春以外，还有二月亥日的祭先农神。祭先农神又叫"祭先农"，每年农历二月的亥日是吉日，被称为"天喜"之日——不知是因为祭先农而"天喜"，还是因为"天喜"而祭先农，大概兼而有之吧。

昆明也有座先农坛，就在大东门外的五谷庙，此坛高二尺一寸，方广二丈五尺，建有正房三间，供奉先农神，又有东西厢房各一间，东厢储放祭品和农具，西厢储存田谷大米，以供祭祀之用。前有庙田四亩九分，由两个农夫看管。祭祀先农之时，昆明城中的云贵总督、云南巡抚、云南府知府和昆明知县都得参加。众官先祭拜先农坛，然后换下蟒袍，穿上躬耕农服，将衣襟拽起一角，别在腰带上。

众人来到庙田，一声吆喝，早有一位老人应声牵来黑牛，两位农夫扶正红色木犁，耕犁在前，总督、巡抚随其后，用红柄锄头刨开田土，云南府知府再随后点播种子，昆明县令又随后种下绿色禾苗。众官如此"躬耕"九个来回，便回到庙台，观看农人继续耕田。田块耕完，官们在前，老人和农夫在后，面向北方朝廷所在方向"望阙行礼"。礼毕则事毕，各官打道回府。

五谷庙的庙田平时由两个农夫看管，地方官不时前来视察一番，表示关心。收获的谷米储藏在五谷庙内，以供明年祭祀先农之用〔《纪我所知集》(《云南掌故》)〕。

○ "祭孔"大典的"等级制"和"争胙"之祸

清末民初官府祭祀中，称得上"大典"的，恐怕只有每年两次的文庙祭孔。孔丘是儒家鼻祖，民间"文神"，清代被敕封为"大成至圣文宣王"，又称"至圣先师"，昆明民间则称"千秋素王"，学界、神界、官界通吃，祭祀起来，自有一种"通吃"的气概。

昆明祭孔在每年仲春（农历二月）和仲秋（农历八月）的第

昆明文庙大成殿

一个丁日举行，又称"丁祀"或"丁祭"。尽管是官家祭典，但因为祭的是"文神"，武官不得参与，从总督以下，但凡文官和有功名顶戴的士绅，一律参加。

昆明文庙有东西二门，东门悬"德配天地"匾，西门悬"道冠古今"匾。两门各有中门和两边侧门，中门平时紧闭，出入都走侧门，据说唯有行大典之时，或天子遣使献匾，或本省人士高中状元，方得过中门而入。文庙大成殿正中高悬的"万世师表"大匾就出自康熙皇帝之手，当年文庙就中门大开，把这块"皇匾"迎了进来。两门之前，都立有高六尺、宽一尺的石碑，上刻"文武官员到此下马"八个大字，据说也是敕命。

文庙为教化之所，本当严肃清静。清雍正年间，恭逢丁祭之日，新任总督鄂尔泰到此祭孔，却吃了一惊：堂堂学宫，到处栽瓜种菜，晾晒衣被，阻断通道；大殿两侧廊屋里的先儒先贤神牌倒置，乡贤祠和名宦祠的神位倾坏，庙中夫役不足，秩序混乱，祭器滥竽充数，筹备者多半应付差事，祭器未备，祭品不全，乐器不齐，旁观者如墙如堵，喧哗咆哮；祭祀者似醉似痴，萎靡如聋如瞎。献祭开始了，满庭

昆明文庙棂星门

的大红蜡烛还没有点燃，祭礼还在进行，廊屋的蜡烛就灭了。接着众人便争抢祭品，办事者的家人"拍地喧天"，本该维持秩序的学生斋长上下奔窜，左右英俊之士"霎时怒发冲冠"，和夫役厨子一道争先恐后，争抢祭品。总督大人怒道："凡此之类，若要论罪，都该杀头！"他质问道：督学官是干什么的？守门的卫士"又是干什么的？"鄂尔泰大怒之余，为文庙定了几条规矩："丁祭"之前数日，要把"乐舞生"集中起来，"演习精熟"；"丁祭"前一天，参与祭祀的官员要集中到学宫斋宿；"丁祭"之日，祭火要"光明如昼"，棂星门内不得有一个闲杂人；严禁抢夺祭烛和祭品，如果有人潜藏在棂星门内，乘机抢夺祭品，以盗贼论处。鄂尔泰还严令教官要时时巡查，认真负责，不得有误（清光绪《云南通志·学校志》）。

经过一番整顿，后来的祭礼仪式就慎重得多了。"丁祭"之日，城防营兵一大早就守住文庙大门，闲人免进。大小官员到此下马下轿，而中门亦开，官们得以你躬我让，振衣而入。

官员到达文庙的时间很有讲究，必须按官位大小，严格先来后到——官小者先到，以恭候官大者。这样，最先到的是昆明知县，最后到的则是主祭官总督大人。文庙内门站着有一队鼓乐，每来一官，就吹奏一套《将军令》。等候之时，先到的官员也并非无所事事，还得到桂香阁大山墙前看看那一纸大榜，确认一下自己参祭的项目。

清代昆明祭孔大典首祭孔丘，同时还得祭文庙内所有受祀者，为表示尊卑有序，按"同等身份相待"的原则进行分工，按官位大小分别主祭。一般来说，制台大人（云贵总督）在大成殿主祭孔子，其余官员陪祭；抚台大人（巡抚）祭"四配"先儒；藩台大人（布政使）和学台大人（提学使）分祭十二贤哲；臬台大人（按察使）祭东庑名儒；粮道道台大人祭西庑名儒；盐道道台大人祭名宦祠；巡道道台大人祭乡贤祠（先贤祠）；云南府府台大人祭苍圣祠；昆明县令大人祭桂香阁；教官大人祭节孝祠。

如此分工，并不是每个官员都弄得清楚，记得明白，因此要事先张榜公布，让大家确认一下，免得出差错。此榜也有特点，但书某人主祭某殿，无论官大官小，只书名字，不写官位——在"千秋素王"面前，谁敢称官？

最后进庙的照例是总督大人，其有随员前呼后拥，不似其他官员仅能只身进庙。这边列官拱手相迎，然后齐聚大成殿前丹墀月台之下，按官阶大小排列整齐，雁行站定。祭孔大典包括乐、歌、舞、礼四种形式。吉时一到，祭祀开始，鸣炮12响，依次奏大乐（打击乐）、细乐（管弦乐）、"大晟之乐"，然后跳《八佾》之舞——古礼须用64人，此时仅象征性地用8人，各自手持鹭鸶毛，变换队形，演示"太极""两仪""四相""八卦"，最后是"八卦定君臣"，无不中规中矩，庄严持重。《八佾》舞毕，总督大人率众官员进入大成殿，众官列队站好，总督在前，先上香、奠爵、献帛，然后行三跪九叩大礼，随后有"礼生"代总督诵读祭文，引吭高颂，抑扬顿挫：

至圣先师，万世敬仰；仰之弥高，缵之弥坚；瞻之在前，忽焉在后；循循善诱，诗书礼乐；博我以文，约我以礼……

最后是"焚文""焚帛（黄色的丝绸）"，以示贡献先师。"文""帛"均由"礼生"先点燃再递给总督烧尽了事。乐队同时奏《短工尺》，焚完乐止，于是礼成，礼炮三响，《将军令》响起，众官出殿，按分工分别主祭各殿，但仪式要简单得多。（李瑞《文庙与祭孔》）

早年让鄂尔泰大为光火的"抢夺祭烛及祭品"习俗也"温柔"多了。等众官员散去，文庙的庖师才忙着分割供祭的"胙肉"，分送官府，庙人也各得一份。"胙肉"就是牺牲祭肉，其也有等级，祭孔以牛为牺牲，称"太牢"，祭其他人用猪、羊，称"少牢"，此外还有獐、麂、兔、鹿等。祭祀时用全牲，作下趴状。祭后分割为"胙肉"，所有参祭者人手一份。大块的送给总督、巡抚等官员，要用木盒装好，再贴上红纸，派人送上府去。小块的由执事者分享，各人提走就是了。据说孩子吃了胙肉就会聪明好学，老昆明人家总要想尽办法，弄点胙肉给孩子吃。旧时这个"聪明"很重要，祭孔之物中就有大葱、松明子、茯苓和荔枝，各取一字，谐音就是"聪明伶俐"。

进入民国后，袁世凯于1914年发布祭孔告令，称"中国数千年来，立国根本在于道德。凡国家政治、家庭伦纪、社会风俗，无一非先圣学说发皇流衍。是以国有治乱，运有隆污，惟孔子之道亘古常新，与天无极"。但"近自国体变更，无识之徒误解平等自由，逾越范围，荡然无守，纲常沦弃，人欲横流，几成为土匪禽兽之国"，声称"政体虽取革新，而礼俗要当保守"。于是决定全国在9月28日祭孔，"本大总统谨率百官，举行祀孔典礼，各地方孔庙，由各该长官主祭，用以表率人民，俾知国家以道德为重，群相兴感，潜移默化，治进大同"。这样，民国初期昆明祭孔得以继续，到文庙的还是文官，但为首的却是督军——规矩毕竟拗不过权力。但祭祀的等级制依旧严格：督军祭孔子；省长祭四配；秘书长祭十二贤哲；民政厅厅长祭东庑；财政厅厅长祭西庑；建设厅厅长祭名宦祠；教育厅厅长祭乡贤祠；警察厅厅长祭仓圣祠；昆明县长祭桂香阁；又临时以女工厂长祭节孝祠，等等。

民国时期官府要祭孔,学校也要祭孔。学校要事先搭好松柏彩棚,悬灯结彩,悬挂国旗。祭孔之日停课一天。早上8点,除女子学校外,各学校各班推举代表10人,由老师带领到孔庙,随班行礼。早上10点,校长及教管各员,整肃衣冠,督率学生,穿着制服,齐集礼堂,在孔子碑前行三鞠躬礼。礼毕,校长或教管各员演说孔教关系民国、国民之重要。然后学生合唱崇拜孔教之歌,用风琴伴奏,以表钦仰。这天学校职员、学生要在操场或运动场上做游戏、搞运动,这算是现代色彩。晚上还要办提灯会,但女校除外。

○大旱之年官府祈雨的《祷雨文》

昆明气候分为干季、雨季,如果风不调、雨不顺,则干季易旱,雨季易涝。天灾一来,官府就得有所作为。久旱无雨,官府要布告昆明城内外,禁止屠宰牲畜,官民吃素把斋,设坛祈雨。

据有关资料,清宣统三年(1911年)夏天,昆明久雨不止,盘龙江水上涨。云南知府周沆在城隍庙、太阳宫设坛祈晴,但是没有用。六月二十四日,云贵总督李经羲到大东门外溥润桥下"看水"。二十六日,云南知府告示开始"禁屠"——不许宰杀猪羊,民间称"断屠"。因为北方在"五行"中属水,这天还要关闭北门,不许军民出入,表示"拒水"于城外,并在城隍庙、太阳宫两处再次设坛祈晴。同一天,昆明知县龙汝霖到南厢关勘察水灾,向总督书面报告情况,同时布告禁屠、设坛祈晴。二十七日,总督李经羲亲临城隍庙和太阳宫,登坛上香祈晴。二十八日,雨止天晴,李经羲令布政使世增到城隍庙等处上香谢晴,处理善后。二十九日,云南府和昆明县同时禀报"谢晴撤坛",同时下令"开屠"——恢复屠宰,并开启北门。至于民间,则要在五月十三日的关圣帝君庙会上求雨,据说关圣帝磨刀要用水,老天就得下雨,雨季就会如期到来,这叫作"五月十三,关圣老爷磨大刀"!

清代昆明遭遇久旱,官府大员要率人到城郊黑龙潭祈雨,这一波行动叫"一叩天恩"。如果还不见雨来,则认为是人间得罪了上天,才遭致上天处罚。于是又重建神坛,"二叩天恩"。这一波求雨更进一步,人人身穿白衫,套大裆裤,蹬土麻鞋,自贬自罚,以示请罪。如果老天不领情,旱情仍然发展,昆明人就得"三叩天恩"了。此时求雨之人更是披发赤足,屡发悲声,虔诚惨烈。若此时竟而遇雨,便认为是求雨者心诚感天,更是冒雨而行,在泥水中下跪,绝不闪避,以示诚意。

黑龙潭祈雨,传说还与大名鼎鼎的禁烟名臣林则徐有关。清道光年间,林则徐任云贵总督,遇昆明大旱,即亲往黑龙潭求雨,却不燃香烛,在黑龙祠大喝道:"黑龙听着,汝为云南龙王,我是云贵总督,且听我号令:三日之内,着即布雨,若有违抗,

早年的黑龙潭为官府祈雨之地

定毁你龙宫，填你龙潭！"言毕林则徐即上轿回府。哪知方才起轿，倏时雷雨交加，轿之所至，大雨如注。轿前抬夫日晒汗流，轿后抬夫却暴雨临头。又传说清光绪年间的云贵总督岑毓英也曾到黑龙潭祈雨，其道行大概不如林则徐，回程时行至一座石桥方才下雨，后将此桥命名为霖雨桥。

此为传说，清康熙《云南府志》中载有当年总督范承勋的《祷雨文》，还真威胁起龙王来了，称再不降雨，就要"毁祠""撤祀"，全不似"求祷"而为"诅咒"。这是一篇妙文，其曰：

尝闻祀典之设，原不滥及。非神必有功德于民，或能御灾捍患，方使之享祀千载，血食一方。惟神具飞腾变化之灵，蕴溥博渊泉之德，每施膏泽，养育生民，故奉以崇祀，隆其庙貌。今滇省雨泽未遍，某特亲诣神祠，斋宿致祷。数日以来，虽云日时阴，而滂沱未降，再致祝祠，伏冀大其显应，立沛丰霖，倘或仍无感通，是神之无灵，不足以血食此一方矣。某将毁其祠，撤其祀，转而他求。若荷惠此蒸民，泽其枯槁，某鸠工度材，扩其庙宇，牲牺肥腯，享其祭祀，以报神德也。敢告。

相较之下，巡抚王继文的《祷雨文》则多"自责"，以"求祈"为主。其有三部曲：先诉旱情之苦："土田龟坼，禾苗枯槁，父老疾苦，难堪官吏，焦劳弥切。"然后为民代言："兵燹频仍之后，即时和岁稔，亦止仅免饥寒，不能振复元气，若再加旱魃为灾，三时失望，未有不妇子流离，辗转沟壑者。"最后以情动神："伏望明神，俯念官思补过，民本无辜，云油油而雨葱葱，立赐救此一方。"

一文一武，一软一硬，一求一咒，都全了。但听来听去，好像都是说给百姓听的，例行公事，如此而已。

不过，也有借祈雨做正事的。据清代云南学者师范记载，明代的正德十二年秋天，"云南大旱，祈祷无应"。镇守云南的黔国公沐昆说："近来巡抚追查公田，抓捕了不少无辜者。天旱不就是因此而来的吗？"于是当局让各府县清查监狱。七月十九日清查了昆明县，释放冤囚38人，当天天降大雨；再清查云南府，又释放冤囚50多人，天又降雨；接着清查省属和六卫监狱，释放的冤囚越来越多，更有大雨下个不停，于是旱象解除，"倾城忻然"。沐昆为此修建了一座"感雨亭"，全城士大夫、诸生欢聚一堂，弹冠相庆（《滇系》）。天有灾情，人有反思，这是大好事，可惜此后再没有这等正事的记载了。

清末昆明遇到大旱，官府还会让人在昆明南门城楼内墙上画一条大乌龙——按照阴阳五行之说，南方属火，火旺则旱，以龙镇压，可望得雨。如果挂龙图而雨不来，官府就关闭南城门，切断火脉，拒"火"于城外。如果这样还不行，就得看玉案山风、雨二碑了。"久旱则立雨碑，仆风碑"，据说有"即雨"之效（清道光《昆明县志》）。这一"立"一"仆"，还得昆明县令出动，摆开全副仪仗，开到城西北的棋盘山上，竖起雨碑，拈香祭拜，又将风碑放倒，贴上封条。县衙的封条还不够档次，贴的是总督府的部堂封条和巡抚衙门的部院封条，以示各级衙门对灾情的关注和救灾一方的权威。

○大水之年官府"画日""烧山"求晴

如果阴雨连绵，遭遇水灾，官府又得带头求晴。方法与求雨相反：南门城楼内墙上的画的龙要涂去，另外画上太阳。北方在阴阳五行中属水，所以遇水灾时要关闭的不是南门而是北门，以求拒"水"于城外。至于棋盘山，"岁久雨，则立风碑，仆雨碑"，也有"即晴"（清道光《昆明县志》）之效。届时出动的还是昆明县令，其到棋盘山上，放倒雨碑，贴上封条，而风碑时来运转，这回要被竖起来，享受人间香火了。官员求晴要去拈香祭拜的地方是太阳宫（今圆通街连云宾馆旁）而不是黑龙潭的黑龙祠。到了清末，军队有了不少火器，久雨不晴之时，官府还会派一班兵丁到城墙上对天上开枪放炮，试图驱散乌云，唤回晴天，据说有时也会起作用。还据说，风调雨顺之时，棋盘山上的风雨碑会同时竖立，共同享受香火，以示鼓励。

民国以后，官方不再求雨求晴。但直到20世纪30年代初，昆明久晴不雨，近日楼上仍会挂出巨幅"龙头吐水"画像以求雨；而如果久雨不晴，就改挂"一轮红日"图像以求晴。1936年，陈一得受命主持太华山省立昆明气象测候所后，在近日楼上"画龙求雨""画日求晴"的做法才被终结，改而挂出一口标准时钟。但直到抗战前，旱涝一旦出现，昆明仍然"禁屠"。

在各种求雨动作中，最有科技含量的是"烧山"。这个"烧山"不是放火烧森林，而是在久晴久雨之后，乡人聚众祈祷游行，然后登上高山之顶，聚拢柴草，放火焚烧，浓烟上升，扰动空气，以转变天气，据说颇有效验（近代《续云南通志长编》）。如农谚所说：

晴久烧山天变雨，
雨久烧山天转晴。

昆明西郊棋盘山庙，为旧时求晴之所

老祭场

老刑场

从先秦到清末,除了秦代以外,行刑只能在秋天执行,叫作"秋决"。春天万物萌生,夏天万物茂盛,行刑杀人则生阴气,影响万物生长,大不吉利。而秋天万物凋零,正好因应时势,执行死刑。而后是万物肃杀的冬天,恶死者的鬼魂也翻不起浪来。这样,"秋审"之后,接踵而至的就是"秋决"——执行死刑。

清代所定之死刑，只有斩、绞两种。所谓枭示，是在斩首之后，取其头颅悬挂于市以示众。死刑要经皇帝亲自批准才能执行。死刑公文下达时，要装在特制的公文封套里，封套上满盖了标示执法官衔的黑字，民间称之为"黑脸封套"。"黑脸封套"一到昆明，官府就得准备照单执行死刑了。无论是斩（砍头）、是绞（吊脖子）还是枭首示众，都恐怖而神秘。

○清末的小偷泛滥和"枷号"示众

清末昆明城厢内外小偷成灾,且有门有派,各有专长,还有黑话。如白线(白拳)一派,擅长白天偷窃,如"闯门子""跑台子""露水""掏包""剪绺"等。黑线(黑拳)则善于夜间行窃,名目更多,有"翻棚子""排眼子""拔闩子""开笼子""上天窗""抛布梯""滚地龙""钓鱼""下凡""灯花""插香"等。此中高手叫锦钱(锦拳),能合二者之长,黑白道一起走,还能走红线(红拳),出入上流社会,见机行事,布下"蜘蛛网""仙人跳""金钟罩""脱壳蝉",巧取豪夺,不露痕迹。到了民国,"偷界"也有"吃文疙瘩钱"(开锁行窃)和"吃武疙瘩钱"(撬锁行窃)的说法。昆明"侠盗"李竹溪自称李闯王(李自成)旁系后裔,跟着上海"师傅"苦学多年,练就一身功夫:能飞檐走壁,能穿房过屋,能爬竿钻洞,能纵跑坟坎,还能用"软竿子"(飞爪),能用硬竿子(伸缩竿)。其行走屋顶而悄无声息、脚不碎瓦;火车如飞而上下自如、行不露迹。"侠盗"还立有帮规:一要孝顺父母;二要忠于朋友;三要劫富济贫;四要戒酒戒色,不奸淫妇女等等。1947年,李竹溪盗抢昆明一个银行董事长的大量钱物,得手之后被捕,在狱中自杀身亡,那是后话。

清末民初,昆明小偷只要得手一套布衣布裤,一把铜锡茶壶,卖得七八钱碎银,按当时的生活水平,就可以混上十天半个月的生活。清末民初邓川人杨琼在《滇中琐记》中记载,旧时昆明"多盗",当局在城内外分段设立查官,各率6个士卒,专事防盗捕盗。但这些"查官"又侵吞兵饷,仅派一个小卒应付北门世恩坊地段(今北门街一带)。这个小卒倒也负责,夜晚巡查到贼人穿墙入室盗窃,就大喊捉贼。在外望风的贼人慌忙捂住其嘴说:"休要作声,财物到手,就分给你一半。"小卒竟然动心,不但不捉盗,反而帮着望风。等到贼人盗掳衣物出来,小卒要求分赃,贼人不给。小卒紧跟贼人不舍,竟被贼人用铁器砸中前额,血流满面,落荒逃回,又谎称为捕盗受伤,结果得了500个铜

对造反者如此"戴枷示众"后不久,清王朝就垮台了

钱的奖赏。

由于偷盗成灾，官府捕盗成事不足，败事有余，昆明城内外一般人家防不胜防，便有养狗防盗之举。据说早年昆明城几乎家家养狗，有狗数万只。一家被盗，百狗齐吠，惊动四邻和栅子、堆子老兵，层层堵截，一时天罗地网，小偷就难逃了。当时不仅百姓家养狗，官府衙门也养狗。昆明县衙门竟养了五六十只狗，养狗开销太大，县衙门就在城东的归化寺一带置下几亩田产，用收来的租子养狗，那些田被称为"狗饭田"。直到1930年，美国作家斯诺来到昆明，仍见昆明街头"数以千计的狗"，以致"必须带上几块石头作为自卫之用"（《马帮旅行》）。

清末官府门口的"枷号示众"和"站笼示众"

抓到小偷怎么办？如送到官府，处罚是"笞一百而枷号一月或二月"〔罗养儒《纪我所知集》（《云南掌故》）〕。这里的"笞"是用竹板或荆条拷打犯人脊背或臀腿；"枷"是木制的方形刑具，长一米多，宽约两尺，上面开洞，可以同时锁住罪犯的脖子和双手；"枷号"是强制罪犯戴上木枷后，用铁链锁在监狱外、衙门前或闹市上示众，以羞辱罪犯，警示众人、威慑一方。当时昆明市中心的三牌坊市面繁华，行人密集，在这里被"枷号"示众的犯人总有十个八个。枷有轻有重，轻的十多斤，重的一百多斤，如果戴上最重的枷，犯人往往活不了几天。虽然小偷戴的枷不重，但枷号一个月或两个月，也够受的。如果无人关照，搞不好也得送命。

清光绪二十年（1894年）后，"枷号"之类的酷刑被取消，惩治小偷的办法改为送习艺所挑泥土、抹土基，也体现了社会的进步。

○三牌坊的"锁系铁杆"和"站笼"

大概是为了示众方便，早年清政府在三牌坊外的左廊盖了几间板壁平房，把十多个"锁系铁杆"的罪犯关押在这里。这些罪犯多半是充军来云南的。所谓"锁系铁杆"，是用铁链、铁圈把犯人的头、脚锁在铁杆上，那铁杆大约有两寸粗、五六尺长、三十多斤重，上下两头开有洞孔，穿着两根铁链，上面的铁链拴着一个大铁圈，

昆明三牌坊下戴枷示众的犯人

套在犯人的脖子上，下面的铁链扣在脚镣上。被"锁系铁杆"的犯人白天走动要抱着铁杆，夜里睡觉也要抱着铁杆，以防逃跑。

当时"罪大恶极"的犯人要站木笼，抬到三牌坊下示众两天，然后斩首，把人头挂在三牌坊下的大木柱上示众。

站木笼又称站笼，学名叫"立枷"，是从枷发展而来的酷刑刑具。简单地说，它就是把枷固定在一个方形木笼上，把犯人关进去，锁住脖子和双手，在犯人脚下垫上砖块，让犯人站在笼中，昼夜不能动弹。砖块垫得高，犯人可以多活几天，如果垫得低，犯人就死得快。有的酷吏还会把站笼减低3寸，让犯人直不起身子，只能屈身站笼，勉强支撑，站不了多久就气绝身亡。明万历年间，学者罗汝芳任职刑部时，"亲见桎梏之苦，上至于顶，下至于足，更无寸肤可以动活"（《罗汝芳集》），这里说的就是站笼，可见其历史悠久。

清末犯人被"站笼"，如果家境好，就花钱贿赂狱吏，雇来乞丐，趁夜钻进站笼，弯下背脊，充当坐凳，让犯人稍得放松，以求活过示众刑期。据说还有人贿赂狱吏后让受刑者每天生吃一只猫，以提高站笼能力，熬过生死关。但也有人受不了站笼之苦，只求速死。清末云南藩台衙门发生库银亏空大案，当事者为洗白，就以被盗为名，推卸责任，并栽害滇剧武生刘松廷，称刘松廷轻功出众，又是镖师出身，盗银者非刘松廷莫属。于是官府将刘松廷抓来严刑拷打，刘松廷不从。两天之后，当局又将刘松廷送到三牌坊下站笼示众。刘松廷不堪其辱，不忍其痛，蹬掉垫在脚下的砖块，以死抗争——按当时法规，示众期未满而犯人就死，也必须到期才准收尸，哪怕尸体腐烂，也决不通融。

刘松廷死后，官府以犯人畏罪自杀、库银下落不明结案，结果是藩台候旨处理，库银亏空案不了了之。目睹这一切的是三牌坊前后的两对石狮子。抗日战争时期，三牌坊被日寇飞机炸毁,而石狮子幸存。据说其中一对被移到昆湖小学的大门口,后来下落不明。另一对被移到今大观公园的大门前,如今仍屹立在高石台之上,默默地注视着熙熙攘攘、来来去去的红男绿女。

○巡抚衙门"秋审"的"徒饰观瞻"

"秋审"是清朝死刑复核制度的重要组成部分,类似于如今对死刑的"二审"和"终审",因为在每年秋季举行,被称为"秋谳大典"。清代的"初审"由州、县负责,"秋审"则由省里负责,而由"朝审"最终决定死刑犯人的生死。

在云南,每年腊月官府封印之前,各州县就得把死犯判决情况造册送到昆明,报给按察司署衙门(在今青云街)。秋审之前,各州县要

清末官员在露天庭院里边晒太阳边审案子

把死刑犯押送到昆明。云南山高水险,边远州县押送犯人成本很高,臬司发给的"解费"不够用,地方还得赔上一半。而人犯所过之处,不仅扰民,还扰驿站、扰店铺,到处不讨好。人犯解送到昆明之后,关押在洪化桥旁三家村的"司监",即按察司监狱(在后来的模范监狱一带),等待秋审。

秋审又称"会审",在省一级进行,主要程序是"审录"。后人评价清代秋审,这个"审录"最受诟病,认为它走过场,形式主义,处理草率。据罗养儒《纪我所知集》(《云南掌故》)记载,清末昆明会审之日,巡抚大人坐镇大堂,四位司道大人坐在一旁,面前放有公案大桌。时辰一到,便将各地初审判死刑者押上堂来。这些人犯身穿红布囚衣,脖系铁链,脚戴镣铐,从专供罪人出入的右门锵锵而进,以10人或8人一排,跪伏堂前,背脊朝上,让官员看得见背上所书人犯籍贯、姓名、年龄等。衙吏手持人犯名牌,高声点名,人犯在下应名报到,巡抚摊开花名册,用红笔在此人名下点个红点。此时,衙吏又将此人犯罪事由念诵一遍,然后问一声:"是不是这样?"人犯应声而答:"是。"巡抚就在此人名下写上"照录原供送部"六字,就算完事。如此审过之后,赏给每个人犯馒头两个、酒一碗、肉一块。这批人犯退下,下一批人犯又向前跪下,按前面的程序再走一遍。如此这般,人犯全部审完退下,抚台与司道便退堂,会审就此结束,然后将结果上报朝廷,省级"秋谳大典"就算

完事了。

人命关天，省级"审录"如此，滑稽而不可思议，罗养儒老先生也叹息此"诚是一种形式上之动作"。然而，秋审背后的弊端，还不止于此，据史料记载，秋审之前，为迎合皇上圣意，清廷的刑部就和各省暗中勾通，预先向各省交底，各省据此操作，向朝廷上报。不过，各省

蒙冤的小民向官员叩头申说事由

也要为此向刑部付"部费"白银600两。可见秋审流于形式、积弊如山，背后还是司法腐败。

早在清朝初期，雍正皇帝胤禛就发现各地方秋审走过场的弊病：大官一言定案，小官不敢开口。雍正皇帝说："各省会审之时，不论案件多少，全部在一天之内审定，都是总督、巡抚说了算，连司道、知府、县令都不敢插嘴。其实对于案情，总督、巡抚也未必清楚，不过是幕僚简略地写在表册上，总督、巡抚随便看看，做个样子而已。"（《大清会典事例》）衙吏造册，督抚照念，其他官员不吭气，犯人是死是活，从此而定，走个过场而已。

从罗养儒的记载看，这种现象直到清末也没有改观，可见面对官场积习，就是强势如雍正皇帝，也无可奈何。其实，朝廷"秋审大典"本身就是一弊。清道光皇帝就说过："大臣们仓促会审，仅仅听属吏宣读罪状，看看表册，怎么可能全面了解案情、商榷定案？结果是徒有会审之名、而无会审之实。"（《钦定台规·宪纲·会谳》）看来和地方一样，朝廷秋审也无非是走过场。

清光绪元年（1875年），英国驻华使馆翻译马嘉理以考察云南商贸为由，率领一队英军从缅甸进入云南，开枪打死中国边民。后来马嘉理被打死，英军退出云南，史称"马嘉理事件"。事发之后，英国驻华公使威妥玛认为这是云南官方蓄意而为，而云南官方认为是边民自己所为。据有关资料，云南官方抓来了腊都等几个边民，交给钦差大臣、湖广总督李瀚章等审讯。因为边民不会说汉话，必须通过"舌人"（翻译），于是这场事关国家和战、边民性命的审讯就成了这样：

李瀚章：杀马嘉理的是你们吗？

翻译：大官问你，你叫腊都吗？

边民点点头。

李瀚章：你们是怎么杀马嘉理的？

翻译：大官问你，你们在山上是怎么砍树的？

边民们举起双手，作举斧下劈之状。

李瀚章：看来马嘉理确实是你们杀的。你们杀马嘉理，谁是主谋？

翻译：大官问你，你们这样穷苦，平时吃的是蛇吗？

边民们一起摇头。

李瀚章：可以定案了。

钦差大臣会审尚且如此，地方官府"秋审"之草菅人命，可想而知。后来英国驻华公使威妥玛指责"滇案问案，直同儿戏"，要求清政府将边民押到北京审讯，却被告知腊都等人已被处死。威妥玛以武力为后盾，胁迫清政府签订了《烟台条约》，索取了巨额赔款和大量在华权利，其中有一条就是涉及英国人生命财产的案件，英国使馆有权派人"观审"。

直到清末的光绪三十二年（1906年），秋审制度才被废除。

○ "秋决"监斩官拜城隍避邪

清代死刑要经皇帝亲自批准才能执行。死刑公文下达时，要装在特制的公文封套里，封套上满盖了标示执法官衔的黑字，民间称之为"黑脸封套"。"黑脸封套"一到昆明，官府就得准备照单执行死刑了。

清末执行死刑，无论是斩（砍头）、是绞（吊脖子）还是枭首示众，都恐怖而神秘。

从先秦到清末，除了秦

行刑后悬首城墙示众

代以外，行刑只能在秋天执行，叫作"秋决"。春天万物萌生，夏天万物茂盛，行刑杀人则生阴气，影响万物生长，大不吉利。而秋天万物凋零，正好因应时势，执行死刑。而后是万物肃杀的冬天，恶死者的鬼魂也翻不起浪来。这样，"秋审"之后，接踵而至的就是"秋决"，就是执行死刑的季节了。至于昆明民间，"秋决"又叫"砍秋脑壳"，说简单一点儿，就是"砍秋头"，后成了骂人的话。而昆明人"背时"已极，就说"背秋时"，也和这个"秋决"有关。

然而，行刑的时辰也有讲究。必须在"阳气"最重的午时三刻（约在11时45分）动刀。至于行刑的地点，也多选在靠南的地方，或者是闹市或者是南门外。据说这些地方阳气也重，可以镇压恶死者的鬼魂。明万历年间，学者罗汝芳曾在昆明代掌按察司之印，主张慎杀少杀，死囚临刑"捆缚"，罗汝芳亲自"热汤饭，盛柴火"，教育死囚"动念向善"，如果灵魂有归，转世为人，不再为害，争取善终——直说得"囚徒感泣"，死无怨言（《罗汝芳集》）。但在官场上，监斩绝不是一桩美差。清代总督不干、巡抚不干，管司法的臬司也不干，而让基层的州官、县官来干。至于昆明，当然就是昆明县令的事了。而其监斩程式，又让人大跌眼镜——

县令接到"黑脸封套"后，选定日子时辰，把死刑犯提到大堂，验明正身，又当堂赏给酒、肉、饭各一大碗，接着衙吏把一块写有犯人姓名和罪行的木牌倒呈县令面前。此木牌又叫"亡命牌"，昆明人叫"招子"，坊间骂人就说"背招子的"。县令提着蘸了红墨的朱笔，悬在"招子"上面不动，衙吏抬着招子往上一拖，那笔正好在死囚名字上画了个勾，就算签发了死刑执行令。这就明明白白地在死囚面前表示：今天杀你，与县令无关，与衙吏也无关。最后，县令还要把那朱笔扔得远远的，从此再也不用，以远离阴气。

刽子手把死囚捆绑起来，戴上脚镣，把招子插在犯人背后，两个差役一左一右，挟持死囚，走向刑场。行刑事先要贴布告，让百姓来围观，以收震慑之效。清代昆明行刑多在南教场，如果在闹市行刑，附近店铺老板得知，都要行贿官员，不要在自己店铺门前行刑，以免沾上阴气。

昆明县令监斩时，头戴翎顶大帽，再套一顶大红风帽；内穿元青色大褂，不挂朝珠，外披一件叫作"雪子"的大红莲蓬衣，乘坐官轿，押着死囚前往法场〔《纪我所知集》（《云南掌故》）〕——这红帽红袍也是避邪的防范措施。

行刑之前允许死犯家人前来告别，这并非全是一个人道安排，更是"验明正身"的手续。县令要仔细观察会见情形，找出可疑之处。据说一些替死者就在此时被"验"了出来，引出不少案中案。

午时三刻或五更，时辰一到，一声炮响，刽子手就挥刀砍头。据说此刻先要大喝一声："恶煞都来——"如此一喝，一来是为自己提劲，二来是让死囚知道，取他性命的是恶煞神。

但见死囚人头落地，监斩的县令马上登轿离开法场，直奔城隍庙（在今五一电影院址），进殿前取下红色罩帽，脱下大红披衣和元青大褂，露出一身公服，向诸神行三叩首大礼。昆明城隍庙有地狱七十二司和"牛头马面"等地狱鬼神塑像，县令在这里磕头，意思是请地狱收好恶魂，求"牛头马面"管好新鬼，不要让它们回窜人间，伤众害人，危及自己。

这还不算完，在城隍庙拈香求神完毕，县令回到衙门，还要举行排衙仪式，让衙役们敲锣、击鼓、挥红黑棍,以吓阻恶人阴魂,不得到衙门作祟〔《纪我所知集》(《云南掌故》))〕。

  古代科学不彰,但官员多熟读孔学,当知"远鬼神",知"子不语怪力乱神"(《论语》),而竟迷信如此,行为荒诞,实在不堪。后来昆明人破除迷信,先从城隍庙下手,看来是有道理的。

老列女

明清云南、昆明地方志书所收"列女",泛指严守封建操守的妇女,特别是舍命守节者。14世纪中后期,明景泰《云南图经志书》中还没有"列女"之条,仅在"人物"条中记录列女8人,其中元代列女5人;云南府(辖今昆明一带)列女6人,其中元代列女4人。16世纪初的明正德《云南志》已有列女专篇,所列元代列女6人,其中4人出在云南府,明代列女38人,其中云南府就有11人。又百年之后,17世纪初的明天启《滇志》所载列女就达309人之多,其中云南府62人。而到19世纪中期,清道光年间《昆明县志》专列"闺媛志",所记昆明县列女达745人之多。其中"守节"者541人、"殉节"者23人、"死难"者150人、"贞列女"27人、"贤母"1人、"寿母"1人、"孝女"2人。民国《续修昆明县志》中也有列女一章,分守节、殉节死难、贤缓、贞烈女和孝女四类,其中仅清代"殉节死难"者就达495人。

民国时期提倡移风易俗,"贞""节"都不在表彰之列,但云南官府"稍事变通","关于节寿两类,即由政府酌核题给匾额"。从1939年到1945年8月,"由省政府题给匾额"的贞女、节女共有33人,其中"节孝"4人,"节寿"2人,"节妇"11人,"贞女"1人,"贞孝"3人。昆明郊区有3人,其中"贞孝"1人,"节寿"1人,"节妇"1人(民国《续云南通志长编》),几乎可以忽略不计。

历代地方志书所载"列女",只录其姓,不记其名,有的仅记个小名。但列女的丈夫或未婚夫、儿子全都有名有姓。列女们为了"名节",不惜牺牲一生的幸福甚至生命,换来的却只是娘家和夫家的名声,自己连个全名也留不下来,岂不悲乎!

历代统治者和地方志书热衷于宣扬"烈女"精神,还另有深意。据清初学者倪蜕所撰《马烈女碑》文,清雍正九年(公元1731年),宜良马元姐为未婚夫殉节,有人要官府旌表"其贞烈之志",但官府顾虑此例一开,有误导"偏激"之嫌。但此人振振有词,说服了官府:"为了君臣大义、保卫社稷,有童子从军舍命杀敌,要加以表彰,以激励忠勇之气。未出嫁的闺女以纲常为念,杀身以明志,也要加之旌表,让纲常深入人心。"——旌表"烈女"之"死节",原来是为了激励"烈男"

之"死忠"。清嘉庆年间云南学者师范在《滇系》中提到烈女时也说:"人负正气于天,以生而纲常之重,男与女俱有责焉。"清道光《昆明县志·闺媛志》更有序称:"地道无成,含章有美,著称以节,遭时之否,抚孤守义,杀身成仁,是虽女子,愧彼庸臣,于是标守节、殉节、死难诸目,合贤母、孝贞、烈女之传"的。原来记录"杀身成仁"的烈女,是为了"愧彼庸臣"——让那些昏庸的官员感到羞愧!

　　古籍所称"列女",本义是"各种女性",后来约定成俗,多和"烈女"相近,指有节操而重义轻生的妇女。列女而有传,始于西汉刘向的《列女传》,书中按封建"妇道"高下,将"列女"分为七类,并分别立传:一是《母仪传》,记以身作则,教育子女,使其立德成功者;二是《贤明传》,记廉正明理者;三是《仁智传》,记顺理而行者;四是《贞顺传》,记贞洁专一者;五是《节义传》,记守节行义而死者;六是《辩通传》,记能避祸凶者;七是《孽嬖传》,记淫、妒、不守节者。这里的涵盖面要宽泛得多,被视为当时的妇女史。我们也从"列女"的本义出发,把老昆明关于妇女的生活习俗全部放在这里,而以贞女、节女为主,统称"老列女"。

○马皇后的大脚和昆明妇女"裹小脚"

清代末年和民国初期,昆明妇女多穿袍、挽髻、缠足、蒙头。

昆明人称缠足是"裹小脚",这个束缚妇女的恶习是从中原传入的。明代镇守云南的沐英是朱元璋的义子,得过马皇后的哺乳。沐英镇滇,马皇后还曾多次写信慰问。据说马皇后以大脚母仪天下,受江南人讥笑。元宵闹灯时,有人用纸扎成一只几尺长的大红鞋,里面坐着四个纸扎的和尚,频频向围观者点头,观者无不哗笑。马皇后得知,怀恨在心,正好接到沐英回信,称昆明战后人口稀少。马皇后就借口云南人口空虚,劝朱元璋把江南人口大批迁移到云南。从江南到云南,千里迢迢,行路艰难,还没到达昆明,被迁移的人就死了近半,亦惨矣。

这些笑人大脚的妇女到了昆明,仍然缠足不放。明代后期,徐霞客到了昆明,刚进北城门,就遇到几个小脚妇女,徐霞客也不能免俗,他在游记中称:"在西南地区所见妇女,论纤足姣好,没有比得上这几位的。"徐霞客又说,云南地方大,农村"人民多数务农",各地女子多半要和男子一道下田务农,所以"缠足者甚少"(《徐霞客游记》)。

○清末民初的昆明"天足运动"

民国初期行走昆明街头的"放足"女和"小脚"女

缠足对妇女身心的摧残极大,昆明有"小脚一双,眼泪一缸"的说法。但相沿成俗,也陋习难改。徐霞客之后差不多300年,已是清末,昆明仍然满街是小脚女人。

清末西风东渐,国人不但睁开眼睛看世界,也睁开眼睛看自己。不少有识之士痛感中国男子吸鸦片,妇女裹小脚,已成两大社会恶俗,非改不可。据万揆一《滇云旧闻录》记载,清光绪年间,社会上已有人呼吁放开缠足,恢复"天足"——天生自然之足,并为此奔走呼吁,劝导实施,被称为"天足运动"。

清光绪三十二年（公元1906年），昆明有了"天足自治公会"，首举其事者，都是男性。其《成立启事》颇有意思：

我中国积弱不振，虽缘于教育之不良，而人种不强，亦致弱之一大原因。强种之法，莫急于创举天足会，改良数千年缠足之陋习。本会发起人，悯二万万女同胞沉于苦海，欲一施宝筏，使登彼岸，以改良我黄帝同遗神明之种族，使不致受天演之淘汰，保天演之肢体，以强以壮，而孕育未来黄金世界之国民。

当时的官府很支持"天足"，云贵总督锡良首先为天足公会捐资，不少官绅士族家的女眷先行入会，并率先"天足"，但民间仍多犹豫观望，多半仍然缠足不已。

民国初期，官府依然"禁缠"。早在1912年，云南就颁布了《云南通省妇女缠足惩禁令》，比全国性的《禁止妇女缠足条例》早了15年。1917年，云南当局又制定《女子缠足惩罚条例》，规定10岁以下幼女一律不准缠足，已经缠足者立即解放，违反者要处以罚金，并禁止议婚。在校女生缠足者，由教员劝导，在半年的劝导期内，顽固不放者一律斥退，出校后如能放足，仍可复学。

此条例不可谓不严格，但亦无非公文旅行，敷衍了事，"禁者自禁，缠者自缠"，陋习难改。当时的省教育厅厅长在省立女子师范学校讲演时，再次强调宁可少招学生，也绝不收缠足女子入学，还不许缠足女子继续升班，并声称要与警局协商，对缠足者以法律手段强制取缔，或处以罚金。

1923年，昆明成立了云南风俗改良会，以省长唐继尧为会长，滇中镇守使龙云、昆明市政督办（市长）张维翰为副会长，还成立了昆明市天足会，会址设在景星街，"以禁止缠足，增进妇女健康为宗旨"，会长是市政督办（市长）张维汉。天足会以宣传教育为先声，编印《天足会刊》广为发行（民国《昆明市志》），又聘请知识界"名女"熊韵篁任讲演部长，开女性登台讲演之风，细说缠足之害，号召姐妹放足，宣传效果很好，会员很快达到800多人。

当时的天足会员还协助警察进行户口调查，对昆明城区20岁以下的妇女缠足情况进行摸底，发现其中还有近28%的人缠足，达3380多人。"劝导期"一过，天足会员就在街头巡查，凡见10岁以下的幼女有缠足者，便尾随到其家中，责成家长为孩子放足。同时，在昆明举办的各类展览会、花会，都禁止缠足者入内，如1920年在圆通寺举办美工、花木、书画、物产、教育展览会，就禁止缠足妇女入寺参观，以示提倡"天足"之意——这叫"名誉处罚"。

据说经此一来，多管齐下，"天足"逐步被市民认同，昆明城中很少有家长为幼女缠足了。一时间"女学生与青年女子无有缠足者"，舆论也乐观起来："再一二十年，此风可以杜绝，实女子之幸福。"（陈古逸《昆明近世社会变迁志略》）但昆明城外的妇女仍然缠足难改，直到1939年，在烽火连天的抗日战争时期，当局再次严行"禁缠",并从严处理"禁缠"不力者,全省有41个县(设治局)长被记过,其中有昆明近旁的呈贡县(今呈贡区);另有48名县(设治局)长被申斥,其中也有昆明近旁的富民县。1940年,当局甚至援引刑法,准备对"未满十六周岁之女子施以缠足、致妨害其自然发育者"追究刑事责任,但妇女缠足之弊,仍然难除(万揆一《滇云旧闻录》)。

○出门上街:从"蒙头"到"半蒙头"

农村妇女也有以伞遮面的

早年昆明妇女出门以伞遮面似乎也是一种习惯,同时还可以遮阳

封建社会看重"社会风化",严守男女大防,将女子紧锁深闺,不使抛头露面。清代云南学者师范在《滇系》中提到,当时昆明"妇人(外)出以锦帕覆面,至老不去"。昆明"大家闺秀"平时非上街不可,也要有家人相伴,还要在头上蒙一块蓝布,不看别人,也不让别人看自己,只盯住脚尖,小心摔跤。至于远处,就得请相伴的家人"牵引"了。即便在家里,但有男客来访,没有出阁的姑娘也要马上回避。

当然,这里说的是大户人家的妇女。据明景泰年间《云南图经志书》记载,当时滇中一般人家妇女虽然也"好华饰",如"傅粉黛、蟠头,以酥油泽发,衣方领封襟,长身鹤袖,不事蚕织"等,她们"居家或戴攒顶黑巾",到了中午,就得戴上帽子,"坐街子交易",而非深藏不露。

清代后期,昆明社会风气渐开,大家妇女的"户外"活动越来越多,外出"蒙头"多有不便,于是想出了一个变通的办法,就是妇女出门"半蒙头"。清人吴大勋在《滇南闻见录》中记叙道,乾隆、嘉庆年间,昆明妇女"颇有应酬,成群往来"。这些"省城女人"都用手帕蒙住头脸,又用手拉着头帕的两端,随意开合,既不让路人看见其面容,也不妨碍自己行走,"此亦乡方风俗之一端也"。

到清末民初,待字深闺的昆明女性逼不得已要在大庭广众之间出现时,还得蒙头蒙脸。如定聘之后,男家父母逝世,未过门的儿媳奔丧时,也要用一方蓝色巾帕遮头盖面,并由媒婆相伴,以示无伤大雅。

○"朝斗":昆明"妇女节"

旧时昆明妇女多信佛,家家置有佛案,每日早晚燃香敬神,家中有喜事,也坚持戒荤吃素,竟蔚为风气。昆明城乡妇女又有"朝斗"之俗。"朝斗"就是祭北斗星。北斗在中国传统文化中非常神秘,《史记·天官书》说北斗是天帝的车辆,在天空中央运转,主宰、钳制四方。道教称北斗为"天罡",并有《北斗经》等,认为北斗七星是造化的关键,人神的主宰,有起死回生之功,消灾避邪之力。早在明代,云南就有祭祀北斗的习俗。明万历《滇略》就说,每年九月初一到初九,滇中民间都要做"礼斗会",届时全家吃斋,夜望北斗,行四十九拜。清道光《昆明县志》又称,每年从六月开始,从初一到初六,昆明人要"礼南斗";从九月开始,从初一到初九,昆明人"礼北斗"。为的是祈求丰收。当时"礼斗"是全家人的事,后来成为家中妇女的专利,到时居家吃素,燃烧纸钱,静坐念经等,叫作"朝斗"。

在寺庙叩头进香的妇女

烧香拜佛的妇女

朝斗之事,本属道教,而且大多是家庭妇女的个人行为,各自居家为之。后来昆明城内外寺庙看准"星"机,都做起了"朝斗"会,也是一年两次:六月做六天,

素食斋戒的妇女

叫"朝南斗";九月做七天,叫"朝北斗"。届时僧尼端坐"斗坛"、念诵斗经,满城妇女入寺燃香烧烛,祈求平安,然后挂功德铜钱一二百文,就可以吃一顿斋饭,八碗素菜,味道都还不错。吃完以后还可以带走四、六、八个"糯斋"米团。"以一二百文铜钱,即得尽一日之欢,而又来不空、去不空,所以妇女们提到'斗坛'二字,无不热衷","实称盛焉"。每逢"朝斗"会期,昆明街头都能见到一些妇女来来去去,手中都捧着插着纸花的"糯斋"米团——"虽名为朝斗,实则是入会;名虽为斗坛,实是会场"〔罗养儒《纪我所知集》(《云南掌故》)〕,谓之"妇女节"可也。

明代以后,老昆明做起了土主庙会。城郊官渡一带做会的多为妇女,彝族撒梅人妇女更有"宿庙"之俗,后来各族妇女都来了,大家齐聚土主庙、观音寺中,唱诵佛经和民歌小调,有单唱、有对唱,通宵达旦,称为"散花"。近代昆明农村妇女也有"做会"之俗,做会的时间多和佛教有关:二月十五,佛涅槃之日;二月十九,观音诞辰;六月十九,观音成道;七月十五,盂兰盆会;十二月初八,佛成道等。附近数村轮流做会,会期三五天到七八天不等,每村一年做一两次,借地设立临时佛堂,一声通知,各村数百妇女会集,洁衣青褂,绒帽绣鞋,天天唱经拜佛,来去自便。"唱经"唱的是民间所编宗教故事,"拜佛"拜的是观音和地藏菩萨,全部费用自理,所用甚廉,最后会餐"封塔"而散。全程无男性参与,为妇女专享,又是另一种形式的"妇女节"。

○公共场所"男女有别"

直到民国初期,"男女有别"和"男女大防"都是一条不可逾越的红线。就是老昆明的喜葬宴席,也得分出男宾席和女宾席。男宾座上由男主人待客,女宾座上则由女主人捧酒敬客,其间界限,也马虎不得。唯妇女进庙烧香拜佛网开一面,但庙会看戏之时,戏场中间会自然形成一条"三八线",分隔出"男区"和"女区",男左而女右,大家都会自觉按性别入"区"观戏,以坚守"男女大防",以维护社会风化。就是一年三次的"城隍出府"巡游,妇女也不得参加,只能在街头看热闹。

如此摩肩接踵的庙会如何"男女有别"？

然而，此种状况仍为当局不容。清光绪年间，以巡抚衔督办云南矿务的唐炯曾下令禁止妇女入寺烧香，昆明坊间编民歌讽刺道："糖心包子到云南，吃得俸禄管婆娘。"

清末昆明出了份《滇南钞报》，刊登的都是官方文件之类，出版了整整四年，被认为称得上新闻的本地报道据说只有一条，发表于光绪三十年（公元1904年）四月十三日，说昆明寺院男女混杂听书、妇女"烧夜香"夜间独行，官府告示禁止此等"伤风败俗"行为。文中提到，昆明"大城寺院，每多说书，男女混杂"而"礼制全无"，官府决定"查封庙宇，示禁如律"，"一经犯禁，枉自取辱"。更警告"再有妇女，夜行无烛，三更以后，行走街途，谓烧夜香，东支西吾，诡语丑行，大坏风俗"，县府"合申禁令，各诫妻孥；有犯必惩，枷责火速"等等。

1913年，民国刚刚成立的第二年，昆明城区的巡警局就指责当时武成路土主庙会"男女混杂一处，日夜不休，神殿变为待合之所，斗母翻作引线之人，伤风败俗，莫此为甚"，严令禁止。后来的戏院、影院，在观看日期和场地安排上，都必须"男女有别"。

清宣统元年（公元1909年），昆明在翠湖建立公共图书馆，接着又陆续建了几个公共图书馆，在普通阅览室之外，都专门设有妇女阅览室，以示男女有别。当时的博览会、展览会之类，也男女有别，分为"男场"和"女场"。直到1920年，圆通寺举办美工、花木、书画、物产、教育展览会上，也规定单日接待男宾，双日接待女宾——即便是"新潮"，仍然是男女有别。

清末兴办西式学校，也分为"男学"和"女学"。办了女学，就要有女教师，于是先开办云南省立女子师范学校，时间是清光绪三十四年（公元1908年），地址是东门上街（今长春路昆二十八中址），还办了两个附属小学，一在熟皮街，一在武庙街，还有幼稚园，全是女学。清宣统二年（公元1910年），在女子师范的基础上办起了云南省立女子职业学校，1923年又办起了云南省立女子中学，都在东门上街。民国初期设立民众讲演所，也专设"妇女讲演所"，全都设在"女学"之地。

民国初年东陆大学建立，云南督军唐继尧以"欧式教育"相号召。但到了招生

老列女

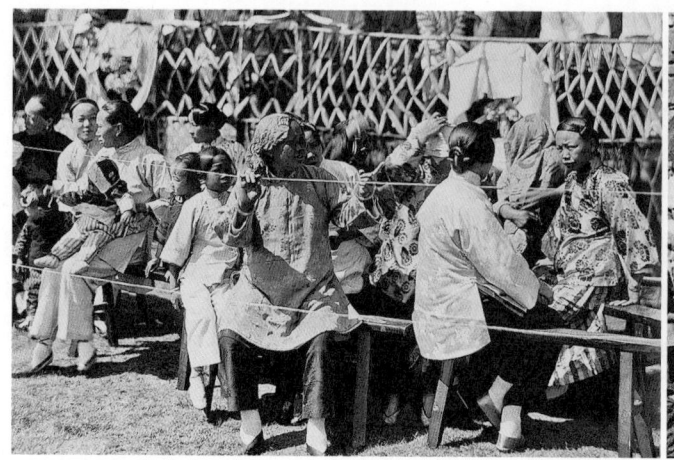
在民国初期的官方庆典上，大户人家的女眷也公开亮相了

早年昆明近郊街子上的"偷窥"

之时，主事者想按牛津模式招收女生，唐继尧就不讲"欧式"了，来了个婉言拒绝。不料此事闹得沸沸扬扬，昆明女师全体学生联名上书请求开放"女禁"，教育部门也说招收女生为世界"潮流所趋，势难禁止"。于是 1923 年 3 月东陆大学开学时，人们终于见到了女生的身影。

○夫死不嫁、从一而终的"节妇"

何为"节妇"？清乾隆年间的云南举人张履程给了个定义：夫死不嫁，备尝艰辛，始终不渝（《彩云百咏》）。至于民间的说法，"守节"就是"守寡"，"节妇"就是守寡的"寡妇"。为了这个"节"字，妇女不但要牺牲自己的幸福，还要牺牲自己的健康。为推行封建教化，明清云南志书上，对节妇的"先进"事迹记录不少，而且越来越多，最典型的就是昆明。明正德《云南志·列女传》载"列女"44 人，其中昆明人 14 人，近三分之一。另据学者统计，有明一代，云南志书记载的节妇共 634 人，其中昆明有 131 人，占 20%；到了清代，云南"在册"节妇就有 7626 人，其中昆明 1410 人，占 18%。在这 7626 个"节妇"中，588 人不到 20 岁开始"守节"，5443 人在 20 到 30 岁之间，正是青春年华之际。其中多出自平民家庭。明代平民节妇占 77.6%，清代占 84.7%（《明清云南妇女生活研究》）。

节妇的事迹，多是夫死守节、抚育后代、侍奉公婆、割股疗疾、瞻老送终之类。节妇们有儿子要"守节"，无儿子也要"守节"。因为无子难以养老，往往"殉节"成"烈女"。男方亲族也会过继子嗣给节妇，以解除她们的后顾之忧。如近代《新纂云南通志》所记，清代昆明女施氏，26 岁守寡，没有儿子，决心殉死，被夫家亲族劝阻，把侄子过继给她。后来施氏守节 46 年，成为典型的"节妇"。

《新纂云南通志·列女传》收录了明、清两代近三千昆明"列女"的事迹，其中多为"节妇"，大半出自地方史籍，部分为采访所得。收载如此多的"列女"，主要是为了激励妇女"敦礼义、尚节烈"，以显示昆明虽在边地，也不乏"教养之隆，风化之美"。虽然大多是简略的记述，仍然可以看出老昆明"节妇"生活和思想的大概状况。

　　清雍正年间，昆明女阮氏婚后就遇到兵乱、灾荒，阮氏相夫养家，艰难度日。后来公、婆、丈夫相继去世，阮氏身心遭受巨大打击，而连续应付3次丧礼之后，家中经济一空。但阮氏仍然坚持守节58年之久，并把儿子抚育成人。其中酸苦，可想而知。清代昆明女赵氏，19岁守节，守了64年，另一位昆明女高氏，17岁守节，也守了64年，非常不易。袁嘉榖在《滇绎》中提到昆明女孔氏，16岁就做了"贞女"，守节84年，是一位百岁老人，最后"无疾而终"，创下昆明妇女守节时间最长的纪录。清末昆明女缪嘉蕙守节52年，著有《叹春》一文称："句句苦，声声泪，唯独自饮自吞。此乃女子天命所定，难以摆脱之网羁也！"历代志书中提到妇女守节，常用"苦节"二字，是有道理的。

　　俗话说"寡妇门前是非多"。清代昆明女夏氏嫁到张家，后来死了丈夫，家贫无子，立志守节。夏氏还年轻，有人逼着她改嫁，她"呸"了一声，说："我只知道做张家的鬼，你快走吧！"为躲避骚扰，夏氏回到娘家，以纺织度日。有人可怜她，送来大米，夏氏坚持不要，说："我是个寡妇，不能不避嫌。"夏氏病危，有人又要凑钱为她购买棺木。直到此时，夏氏仍然谢绝道："我含辛茹苦五十多年，怎能临终还自毁清白？让我的子嗣随便买口薄木棺材就可以了。"这"寡妇门前是非"是"节妇"们必须迈过去的一道坎。

　　昆明"节妇"年少守节，一守节就是三五十年甚至六十多年，"苦节终身"，生活、精神、身体都容易出问题，信念不坚定就顶不住。清嘉庆、道光年间，昆明女黄氏为夫守节，每天勤于针线，孝养公婆。见到年少守寡的妇女，就以身示范道："我们命薄命苦，但是不能不讲纲常妇道。"另一个昆明女施氏婚后8年守寡，家中贫困，没有儿子，全靠她做针线维持生计。施氏守节44年，她常常对守寡的少妇说："饿死事小，失节事大，我就信这话。只有谨记在心，我们以后才有脸见丈夫于地下，不然就罪过了。"

　　节妇们除了有强大的意志力，还有一套应对困难的办法。

　　有的"节妇"成天忙碌，不让自己闲下来，以免胡思乱想。清代昆明女强氏出嫁四年后丈夫亡故，强氏没有生子，准备殉死被阻拦下来，后来孝养公婆并为公婆送终。强氏唯恐好事者造谣生事，抱着丈夫的牌位出外租房，和其他守寡的妇女住在一起，终日忙于生计。她对人说："守寡的人要习惯于勤劳，这样才能不生邪念。

我之所以终日忙碌，就是这个缘故。"后来强氏抚养过继的侄儿成年。有人请求官府表彰强氏，也被她谢绝了。

又有"节妇"素衣疏食，不食荤腥，念经拜佛。明弘治年间，嵩明女洪氏守节时和婆婆同吃同睡，不穿彩衣。清乾隆年间，昆明女陈氏十九岁守寡，夫死之时，陈氏曾想自杀，因为有遗腹子，才活了下来。后来陈氏生下儿子，细心抚育。自己则终身素衣蔬食，守节51年。还是清代，昆明女郑氏婚后四年，丈夫亡故，郑氏为夫守节，布衣蔬食，奉养公婆。清咸丰年间，昆明女五姑守节多年，成天吃斋念佛。还有"节妇"足不出户，以绝意外。明代晋宁人陈氏，27岁守节，婆婆要她改嫁，她坚决不从。婆婆得了病，陈氏为婆婆尝药。守节60年，平时足不出户，连亲戚也不见。前面提到嵩明女洪氏、清代19岁守寡的昆明女陈氏，就坚持足不出户，就是至亲也见不到她。

因为守节不易，许多节女还以自残来坚定信念。明洪武年间，昆明女杨氏十八岁守寡，这时她生下女儿还不到一个月。公公可怜她，让她改嫁。杨氏呜咽不从，自断一指，说："如果手指重新长出来，我就改嫁。"明末昆明女李氏，早年守寡，侍奉公公，抚养幼子，为拒绝登门说媒者，几次剪发刺面。到崇祯末年，天下大乱，李氏干脆出家为尼，把儿子寄养在外，后来读书成人。清嘉庆年间，昆明女李氏15岁出嫁，21岁守寡，生有一子。因家中贫穷，婆婆劝李氏改嫁，李氏坚决不同意。婆婆暗中把李氏许给别人。婚期临近，众人担心李氏性格刚烈，准备抢亲。李氏得知，夜里带着儿子跑回娘家躲避，随身带着一把匕首，扬言道："谁敢来抢人，我就先杀了他，我也不活了。"婆婆听了大惊而泣，后悔不迭。后来婆媳和好初。后来遇到饥荒，李氏天天做针线，换来大米，奉养婆婆，守节达38年。

○官宦之家"节妇"多

明清两代昆明"节妇"出自官宦之家的不少。

在明正德《云南志》中记载的明代节妇几乎都出自官宦之家：云南前卫千户鲁忠的妻子张氏，22岁时丈夫去世。张氏为夫守节，靠纺纱织布度日，得到官府表彰；云南左前卫指挥使卢英的妻子短氏，丈夫逝世时年仅19岁，矢志守节终身，明弘治年间得到官府表彰；云南后卫指挥使刘润的妻子赵氏，26岁时丧夫，也"誓死不二"，明弘治年间获得官府表彰；还有后卫舍人方玘的妻子曹氏，年少守寡，守志不二嫁，也于明弘治年间得到官府表彰，大学士李东阳还为她写了篇《可贞堂记》。一查该文，又是"节妇本宦家女"，而夫家又"世有武荫"，二儿子世袭指挥使之官，后来又立了军功，升为都指挥佥事；另一子方矩考中进士，做了礼科左给事中，后又担任山东布政使司右参议;女儿嫁给了都指挥佥事李增,于是"门户显贵,倍于往昔"云云。

官家的节妇也不容易。明天启年间的《滇志》记载了一个昆明女李氏,丈夫在南昌为官,感染瘟疫,李氏每天熬药,自己先尝过之后,才让夫君服用。后来更割股为药,为夫君疗病。但夫君还是死了。李氏乞死殉节不得,哭瞎了双眼。扶棺归来时,又路遇盗匪,李氏抱着夫君的画像投水,后被救起,但家财被焚劫一空,但李氏仍不改志,"益励苦节"。

这位老妇是全家的中心人物

在《新纂云南通志》中,"官节"妇女更多。如明代昆明女曹氏,夫死守节,抚养儿子叶泰成人,并在明正德年间考中进士。明代还有个昆明女孟氏,此女更不得了,丈夫在四川保宁府做官,后来死在任上,孟氏扶棺回昆归葬,靠纺织抚养6个儿子,6个儿子都通过科举考试成为"成功人士"。清代昆明女李氏的丈夫在军中担任把总,在外驻防时病故,李氏强忍哀痛,靠缝纫、刺绣奉养公公,抚育儿子。后来长子也做了把总,出师四川时阵亡;次子考中了武举人,做到广西都指挥司。李氏守节50年,清嘉庆年间获得官府表彰。

早期节妇多出自官宦之家,原因大概有五个:一是官门重视封建道德,家中妇女节操观念较强;二是表彰官家节女,社会影响大,上行下效,容易取得"教化一方"的效果;三是节妇儿孙出人头地,为官显贵,往往为母亲求名,以光宗耀祖,如前述曹氏,两个儿子都做了大官,就为她求了个"淑人"名号;四是朝廷也以此笼络官员为自己卖命;最后,还有官员以权谋私,从中作弊,伪造节妇,猎取名利。清同治年间,晋宁举人李承祜担任元谋县儒学教谕时,当地权绅与县令合谋,请求表彰一个再嫁的殷实寡妇,并试图蒙蔽李承祜,让他在公文上盖印,李承祜坚决拒绝,此事才没有办成。李承祜由此被当地士子称为"铁面教官"(《新纂云南通志》)。

由于官府大力提倡,民间也视守节为大德。据说清代昆明布衣孙髯曾修云南县志,其中也有"节妇"记载。他曾为来访的友人师范诵读"杨节妇传",且"声调琅琅"(《荫椿屋诗话》)。如此一来,民间节妇后来居上,不断涌现,层出不穷。

据《滇云旧闻录》等记载,民国初年重九、护国起义名将蔡锷的侧室潘惠英是昆明晋宁人,早年母亲病重,也曾割下自己左臂上的一块肉,煨成羹汤,瞒着家人,端给母亲喝下去,留下了一段"割股疗亲"的故事。潘惠英和蔡锷育有两儿一女,蔡锷病逝之后,潘惠英曾几次回居昆明,并一度在昆明万钟街上的恩光小学教书。1923年,乡人为潘惠英请求旌表,唐继尧和内务司长吴琨的回答很有意思:

  割臂疗亲,其志固属可嘉,其事不可风世。盖孝有大道,《经》戒毁身。故此种愚孝,考诸前清旌表之典,与民国褒扬之例,均无明文规定。所以防毁体伤,转失《孝经》之旨也。唯值此风俗浇漓、伦纪堕落之秋,该潘惠英以一弱女子,当在家时,能念冈极深恩,冀以救疗母病,不恤其他,亦属难能可贵也。

最后的处理是核实之后:
  姑准照本省历办成案,由本公署题给"至性过人"四字匾额一方,以示表扬。

○ "一门双节"和"一门三节"

  早年昆明还有婆媳两代共同守节的,叫作"双节"或"双璧"。《滇南碑传志》记载了一个"双节"故事:清同治、光绪年间,昆明张氏20岁出嫁,生有两个儿子,丈夫亡故后,守节在家,靠缝纫、刺绣支撑门户,扶养儿子。后来二儿子高中进士、入翰林院为官。张氏的弟弟死后,也遗下两个儿子,张氏勉励弟媳守节,教她学习缝纫、刺绣,抚养儿子成人,也以守节著名。这就是"一门双节"。

  清末云南"状元"袁嘉毂的《滇绎》中有"双节"一条称,"吾家高祖母氏杨、曾祖母氏杨,双节卓卓,并享大年",还有"宜良孟氏双节,蓬莱松柏,炳如日星",更有"会泽唐罗氏、唐朱氏双节坊,屹立翠湖上,曾题榜四字,表彰节义,人同此心"——这个唐罗氏和唐朱氏之"唐"出自云南王唐继尧的"唐门家族",也是官家"双节"。

  查《新纂云南通志》,明清两代,昆明还有一些"婆媳双节""妯娌双节""妻妾双节""妾妾双节",甚至"一门三节"的"佳话"。

  明初昆明女刘氏24岁守寡,抚养儿子长大,并为儿子娶妻魏氏。不久儿子又死,而魏氏年仅18岁,也发誓学习婆婆,守节不二,抚养幼子。明代昆明女顾氏20岁守寡,抚养两个儿子长大,长子娶妻郑氏,郑氏年27岁又守寡,

早年昆明翠湖边为唐继尧祖母而立的"双节"牌坊

决心和婆婆一样守节。10年以后，郑氏去世，留下两个儿子，顾氏又把两个孙子抚养长大。巡按御史孙用送给她们一块匾，大书"双节"二字。明末昆明女常氏嫁到刘家，26岁时守寡，靠做针线把儿子养大成人，并为儿子娶妻娶严氏，不料儿子又病死。婆媳二人相约守节，人称"刘氏双节"返又可以称之为"婆媳双节"。

清代昆明女宋氏、谢氏先后嫁到郭家，后来郭家兄弟双亡，妯娌二氏守寡。宋氏抚养侄儿传代，守节41年。谢氏抚养儿子成年，守节49载。省提学使为她们题写了一块牌坊，上书"一门双节"四字。清嘉庆年间，昆明女罗氏、刘氏嫁到洪家，妯娌二人都在婚后10年守寡，二女矢志抚养儿女，为婆婆送终，乡里都称赞她们是"一门双节孝"。这又可以称之为"妯娌同节"。

昆明女李氏、钱氏都是安徽布政使周樽的小妾，周樽死时，李氏28岁，钱氏29岁，两女守节三十多年。这可以称为"两妾同节"。

清代后期，浙江人陈锡畴到昆明的官府当幕僚，带来了守寡的母亲、继妻王氏、妾邓氏。不久陈锡畴逝世，这时王氏28岁，邓氏23岁，妻妾誓言要共同殉死，但因为婆婆衰老、子女年幼，二人守节孝养婆婆，25年后得到官府表彰。这里是婆媳、妻妾三人一起守节，堪称"一门三节"。

○ "婚嫁未谐，为夫矢志"的"贞女"

订婚之后，未行婚礼而未婚夫先死，未婚妻坚持为之守节，昆明人叫"守望门寡"，又叫"守贞"。清人张履程盛赞这些女子"归真返璞，终身处子"（《彩云百咏》），这是节女中的节女，称为"贞女"。

贞女"守贞"的方式不同：

据《新纂云南通志》记载，明万历年间，昆明一个叫齐姑的姑娘许配了人家，还未出嫁丈夫就死了，齐姑从此守身不嫁。这叫"在家守贞"。

清代昆明一个姓陈的姑娘订了婚，未婚夫外出寻父而死，这时陈氏年仅16岁，却毅然来到夫家守节。夫家贫困，陈氏纺纱织布，孝养老人，守节20年。这叫"过门守节"。

清代昆明进士郭杰的女儿被迎到河南成婚，不料还没有举行婚礼，未婚夫竟然暴亡。郭氏悲痛欲绝，夫家的祖父、祖母鼓励郭氏守贞，并让侄儿做她的后嗣。不久夫家的祖父、祖母相继逝世，陈女扶棺回滇，竭力营葬，守贞32年——这也叫"过门守节"。

更难以想象的贞女故事发生在清代的咸丰年间，昆明人傅家的姑娘五姑跟随做官的父母住在山东，被许配给同是云南人的江西九江知府之子潘俊。后来天下大乱，

昆明圆通山三大牌坊之一的"贞孝慈祥"坊

五姑一家6口被杀。12岁的五姑也挨了一刀，昏迷在地，五姑苏醒后，安葬了父母和家人，带着弟妹逃了出来。当时道路阻隔，潘俊不知道五姑下落，没有前来迎娶五姑，却先纳了个妾，还生了个儿子。不久潘俊病死，五姑得知，仍然坚持为他守节。后来五姑的弟弟考中进士，到京城做官，把五姑接到京城。五姑成天吃斋念佛。不久潘俊的妾也死了，留下一个儿子，无依无靠，徒步到京城找到五姑。五姑大喜，说："潘家有后人，我的大事办成了。"她又专心抚育未婚夫小妾的儿子，直到孩子成年。

昆明圆通山三大牌坊之一的"贞孝慈祥"坊，立于20世纪30年代后期。此坊褒奖的是昭通彝族女龙志桢，民国云南省主席龙云的胞妹，人称"龙姑太"。早年龙志桢曾就读昭通女子学校，武能骑马打枪，文能书法辞章，并与龙云的同学好友卢奎益恋爱订婚。后卢奎益在械斗中身亡，龙志桢悲痛之余，为其坚守"望门寡"。但当地黑彝家族前来提亲者不少，甚至为她兴师动众，大打"冤家"。龙志桢闻讯赶到"战场"，绞发以示终身不嫁，制止了杀戮。此后龙志桢在家专心侍奉寡母，经营产业，病故后，因其"守贞、尽孝、兴学、劝农"事迹被国民政府旌表，并在昆明圆通山立"贞孝慈祥"坊以示褒扬，成为中国历史上最后一个由国家褒扬的贞节孝女。如今牌坊仍在，西面正中就嵌着"贞孝慈祥"匾额。

○ "奉事姑翁、生养死葬"的"节孝"

守节而孝，是谓"节孝"。如张履程在《彩云百咏》所称："奉事姑翁（公婆），境无顺逆，生养死葬，无缺之礼。"明清两代云南史志所记"列女"事迹，总少不了"敬事姑翁（公婆）""孝养翁姑""养翁孝姑"等字眼。

据《滇南碑传集》记载，清光绪年间，昆明昭宗人毕小凤13岁做了苏家的童养媳，侍奉苏家祖母陈氏，事事谨慎周到，时时不离左右，到21岁仍未成婚。后邻里半夜失火，毕小凤逃出，不见陈氏，又返身冲进火中，身护陈氏，双双被烧死。事后村人收拾现场，但见毕小凤伏抱于陈氏身上，陈氏遗体尚全，而毕小凤被烧得手足不全，被称为"烈孝"。

在《新纂云南通志·列女传》中，清代"节孝"之媳不少。

昆明女郑氏，结婚4年，丈夫亡故，公婆痛失儿子，奄奄一息。郑氏跪地安慰两个老人说："儿媳在就是儿子在，二老不要伤心。奉养之事，完全由儿媳承担。"郑氏布衣蔬食终身，奉养公婆，"孝行卓著"。还有一位张氏，婚后生有一子，而竟夫逝子亡，守寡的婆婆悲痛欲绝，以致双目失明。张氏"泣血号天"，誓不改嫁。每天用舌头为婆婆舔目治病，婆婆两眼竟而复明。郑氏勤做女红，好的食物都让给婆婆，而自己则以野菜充饥。

滇池东岸观音山下的节孝石牌坊，立于清乾隆五十七年（公元1792年），为当时的云贵总督、云南巡抚、云南提学奉旨为观音山村节女张氏而立，其上刻有对联："千载芳名并柏舟，一生劲节垂青史"

昆明女蔡氏23岁时死了丈夫，上吊殉死时被婆婆救下。战乱时遇到乱兵，蔡氏投水自尽，又被婆婆请人捞救得活。夫家贫困，蔡氏靠缝纫奉养婆婆。婆婆得病咽不下饭，蔡氏寻找乳汁，喂养婆婆3年之久。婆婆死后，又尽力为婆婆举行葬礼。蔡氏还抚养两个儿子成年，守节达53年，清康熙年间获得官府表彰。

还有一位昆明女董氏，22岁守寡，孝养公婆，抚养侄儿为后嗣。为公婆送终后，董氏嘱咐养子说："你一定要努力求学，不要辜负了我的用心。"说完悲痛而死，守节16年。

在老昆明的"节孝"媳妇中，还有不少"割股疗亲"者。清代后期，昆明女陶氏未嫁而未婚夫死，她先上吊再投井，都被救起，于是过门守贞，以侄儿为后嗣。这时她才18岁。蔡氏在夫家守节13年间，孝养公婆，曾割下自己的股肉做药为婆婆治病。晋宁女赵氏丈夫病了，她从自己身上割下股肉做药救急。但丈夫还是死了，赵氏决心守节。后来自己的父亲和婆家的祖母先后得病，赵氏又接连割股做药，把他们的病都治好了，被乡里誉为"三刲节妇"。

○ "随夫而去"的"烈女"

这是民国初期庆典上的"云南王"唐继尧家的女眷,当初唐继尧参加发动"重九起义"时,唐家女眷称:万一起义失败,就到黑龙潭"沉潭"

再说"烈女"之"烈",清人张履程的定义是:"烈者,或失其夫,或遭横逆,完身洁已,视死如归。"(《彩云百咏》)

早在元代,昆明就出了两个史载有名的烈女。那是元末的至正二十三年(公元1363年),四川红巾军明玉珍部攻进云南,元梁王逃出中庆城(昆明),时任儒学提举的冯文举对妻子马氏说:"我受国恩,如今只有一死而已。你也是本朝官员的孙女,能跟着我一起死吗?"马氏说:"丈夫为大义而死,我活着还有什么用?"夫妻二人焚香向北而拜,双双在学宫上吊而死。后来大理总管段功率兵帮助梁王击败红巾军,收复中庆城。为表彰段功救驾之功,梁王把女儿阿盖公主下嫁段功,却又怀疑段功有二心,逼着阿盖用孔雀胆毒死段功。阿盖不肯受命,梁王又另设圈套,在东寺讲经敬佛,邀请段功参加,却暗中在通济桥(在今书林街口)设下埋伏,杀了段功。阿盖听说,恸哭失声,决心以死殉夫。尽管梁王多方防备,阿盖仍然绝食自尽。抗日战争时期,郭沫若曾据此创作话剧《孔雀胆》,轰动一时。

地方志书所记清代昆明烈女,因"失其夫"而自尽,多不忍卒读。如清道光《昆明县志》所载"殉节"之女,有清人杨纯材妻孙氏,新婚3月而丈夫死,于是吞金自杀,年仅18岁。《新纂云南通志》中的记载更多,如清代昆明女董氏随丈夫到蒙自经商。丈夫得病而死,董氏设灵哭奠,沐浴之后,换上素衣上吊而死。有时"烈女"太"烈",不等丈夫死,自己先就"烈"了。清代军人杜元仪的妻子是昆明人,没有留下姓名。杜元仪随军出征四川,妻子把他送到昆明西门外的妙应寺旁,夫妻饮酒而别,丈夫说:"如果我一去不归,你就改嫁吧。"妻子为此气愤不已,等丈夫走远,就在身边一棵柏树上吊死了。

昆明"烈女"一直"烈"到民国初年,甚至"新学"之女也难免一"烈"。呈贡女秦淑蕙毕业于女子师范附小高等班,丈夫经商病故之后,秦淑蕙毅然决然服毒殉节，地方绅士呈请省政府把秦氏的牌位送到节孝祠祭祀，并题赠大匾，上书"节烈可风"四个大字（《续云南通志长编》）。不过，这毕竟是"烈女"的尾声了。

○从"贞女"到"烈女"

老昆明的"贞女"也"烈"得厉害。

据《新纂云南通志》记载。明万历年间，昆明姑娘罗平姐许了人家，还没有过门，未婚夫就死了。罗平姐得知，哀恸自杀，被众人救下。母亲要她另外嫁人，罗平姐不从，竟自缢而死。官府报朝廷获准，为罗平姐修建了牌坊和烈女祠，那牌坊就在小东门内，叫烈女坊。明代后期，一个昆明姑娘订婚之后，未婚夫被充军到边疆，姑娘的父母为女儿另说婆家，三来两去，竟而说成了。但姑娘不干，寻机偷跑出家，投水而死。家人找不到她，新婆家以为有诈，要去官府告状，不料几天后姑娘尸体就浮出水面，被打鱼人捞起来，事情才搞清楚，这个姑娘连姓氏都没有留下。

清代又有昆明女平氏，6岁知书，订婚未嫁而未婚夫死，平氏问父亲："从一而终是不是做女人的大节？"父亲点点头。没想到当年夜里，平氏就上吊自杀了，年仅21岁。后来总督、巡抚都为平氏题写了匾牌，以示表彰。另一个昆明女张氏14岁就订了婚，还没过门未婚夫就死了，张氏要过门到夫家守贞，因为公公已死，婆婆衰老，未婚夫的二哥还没有结婚，唯恐过门会引起嫌隙，竟上吊自杀。还有一个昆明女李氏，未过门而未婚夫死，李氏请求过门守贞，家里人不同意，李氏趁夜上吊自杀。婆婆赶来吊唁时，李氏突然睁开双眼，和婆婆对视了好一阵，才流泪而逝。

民国《续修昆明县志》也记有一例：清代昆明刘家营农家女刘氏，与何家订婚，未过门夫婿就死了，刘氏要以身殉夫，因父母严防未成，又坚请到何家守节，父母也不许。刘氏大哭，到何家奔丧，路过金汁河，就要投水，被兄救下，又涕泣不食。何家得知，派人和刘家商量，迎女来家，以成其志。刘氏抱着亡婿的神主牌大哭成婚。因为何家贫困，刘氏早晚劳苦，刘父劝女儿改嫁，刘氏不从，还卖了陪嫁田地为亡夫的弟弟娶亲、为过世的公公料理后事。刘氏再来求助父母时，遭大骂而回。刘母为逼女儿改嫁，扬言女儿有私情。何家婆婆竟然相信此说，责问刘氏，刘氏郁郁成疾。后来婆婆病重，刘氏回母家求助不成，夜间跑到昆明南关外十多里的树上自缢而死，年仅33岁。

《滇南碑传志》中也有"贞女"的记载：清嘉庆年间，昆明秀才杨遑之女杨媖与段家订婚，未成婚而段氏病故，杨媖痛哭到昏迷，又投井自杀，被母亲救下。经亲友多方宽解，似有转机，不料杨媖乘家人不备，自缢身亡，年仅20岁。大概官家也认为此事不宜提倡，虽有知县为其上报请求旌表并"附祀忠烈祠"，但没有获得批准。

这位杨贞女死前和母亲一段对话令人深思：

母亲让杨媖到段家守节，杨媖说："段家公公年老，婆婆亡故，几个哥哥都没有娶亲，我去了怎么和他们相处？"母亲让杨媖用嫁妆钱买田在家自养守志，杨媖答道："女儿家依靠嫁妆钱生活，常常被乡里邻居看不起，前辈已经有这样的例子。而且弟弟、妹妹也可能不满，反而伤了骨肉之情，怎么可以呢？"最后，杨媖拉着母亲的手放声痛哭道："我虽然是个女子，但也知道敬天地，孝父母，为何要把我逼到这个地步？祖父声名在外，父亲以儒学为业，我也与众不同。幸而有弟妹在，父母不至于无依无靠，我不能再照顾父母了。"

走投无路，只有一死。这是结论。

贞女为未婚夫殉死，双方家长会让她与未婚夫合葬，这也算是一种待遇。《新纂云南通志》记载了好几例：明朝末代黔国公沐天波的女儿叫沐瑞贞，10岁就许给贵家子，等不到结婚，贵家子就病死了。沐天波对女儿说："你的未婚夫死了，我要去吊唁。"沐天波出门没多久，就接到报告，沐瑞贞已自尽而死。后来这对未过门的小两口被合葬在一处。清初昆明女高氏19岁订婚，预定冬天行婚礼，不料秋天还没到，未婚夫就死了。高氏随之自缢而死。后来双方家庭商定，让高氏和未婚夫合葬。另一位昆明女金氏，18岁时许配人家，未婚夫死后，金氏到夫家拜见公婆，在未婚夫棺前痛哭祭奠，回家绝食数日而死。夫家把金氏的灵柩迎接过去，让她与未婚夫合葬。

○战乱中"完身洁己、视死如归"的"烈女"

明洪武十四年（公元1381年），朱元璋派大军讨伐云南，在滇东曲靖大败蒙古军队。败军之将燕帖木纵马逃回中庆城。其妻脱脱怀紧闭家门，将燕帖木拒之门外，隔门对燕帖木说："你身受梁王厚恩，兵败不死，还有何面目回来见梁王？"脱脱怀和两个儿子、一个女儿服毒而死，又让家人纵火毁屋灭尸，以免受辱（明正德《云南志·列女传》）。

在战乱中为自保贞节而牺牲的妇女都死得十分惨烈。明末清初，滇南土司沙定洲打进昆明，黔国公沐天波仓皇出逃，其妻焦氏、其母陈氏也分别逃出。焦氏跑到普吉金井庵藏身，陈氏逃至普吉村旁朝阳庵躲避。两庵相距不远，婆媳二人却不知对方死活。天黑之后，焦氏得知沐天波已"西奔"，左右请焦氏随后追赶，焦氏说了一番很壮烈的话："我是命妇，义不可辱。不如早死，使夫君无后顾之忧，岂不比苟活于世要强？况且我婆婆义烈，今日必死，我如果晚下决心，必定会愧对婆婆了！"说完之后，焦氏命令宦官用薪柴堵住屋门，用佛灯点燃木柴自焚。焦氏女儿年方 7 岁，看见烈火熊熊，惊叫失声，正想躲避，却被焦氏紧紧抱住，母女同死于灰烬之中，焦氏仍然紧抱女儿不放。就在这天夜里，沐天波的母亲陈太夫人也在蛇山朝阳庵自焚而死。后来蛇山铁峰庵有一座"黔国三烈祠"，祭祀的就是焦氏和陈太夫人（见《明史·沐英传》《滇考》《滇中琐记》等）。

战乱中遭遇"横逆"而亡身的烈女不少，有学者统计，占烈女总数的九成之多。如明末战乱之中，昆明节妇夏氏正"坚志守节"，唯恐受污，自缢而死（《三纲祠记》）。另一位"将门之女"郭氏，守节 34 年，抚养 3 个儿子成人，也怕被乱兵所"污"，

昆明蛇山留下的"明黔国太夫人陈氏尽节处"摩崖石刻清晰可见

把 3 个儿子诱出门去，自己"闭门自焚死"（清雍正《云南通志》）。清同治年间，富民人张国富的妻子杨氏被乱兵所劫，走到西山古井侧，抱着幼女投井而死（《新纂云南通志》）。

明清之际，云南大乱，各路军队先后占领昆明，形成拉锯战之势。受害最深的还是妇女。有的不等战乱临头，就先自尽了。南明永历元年（公元 1647 年），昆明女黄氏的妹妹嫁在曲靖，兵荒马乱中被抓后跳井而死。黄氏在昆明听说此事，哭道："妹妹死得太惨，早知如此，不如先死为好。"于是投缳自尽（清雍正《云南通志》）。昆明许家逃散后，许家媳妇谢氏对夫君说："看来我非死不可了，决不能让自己受辱，成为许家之耻。"谢氏说完就自缢而死（清《三纲祠记》）。

战乱之中，许多昆明妇女先是躲藏，后来被抓，不少人自尽保节。昆明人朱氏和一群妇女藏到地窖中，被发现后全部被捕。朱氏马上持刀自尽。乱兵大惊，说："从来没有见过如此刚烈的妇人。"于是把这些妇女全部放了（《新纂云南通志》）。以一己之死保下众人，这位朱氏死得其所。

当时昆明妇女非常重名节，认为有难不死，不算有节；死得不是时候，不算有义。

昆明女阮瑞18岁出嫁,读史知书,战乱之中,举家到滇池湖上中躲避。因情势紧急,不待大难临头,阮氏就在晏公庙前投水而死,并在船中留诗曰:

家室飘摇叹陆沉,涉险乘航意未申。

绣闼绿窗惟梦到,葬入江鱼不染尘。

○ "抱团"赴死的家族"烈女"

昆明黑龙潭旁的"明忠义薛尔望先生阖眷之墓"

战乱之时,大难临头,昆明一家一族的妇女总会抱团自尽,以保全自己的名节,更保护一家一族的名声。

据《新纂云南通志》记载,明末战乱临头,昆明女杨氏畏惧"被污",和两个女儿一起自缢而死。昆明妇女邵氏也"惧为所污,自缢而死",女儿徐氏听说母亲已死,跑到云津桥(今德胜桥)投盘龙江自尽。另一位昆明妇女杨氏"守节教子",也在此时和妯娌、儿媳一道自缢而死。昆明人王氏"守节教子"三十多年。当时和儿媳、内侄媳一起藏进祖屋的夹墙,但仍被抓获。王氏假称"楼上多财物",要上楼去取,趁机抱着孙女打开后门,和儿媳、内侄媳一道,跳进水月庵的水塘中,自溺而死。昆明人施尧心的妻室龙氏和两个儿媳、两个女儿和侄媳、侄女、孙媳、孙女、侄孙女全部自缢死,被称为"施氏十烈"(清雍正《云南通志》)。清道光年间的《昆明县志》说,"施氏十烈坟在城南太乙宫前",成为一个纪念地。昆明城南凤翥村外早年还有座"妯娌坟"。村人解家有李氏、唐氏妯娌二人,因害怕被辱,双双投缳而死。兵荒马乱之中,草草葬在野外,盖上薄木板了事。后来两个坟堆竟然合成一处,上面还长出一棵树,分出两桠粗枝。村人都说这是"双烈"感天动地的结果(清道光《昆明县志》)。这里记的都是妇女,未记其家中男子"烈"或"未烈"。

据《明史·薛大观传》记载,明末清初的南明永历十五年(清顺治十七年,公元1661年),吴三桂率清军进逼昆明,南明永历帝朱由榔弃城而去,城中秀才薛大观叹息道:"不能据城一战,君臣为国而死,而竟远逃蛮邦,以求苟活,真是羞耻!"

薛大观耻食清粟，下定决心"不惜七尺躯，为天下明大义"，当即率妻、子、媳、孙、侍女共7人投黑龙潭而死。第二天尸浮水面，仍互相牵依，"幼子在侍女怀中，两手紧抱如故"。薛大观二女儿本已出嫁，当时正"避兵山中，相去数十里"，也在同一天"赴火死"。而昆明民间传说，薛家之猫、狗也全都投水而死。后人收其全家尸骨，合葬在黑龙潭边，至今还在，叫"薛墓"。

在明末战乱中，不少昆明人全家乘船逃到滇池湖湾的芦苇丛中躲藏，却也被跟踪搜杀。此时节妇要守节，女眷要保清白，不惜全体"死节"。据《新纂云南通志》记载，昆明人任家8个女眷躲藏到五道河中，被发现后相继投水而死，当地人为之立碑，碑上写着："任氏一门八女死节处"。金应麟妻朱氏也是昆明人，随着母亲逃进滇池，后来逃无可逃，母女投水而死，当地人十分同情，把她们收葬在高峣。

就是官家妇女，战祸逼到面前，也不能幸免。明末昆明战乱时，明代名臣严清的儿媳徐氏夫死守节，已经64岁。她把家中妇女叫到面前，说："我家世受国恩，现在正是以一死报国的时候了！"于是"举火自焚"，被邻居救下。徐氏又带着家中妇女搬到别的地方，率儿媳、女儿、孙女、侄孙媳、侄孙女、表侄孙媳等共13人相继投环而死。明刑部员外郎范应贵的妻子胡氏躲避到皇经馆，被抓后谎称去取金镯，投井而死，又被石块砸碎脑袋。平凉知府范立朝的妻子王氏也坚决要"尽节"，子孙都劝她说，年纪已老，不必如此。王氏说："我受浩封，不死就是不忠，你们留我，就是不孝。"于是悬梁而死。其曾孙女年仅12岁，看见曾祖母尽节而死，哭着说："我也要跟着你去。"随后跳菱角塘而死（清雍正《云南通志》）。张履程在《彩云百咏》中也记有一例：州官程其信之妻陈氏，昆明人，时年68岁，战乱之中，陈氏和姐姐把儿媳袁氏、侄媳何氏叫来，"晓以大义"，一家四女，"相继投缳"而死。

○抗拒"寡妇配军"而赴死的"节妇"

当时军队占领一地，就搜捕寡妇，配给军人，以鼓舞士气，叫作"寡妇配军"，这又把不少节妇逼上了死路。《彩云百咏》中也有记载，昆明人尹氏，守节24年。在明末清初的战乱中，为抗拒"勒寡妇配军"，尹氏"持刀自杀"。昆明秀才之妻孔氏听说"勒寡妇配军"，就投井求死，因为井水太浅，又得生还，于是"削发毁容"避祸，后来儿子也死了，只剩一个女儿，相依为命，"苦守50年"（清雍正《云南通志》）。

有的节妇自置死地而后生，如《新纂云南通志》所记昆明人郑氏的丈夫死后，一心"守节抚孤"，也被逼"勒寡妇配军"。郑氏牵着孤子，表示不愿再嫁，如果强迫，只有一死,并取出事先藏在身上的刀要自杀,最后被放过,每月还可以得到一些米粮,"听其守节"(《三纲祠节烈记》)。

另有昆明舒氏,也试图毁容避祸,不料竟败于"邻妇"之口:舒氏唯恐受到污辱,就用毒药涂身,剪发垢面,又自灸成疮,不料隔壁妇人见她逃过一劫,心中不平,便揭发舒氏。于是舒氏被抓,"抗节不从,自缢死"(《新纂云南通志》)。

○为夫而死的"烈女"、因妻留名的夫君

从地方志书记载看,妇女以性命为代价,终得史上留名,但多为"某某妻某氏"之类,而留下全名的是先其而死甚至可能苟活下来的夫君,烈妇自己只留得个姓氏,不亦亏乎?查过不少志书,仅明代正德年间的《云南志·列女传》记列女为"某氏",略去了"某某妻""某某妾"之类,而且万不逮一地有个"梁氏妙金",有个"木氏药师能",还有个"招曩猛"。后二女都是世居民族土司的母亲,亦难矣。妻子节烈而死,留名的却是夫君,岂不怪哉?

夫君听任妻子节烈而死,又因为妻子之死而得留名于世。在明末清初的战乱中,此类"夫君"可以在志书中找到一大堆:当时昆明女张氏和家人躲避到罗家营,乱兵追来,情势危急,张氏对夫君说:"人生在世,名节至关重要,万一有失,生不如死。"张氏和小姑一起自缢而死,而清雍正《云南通志》记下的却是张氏的丈夫,姓罗名绮。另一个昆明女杨氏看到溃兵肆掠,担心受到污辱,于夜晚自缢而死。其丈夫急忙放火烧屋,杨氏骸骨全部烧成了灰,心脏独存,乡里都十分惊奇。这个丈夫姓叶,名凌云,记载于清康熙《云南府志》。

在那场战乱中,不少昆明妇女为保护家人而"烈死"。昆明女杨氏全家躲到石鼻村,杨氏年少,还怀有身孕,行动不便,她对夫君说:"事况危急,我怕躲不过去了。只有一死,以免连累夫君。"她不顾夫君劝阻,和弟媳羊氏,侄媳高氏约好,三个昆明女躲进一个房间,一起自缢而死,清康熙年间得到巡抚大人的表彰。那夫君姓周,

早年昆明街头的节烈牌坊

名祚兴,载于清雍正《云南通志》中。另一个昆明女王氏已订婚,婚礼还没有举行,战乱就来了。父亲把王氏送到夫家,也逃到了石鼻村。有溃兵追来,王氏跳下深崖,躲过一难。夜里逃到桃园村,溃兵又追到,王氏再次跳进深箐,又捡得一命。王氏很从容地对公婆说:"儿媳只有一死,不能拖累大家。"第二天,王氏就和夫嫂江氏相约,妯娌二人上吊自尽王氏夫君姓何,名诰,也载于清雍正《云南通志》中。

大难临头,烈女们自杀前还会给丈夫一个苟活的理由。昆明女胡氏在战乱中对夫君说:"遇上了如此凶恶的兵乱,妇女真是没有活路了。请夫君自己保重逃避吧,不要管我了。"于是自缢而死,此人夫君叫沈应蛟;昆明女王氏对夫君说:"男子失节,名誉都要受到影响,何况我们妇人?请夫君保护好三个儿子,不要顾及我了。"说完也自缢而死,此人夫君叫颜纶。这两个"夫君"的大名都记在清康熙《云南府志》中。

妻子"烈"死,丈夫苟活下来,还有幸博得名声。《新纂云南通志》的《义行传》里就收录了一个叫张超的男子,战乱一来,带着妻子李氏外出逃避,乱兵逼了过来,张超要李氏赶快跑。李氏说:"夫君快跑,我只有一死以保清白了。"张超回答说:"你能保住气节,我就终身不再娶。"李氏投井而死,张超果然终身独居。有人劝张超续娶,他回答说:"我已对妻子发过誓,不能说话不算数。"后来寄居在寺庙里,抚养侄儿为后嗣。

《新纂云南通志》记录了一个例外,即前述"施氏十烈"中的段恪之妻施氏。战乱之时,施氏已回到娘家,却拒绝跟随父母避难。她坚持道:"既然当了段家的媳妇,祸乱来了也不能离开,这才是礼。"于是,施氏跟着段恪乘船藏进滇池芦苇丛中,"寇兵"跟踪搜来,段恪被杀,施氏随之投水而死——夫死于前,这是罕见的记载。

○ "奉老不嫁、矢志守贞"的"孝女"

老昆明女出嫁后丈夫死了要守节,叫作节妇;订婚后未婚夫死了要守贞,叫和贞女;为孝养父母而终身不嫁,又叫作孝女。见于《新纂云南通志》,清咸丰年间,有昆明女贺氏,16岁时父亲病故,母亲守节,体弱多病,贺氏立志代行儿子之责,终身不嫁,孝养母亲,为母亲送终。贺氏守贞34年,乡人称之"纯孝",并得到官府的表彰。

《新纂云南通志》中还记有一例:清光绪年间,昆阳人冯景彦卧床不起,长女早晚服侍,忙得不能脱衣安睡。几个月后,父亲病情加重,长女烧香祷告,愿代替父亲承受病痛和死亡,又悄悄割下自己手臂上的肉,熬成汤送给父亲喝。父亲的病不久就好了,家人都不知道长女祈祷、割臂之事。但不久,父亲旧病复发,长女更

这位对镜梳妆的老昆明妇女有点儿凄凉

精心服侍，四个月后，父亲逝世。母亲忧郁成疾，长女又烧香祷告，许愿说："如果母亲病好，我就终身不嫁，侍奉母亲。"不久以后，母亲病逝。家中留下嫡、庶两个祖母，老态龙钟，下有弟妹，还没有婚嫁，都需要扶持。长女矢志守贞不嫁，不茹荤腥，扛起家庭重担。扶持弟兄三人读书成名。嫡祖母病逝后，父亲的妹妹未出嫁而未婚夫故世，也矢志守节。长女和姑姑相依为命，共同侍奉庶祖母，为老人家送终。此后长女又精心侍奉姑姑，年过六旬仍然日夜操劳，足不出户，就是邻居，也很少能见到她。这位"长女"叫冯自贞，是志书中极为罕见的有名有姓的"烈女"之一。

近代《续云南通志长编》中也有一段记载，那已是民国初期了：昆明女周竞华八岁丧母，靠父亲一手抚养成人，长大后周竞华拒不出嫁，立志孝事父亲，称："河山可改，此志不移"。因家道贫困，周竞华发奋求学，精勤不懈，后来考入女子中学文学部，1928年以甲等第一名的成绩毕业，第二年担任附小高级班教员，由于尽心尽责，后来升任校长。周竞华不遗余力，整顿校务，考核学生，严明无私，又极爱护学生，体贴入微，无不周到。周竞华白天到学校工作，晚上回家侍奉父亲。后来父亲患病，周竞华昼夜在旁侍候，衣不解带，食不入口，熬汤喂药。父亲病故，周竞华痛哭之余，仍然从容办妥父亲的后事。丧葬刚刚完毕，周竞华就"从容以殉"，年仅37岁。《续云南通志长编》也为之叹息道：周竞华"可谓贞孝兼全者矣"。但仔细想来，却不免担忧：时至20世纪40年代，一校之长尚且如此"贞烈"，奈何一校女生、莘莘学子？

○让人叹为观止的"烈妾""节妾""孝妾"

旧时国人视儿子为后嗣，没有儿子是"断子绝孙"的大事，因此，"婚后无子"就成了男人纳妾的第一理由。男人纳妾而妻子不妒，甚至还劝夫纳妾，这也是"妇德"的表现之一。据《新纂云南通志》记载，清代昆明女刘氏结婚六年，因身体有病不能生育，力劝夫君纳宋氏为妾。宋氏果然给力，5年生了3个儿子。夫君死时，刘氏28岁，宋氏21岁，妻妾相约守节，抚育儿子成年。这大概就是昆明人眼中夫、妻、妾、子的理想操守模式了。

不过，妾的地位总是低妻子一等，并不是谁都能安于做妾的。清代嵩明女杨氏，父母早逝，家里极为贫困，有媒人送来聘礼，对她说："有人家要娶你去做媳妇，已经说定了。"杨氏四处打听，才知道嫁过去是做小老婆。她气愤已极，砸毁聘物，自缢而死。不知道这算不算"烈女"？

不过，在地方志书中，昆明"烈妾"倒是不少。据清雍

据说这是一个官员的四位妻妾，照片中妻有笑容而妾都多郁郁，其能"节"能"孝"乎？

正《云南通志》记载，明末清初之时，土司兵打进昆明，南明礼部尚书王锡衮正准备抵抗，其妾尚氏准备带着家中老小先死，以绝王锡衮后顾之忧。王锡衮制止说："我正在设计灭贼，要死还不是时候。"后来尚氏听到王锡衮遇害的消息，其马上摆好牌位，拜了两拜，自缢而死。在这长期的动乱中，昆明女何氏嫁董家为妾，随夫、妻全家到石鼻里苏家村避难，唯恐被乱兵污辱，又随夫、妻全家自焚而死。另一位昆明女王氏嫁入朱家为妾，也和夫、妻全家十多口人逃到滇池中，危难之时，王氏随全家跳水自杀。清康熙年间，云南按察使白应科死后，他的妾马氏先绝食、后投缳而死。清代昆明女张氏被纳为妾，像伺候婆婆一样伺候正妻，丈夫死后，张氏对正妻说："妾要跟着主人到地下去了。"当夜自缢而死，年仅18岁，官府送给大匾，以示表彰（《新纂云南通志》）。

昆明不但有"烈妾"，还有"节妾"。做"节妾"比做"烈妾"相对容易一些，数量也更多。见之《新纂云南通志》，明末清初，昆明女李氏做了李家的妾，29岁时丈夫去世，李氏守节。战乱之中，李氏剪发刺面，得以保全，活到82岁。昆明女杜氏，生长在农家，被周家纳为妾，丈夫死后，守节31年，精心伺候正妻，抚养两个儿子成年，被称为"深明大义"。另有昆明女杨氏，被秦家纳为妾，夫君死后守节，孝敬公公，以礼待正妻，苦守五十多年。昆明女罗氏在周家为妾，丈夫死时年仅26岁，守节28年，抚养儿子成人，并通过乡试中了武举。民国初期，昆明一大官员死，其妾也割乳明志，守节终生。

在老昆明的"一门双节"中，也有妾的身影。清代昆明女李氏、钱氏同为周家之妾，丈夫死时，李氏28岁，钱氏29岁，二人守节三十多年，抚养儿子成人入学，

可谓"双妾同节"。还有个昆明女席氏,为薛家之妾,丈夫死时,席氏28岁,守节在家,服侍正妻,抚养儿子。儿子又死,席氏和儿媳共同守节抚育孙子,守节共29年。这又算是"一门婆媳双节"了。

○危难之中见"义婢"

　　婢女是有钱人家役使的女人,是一个特殊的"列女"群体。在汉字中,"婢"由"女"和"卑"组成,表明了婢女卑下的社会地位。婢女多出身贫苦之家或罪人之家,生计都成问题,到有钱人家做工,起码还有一份饭吃,有一张床睡。主人家的品性因人而异,有的横暴,有的却也温厚。婢女做久了,出了主人家几乎无法生活,加上有的婢女性情诚实,自视为主人家的一员,深陷其中而不能自拔,或与主人同生共死,或在主人有难时挺身而出,于是"义婢"应运而生。无论战乱之际还是承平之时,都出过一批和主人同生共死的"义婢",和她们的主人一起被记入地方志书的《列女传》中。

　　据清雍正年间的《云南通志》记载,明末清初,战乱祸及昆明,程家老少四个女眷唯恐受辱,相继自缢。程家的婢女叫八月姐,见主母殉节,发誓要与主母一起死。可能由于年少慌乱,套绳拴不好,八月姐投缳后一再落下来,一连换了三次绳索,八月姐才自缢气绝,死时年仅17岁。清雍正《云南通志》也叹息八月姐之死"尤为惨烈"。此后南明永历帝朱由榔在昆明建都,吴三桂打来了,永历帝又弃城而逃,秀才薛大观不耻小朝廷的行为,率全家投黑龙潭而死。婢女抱着小孩问:"主人都死了,我怎么办?"薛大观说:"能和我们一起死,最好。"于是婢女随着薛家老小投潭而死。据说第二天尸浮水面,婢女还把薛家的孙子紧紧抱在怀里。雍正《云南通志》记下了这个婢女的名字:兰栽,昆明人。在此前后,昆明董家有两个婢女,和主人家的5个女眷一起逃到石鼻里苏家村,危急之时,在楼下堆满木柴,全部自焚。昆明任家女眷躲到五道河,被乱兵发现,为保全名节,全部投水而死,其中就有一老一少两个婢女,都是昆明人,但没有留下姓名。

　　主人遇难有事,婢女挺身而出,这又是一类义婢,在史志古书中往往有独立的记载,特别难得。在《明史·列女传》中,记录了明朝末代黔国公沐天波家的侍女夏氏。当时天下大乱,土司打进昆明,沐天波扔下母亲和妻子,仓皇出逃,夏氏逃回母家,又削发为尼,得免一难。沐天波被大西军迎回昆明后,夏氏也来探望主人,沐天波被她深明大义所感动,把家事都交给夏氏管理。后来吴三桂军逼近,沐天波逃亡缅甸,夏氏自缢而死。当时城中大乱,死者横尸道路,都被鸟啄狗啃,血肉模糊。夏氏的遗体被抛弃野外十多天,却没有遭到鸟兽侵犯。

《新纂云南通志》还记载了几个承平时期的"义婢":

清代昆明人董贵家中贫困,遇到灾荒之年,生计无着,只好把女儿卖给罗家做婢女。董氏聪明能干,主人很喜欢。成年之后,主人准备为董氏办婚事。董氏推辞说:"我愿终身服侍主母。"几年后,罗家夫妇相继去世,留下3个儿女。罗家族人要拿钱打发董氏回家,董氏哭着说:"我恨不得跟着主人到地下去,但主人去世之后,小主人无人抚养,我愿意终身抚育小主人。"此后董氏每天纺纱织布,把3个孤儿抚育成人。直到70岁逝世时,董氏还是处女之身。

清代周重选家有婢女张氏,也是昆明人,因为能干听话,周重选的妻子陈氏把家事都交给她去办,还劝周重选纳张氏为妾。当时张氏年仅21岁,而周重选已经65岁,又患有脾病,大便常常失控,张氏总是用手来接。如此过了18年,周重选病死,3天之后,张氏悄悄吞金自杀,和周重选同时下葬。

○ "壮志不遂归墓门"的侠女

说起老昆明的侠女,清人王思训的《当垆曲并序》中记有一位,姓杨名娥,明末清初人。杨娥本为明代镇守云南的黔国公府教头杨某之妹,自幼从兄习武,练得一番功夫,身手不凡,甚至在其兄之上。16岁时,杨娥嫁给沐府卫士张某。吴三桂杀入云南,黔国公沐天波率队保护永历帝西走缅甸,张、杨举族相随。吴三桂擒杀永历帝,张某死于道中。杨娥随兄潜回昆明,国恨家仇,集于一身,千方百计寻找机会,誓杀吴三桂。但吴三桂出入防备甚严,杨娥无计可施。

杨娥见洪化桥正当吴三桂王府要道,又为西出昆明城之要津,于是自设美人计,在洪化桥旁"靓装当垆"卖酒,引来不少吴府纨绔子弟,天天以饮酒为名,聚集而来,群相戏谑。杨娥看准带头作恶者,一把提起,从窗下狗洞扔出,又舀起锅中滚汤泼过去。恶少们大惊,群起扑了过来。杨娥一跃而出,独立街中。恶少们再围过来,杨娥又一跃而出,侧击恶少,打倒一片。恶少们吃了亏,又吼叫着扑上来。杨娥早有准备,戴上铁臂,穿好铁鞋,一拳一脚,将恶少们打得落花流水,头破血流,各自逃走。第二天,恶少们相约上门报复,杨娥站定不动。恶少们心中畏惧,不敢轻动,悻悻而去。当时还有人请杨娥喝酒,杨娥脸一板,严词拒绝,人不敢犯。

此后杨娥美名、勇名大振。事传入吴府,吴三桂也听到了风声,想把杨娥纳入后宫。杨娥将计就计,假装答应受聘,还定下了吉日,以求后逞。不料"吉日"未至,杨娥忽然得了伤寒,一病不起,此计落空,吴三桂得免一难。诗人王思训哀其不幸,赋《当炉曲》以记之。其曲有句曰：

  天街跃出鹰凌霜，败篝扫尽雌风扬。
  壮志不遂归墓门，夕阳桃花空断魂。
  百年过后遗野址，太息美人胡早死。
  至今酒肆肆旁水，呜咽犹似恨潜吞。

  清道光年间，"杨娥酒市"旧址被当时的《昆明县志》列为昆明"古迹"之一。后到民国时期，昆明人还在大西门外的永历帝庙中为杨娥立了个神位（民国《续云南通志长编》）。

○ "无才便是德"笼罩下的才女

  封建社会讲究"女子无才便是德"，所以"德女"多，前文"节妇""烈女""贞女"都可归于"德女"之列。所谓"才女"，无非多会一些"女红"而已。旧时昆明人过七夕，妇女要穿针乞巧、用瓜果祭祀织女星（清道光《昆明县志》）。少女们"把绣花针放入脸盆清水中，针浮水面，预示姑娘来日心灵手巧、针线活计做得好，大家互相逗乐。移时，捞出针来穿线乞巧，祷祝提高缝纫手艺"（万荣泉《老昆明的生活习俗》），如此而已。史志有载的诗书"才女"凤毛麟角，而得入史书所载者，也是几个官宦人家的女儿。

  清乾隆年间，昆明出了个女诗人李含章，是晋宁人，其出身书香世宦之家，自幼与兄长并案读书，研习经史，工于诗书。李含章长期跟随父亲、丈夫宦游南北，生活优裕，阅历甚广。其父李因培历官四部侍郎、三省巡抚，以干练有名，后因官场争斗牵连，竟被赐死，而李含章的两个儿子又科场落第。这些遭遇对李含章的诗作影响很大，促使她从另一个角度观人论事。她的咏史诗写遍上下五千年，无论尧、舜、秦皇、项羽，无论娥皇、女英、西施、昭君，其或赞，或讽，或褒，或贬，发而为诗，均有己见，无不深刻，令人回味。诗风也从雕章琢句、刻意求工转为温柔敦厚、淳真质挚。如其《秦始皇》诗：

  金虎宫邻事可怜，漫疑鹑首赐钧天。
  终令六国还三户，空使诸生笑九泉。
  车载辒辌山有鬼，舟行缥缈海无仙。
  伤心万里长城在，依旧扶苏伏剑年。

还有《题李白诗传》：

  千仞翔孤凤，高歌一代中，

在天犹被谪，入世岂能容。

胆落高骠骑，恩深郭令公。

再回唐社稷，诸将莫言功。

如此咏史，文网之下，委婉曲折，不露怨怼，内藏悲愤郁结之气，豪放不让须眉，被称为闺中独秀，诗坛翘楚。清人袁枚在《随园诗话补遗》中把李含章归于"诗坛飞将"之列，称其诗"见解高超"，可以和《诗经》三百篇相提并论。

清光绪年间，昆明又出了个节女兼才女的缪嘉蕙，堪称"德才兼备"。缪嘉蕙出身书香门第，自幼研习书画，诗书雕刻，都十分精到，有"女红艺杰"之称。缪嘉蕙早年嫁到陈家，不久丈夫去世。缪嘉蕙为夫守节，卖画自给，侍奉公婆，抚养前室所生儿子成年。公婆逝世后，缪嘉蕙寄居在哥哥家中。

当时慈禧太后揽政近半个世纪，其附庸风雅，常绘画题字，赐给大臣。慈禧的字画一般，总想找个贵妇来代笔，但宫中和京城都无满意之人。清光绪十七年（公元1891年），慈禧下旨让各省总督、巡抚推荐。缪嘉蕙被举荐礼送北京，参加"海选"。慈禧把缪嘉蕙召进宫中，当堂绘画、写字，十分满意，大喜之余，马上让缪嘉蕙供奉福昌殿，成为御用画家。慈禧安排缪嘉蕙住在宫中幽静之处，专心绘画写字，并时常悄悄前去观看，据说也学得一些皮毛。

清乾隆年间昆明女诗人李含章刻像

清光绪年间昆明节女兼画家缪嘉蕙刻像

慈禧无事之时，常把缪嘉蕙召来，随时教自己画画，或命其代笔作画，甚至闲谈古今故事，以解寂寞。缪嘉蕙也是极聪明之人，在宫中事事谨慎，淡泊超脱，只说书画，不涉他事，不仅数十年"圣眷不衰"，还得到宫中上下的敬重，被尊称为"缪姑太"。

缪嘉蕙为慈禧太后绘制了大量供奉字画。慈禧赐给贵族大臣的御笔花鸟、条幅、扇轴之类，大半出自缪嘉蕙之手。慈禧还把缪嘉蕙代书的"福""寿""禄""龙"等斗方大字，挂在宫中。而宫中难得一见的历代名家字画藏品，也让缪嘉蕙获益匪浅，在艺术上更加精进。慈禧"爱画及人"，对缪嘉蕙优礼有加，特赐三品服色，每年支俸白银2800两。慈禧召见缪嘉蕙，免其跪拜之礼，赐座左右，命宫人称之为"先生"。有一天，慈禧兴致来了，还特赐缪氏和自己在宫中同桌共餐——在当时，这是皇后都难得的恩宠。清末诗人陶农部的《清宫词》描绘了缪嘉蕙的宫廷生活：

二十余年侍圣慈，内廷供奉女签熙；

金笺宝篆红泥印，认得先朝老画师。

另有一首云：

八方无事畅皇情，几暇挥毫六法精。

宸翰初成知得意，宫人传唤缪先生。

慈禧60大寿时，让缪嘉蕙穿戴宫廷贵族的凤冠霞帔出席陪客，前来贺寿的朝中命妇都艳羡不已。据说这天凡是大臣奉献寿礼，慈禧一律回赏缪嘉蕙代笔的"御笔之宝"，字画上还加有"万岁"二字。由于数量太多，一些皇亲国戚、朝中权贵也疑惑起来：慈禧哪来这等时间和精力？后来才打探出慈禧的这些字画实出自缪嘉蕙之手。"缪画"由此名重一时，京都人士争相重金求购，以至赝品迭出，甚至有以此致富者。在宫中多年之后，缪嘉蕙获准请假回乡，一路登泰山、游三峡，行走五省山山水水，画了不少作品，达到了创作的顶峰。

有评论家认为，缪嘉蕙"代笔"之作，常常掺杂了慈禧的"创意"，缪嘉蕙难以随心所欲,作品的艺术性就差一些。而缪嘉蕙自己署名的作品,完全从心所欲,表达自我，更有艺术价值。从现有的画作来看，"御笔"花鸟显得富贵尊荣，而署名"素筠""缪嘉蕙"之作则更自然超隽，总是不一样。有人把缪嘉蕙和国画大师齐白石并举，有"北齐南缪"之说，虽不尽实，亦非无据。近代学者方树梅赞道，缪嘉蕙既是"名门女"，又为"名门妇"。夫死守节，缪嘉蕙为自己取字"素筠"，可见其志。缪嘉蕙看重的，又岂止是在内廷得到慈禧的优宠。（《缪嘉蕙传》）

1941年，昆明书画界纪念缪嘉蕙诞辰百年，郭沫若曾作诗曰：

苍天无情人有情，彩霞岂能埋荒井？

休言女子非英物，艺满时空永葆名。

（据清《滇系》、民国《新纂云南通志》《清宫遗闻》等）

○扶贫济困的"义妇"

旧时昆明还有善待邻里,扶贫济困的"义妇",可惜载于史志的不多。

见之《新纂云南通志》,清代有李应元寓居昆明,家境殷实,其继妻本氏"乐善好施","以小升收租",而"以市升出卖"。遇到贫困者来买米,本氏还把收来的钱"埋入米中",暗中送还。此举不唯济困,还使人心安,可称善之善举。本氏还"教子有方",她的儿子李寿朋身为乡绅数十年,从来不侵害别人,乡人都说是母亲教育的结果。

民国"云南王"龙云的妻子李培莲于1932年因难产而死,临终时遗嘱变卖自己的首饰遗

李培莲,民国"云南王"龙云的妻子

这是位于观音山的龙云之妻李培莲墓的牌坊

物，带头捐资兴建高水准的省立医院。据说此事促进了昆华医院的建立。按此说，李培莲也可以列为"义妇"了。

○ "温和静顺、相夫教子"的慈母

老昆明妇女最好的人生，就是生活"温和静顺"，"相夫教子"有成，又得享有高寿。如清代道光《昆明县志》所载，明代名臣、尚书严清的妻子施氏是昆明人，出身光禄少卿之家，多次得朝廷诰封，尊为夫人。施氏居家端肃整洁，朴素无华，整理家政，子弟童仆，肃然惮之，年80岁而卒。从明代到清代500年间，昆明"贤母"唯此一人。《昆明县志》的编纂者、昆明进士戴絅孙解释说，"贤母"的要求很高，在西汉刘向的《列女传》中被列为最高等。贞妇、烈妇多而贤母少的原因，在于平日多被"庸行"埋没，时变之时才有"奇节"出现——意思是贞烈易而贤母难。

因为"贤母"标准太高，戴絅孙又列出"寿母"一条，以高寿者入选。但仅记载一人，即昆明人吕坦的妻子杨氏，其生于清乾隆四年（公元1739年），逝于清道光十九年（公

子女满堂，相夫教子是旧时最要紧的"妇德"

元 1839 年），享年 101 岁，生前五世同堂，获得圣旨表彰，并赐予"贞寿"门匾、白金 10 两、采缎 1 匹等。可见为"贤母"难，为"寿母"也不易。

而身为节妇、贞女、才女、义妇而高寿者，则更为人敬重。《新纂云南通志》所记明代昆明女子王氏，29 岁守节，活到 99 岁，明万历年间得到官府表彰。前述才女缪嘉蕙，倍得慈禧恩宠，功成名就，卒于 1918 年，享寿 77 岁，方树梅说她"高年奇遇"，世人尊称为"缪姑太"（《缪嘉蕙传》）。清代还有个朱冠的妻子杨氏，也不得了。早年婆婆得了病，杨氏为之割股治愈，好人有好报，杨氏 108 岁时，五世同堂，两个儿子都考中了秀才（《新纂云南通志》），这恐怕是旧时妇女的终极追求了。

古代有"人生七十古来稀"之说，若能"人生百年"，那就是"百岁人瑞"了，官府常常要祝贺表彰一番。清光绪二十年（公元 1894 年），晋宁老人刘田氏 99 岁时，承蒙她的保山亲戚、翰林院编修吴熙向朝廷请求，得到表彰（《新纂云南通志》）。清末"状元"袁嘉穀所撰的《滇绎》中，也有《人瑞》一章，记录了 58 位云南寿星，官府都发给了匾额。其中多为妇女，更有 3 个"年逾百岁"者为昆明人，分别是刘王氏、沈刘氏、张章氏。还有个百岁老人叫钱孔氏，是昆明人，16 岁就做了"贞女"，守节 84 年，殊为不易，最后"无疾而终"。

根据自己的了解，袁嘉穀还补充说，昆明人黄华的母亲等也寿近百岁。就是他自己袁家，也有伯母高氏守节到百岁高龄，伯母许氏年近九旬，母亲徐太夫人年近九旬，太夫人的妹妹许徐氏因节孝得表彰，年近九旬，朱徐氏也年近九旬等——"滇中人端，盖在此矣"。

老戏场

老昆明人好古,亦好古戏。人生如戏,戏如人生。不仅"看戏能用心,知古又知今",若能"看戏看戏,对镜照己",则"瞧戏学礼,听书长志",此为励志之谚。

清代登上昆明茶园戏台表演的有滇剧、花灯、扬琴、洞经、评书等等,此伏彼起,形色驳杂。追根溯源,都可归于明初的洪武年间。那时,随着朱元璋派来的百万征滇、屯垦大军和江南移民,江南戏曲声腔和时尚曲调也进入了昆明——那声腔就成为滇剧的源头,而那曲调则成为花灯的源头,还是民间小调的来源之一。明代传入昆明的南曲和对子书,还是昆明扬琴的源头。明代官方推崇道教,不少道士来到昆明,带来了大量道教典籍,《太上玉清无极总真文昌大洞仙经》成为洞经音乐的主打曲

目——只有评书不一样,尽管晚到清道光年间才从四川传入,但昆明人认为,早在三国时期,蜀汉丞相诸葛亮就把评书送到昆明来了。

老昆明人性情慵散,颇多戏迷。如罗养儒《纪我所知集》(《云南掌故》)所记:"往见有某些老板掌柜者,一吃过早饭,便手拿烟杆烟盒,走往茶铺内,叫碗茶来,便斜坐于凳上,与二三相识者谈天说地,讲鬼道神,直坐到太阳偏西,方走回自己铺上。晚餐后,仍是走往茶社内听说评书,听唱小曲,此则是无戏可看,无会可逛之日。若有会逛,有戏看,则必邀约着一些素与同游的人去逛会,去看戏,而且要闹到个不醉无归。"

当然,老昆明人的闲暇爱好也与时俱进,早先弹词很受坊间欢迎,"妇女在月光下最喜听之,往往凭书至家",进入民国后,"此风已不复见矣"。原来盲人说书盛行,后也"久已绝乡声矣"。清末昆明洞经最盛,民国以后,渐次消沉。以前的"斗鸡、斗鹌鹑、斗黄雀、斗蟋蟀之事,亦赌财物,输赢多者至数十百元,民国以来,已渐消歇"(陈古逸《昆明近世社会变迁志略》)。传统的滇剧、花灯、评书不断演进,依然流行,京剧、话剧、电影、跳舞、滑冰、弹子等更闯进昆明城,让昆明人的闲暇时光活色生香,迅速现代化了。

滇剧

　　滇剧是云南也是昆明的主要地方剧种，流行于云南全省和四川、贵州的部分地区，原称"唱戏""滇曲"或"云南戏曲"，民国初期统称"滇剧"。滇剧历史悠久，可溯源至明初，而发端于明末清初，孕育于清乾隆、嘉庆之际，形成于清道光年间，成长于清同治、光绪之时，变革于辛亥革命前后，兴盛于抗日战争之前。

　　早在明初的洪武十四年（1381年），朱元璋的30万大军入滇，多留下屯田驻守，后来又从江南大举向云南移民，带来了不少江南的戏曲声腔和流行曲调。此中声腔更成为滇剧的源头。

　　滇剧的发展有深厚的民间基础。老昆明不但有滇剧戏班，还有乡间票友自组的业余滇剧团，被称为"乡班子"。他们不仅在本村唱戏，还到邻村唱，有的不但"赶会"唱，平时也唱，各自都有一批戏迷，又称"戏花子"。这些村子也被称为"滇剧窝子"。

○滇剧的"古腔"和"路子"

明末清初，吴三桂的清军和镇压吴三桂的清军先后大批进入云南，军中将士来自天南海北，昆明顿时"南腔北调"，五音杂陈。后来云南大举开矿，各省商帮接踵而至，又引来内地各方戏班，更是群戏登台，诸腔汇集，你方唱罢我登场，到清乾隆年间达到高潮。

清道光年间，为适应本土观众，昆明戏班逐渐合并改组，外来戏剧逐渐融入昆明语音腔调和风俗习惯，唱念字音声调逐步本土化，音乐以梆子、皮黄为主，唱词、说白用昆明方言，行腔高亢、圆润，腔调简短，清晰通俗，行当、角色齐全，形成

胡琴是滇剧必备伴奏乐器，昆明老人拉胡琴雕塑

了独特的风格，逐渐演变为滇戏，还出现了最早的保留剧目。本土化的滇剧语言生动，通俗流畅，具有民间歌谣风格，又善于刻画人物，富于生活气息，为百姓喜闻乐见，深受昆明人欢迎。

滇剧音乐以梆子、皮黄为主，保留的"古腔"不少，且来自四面八方。有学者认为，滇剧音乐中的昆腔源于江苏，早在明初的永乐年间就进入昆明了。同时进入昆明的还有独唱加帮腔的弋阳腔，源于江西，在滇剧中也用过。清乾隆年间，秦腔、楚调、石牌腔等传入昆明，最后以"丝弦""胡琴""襄阳"三大声腔共处一体，形成滇剧声腔的主力。其中"丝弦"源于较早的秦腔，本出自甘肃、陕西一带；"胡琴"源于徽调，本出自安徽及江浙一带；"襄阳"源于汉调襄河派，本出自湖北等。这些"古腔"进入滇剧后，又有新的发展。如滇剧中的丝弦除了有秦腔的高亢激越外，又有委婉质朴、压抑哀伤甚至清新欢快，呈刚柔相济之势，被称为"滇梆子"。滇剧运用三大声腔，或一剧一腔，或一剧二腔，或一剧三腔，称为"三下锅"。

据统计，滇剧的剧目达1600多出，其中有文字记录的有960多出。传统滇剧大多取材于历史、传记、古典小说、传奇，宣扬忠、孝、节、义、信、善的典型人事，

也上演世间悲欢离合故事。剧目取材最多的是《三国演义》，其次是《说岳全传》《水浒传》《封神榜》《聊斋志异》《红楼梦》等，早年上演的大多是"场场戏"（折子戏），民国初年才走进戏园子，和来昆演出的省外戏班有了交流，滇戏艺人也到外省学习，剧目逐渐增多，从折子戏逐步发展到本戏。

这些本戏剧目各有来路，有本土文人和艺人自编的，称为"滇路子"；有从川剧移植来的，称为"川路子"；有从京剧和京梆子移植来的，称为"京路子"，又称"皮黄路子"；而滇剧中的丝弦剧则被称为"秦腔路子"。后期对滇剧影响最大的是秦腔和川剧，特别是川剧，早年发展比较成熟，又和云南地理相接，语言相近，习俗相似，"移植"非常方便，一说占到滇剧剧目的六七成之多。但在口传心记、反复演出中，这些移植剧目都逐渐本土化了，不但剧中人物、环境本土化，唱词和说白也本土化，更加富于地方特色，生活气息浓厚，其中精华不少，但也有一些糟粕的成分。

明代的景泰五年（1454年），嵩明布衣兰茂写过一部《性天风月通玄记》，讲的是修仙悟道、得道升天的故事，被认为是滇剧的第一个剧本。可惜这个"文人写剧"的传统没有传承下来，从清代到民国时期，滇剧艺人多为文盲，并不识字，剧目主要靠戏班内师徒口传心记，有"人在戏在，人死戏亡"的说法。清末民初，本土艺人或文人编写的滇剧有《薛尔望投潭》《逼死坡》《陈圆圆出家》《黑海明灯》《一碗虾仁》《新探亲》等。

○云南"贡戏"和"查察滇剧"

清代戏剧有"雅部"，即昆山腔，为士大夫们所喜好。其余为"花部"，又称乱弹腔，包括弋阳腔、秦腔、梆子、石牌腔等。滇剧形成初期，既有"雅部"的昆山腔，又有"花部"的乱弹腔，并开始显示出自身的特点。清乾隆年后期，早期滇剧还成为"贡戏"，被官府选送到北京演出，和四川、江西、湖北等地艺人一道为"乾隆爷"祝寿，不料又惹出了事端。

滇剧成形之时，历史剧不少。乾隆皇帝看得多了，觉得其中有不少问题，下旨称这些戏剧有不少"违碍之处"：演到明清历史而歌颂明朝，涉及南宋抗金而褒扬宋朝，都有贬低大清朝之嫌，"自当一体饬查"。此次查禁戏曲剧本，重点在江苏的苏州、扬州等地。但官员一查，竟牵涉到云南，奏报乾隆皇帝称："查昆腔之外，有石牌腔、秦腔、弋阳腔、楚腔等项，江、广、闽、浙、川、云、贵等省皆所盛行，请敕各督抚查办。"于是，乾隆皇帝又下旨让各省总督、巡抚办理，要求"留心查察"，

"但须不动声色",不可稍有张扬(《清高宗实录》)。

此次清查,乾隆皇帝十分低调,内紧外松,"不动声色"。即便查获"违碍"剧本也不马上销毁,而是"删改抽掣",删定后仍可演出——滇剧还在襁褓之中,就横遭强权阉割,虽细节不清,那一劫却是逃不了的。

○庙会"高台戏"·草围"拉门戏"

滇剧最早的功能不是娱人,而是娱神,唱戏是为了"酬神还愿",早期多出现在庙会、神会、迎神会和各种节庆中,各行帮公祭本行祖师之时,各省同乡公祭原籍城隍之日,遭遇灾荒瘟疫城乡各界消灾祈福之际,昆明城乡都要唱戏"祝神",集资聘请戏班登台演出,这叫作唱"会戏"。唱戏时有台上台,无台搭台,称"高台戏";台上唱戏则万人瞩目,又称"万人台"。平民百姓有会戏就看,不需出钱。

昆明城内外一些庙宇、会馆都有戏台,有建在室内的,叫"内台",大都较小,只能容纳数百人。建在室外的戏台叫"外台",多为楼阁式的高台,台前有大空坝,有的台子还伸到空坝当中,让观众三面看戏。按规矩,有"高台"的多是道观,如城隍庙、东岳庙、龙王庙、关圣庙、文昌宫等。佛寺、孔庙是清静庄严之地,一般不演戏,也没有"高台"。

清末昆明四大戏班都住在庙里。泰洪班在东岳庙(在今白塔路南段),福寿班在药王庙(在今北京路中段),福升班在老郎宫(在今南昌街),庆寿班在永宁宫(在今华山东路北段),这些庙都有或大或小的戏台。昆明最大的"万人台"在城隍庙(在今五一电影院)和东岳庙,都是唱滇剧的地方。此外,昆明城内外的乐王庙(在今太和街)、四川会馆(在今北门街)、川主宫(在今拓东路)、五显宫(在大东门外)、江西会馆(在今拓东路)、北轩(在今土桥附近)、迤西会馆(在今拓东路中段)、火神庙(在今宝善街)、芦茶会馆(在今东风巷)、盐隆祠(在今拓东路真庆观内)、

这是昆明官渡的古戏台,所谓"高台戏",就在此类戏台上演出

通海会馆（在今正义路近长春路段）、东天台（在东庄附近）、南天台（在五里多附近）等处，都有滇剧演出。

昆明四乡庙宇大多有戏台，一般建为楼阁式，和城里的戏台差不多。有的是露天月台，演出时要用布帘隔出前、后台，有时还要用大篷布遮顶。没有戏台就在晒场或村头平地上临时"搭台"，又叫"野台子"。

"酬神"演出由办会者集资请戏班。平时没有节会，为了生计，戏班就得到昆明城乡"酬人"唱戏。或租下庙宇、会馆卖票演出，或在农村晒场、旷地搭建"野台子"，四周围起草席，开个草门收钱看戏，这又叫"拉门戏"。

○从"堂会戏"到"板凳戏"

滇剧的堂会戏是在大户人家的庭院里上演的

早先官府衙门和富贵人家有了喜事，如祝寿婚庆、子弟中举等，都要大宴宾客，并把戏班请到府衙或公馆演出，这叫唱"堂会戏"。昆明城里也有私家戏台，如清末云南提督马如龙府第（在今威远街近财盛巷处）、清末民初"钱王"同庆丰老板王炽私宅（在原文庙直街）、民国初年云南督军唐继尧公馆（在今北门街）、民国"云南王"龙云的震庄公馆（在今东风广场以北）都建有戏台，都是唱"堂会戏"的好去处。

与此同时，滇剧艺人还走进昆明城乡茶馆，坐在马凳上清唱，被称为"板凳戏"，也叫"围鼓"或"乱弹"，到茶铺听戏叫作"打茶围"。清唱时只打锣鼓，不化妆、不表演，清唱折子戏，有时也有票友参加。锣鼓一响，茶馆应声满座，茶客到此既听戏又喝茶，优哉游哉，茶馆借以增收茶资，滇剧艺人在会戏淡季也有了收入，也算是个多赢的设计。后来又有化妆彩排演出,那就更上一层楼了。

早期昆明最大的围鼓茶铺有三合宫(在今马市口)、八宝园(在今护国路与威远街交叉口)、陶然亭(在今三市街)等。因为生意好,后来又有10多家围鼓茶铺开业,如阁楼脚、益和公、云光、庆丰等。

滇剧堂会戏场景

○从"茶围"到"茶园"

清末"茶围"仍以喝茶为主,到辛亥前夕,乾坤倒转,以听戏为主的"茶园"出现,滇剧借助"茶围"进入"茶园",于是出现了滇剧茶园。一个茶园有一个戏班,茶客、看客购票入场,看戏而兼喝茶。此前光绪皇帝、慈禧太后驾崩,全国禁止唱戏,却有滇剧艺人在五华山万寿亭附近搭棚演出,收钱"卖戏",虽被禁止,

民国昆明的群舞台原为两湖会馆,被改建为当时昆明最大戏场,对昆明戏剧发展影响不小

却开一时之风。宣统年间,滇戏名角李少白在两粤会馆(在今龙井街)组织戏班演出,在大门口拉根绳子,看戏者付钱而入,人称"拉门戏"。滇剧从此进入了茶园演出时期。

此时滇剧演出之地不少。芙蓉会馆(鸦片商人会馆,在东寺街今省滇剧院址)开办了丹桂茶园,有左云仙戏班演出;临安会馆(即建水会馆,在今鱼课司街)也开办了茶园,不少滇剧名角在此搭班演出;黑神庙(贵州会馆,在青龙巷长春剧场后门)开办荣花茶园,有荣华戏班演出;在南城外堆店开办的大观茶园,为坤班滇戏演出之地;在金碧公园内建成的云华茶园,民国时期又有竹八音戏班等。

值得一提的是民国初年在两湖会馆(又称福寿宫、禹王宫,在今东风西路艺术剧院址)开办的群舞台,这里可容纳上千观众,是昆明最大的滇剧演出之地。1920

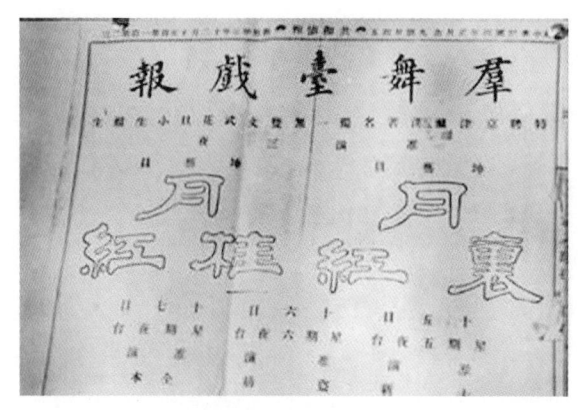

早年群舞台发布的《戏报》

年以后,群舞台汇集了一批滇剧名角,齐心合力,精心磨炼,苦心经营,在激烈的竞争中一枝独秀,到1927年成为昆明独家戏园,此后10年更专营滇剧,把滇剧推入了一个兴盛时期。1936年,上海百代公司、美国胜利公司等曾录制了滇剧唱片200多种,畅销云南和全国,保存了一大批滇剧声腔资料。

抗日战争爆发后,群舞台被日寇飞机炸毁,加上当局的压制,滇戏由盛而衰。不少滇剧艺人重回茶馆唱"茶围",昆明又出现了大量彩排茶室,如武成茶室、麟华坊茶室、大观茶室、庆云茶室等等。

○ "髦儿戏"引来的"坤角"和"坤班"

这位是滇剧男旦,为了逼真,也裹起了小脚

早期的滇剧没有女艺人,即所谓"坤角"。1911年,云华茶园从上海聘来京戏坤角粉墨登场,史无前例,时髦非常,卖座空前,被称为"髦儿戏"。"以前看戏一人不过10多文铜钱,遇到冷场,一人仅收钱五六文,座票也极便宜"(陈古逸《昆明近世社会变迁志略》),而云华茶园晚场包厢价达7元,楼座5角,正座4角,边座3角。按当时的物价,食米每斗(160斤)6元,木炭每百斤1元,折算下来,看一场座价最低的京戏,得花大米8斤或木炭30斤的代价,包厢票价更相当于187斤大米或700斤木炭的价格，在当时堪称昂贵。但其时昆明坊间无论贫富，全都为京剧所倾倒，即使身无分文，就是典当衣服去看戏也在所不惜（万揆一《昆明掌故》）。

　　为了和京剧竞争，滇剧戏班也推出了自己的坤角。滇剧是本土剧，坤角也只能在本地找。用本地人花费较少，但昆明风气晚开，早期自学唱戏的女性多为两种：一是出于个人爱好学戏的艺人女眷，一是出于讨好客人学戏的集园娼妓。良家妇女多不愿抛头露面上戏台，但对娼妓来说，倒是个脱离苦海的机会。有的茶园老板也愿招娼妓为坤角，以"旁门左道"招徕看客。这样所费无多，简易可行。这些坤角技不如人，多靠低级趣味、色情表演取胜，拉动票房收入，但也因此败坏风气，滋生事端，引起各方反感。1914年，当局禁止男女同台演出，不料此后竟出现了"坤班"——清一色的坤角戏班，低级色情如故，滋事生非如故。1915年6月，精于此道的大观茶园被查封，"云南第一个女滇班"走到了尽头（万揆一《滇云旧闻录》）。

　　不过，从另一个方面来看，滇剧坤角也从此出现，滇剧声腔开始有了男女分化，对滇剧艺术的发展，仍有一定的意义。

○滇剧演出中的魔术和杂技

　　老昆明戏剧名角大都练有几手独门绝技，一旦亮相戏台，观众倾倒，风靡一时——正所谓"一招鲜，吃遍天"。

　　据万揆一先生所记，早在清宣统年间，滇剧旦角李凤凤演《偷盗遇魔》时"竖辫悬梁""凭空打坐"；蔡云洲唱《红梅阁》时"口中喷火"；《秦香莲》中的包拯当场铡下陈世美的脑袋还满场乱扔；《杀子报》中母亲杀子时当场开膛破肚；《罗成叫关》中罗成上场要"盘肠而战"等。为了和滇剧竞争，20世纪30年代，京剧艺人在昆明也有诸如此类的表演，如吴继兰演《武则天》时"手探油锅"，李鑫培饰褚遂良时"木箱锯腰"，武生张国威在《施公案》中"地遁走人"——表演的都是后来被称为"魔术"的奇技。相较之下，抗日战争时期流亡剧团在昆表演的正规"魔术"，如"空橱遁人"和"大瓮遁人"，还有"桌上人头""匕首刺喉""口吞火球"等，十场把戏九场假，早就不是什么新鲜货了。

　　昆明早期戏剧中的硬功绝技更接近杂技。如滇剧男旦水仙花在《南唐度药》戏中表演的"喷水度药"；滇剧名丑王树萱献演《祭棒槌》时的"滚灯钻凳"和"顶灯吹火"等。而京剧花旦盖燕飞与滇剧竞争，在《三上吊》中表演"刀尖三上吊"，竟能在三丈高的秋千上三次翻滚倒挂，几度头枕柳叶刀，最后"空中落雁"，倒踢落地——如此近乎杂技的表演，不但震惊全场，还引起报纸关注，请演员善自珍重，"偶一为之"即可。这类功夫太"硬"太难，随着练功者过世，大多就失传了。

○ "滇剧疯子"和"大师呆子"

左为滇剧名角李少白

昆明老话说，入戏唱戏的是"疯子"，入戏看戏的是"呆子"。旧时昆明人最恨秦桧，据说某次上演全本滇剧《风波亭》，看戏的"呆子"不知从哪里找来一把切菜刀，冲上戏台去追杀"秦桧"。而上演《疯僧扫秦》时，又有"呆子"捡来石头痛砸"秦桧"。而另一次开唱《打渔杀家》，演到"杀家"之时，群众高声叫好，一个土豪却站起来大吼："穷鬼还想造反？量你们不敢！"不知道他是真呆，还是假呆。

按照此说，最有名的滇剧"疯子"当数滇剧大师、昆明人栗成之，他演了近 50 年的滇剧老生，能唱能做，唱则沧桑沉郁、遒劲雄厚，做则出神入化，妙得神情，有"南叫天"之号，又有"滇剧泰斗"之称。至于圈内人士，则称其为"滇剧招牌"。栗成之的经典之作是《七星灯》，其演孔明的最后时刻，唱腔低沉，愈唱愈衰，身衰心犹不衰，脸色死灰，渐成寡白，又两眼翻白，眼珠石化，细致入微，尽显诸葛孔明鞠躬尽瘁、死而后已之状，感人至深，回味无穷。传说栗成之为此多次做过临终观察，又以气功进行模仿，终于有如此震撼的舞台效果。早年只要栗成之登台，剧院必定场场爆满，还因观众拥挤发生过坍塌事故。1949 年初冬，京剧泰斗马连良应邀到昆明演出，特别拜会了栗成之，二人合影留念，被称为"北马南栗""南北二斗"。

昆明方言称戏迷为"戏花子"。当年滇剧"花子"遍布昆明各个阶层，其中不乏大师级的人物。西南联大教授钱穆在昆明期间，每到周六晚上，多要和同事的几个教授去看栗成之演出的滇戏，他认为栗成之"有甚深功夫，妙得神情"。每观其戏，都"得一次领悟"（《八十忆双亲·师友杂忆》）。

最有名的"滇剧花子"是先后在西南联大、云南大学任教授的刘文典。大概是1946年,刘文典的学生、古典文学学者陶光看上了一位滇剧女艺人,便拉着刘文典去看滇戏,想请他做媒,结果成全了陶光的好事,刘文典也痴迷上了滇戏。经常预订剧场头排座位,偕夫人甚至邀请朋友、学生同往看戏。时间长了,刘文典还会为演员订正字音,讨论剧情,修改剧本,并在报纸上撰写文章,介绍滇剧和滇剧名角。直到20世纪50年代后,刘文典还由云南大学派汽车送到戏院看滇剧,没有汽车就坐摩托车,甚至搭别人的自行车也要去看戏——其痴迷滇剧如此。

据说当时滇剧演员都乐于和刘文典打交道,有的还拜他为干爹。但听说刘文典要来看戏,演员们又会紧张,如果台词读音有误,会被刘文典叮住不放,非改不可。

刘文典对滇剧评价很高,曾声称"真正能保持中国之正统者,唯有滇戏,希望爱护东方艺术者,有以提倡之"(任道远《题诗赠滇伶》等)。他曾为滇剧大师栗成之题诗,誉之为唐代梨园名伶李龟年:

檀板讴歌意蓄然,伊凉难唱艳阳天。
飘零白发同悲慨,省食憔悴李龟年。

○ "窝子话"和行规禁忌:"一把瓢子多样菜"

滇剧兴盛之时,出现了一批名角,并总结出一些演戏门道,但多为师徒相授,并不外传,被称为"窝子话"。这些"窝子话"短小精悍、言简意赅,近于谚语。《云南戏曲曲艺概况》中收有一些"窝子话",如强调演戏要把人演活,创造角色,这叫"演戏会演人,才算入了门";挑选和自己性情相近的角色,"神似"重于"形似",这又叫"三扮不如一随";心里有戏,台上才有戏,这是"心里有,身上有";注意以行当演人,而不是以人演行当,则有"演人不演行";上了戏台,要演什么像什么,这叫"装龙像龙,装虎像虎";还要"坐有坐相,站有站相",举手投足,一站一坐,都要有戏相。最关键的是"眼戏":"一身的戏在一块脸,一脸的戏在一双眼"。此外,功夫要随时练——"拳不离手,曲不离口";演技不可少——

滇剧戏班子

"戏无技，不惊人"；唱功很重要——"戏子的腔，厨子的汤"；唱戏要投入——"不疯不癫，不成神仙"；扮演求神似——"不像不成戏，真像不算艺"；情理要兼顾——"悟得情和理，是戏又是艺""戏无情，不动人；戏无理，不服人"等等。

这些"窝子话"还十分重视职业道德。强调再熟的戏也要像新戏一样演，不能马虎了事，不能把戏演"烂"、把角色演"油"，要有新突破，再创造，这叫"熟戏生演"。上了戏台，角色之间要配合紧密，相互呼应，不能"出戏"，这又叫"要仿一家人"。最生猛的一句是"出生入死"——戏台两侧演员出入口叫"马门"，出"马门"而登戏台，要立即进入角色，这叫"生"；入"马门"而下戏台，才能放下角色，恢复本相，这叫"死"。把角色意识和生死挂钩，可见戏台在滇剧名角心中的分量。

旧时滇剧行规不少。戏台后总会供着一尊木雕太子菩萨，据说是酷爱戏剧的后唐太祖李克用之子，被奉为梨园始祖和保护神。演员化妆完毕登台演出之前，都要向太子菩萨作3个揖，以保演出不出差错。后台放有衣箱，艺人候场时可以坐在上面，但有一定的规矩。旦角只能坐大衣箱，生角只能坐二衣箱，花脸和小丑只能坐"四扎头"。用餐也有规矩，叫"一把甑子多样菜"——大家吃的都是一个甑子做出来的"大锅饭"，菜则因人而异，演主角吃鸡鸭火腿，跑龙套吃青白苦菜，各端各的碗，各吃各的菜，不得乱来。

滇剧演出也有禁忌，戏台旁伴奏乐队席上有"九龙口"，专指小鼓师的座位和小鼓架周围，小鼓相当于乐队的总指挥，任何人逾越"九龙口"，就是对"总指挥"权威的冒犯，容易产生戏台事故，绝不容许。演关公剧的禁忌更甚。关羽集人杰、鬼雄、神灵于一身，被尊为"武圣"，明代受封"三界伏魔大帝神威远震天尊关圣帝君"，清代更受封为"忠义神武灵佑仁勇威显护国保民精诚绥靖翊赞宣德关圣大帝"，要扮演这位地位在人间帝王之上的"大帝"角色，必须慎之又慎，敬之又敬。如关帝会上不能演有损其形象的剧目，如《走麦城》等。出演前三天，扮演者要斋戒独宿，熏沐净身，不得吃荤，不近女色，每天跪拜关公。关公的青龙偃月刀也是神物，非演出不能随意触碰，更不能拿来玩耍，旁人更不能随便抚弄。演出完毕，扮演关公的演员擦拭脸上红粉的纸要恭恭敬敬地拿到关公神像前焚化，没有神像也要扔到房顶上，不能随便乱丢，等等。若不恭不敬，触犯禁律，据说关公就会显灵，戏台要出事故，戏园要出乱子云云。

○老郎神前的"元旦发笔"和"七会祖师"

早年昆明各戏班都有一位共同的戏神、祖师老郎，一般认为就是爱唱戏的唐玄宗李隆基。戏园后台都会安放一个神龛，供奉老郎神。平时戏班的重要通知、上演剧目，都要公布在神龛前，以示郑重。每逢大年初一，要在神龛前举行"元旦发笔"仪式。让生、旦、净、丑四种角色分别扮为天官、观音、财神、土地，用新笔饱蘸红、白、黑等颜色，扔向神龛对面墙上的大黄纸，再以纸上的颜色预测当年哪路戏会走红。

旧时昆明戏班有自己的会馆，就在早年南昌小学地面上的老郎宫。这座老郎宫始建于清乾隆五十三年（1788年），由当时的6个戏班捐资兴建。从清乾隆到道光年间，以此为会馆的戏班共有19个，多是滇剧戏班，老郎宫也由此成为滇剧艺人的祖师庙。

老郎宫正殿中供有祖师老郎神，旁边

这位是有名的滇剧小生

又供"七会"祖师，即生、旦、净、丑、末、龙套各自的祖师——生角的祖师为文昌君，旦角的祖师为观音菩萨，净角（花脸）的祖师为财神，丑角（小花脸）的祖师为土地公公，小生的祖师为韦驮神，老旦的祖师为王母娘娘，龙套的祖师为德胜神。每年的农历腊月二十五是老郎神的诞辰，各路戏班都要汇集老郎宫，焚香燃烛，唱戏酬神，祭祀老郎，然后聚餐交流，尽兴而散。

○滇剧"乡班子""公堂""窝子"

昆明四乡不少村子都有土主庙之类的寺庙，庙内大多有戏台。每年春节后到清明前的农闲之时，庙会频频，扎堆举行，有"龙王会""牛王会""天官会""青苗会""土地会""祖师会""太子会""关帝会"等，村村轮流唱戏，戏班生意兴隆，往往唱不过来。于是村民中又有票友自组的业余剧团，被称为"乡班子"。

这些"乡班子"大多设在村镇中心的"公堂"里。这里供奉有戏神老郎菩萨的牌位，还有一些茶座。"乡班子"在此推举德高望重、演技出众者为"班主"，主持排戏演戏。"公堂"在乡里很有声望，乡民有事，如邻里纠纷、子女不孝等，也会请公堂主持公道，而众人也服公堂处理。

这些"乡班子"平时有空就在公堂喝茶学戏，每到六月六要全体聚会，祭拜戏神，翻晒戏装，新人"玩友"入班，也在此时。农闲时乡班子要请"戏师傅"到公堂教戏、排练。待到乡里"赶会"之时，乡班子就粉墨登场了。新建的戏台要先唱"镇台戏"，就是老戏台，

民国初期,"乡班子"演出时事剧

演出前也要先"踩台""扫台",以保证演出质量。

旧时昆明乡班子不少,距城近的马村、牛街庄,远一点的呈贡斗南等地,都组织过滇剧乡班子。他们不仅在本村唱戏,还到邻村唱,有的不但"赶会"唱,平时也唱,各自都有一批戏迷,又称"戏花子"。这些村子也被称为"滇剧窝子"。

○戏园"防闲男女"

清末民初,昆明风气渐开,民智渐启,公共文化场所越建越多,但"防闲男女"始终是一个挥之不去的阴影。

早在昆明开办现代学校之初,就概不招收女生,后来才开办女校,如女子师范学校、女子小学等。直到1923年,东陆大学成立,仍不准备招收女生,为"男女同校"争论不已,唯大势所趋,最后才决定招收女生。

民国初年,昆明建立"开风气"而"启民智"的讲演所,也是"女子禁入",而在咸宁寺巷(今咸宁巷)女子师范附属小学和武庙街(今武成路中段)女子师范附属第二小学内专设两个妇女宣讲所,以"防闲男女"。昆明兴建的图书馆为"防闲男女",也设立了妇女阅览室而"男子禁入"。

直到1920年，在圆通寺花朝会的美工、花木、书画、物产、教育展览会上，也规定单日接待男宾，双日接待女宾，以"防闲男女"。但这个展览毕竟属于"新潮"，与"旧潮"还有不同之处：双日接待女宾，不但"非女莫入"，而且"缠足妇女莫入"，表示提倡"天足"。

旧时最不"防闲男女"的是庙会，此时男女混杂，戏班在庙会上唱戏，也可以"男女同观"。但也有"自觉"的不成文规矩："女子所在之地，男子向不杂入；男子伫立之区，女子避之为谨"。宣统三年（1911年），昆明南城外金碧公园（今省第一人民医院址）的云华茶园上演滇剧、川剧，后来更上演京剧，风靡一时。而观剧规则，仍如庙会戏场，虽然男女同台演出、男女同场观戏，但有男宾区、女宾区之分，票价也不同。当时设在鱼课司街的云仙茶园请来京、滇、川、黔等地戏班演出，男宾票价正座两角，厢座一角，普通座铜钱八枚；女宾票价正座一角，厢座铜钱八枚。此外，戏园还分设"男门"和"女门"，男女观众各行其道，各入其门，互不相扰，以"防闲男女"。

然而，戏园的"自律"并没有得到各方的谅解。1915年，当局下令"取缔男女合演"，结果出现了清一色的男班滇剧、男班京剧或女班滇剧、女班京剧等。女班抬旗子走过场跑龙套都得用女角，离不开的男乐工则搬上厢楼伴奏，以"防闲男女"。当时男班、女班相互竞争，出现了男班拼演艺、女班拼色艺的怪象。当局又忙于禁演"淫戏"，查封相关戏园，并认为男女同场看戏，难免"调眼色，赠食品"，有伤风化，干脆规定所有戏园"须分日售男女票"，这样一来，男女同场看戏被禁，各戏园生意大受影响，纷纷呈请取消成命，有人还提出让女宾"垂帘看戏"，以"防闲男女"，都没有得到批准。戏园只好多设男场，少设女场，以图维持。

直到1916年，护国战争爆发，云南讨袁北伐，军饷奇缺，昆明各家戏园提出恢复男女同场看戏，愿意增加戏捐，以助军饷。这时"分日售男女票"才得以松绑，虽然仍然有"防闲男女"的安排，仍然是同场不同区，同场不同门，但总算是可以男女同场看戏了。

1930年12月，金碧游艺园仿照上海大世界的模式建成开放，冲破男女不得同场观戏的禁令，同时接受男女游客和观众。结果引来了全市六区区长的联名上告，认为金碧游艺园男女混杂，有碍礼教和风俗，请求查封游艺园。游艺园经理公开答复："至如该区长所述，败坏风俗，摧残礼教，现在男女不分性别，平等待遇。女子参政，呼声最高，万国运动会亦系男女选手同时参加。如该区长等片面理由，则男女同校、同党、同事、同行种种，亦将在禁止之列矣。"（万揆一《昆明掌故》）时代毕竟在进步，此次"男女混杂观戏"的风波不了了之。

昆明花灯

花灯也是云南和昆明的主要地方剧种,其与古代"社火""会火"之俗有关,早期是歌,后来是歌舞,最后形成歌舞剧。昆明民间有两句话,一句是"八百年的灯,三百年的戏",一句是"唐朝的花灯宋朝的戏",意思都是说"灯"的历史比"戏"长,这是有一定道理的。

严格地说,花灯是从元明小曲和地方民歌小调发展起来的,约起源于明万历年间,成熟于清中期以后。明初的征南大军、屯田移民,明清之际清军两次大举入滇,既带来了内地的"腔",又带来了内地的"调",还有内地的"舞"。"腔"与地方元素融合,发展为后来的滇剧;"调"和"舞"与地方元素融合,则发展为后来的花灯。

老昆明有不少世代相传的"花灯窝子","花灯窝子"又有不少花灯迷,被称为"灯花子"。这种现象一直延续到今天,成为花灯生存、发展的社会基础。

○崴花灯·唱花灯·演花灯

最早的花灯称"老灯",分花灯歌舞和花灯小戏两类,情节简单,而以歌舞为重。民国初年又重戏剧,称"新灯"。无论新灯、老灯,都是载歌载舞,"不崴不成灯",民间称"崴花灯"。而同样一个"崴",又分"生崴""旦崴""丑崴",有"正崴""平崴""反崴",有"扭步""踩踩步""颠步""跳步"等等,各有"崴"法,各有千秋。除了"崴",花灯舞蹈还有转、跳、扇花、手巾、鼓舞、龙舞、霸王鞭、灯笼舞等几十种,又叫"跳灯"。云南花灯用得最多的道具是扇子和手巾。男的重在耍扇子,叫"扇花",有"满扇""扣扇""抖扇""捻扇""抱扇""梆扇""压扇"等等;女的重在耍手巾,叫"手巾花",有"平反花""挑绕巾""八字花""双绕花""后反花"等等。一"崴"一舞,轻柔灵动,千姿百态,情趣盎然,别具风味,成为花灯的独特标志。

昆明花灯"灯味浓",演的都是乡里人,乡里事,又都"唱我们的歌,甩我们的帕",乡土气息浓郁,形式短小活泼,唱腔优美动听,表演活泼生动,风格清新秀美,为老昆明人喜闻乐见,情有独钟。

○"古曲活化石"和"滇歌爨曲"遗韵

云南花灯音乐从本土民歌小调、扬琴、民族宗教音乐演变而来,曲调上千首,多来自明清小曲,后又从其他曲种、剧种"借"来不少。这些"外来调"与"本土调"融为一体,与云南方音和风土人情相结合,形成了既多样又统一的花灯音乐,并发展为一种特殊的歌舞小调戏。

昆明花灯中有不少元、明、清时期的江南小曲,如湖南花鼓戏、江西采茶戏、江苏黄梅戏、福建山歌戏的曲调;又有各地的俗曲、杂调、民歌小调,如云南调子放羊腔、茶山调、采花调等;还有雅乐、俗曲、俚曲,如元代的散曲、明代的小曲之类,后者如打枣竿、挂枝儿、金纽丝、倒扳桨、哭皇天、闹五更等;清代俗曲则有打岔调、接断桥、虞美情、小尼僧、绣荷包等。其中一些在内地已经很少传唱,而在昆明花灯中保存至今,被称为"古曲活化石"

花灯不但在汉族中流行,在少数民族中也流行。清代后期,昆明近郊彝族聚居的子君村、撒梅人聚居的大小石坝都有灯会。花灯中也融入了少数民族文化元素,吸收了不少彝族山歌、白族小调、苗族民歌的曲调。

早在明代嘉靖年间，谪滇状元杨慎在《观秋千》诗中有"滇歌僰曲齐声和，社鼓渔灯夜未央"之句。可见早在四百多年前，在滇池一带的"社会"上，和汉族的"滇歌"同时唱响的，就有少数民族的"僰曲"。清代雍正年间，吴应枚在《滇南杂咏》诗中写道：

呜咽芦笙和口琴，依稀声调杂南音。

新腔草竿何许打，莽仗于今尽革心。

此诗有注："芦笙、口琴，野人乐器；打草竿，曲名，男妇俱能歌。"

清代昆明还有《竹枝词》：

金殿游归日未阑，鹦鹉山下且盘桓。

一丝一竹碟烧酒，好唱时新打枣杆。

可见，明清小调《打枣竿》（即"打草竿"）已经有了本土唱法，伴奏的也是当地民族乐器。清嘉庆年间师范所著《滇系》中有《山歌九章》记录了当时的山歌："妹相思，妹有真心弟也知，蜘蛛结网三江口，水推不断是真情。"又附记曰："山歌九章，皆田间所唱，不知始自何人，其音调较《子夜》为古，余如《石榴花》《倒搬浆》《打枣竿》亦多可诵者。"

花灯中还融进了少数民族的舞蹈动作，如彝族舞蹈中的"跳弦""踩跷"中的屈伸等，白族的"霸王鞭"也堂而皇之地进入了花灯歌舞。花灯剧的音乐、唱词和道白，都吸收了一些彝族文化的元素，甚至彝语也进了花灯和花灯戏。如《陈泰搬兵》，不但讲彝语，还跳彝族的"打跳"。"滇歌""僰曲"融为一体，出现了彝族花灯，十分独特。一些少数民族聚居的村子也组织了"灯会"（花灯会），花灯还融入了少数民族的宗教祭祀活动，成为少数民族文化的一个部分。

○"愿灯""贺灯""过街灯"和"簸箕灯"

昆明四乡之俗，每年春节都要舞龙灯、耍狮子、办歌会、唱花灯，以驱邪避灾，祈求丰收，至于其他节庆、庙会、祝寿、生子、婚庆、迎神等场合，也要唱花灯。其中节庆、庙会的酬神演出叫"愿灯"；而为街坊、村镇人家贺喜演出则称为"贺灯"。演出之时多手提纸扎红灯，如鱼灯、虾灯、纱球灯等等，上书"太平灯""消灾灯""五谷丰登灯""六畜兴旺灯"等字样，成为"花灯"得名的另一个依据。清末有《竹枝词》记曰：

金钱鼓子霸王鞭，双手推敲臂转旋。

最是村姑歌小调，声声唱入有情天。

花灯队伍参与此类"社火"活动之前，要向接待的村子或人家散"灯帖"，村子在城边的，还要先到县衙门去"贺灯"，出动前要先"拜四方"，求四方神灵保佑演唱顺利。班子出动时以"牌坊灯"开路，上写"某某村太平花灯，风调雨顺，国泰民安"字样。

花灯队进村后要先游行，以太平大灯等各种彩灯领队，随后有唢呐、过山号和文武乐队、狮灯龙灯队、武术杂耍队，还有高跷、旱船、跑驴、秧歌、秧老鼓、霸王鞭及彩装剧中人物，沿途边走边唱，载歌载舞，这叫"过街灯"。

露天搭台演出花灯戏

演出地点多半是打谷场或庙宇院坝，一般没有布景，"髯口"是锅烟子，胭脂从对联红纸上抹，"片子"用仙人掌，帽子用烟壳糊，头上可以插朵野花，包块纱帕，演平民百姓则穿自己的常服，没有衣服还可以向观众借。演懒汉盗匪之类的化妆比较夸张：用土颜料在眼角点上白点，表示懒汉；鼻子下画两条白线，表示"温浓"；嘴皮上抹白，表示油嘴滑舌；太阳穴上画膏药，表示烟鬼和赌鬼；画个红鼻子，表示丑师爷或酒鬼等等。与此同时，简单地摆上桌椅之类的道具，备好土二胡、配胡、月琴、三弦各一把，也就差不多了。开演之前，先放爆竹、跳秧老鼓、舞狮子，场子轰开后，花灯便出场。观看的人围成一个大圆圈，前面是儿童，中间是妇女，后面是老人和青壮年。四围高起，中间低平，形似簸箕，为使四方观众都看得好，演出时还要围着场心转，又叫"簸箕灯"。

○花灯的传统剧和"灯夹戏"

花灯传统剧目约有200多个，多半是歌舞戏和小戏，绝大部分由艺人口传心承而来，极少有文字记载。其中一些貌似元代的杂剧，是从明清改编本转过来的，还有10多个剧目与清乾隆年间《缀白裘》中记载的"花部戏"剧名相同。昆明俗语称花灯"打不得官司上不得朝"，意思多是生活小戏，不演大官大场面。

20世纪二三十年代，花灯开始从四乡走进昆明城。昆明青红帮"龙头"段齐生开了家"庆云茶室"，请绍兴戏班来唱戏，但不叫座，又请花灯艺人熊介臣来唱了3天，没想到很受欢迎，就把庆云茶室改为花灯园子，这是昆明第一个专门演出花灯的茶园，并且有了职业花灯戏班。此后又出现了好几个花灯茶园，如"聚盛茶室""昆明茶室""太华春""太和"等。为维持上座率，光演歌舞小戏不行，"进城"的花灯艺人开始大量移植滇剧、京剧的剧目，如《狸猫换太子》《朱砂痣》等，只要能上座、好演唱就行。这时的花灯曲调中还加入了一些滇剧声腔，并引入了滇剧的表演手法，如步法、身段等，还学来了滇剧的化妆方式、服装道具和舞台装置，有的更直接请滇剧艺人来客串演出。老昆明人称花灯为"灯"，称滇剧为"戏"，这种花灯结合滇戏的表演被称为"灯夹戏"，显示花灯一定程度上被滇剧化了。清人黄丹崖有《竹枝词》道：

停午楼馆试分茶，普洱毛尖胜锷嘉。

清歌一曲灯夹戏，且食松子听琵琶。

"灯夹戏"大多没有文学剧本，艺人看中了哪出滇剧，记下主要情节，改头换面就做出一场花灯戏来了，这叫作"抄窝子"。演出时只记个大纲，角色分定之后，谁演什么角色就由谁去自由发挥，又被称为"条纲戏"。

"灯夹戏"促进了花灯的戏剧化，同时也渐渐市民化，脱离了农村。昆明城里和四乡的花灯就此分道扬镳，向不同的方向发展。昆明城附近的花灯婉转、细腻、幽雅，城市味较浓，被称为"正宫"。滇池周边农村的花灯朴实、粗犷、跳跃，农村风更重，被称为"背宫"。

抗日战争期间，为宣传动员民众参加抗战，昆明组织了救亡花灯队，以抗战为题材，新编了《张老三从军》《一个怪人》《新别寒窑》《陈麻子招安》《汉奸报》《别祖坟》《新四郎探母》等花灯剧，以旧花灯调谱曲演唱，通俗浅近，备受民众欢迎。救亡花灯队还深入昆明附近各县演唱，并下乡授徒，扩大影响（民国《续云南通志长编》），达到了花灯剧发展的高潮。

○灯会·"花灯窝子"·"灯花子"

清代末年和民国初期，昆明四乡民间自发组成了不少"花灯会"，又叫"灯会"，既培养花灯艺人，又组织花灯演出。灯会在较大的村镇是固定的，一般都有几十个人，设有会长，每天晚上会集喝茶、学唱，农闲时"崴打"（排练）、春节时"唱灯"（演出）。新人入会要拜灯神，在灯神前听讲行会规。灯会要请"灯师傅"来传艺、学艺期满要谢师。灯会添置服装道具、扩大班底的费用由会员分摊，外出唱灯有了收入，也列在其中。有的村镇还筹集公款，支持灯会。另一种灯会是村镇庙会迎神前临时成立的，负责筹集资金、邀请灯班、组织演出等，演出活动完了就散，被叫作"凑逗班"。旧时认为不唱花灯就有牛死马瘟之灾，村人都很支持唱灯，年轻人也十分喜欢。

早期花灯戏生活气息浓厚，但糟粕与精华混杂，艺术上比较粗糙，有"好男不唱灯，好女不观灯"之说，"唱灯"受到压制。进城的花灯戏剧化了，但原生态的花灯仍然在民间流行。昆明城里的小东门；城东北的栗树头、小坝、波罗村、龙头村、莲花池和马村；城东南的岔街；

几个小"灯花子"在等待演出

城南的官渡、小板桥、土坝河；城西的西坝、弥勒寺、白马庙；城西南的福海、民家地；城北的岗头村；城西北的苏家塘、王家桥都有灯会。这些灯会、灯班、灯棚不仅在本村镇演出，还应邀到邻近村镇演出或教戏，长于此事者被称为"教灯师傅"和"唱功先生"，都是花灯普及的有功之臣。

早年花灯演出时要供灯神牌位，叫作"设灯堂"，开场、结场时要分别唱《请灯神》和《送灯神》，开头都是："一溜花开一溜青，说声唐王天子、老郎菩萨、声音童子、鼓板先生把话听"——这个灯神据说是唐明皇，即唐玄宗李隆基，因酷爱戏曲歌舞，被后世奉为"戏圣"，各戏种共享，滇剧供的是他，花灯供的也是他。

花灯特别流行之地被叫作"花灯窝子"，如昆明城附近的岗头村、前卫营、小厂村、福海村、民家地，呈贡的可乐、松茂、马郎、郎家营等，都是世代相传的"花灯窝子"。这些"花灯窝子"都有不少花灯迷，被称为"灯花子"，男女老少都有，大多会唱上几句，也会崴上几下。他们有灯必看，每场必到，从化妆演出看到戏散卸妆，还不忍离去——大量"灯花子"的存在，是花灯生存、发展的重要社会基础。

老戏场

149

昆明评书

一般认为，评书起源于宋代的中原，但昆明民间传说，早在三国时期，昆明就有评书了。那是"诸葛南征"之前，为收买人心，派出一些能说会道者进入云南，宣讲蜀汉"德政"，暗中观察地舆民情，收集情报。诸葛亮"天威"在身，南征有成，昆明人对这种连说带评、夹叙夹议的"宣讲"念念不忘，时时加以模仿，就发展成了评书。

清末民初，昆明说书人博采众长，采用昆明方言，糅合本土戏曲技法，说起了"昆明评书"，并流传省内各地，形成了风格独特的云南评书，在江湖上自成一派，成为中国六大评书之一。

○云南评书·昆明评书

　　有文字记载的昆明说书出现在明代《徐霞客游记》中。大游行家徐霞客在昆明遇到了"风流公子"金公趾，说他"善音律"，能"说三国故事"。可见当时的"说书"是又说又唱，和如今的"改进型"评书类似。但这种"说书"与后来的昆明评书之间是否有传承关系，还缺乏研究。

　　可以考证的是，昆明评书的源头是古代蜀汉所在地四川，不过时间是在清代的道光年以后。那时有四川评书艺人到昆明说书，庙会之时，热闹之处，每到一地，向临街铺户租条板凳，往上面一站，无须化装，吆喝几声，开口便说，就此站住脚跟，大西门等地都有了他们设下的评书"场口"。清光绪年间，不少四川说书人在昆明小南门、小东门、复兴巷一带"搭棚说书"。光绪年后期，当局强调社会风化，男女有别，禁止庙宇说书，评书又多转入茶铺，当时昆明城出现了不少"说书茶铺"，说评书的艺人多的时候有四十多人。

　　此时北方评书也开始传入昆明，在藩台衙门（在今威远街西段）、教场坝（在今护国路头道巷址）说书。但北方评书的语言与昆明方言差距较大，又缺乏技艺高明的领军人物，更没有从师学艺者，逐渐淡出昆明城。相比之下，四川评书的语言与昆明方言相近，又有"麻、辣、烫"的韵味，让"温吞水"的昆明人很受用。来昆的四川评书艺人还不乏高手，让昆明"书花子"趋之若鹜，其中有天分的人便从而学之，各家各派，博采众长，融会贯通，再结合本土风俗，改用昆明方言，糅合本土戏曲表演技法，讲口、手势、身段大有提高，大受坊间欢迎。于是有师徒相传，有保留书目，至于清末民初，形成了昆明评书。昆明评书再传到省内各地，又统合部分地方方言，风格独特的云南评书也形成了，在江湖上自成一派，成为中国六大评书之一。20世纪40年代后期，昆明评书达于鼎盛，城中说书人上百，遍布老昆明茶铺。

　　俗话说"人上一百，形形色色"。说书人一多，也免不了激烈竞争，于是就有"书人相轻"之事、"十人九骄"之说、争夺堂口之举。据说早年昆明评书三派的本土派、川派、北方派还各推高手，举行过"说书大赛"，限讲《水浒传》中第四回《鲁智深大闹五台山》，要连讲10天，20个小时。各方高人各显神通，大加演绎，不但讲鲁智深故事，还讲山形地貌，讲佛像罗汉，讲寺庙建筑，讲佛事清规，讲酿酒饮酒，讲传说典故，有口技，有步法，有武打，乐此不疲，各展千秋，直说个天昏地暗，听众趋之若鹜，蔚为一时盛事。

○从"搭棚说书"到"坐馆说书"

最早的评书往庙会、闹市上一站，吼上两嗓子就开说了。清末多在市井搭棚设台，台上挂个大灯笼，上书"评书"二字，台前摆张桌子，说书人手扬折扇、腿开弓步，一拍醒木，就可开讲，这叫"搭棚说书"。四川说书人在昆明初步立足后，就以"搭棚说书"谋求发展。

后来搭棚说书受当局限制，说书人又转进茶铺。在茶铺正中放一张桌子，摆开架势，照讲不误，这又叫"坐馆说书"，此类茶铺就成了评书"堂口"。茶客就是听众，边喝茶边听书，讲一板（一回）凑一次钱，或者三文（制钱），或者一两文，硬不给的，也不勉强，只是面子上难看。

清代后期，昆明大街小巷遍布茶铺，而以马市口、三市街、珠市桥、大西门等处为多，大半都是评书"堂口"。到民国初年，宝善街、护国路、马市口、三市街、拓东路、青云街一带也有不少茶馆"堂口"。

老昆明人散漫、慵闲，爱"冲壳子"，爱"蹲"茶馆，不少人识字不多，读《三国》《水浒传》有困难，但大家爱听，一听就入迷，家里人讲得不怎么样，说书人讲得精彩，听高兴了拍声巴掌叫声好，倦了就"冲"下瞌睡，直到被"醒木"惊起，面前就有上下千年、数不清道不完的帝王将相、侠客义女、才子佳人，岂不乐哉。

早年做个说书人也不容易，先得拜师学艺，加入"说书公会"。这个公会每年要开"大成圣会"，全城说书人聚在一起，祭拜孔丘和评书祖师柳敬亭。徒弟也在此时入门，敬神拜师，磕头请客。拜师后加入公会，学得差不多了，师傅认可，才可以请公会安排"堂口"，到茶铺去说书。

○"墨折""条子"和"贯口""赞口"

昆明评书有的出自历史小说，叫"墨折"，又称"墨册"，如《水浒传》《三国演义》《七剑十三侠》之类书文；有的是说书人自创，叫"条纲"，又称"条子"，早年有《白光剑》《三丰传》等"八大条子"之说。二者都是师徒相传，口传心授，世代相承。按内容和风格，评书又可分为"清棚"和"雷棚"。这个"棚"来自"搭棚说书"之"棚"。"清棚"即言情，胭粉传奇，重在文说，又叫"文案"；"雷棚"即武打，金戈铁马，重在武讲，又叫"武案"；还有兼"清""雷"两种风格的，集"文""武"于一身，书路更为宽广。

昆明评书重在"雷棚"，就凭一张桌、一把椅、一把扇、一个人、一方醒木、一件长衫、一台书本，又说又演，亦述亦评，说得绘声绘色，讲得飞沙走石，演得惟妙惟肖。有时连这个行头也从简，平时穿什么，上台也穿什么，不必强求长衫，随便一张桌子，垫高一点就行。只有醒木特别讲究，又高又厚，和衙门的惊堂木有得一比。说书之时，为情节造势要拍"醒木"，为象声发作要拍"醒木"，为唤起瞌睡中人要拍"醒木"，为制止台下喧哗者也要拍"醒木"，而且下手不轻，拍得山响，以显成效，天长日久，往往会把书桌拍出个大坑来。那扇子也有重用，随故事所需，拿起来是刀、抬起来是枪、举起来是棒、做丢出之状还可以是手榴弹。有的说书人还会带一块手帕，也可以当道具，讲热了还可以擦汗。

昆明俗话称"说书人的嘴，唱戏人的腿"——此话只说对了一半。说评书是独角戏，生旦净末丑、老虎狮子狗，一人全担；言、舌、鼻、喉和丹田，五音抑扬顿挫，高低有致；手法、眼神、表情、身段、步法、背影，六艺说法，缺一不可；心口眼脚手，进退跳摇走，全要到位；文则故事情节、诗词赋赞、正典野史，烂熟于胸；武则短打、马战、步战、枪法、刀法，有派有格，明快准确；"托子""扣子""包袱"，悬念不断，才能步步出彩。还要边说边议，上知天文，下知地理，古知历史，今知社会，边说边评，要言不烦，画龙点睛，悲痛处令人饮泣吞声，诙谐处令人忍俊不禁，紧张处令人惊心动魄。方为评书。

评书的特技有"贯口"，又叫"背口"，有韵脚，有排比，有重叠，一气呵成，一贯到底；又有"赞口"，说到人物穿戴、排兵布阵、金戈铁马，要合辙押韵，对仗工整，铿锵有力；还有清清楚楚的"明笔"、一语带过的"暗笔"、事先埋下的"伏笔"、故作紧张的"惊人笔"、插叙一段的"倒插笔"、补说三言两语的"补笔"、给几个悬念的"掩笔"——环环下扣，步步生花，引人入胜，欲罢不能，培养出无数"书花子"。

评书艺人"坐馆说书"，在一个茶馆一"坐"就是一年甚至几年，"老虎不动身"，换书不换人，以此培养自己的"书花子"。有的评书艺人说书总是节外生枝，枝外生蔓，一本书可以说半年十个月而听众不减。据老人回忆，早年有高手在民生街的麟声茶室讲《七侠五义》，说到君山景致和对联匾额，一讲就是七天，"书花子"们仍然乐此不疲，天天满座。另一高手在华山南路"一洞天"书场讲"霸王别姬"，说那乌骓马就讲了三天三夜，且无重复，无败笔，听客爆满，被称为"书场状元"。还有高手在马街说书，讲到皇帝拉屎，也有一整套宫廷礼仪，说书人旁征博引，滔滔不绝，讲了两个钟头，皇帝的屎还在肚子里，一时传为笑谈。还有高手把《三国演义》讲了好几年，还可以无限期地说下去。坊间传说，有老人等不到"三国归晋"，就撒手西归了，应了那句书场俗语："真《三国》，假《封神》，一部《西游》哄死人。"一为喜剧，一为悲剧，全在评书之中。

还有一场悲喜剧：据说民国初年有个当兵的迷上评书，成了"书花子"，天天晚上都要跑到文庙听书，每次听到穷秀才和富小姐幽会，小姐待要脱下绣花鞋时，总有意外发生——接着就是"要知后事如何，且听明晚分解"。听了几年，当兵的先做了班长，又升到排长，最后当上了连长，那只绣花鞋还是没有脱下来。后来连长要率队上前线了，耐心耗尽，跑到文庙，掏出手枪往说书桌上一拍，对说书人吼道："今日晚夕你给老子挨绣花鞋脱下来！"

老戏场

昆明洞经

洞经音乐是云南特有的民间音乐品种,昆明俗称"谈演洞经",以奏唱道教《文昌大洞仙经》(简称"洞经")中的诗赞得名。昆明洞经音乐萌芽于明代,成熟于清代,早期是士大夫自弹自奏自唱自演的雅乐,文人会集,穿儒服,奏雅乐,演礼乐,示高雅,以行"礼乐之教"。

清康熙年间,大理洞经音乐传入昆明,对昆明雅乐影响很大。据说当时昆明大旱,各教各派举行法会求雨,全都无效,后来在黑龙潭演奏洞经,竟然灵验,天降霖雨,大旱解除。于是洞经迅速在昆明传开,流传于城区及周边地区,无论文人雅集、坊间祀神,都要演奏洞经。

○昆明"洞经":礼教之乐、禳灾之声

洞经音乐可分唱诵音乐、器乐曲、打击乐三类,一般特指唱诵类的乐器伴奏。纯器乐又称雅曲,多悠扬舒缓,飘逸恬淡,幽深缥缈,超凡脱俗,时人认为"弹洞经"可祈福消灾,明心见性,又有人把洞经引入民间祭祀活动,使洞经音乐得到普及,形成了与"文人洞经"路数相异的"世俗洞经"。

据调查,洞经音乐中的曲调有唐、宋的词调、元代的南曲和北曲、明清的时调小令和文人创作的"自度曲"等,也有道乐曲牌,但为数不多。其中唐宋词牌庄重而浑厚,如《浪淘沙》《小桃红》《水龙吟》《汉东山》等;道家音乐飘逸洒脱,如《上清宫》《真武赞》《天宫颂》等;宫廷音乐端丽典雅,如《南清宫》《熏风曲》《普天乐》《南洋洲》等;江南丝竹柔美清丽,如《忆江南》《金纽丝》《叠落泉》等;民间小调则欢快活泼,如《忆金陵》《瑞雪飞》等。

○洞经"学"和洞经会

洞经会的组织称为"学",昆明最早的洞经"学"是清康熙年间的"桂香学"。到清末,昆明洞经"学"达7个,数量为全省之最。民国时期再增到10个,如桂香学、保庶学、崇仁学、崇文学、宏文学、同仁学,还有个"文明会"——不用"学"而称"会",可见此时洞经"老规矩"已见松动。

明清科举期间,"洞经学"行事多与科举挂钩,对参加者要求苛刻,因为"僧、道、娼、优及三代后人不得入仕",也理所当然地被"洞经学"拒之门外。早年申请入学者"非有功名者无扰",申请参加者不但要爱好洞经音乐,还必须是进士、举人、学监、秀才、拔贡、庠生、廪生、附生等等,最起码也必须是开过蒙的童生,而且有附加条件,必须品学兼优、知书达理,必须出自三代清白的书香门第。再依科举之例,武进士、武举、游击、都司、武秀才、武生也可以入"学"。有的武人和文人儒士不和,不甘于充当"二等学员",便自组"洞经学"——于是"文学"之外,又有了"武学"。入"学"之后,互称"先生",外人也称其"先生"。当时的"洞经学"成员都很风光,被视有身份、有社会地位之人。

罗养儒在《纪我所知集》(《云南掌故》)中说:"洞经会中,虽分四学,然不拘那一学,一受到地方人士之请求,往某处谈经,都得要应邀而至。请谈经者,

这块清道光年间的"文明会大洞经坛碑记"记载了昆明南郊官渡乡绅捐款延请桂香会前来演奏洞经驱瘟的情况,时间是清嘉庆八年(1803年),成为昆明最早的洞经演奏历史记录

如送功德银,则归入本学之公款下,群众不得分润。有时自动设坛谈经,为地方禳灾解劫,收来功德银不敷开支,各人尚须自量能力捐款,此可称洞经会中人,既廉洁而又具有仁德也。"

清末科举被废除后,"洞经学"的老一套难以为继,也与时俱进,有所松动,各"学"开始吸收商人、艺人,洞经也走出士大夫的雅乐殿堂,走向社会,走向民间,走向农村。民国时期,昆明四乡都有洞经会组织,有的与伙居道士、民间宗教组织合流,做道场、搞超度,被城中"洞经学"斥为"有损大雅,有伤风化"。尽管如此,洞经仍然不断走向庙会、走向"社火",举办文昌会、上九会、孔子会、关圣会等,愈演愈烈,被称为"洞经会"。

昆明洞经会有四类:一是例会,如农历正月金殿的上九会;农历二月翠湖海心亭的文昌会,观音会;农历三月三黑龙潭的北极祖师会;农历四月在三牌坊三丰祠谢火求清吉的火教会;农历六月十九观音山的观音会;农历八月二十七孔子诞辰在文庙举办的至圣会等。二是地区性的消灾会,旧时昆明发生火灾要办谢火会,天旱要办求雨会,雨多要办求晴会,瘟疫要办消灾会,地震要办地震会等。三是有钱人祈福禳灾,要演奏洞经。四是各行业会馆办活动,祭祀行业神,也要弹洞经。此时洞经会唱诵的主要经典,一是《太上玉清无极总真文昌大洞仙经》,俗称"文经";一是《关圣帝君觉世真经》,俗称"武经"。如此则"文""武"双全,一干魑魅魍魉,自然远遁;一切福星紫气,自然降临。

○"经坛"和洞经"谈演"

洞经"谈演"集传统音乐文化之大成,融吹、拉、弹、打、唱、诵、读为一炉,所用乐器达五十多种,分为"文乐"(管弦乐器)、"武乐"(打击乐器)两大类。乐队分为"上座""下座"两班,人数按《祭孔大晟乐》的"六佾""八佾"乐舞行列定制,讲究8的倍数,最少为16人,常见的是24人,昆明还出现过64人的庞大阵容,有"冠冕南滇"之称。

谈演洞经不容易。罗养儒在《纪我所知集》(《云南掌故》)中说,加入了"洞经学","须遵守礼节,遵守规诫,无甚过失,方能讲习上座。到座上谈经,实是一件不易造就之事:第一要有声嗓,而不是左嗓子,以诵经时行使之腔调甚多,无声嗓则不能念诵经文;第二要长于乐器,座上鼓、板、锣、钵、笙、笛、筝、琶、唢呐、木鱼、铜磬俱全,是人各执一。所以学习上座诵经,是要双方俱进。有声嗓而不娴(熟)于乐器,只足以司钟磬;娴(熟)于乐器而无声嗓,可以入吹座;若无声嗓而又不娴(熟)于乐器,则只有在坛内司礼磕头耳"。就是念诵经文,也"必要声腔与音乐之节拍相合,方不岔乱","所以学习上座诵经,的确是一难事"。

旧时昆明演奏洞经的地方叫作"经坛"。一般设在大堂中,在堂前的天井设天地案,又在堂上陈设经案,供奉牌位、香炉,青烟缭绕,富丽堂皇。谈演洞经时,"不论谈三日,谈五日,都是人人茹(吃)素,尤重礼节。上座时,俱各穿长衫马褂,戴红帽,排班而后入坛。入坛则循序展拜于神,拜讫,分左右两排而相对一揖,始行入座。下座时,亦必向神展拜,相对而揖,诚彬彬然有礼也"——罗养儒如是说。

○聂耳与洞经:从《老挂腔》到《翠湖春晓》

少时学习洞经的聂家三兄弟:从左到右为聂耳的二哥、大哥、母亲和聂耳

图为今翠湖公园聂耳雕塑

1922年某月某日，一位中年妇女走进昆明端仕街的董秀才家，请求董家介绍自己的3个儿子进入洞经"宏文学"当童生。当时这位妇女已家道中落，但家教淳厚，又与董家做过邻居，董家对三个孩子知根知底。虽然"宏文学"门槛高，收童生也必须出自书香门第，但董家前辈董勤窗是前清秀才，又是"宏文学"的首任"学长"，在地方上很有声望，由董家出面，3个男孩终于如愿以偿，进入"宏文学"学习洞经。

这三个男孩中最小的一个叫聂守信，后来改名聂耳，就是后来的《义勇军进行曲》、再后来的中华人民共和国国歌的曲作者。当时聂耳也就10岁左右，他在"宏文学"中学过笛子、二胡、小三弦，学习洞经演奏，开始了他的音乐启蒙，从此走上音乐道路。

据相关学者近年的研究，洞经音乐对聂耳的影响很大。聂耳到上海以后，对民族音乐极感兴趣，曾多次写信回昆明，请母亲和友人代为收集洞经和山歌、滇戏曲牌等音乐素材。在上海百代唱片公司音乐部工作时，聂耳自组了一支国乐队，完全用中国乐器奏中国曲子，加上科学的组织与和声，成为一种新的形式，在上海轰动一时。民乐合奏曲《翠湖春晓》是聂耳此时最重要的作品之一，据考证就是根据昆明洞经音乐《宏仁卦》改编创作的。《宏仁卦》曲调原来叫《八卦腔》，有新、老之分，老曲调俗称《老卦腔》，就是《翠湖春晓》改编的蓝本。

20世纪末，《翠湖春晓》走向世界，还曾走进维也纳金色大厅，得到国际音乐界的高度赞誉，被视为中国民族音乐的经典作品。

昆明扬琴和曲剧

昆明扬琴属于坐唱曲艺,伴奏乐器以扬琴为主,又叫"打扬琴"和"扬琴说唱",它的来源有两个:一是明代传入昆明的南曲;一是明代流行于昆明的对子书。

清道光年间,扬州、苏州、山东一带的"扬琴担子"进入昆明,到同治年间,四川、贵州的扬琴担子也来了,对子书竞争乏力,难以为继,求助官府。官府把说对子书的盲艺人安插进扬琴担子班了事。这样一来,唱对子书的本土盲艺人也学会了扬琴曲调,把扬琴曲调和对子书曲调糅合在一起,用昆明方言继续演出。由于经常和滇剧、花灯、洞经同台、同地演出,他们还吸收了一些花灯、滇剧、洞经的音乐素材,形成了独具一格的昆明扬琴。

20世纪50年代以后,昆明扬琴走上舞台,以昆明方言、扬琴曲调和唱腔为基础,演出"扬琴戏",后来发展为"曲剧",成为昆明独有的地方剧种。

○从明代"南曲"到"对子书"

　　早年昆明扬琴又叫"唱曲子",这个"曲子"据说是明末清初陈圆圆带到昆明来的,起初传给盲艺人弹唱度日,随后才流传开来。陈圆圆原为歌伎,清初随吴三桂到云南,带来一些中原小曲,这是可能的。据地方志书所记,早在明代中期,昆明就有了"南调"即南曲,其中有《道情》《哭皇天》《倒扳桨》等,都是明代南曲曲种。

　　明代昆明流行"对子书",全由盲艺人演出,一人执板击拍,一人以琵琶、三弦伴奏,有说有唱,唱腔简单,有段子书,也有大部书,长的书词几百句,短的三五十句,应与"南曲"有关。直到清代中期,昆明云津市场(今金碧路得胜桥一带)等地空旷处仍有"对子书"演出,说书人一手夹鼓,一手执板,击拍为节,以三弦、琵琶伴奏。开唱前有"开篇"词:

　　宜良县内出白薯,
　　弥勒竹园把糖出,
　　广西州(今丘北)的亮鱼亮得很,
　　阿迷州(今开远)找房有人来招呼,
　　抗浪鱼出自澄江府,
　　还有新兴(今玉溪)姑娘河西(今通海)醋,
　　要听先把钱来出……
接着就讲唱故事,听者围成圈,或蹲或站,常常通夜不歇。

○从江南"扬琴担子"到"昆明扬琴"

　　清道光年间,扬州、苏州、山东一带的"扬琴担子"进入昆明。所谓"担子",实为班子,从数人到数十人不等,让青年女子涂脂抹粉演唱,而以扬琴为主乐伴奏,有声有色地与对子书唱对台戏,结果对子书败下阵来,听众大减。清同治年间,四川、贵州的扬琴担子也来了,由于语音相近,对昆明人的吸引力更强。唱对子书的盲艺人难以为继,便向官府求助。官府的对策,竟然是把说对子书的盲艺人安插进扬琴担子班了事。这样一来,唱对子书的本土盲艺人也学会了扬琴曲调。

　　外地扬琴担子回乡后,盲艺人把这些扬琴曲调和对子书曲调糅合在一起,用昆明方言继续演出。他们单独或三五成班,走街串巷,在集市、街头、茶馆、村子流动卖艺,这叫"做生意",而应邀到私人家里演唱则叫"做家生意"。由于经常和滇剧、花灯同台、同地演出，他们还吸收了一些花灯、滇剧、洞经的音乐素材，形成了独具一格的昆明扬琴。

清光绪年间，昆明菜海子（翠湖）的少白楼（后翠湖溜冰场址）、鸿运楼（今翠湖水月轩址）、海心亭三座茶楼都有扬琴演唱。聚集在这一带的扬琴艺人多达几十人，他们三五人一班，各操乐器，分担角色，围坐演唱，或一人表演，三五人伴奏。居中的乐器必为扬琴，其余还有二胡、三弦、月琴、琵琶、笛子等。唱得好的，讲究字正腔圆，情真意切。点唱的茶客多是五华山一带衙门的文员，30文铜钱点一场，多半爱听"酸故事"，如《姑娘回门》《苏三开怀》之类。

至于"做家生意"，多在主人家有喜事或逢年过节之时，所唱大半是《香山》之类的"善书"，一唱就是几天几夜，长的要唱一个多月，以求清吉平安。四乡村子逢年过节，也会凑钱请艺人去唱扬琴，唱的时间有长有短，也有长到一个月的。民国时期，昆明双眼失明的扬琴艺人李嘉荣以讲善书出名，其能拉京、滇胡琴，能打梆子、渔鼓，能弹月琴、三弦，能吹唢呐，还能拉手风琴，打扬琴更能一手双签，多才多艺，堪称一绝。城乡邀请唱书者争先恐后，络绎不绝。

近代昆明人罗养儒在《纪我所知集》（《云南掌故》）中写道，往昔昆明盲人有数百之多，其中有富家子，也有贫家子，大多学艺谋生，除说书、算命之外，就是唱曲。他还为老昆明描写了这样一幅市井图：每天傍晚，总会见到一些盲人背着扬琴、胡琴走过街道，被称为唱曲先生。昆明居家小院门头，如果挂上大字纸幡，写有"香山宝传"或"目连宝传"等大字，就表示院里有唱曲、说书先生在演出。听唱一支小曲不过三十文铜钱，昆明人也没有什么舍不得。就是讲一部《香山传》或者《目连传》，听唱曲先生敲四五十天的扬琴，也就花费十多两银子。听曲听书时，妇女们可以手做针线而耳听书声，不费时间而又不误事，更以听曲、听书为乐事。而出钱的人，也自信是做了一场功德，非常高兴。

早期的扬琴演出也有一套模式，演唱前必须洗手、焚香，清洁书场，举行开书仪式，听众在书场要举止庄重，不得喧哗打闹。扬琴放在中央，其他乐器分列于后和两旁，虽是盲人，也穿着文雅，长衫马褂，被尊称为"先生"——很可能受到了洞经演出的影响。

○从"昆明扬琴"到"昆明曲剧"

早年昆明扬琴比较封闭，有"三传三不传"之规：传盲人不传睁眼人，传本地人不传外地人，传儿子不传女儿。这样传来的曲调有古调、大调、小调、书腔四类。古调有大、小八套，格调典雅舒缓，多用于说唱元、明戏曲唱本和民间传说故事；

昆明现代曲剧《祥林嫂》

昆明曲剧乐队中唱主角的仍然是扬琴

大调又叫"扬调道情类",变化多端,擅长叙事,常用于演唱有情节、人物的曲目;小调又叫"散套"或"地方小曲",说白不多,质朴风趣,近于花灯和民歌;书调又叫"善书"或"土腔类",多讲唱"善书"、吟诵经书故事,从洞经中移植来的曲目不少。到了后期,扬琴经常说唱的曲目有《水浒传》《三国演义》《红楼梦》等,已经跨到了戏剧的门口。

20世纪50年代以后,昆明扬琴走进祥云大众游艺场,和四川金钱板、河南坠子、双簧、相声等同台共演,与花灯、滇剧亦有交流,接着又有一批"睁眼人"演员加入,从而使唱、奏分开,有了带表演性质的小演唱。后来以昆明方言、扬琴曲调、唱腔为基础，移植演出了一些小戏，被称为"扬琴戏"，受到欢迎。最后又走话剧和歌剧的路子，移植了一批大、中型剧目，如《土官斩子》《啼笑因缘》等，既有雅曲风韵，又有民歌特点，说唱性强，接近生活，形成了自己的特点，成为昆明独有的地方剧种，被定名为"昆明曲剧"。

老歌场

老昆明的山歌有一定的曲调,如《海菜花》《莲花落》《赶马调》等,又叫"调子",小调也叫"调子"。"云南十八怪"中就有"对着调子谈恋爱"一说。昆明人唱山歌、对调子的地方叫歌场,大多在山上、田野。昆明各族群众都爱唱调子,以之恋爱、以之贺喜、以之交友、以之娱乐,皆成民俗。调子起唱时往往有一个很长的拖腔,以吸引对方注意,或悠扬舒展,或委婉曲折,或激越高昂。独唱、对唱之时,歌手因歌选调,即兴为词,既可见歌手演唱功夫,更可显歌手知识才能、聪明机智,听歌者往往有意外之喜:

栽秧不唱歌,谷熟秕糠多。

调子不会唱,不好找对象。

○清乾隆年间的昆明小调

昆明调子有的唱词固定，有的信口而唱，无不低婉而清丽。调子源于明清两代小调和外地汉族民歌，与明清汉族大量迁居昆明有关。清嘉庆年间师范所著《滇系》里记载了九首昆明调子歌词，并注称这九首调子"皆田间所唱，不知始自何人"。九首调子全是情歌，可见当时唱歌人的敢作敢为、敢爱敢当：

　　思想妹，蝴蝶思想也为花；
　　蝴蝶思花不思草，兄思情妹不想家。

　　妹相思，不作风流到几时；
　　兄见风吹花落地，不见风吹花上枝。

　　谁说高山不种田，谁说路边不偷莲；
　　高山种田食白米，路边偷莲花正开。

　　姐在一岸也无远，弟在一岸也无遥；
　　两岸火烟相对出，独隔青龙水一条。

　　妹同庚，同弟一年一月生；
　　同弟一年一个月，大门同出路同行。

　　妹珍珠，偷莲在世要同居；
　　妹有真心兄有意，结成东海一双鱼。

清代《滇系》里记载的《妹相思》调子歌词

妹娇娥，怜兄一个莫怜多；
姑娘莫学鲤鱼子，那河又过别条河。

妹金龙，日思夜想路难通；
寄歌又没亲人送，寄书又怕人开封。

妹相思，妹有真心弟也知；
蜘蛛结网三江口，水推不断是真丝。

这些唱词明白如话，真挚表白，风格和今天的昆明调子并没有太大的区别，如果不是特别说明，还真看不出这竟是250年前的昆明调子。

○四城门调

昆明人唱山歌，乡下唱，城里也唱，而且唱出了很有特色的四城门调：东门调、北门调、南门调、西门调。其中《北门调》被编为《耍山调》，在昆明十分有名：
年年有那个六月二十三，
约着我家七姐八姐去耍耍跑马山。
跑马山上耍耍山前山后山左山右轱辘团转团转轱辘，
花红、李子、桃梨、苹果、拐枣、樱桃树，
走下山来耍耍赛马大会，
瞧瞧高马、矮马、瘦马、胖马、枣骝马，
约着我家七姐、八姐，去吃碗凉面、凉饵铗、米线、豌豆粉嘛，
坐着火车，弯弯扭扭，扭扭弯弯，
到了火车站，走过金碧路，
姐姐哟，我们抬头望那个金马碧鸡那坊哟……

北门调如唱如诉，急促婉转，清丽悠扬，歌词土得掉渣，土风十足，可惜其中提到的跑马山赛马会、火车站（原来米轨南站）现在都不存在了。

其余的东、西、南门调，风格都差不多，以东门调《不会唱歌跟姐学》为例：
金汁河来银汁河，不会唱歌跟姐学，
三开两天学会了，一齐起来一齐落。

昆明四乡小调更盛。汪曾祺《跑警报》一文曾记载，赶马人马锅头侧身坐在木鞍上，从齿缝里咝咝地吹出口哨（马锅头吹口哨都是这种吹法，没有撮唇而吹的），或低声唱着"调子"：

哥那个在这高山那个放呀放放牛，
妹那个在这花园那个梳那个梳梳头。
哥那个在这高山那个招呀招招手，
妹那个在这花园点那个点点头。

至于当代的调子，有人在金殿庙会上录下了几段，可以作为例子：

男：
一朵鲜花香又鲜，可惜生在河两边。
有心扯来头上戴，又怕小船不拢边。

女：
哎——
一棵香柏挺又坚，可惜关在庙门前。
有心搬家作柱梁，只怕庙姑又喊冤。

○四乡调子会

昆明又有调子会，即大规模的唱调子聚会，据说起于清代，以对歌有名。

最早的是滇池边的观音山调子会，据当地老人说，从前有人从昆明"请"铜观音到晋宁，船行至观音山被风阻了十多天，便认为观音看中了此地，就在这山头上盖了个观音寺，把观音供起来。后来每到农历六月十九观音得道的那天，晋宁、昆明、呈贡、安宁、富民、江川、通海等地远远近近的人都要赶来朝山。前后几天里，先是斋奶们在寺里围成一圈唱散花调，年轻人就在山上对调子。朝山的事明代就有了，清代才有对调子的，白天是偷偷摸摸地唱，到晚上念经的人睡了才敢大声唱。

早年的红石岩调子会也很有名。红石岩在昆明北郊二十多公里外的桃源乡。原先每年的农历八月十六、十七、十八三天都有调子会，附近富民、安宁、晋宁、呈贡等地方的人都会远道而来，一唱就是三天三夜。这个调子会兴起的时间无考，大概也是清代。当地传说，一对青年男女通过对调子相爱了，后来姑娘的父母却把姑娘许给富人，这对青年相约逃婚，被追急了，双双撞岩而死，血染红了岩子，这里就叫红石岩。后来各地青年男女每年都要到这里来聚会对调子，纪念这一对殉情的年轻人。

称得上调子会的还有正月初九的金殿、三月三的西山、八月十五的大观楼。近年调子会还进了城，有的公园几乎每天都有数十人对调子，常常引来成百上千的围观者。这些调子会上唱的调子，多以近旁景致起兴，如盘龙江边对歌，则有：

盘龙江边摆歌台，歌涌浪花朵朵开，
小哥有心采一朵，又怕大浪扑过来。

○市井小调

昆明乡里人对情歌、少数民族对情歌，昆明城里人早年也对情歌，用昆明话说就是"对情调"：

妹家住在昆明城，十个唱调九个能。
人人会哼山歌调，个个都是风流人。

穿过街巷，但见城门，就可起兴而歌：

昆明城墙六道门，围起街巷家乡情。
小伴打堆莫见外，关上城门一家人。

老昆明青梅竹马的情人不少：

盘龙江边有金牛，小伴常在江边游，
小时扶妹上牛背，长大牵牛上绣楼。

还有：

街连街来巷连巷，门挨门来墙挨墙，
本来街坊早相识，妹子跟哥理应当。

也有一见钟情的：

走到昆明桃源街，这街妹子好人才。
为访妹子街上转，踏破铁鞋找起来。

如此以街巷入调的情歌还有：

走过昆明金牛街，这街妹子好人才。
个个窈窕三春柳，哥是燕子飞上来。

又有：

来到昆明如意巷，如意妹子挂心上。
哥哥本是上进人，要当妹子如意郎。

再听：
盘龙江水浪滚沙，沙里淘金莫乱抓。
一淘淘到滇池去，找到妹子芙蓉花。
歌里妹子有来有往：
哥开店铺在大街，妹子买货到柜台。
倒杯香茶妹子请，这回好吃下回来。
有害羞的：
好久不到翠湖边，翠湖边上花鲜鲜。
有心扯朵鲜花戴，手又短来刺又尖。
有大胆无畏的：
盘龙江水有漩涡，街头巷尾闲话多。
心头越怕越有鬼，怕得一世不安乐。
有不以职业自卑的：
家住昆明高地村，帮人煮酒来谋生。
街坊小妹不嫌我，跟她美美过一生。
在城里谈恋爱另有特点：
街上走路摊摊多，想歇脚来难歇脚。
哥带妹子回家转，谈情谈到月亮落。
这是姑娘的话：
街上走路眼睛多，哥哥切莫动手脚。
若是回到小房里，妹由哥哥莫话说。
有时也会调侃一下：
出了南门三市街，毛呢绸缎摆通街。
妹要做衣买几丈，价钱多少哥来开。
有时也会给点儿考验：
郎在云南五华山，妹在滇池海那边。
要想郎妹得相会，要等滇池海水干。
但这点考验不算什么：
哥在云南碧鸡关，妹在四川峨眉山。
只要郎心合妹意，哪怕云南隔四川。
昆明城里的娃娃也对歌，无关恋爱，却多了童趣与诙谐：

对歌对在洗马河,小娃娃来了一窝窝。
叽叽喳喳抢着说,我是树上呢小谷雀。
对歌对在洗马河,妹妹对的是采茶歌。
要是那个对不合,今天么挨他丢下河……

老歌场

昆明东城门前边跑边唱的小娃娃

老影场

　　清末民初,随着昆明的城市近代化,市民阶层逐渐扩大,适应市民消费需求的大众娱乐也发展起来。传统项目有说唱、花灯、滇戏、评书等,多在庙会、茶铺、街头表演,至于赌博、抽大烟,就走到另一个极端去了。

　　清朝末年,滇越铁路通车,正在西方兴起的电影随后走进了昆明,于1905年在昆明远郊的宜良亮相。1906年,到上海办货的昆明商人把电影放映机带了回来,抢先在翠湖开办了中国第一家营业性电影场。又过了六七年,率先实现电影产业化运作的法国百代公司才赶到昆明龙井街的两粤会馆开了个电影场。此时昆明有广益

电影场、日日新电影场、大世界电影场、大乐天电影场等。1917年开办的新世界电影场，屋宇宽敞，电光明亮，戏片新奇，开幕当晚，未及黄昏，座位已满，而购票者还络绎不绝（石阡《昆明早期电影史话》）。

1928年，唐继尧投资并自演的《洪宪之战》摄制完成上映，昆明一时万人空巷，这是昆明拍摄的第一部本土题材的故事影片。1940年，昆明"夫人集团"又建了座南屏电影院，为当时中国最现代、最豪华的电影院之一，号称"远东第一影院"。此时法国电影已经衰落，代之而起的是美国的好莱坞大片，电影迅速成为昆明人最重要的娱乐方式，先后办起了大中华逸乐影院（今星火剧院址）、南屏大戏院（今南屏电影院）、大光明戏院（今星火剧院址）、大众电影院（今五一电影院）、昆明戏院（今新昆明电影院）、长城戏院（今人民电影院）、祥云戏院（今红旗电影院）、社会剧场（今劳动剧场）、西南戏院（今省滇剧院）等。当时好莱坞的八大影片公司、英国的鹰狮公司和苏联的五洲公司都在昆明驻有代表，向影院直接提供片源，争夺电影市场。

○水月轩：中国第一家电影院

早在清末，一些外国传教士就把电影带进了昆明，不时在内部放映，招待教友和教会学校学生、家长。随着滇越铁路的修筑，一些法国人也把电影带进了昆明，不定期地露天放映，但都没有对外放映经营。

昆明第一家预售座券、购票入场的正规电影场出现于清光绪三十二年（1906年），地点在翠湖莲花寺东南的水月轩电影场。这是昆明乃至国内首家公开售票的电影院，还是一家私营影院。当时水月轩相馆老板蒋楦从上海带回了电影机和几部胶片，邀请朋友欣赏这些"哑巴电影"，大家都看好电影的前景。蒋楦便在水月轩楼下对外售票放映电影，接着又在相馆对面修建影场，卖票营业。他在《滇南钞报》上刊登广告称："本轩现放之奇巧活动电影，今又由西洋添办更奇数十场，其中火车、轮船、人物、鸟兽，生动活泼，又有日俄战景，枪炮轰击，烟雾腾腾，恍如身入战场，令人惊心动魄。"于此可见当时人们观看电影的兴趣所在。直到一年之后，光绪三十三年（1907年），西班牙电影商人雷玛斯在上海兴办的虹口大戏院才开始放映电影。

今天的翠湖水月轩

水月轩能坐二三十人，放映的多是有影无声的"奇巧活动电影"，多为风光、人物、动物纪录片。"昆明城区居民感到惊奇，因而生意兴隆。尽管当年翠湖入晚以后，一片黑暗，但提着灯笼，扶老携幼前去欣赏电影的人，依然络绎不绝"（《昆明文史资料选辑》）。

由于当时昆明还没有电，水月轩放电影全靠煤石（水煤气）灯发光放映，原料得从省外供应，片源又被法国片商垄断，被迫高价购买拷贝，而按照当时昆明人的接受能力，电影票价又不能定得很高，每票仅五六个铜圆，虽然蒋楦苦心经营，业务也难得发展。

继蒋楦之后六七年，到民国初期，法国人在龙井街两粤会馆开办了百代公司电影场，这是昆明最早的外资电影院。1926 年，当局在土主庙（今武成路华山小学址）开办"公立电影院"，这是昆明第一家公立电影院。1933 年，金碧游艺园（今省第一人民医院址）出现了昆明第一家有声电影院，叫大中华影戏院，电影放映机是进口的，两个放映员也是从越南"进口"的。1934 年，大众电影院又开昆明风气之先，第一次实行对号入座。

○《滇越铁路》：最早的云南题材纪录影片

最早反映云南题材的电影纪录片出自法国人之手，由清末滇越铁路修筑期间的法国滇越铁路总局拍摄，记录了滇越铁路的修筑过程，片名就叫《滇越铁路的修筑与通车》。1920 年，法国百代公司拍摄了《云南大观楼风景》，并在昆明公映，这是云南第一部风光纪录片。

小火车沿滇越铁路驶进昆明，标志着昆明近代化的开始

当时的法国驻昆领事馆也拍摄过几部昆明题材的纪录片：一是 1923 年拍摄的《凯旋运动会》，内容是在昆明承华圃举办的军事运动会，纪念唐继尧重掌政权一周年；二是 1927 年拍摄的《唐故总裁出殡》，记录了在昆举行的唐继尧葬礼；三是 1929 年拍摄的《东陆大学之内外观》。这些纪录片都曾先后在昆明上映。

唐继尧对电影情有独钟，他让省教育司购进电影拍摄设备，拍摄本省军事、教育、实业、风景名胜等纪录片，如《云南省运动会》《金马号飞机》等，但没有公映。

抗日战争时期，有关电影机构在云南拍摄了一批纪录片，主题是抗战建国，如《抗战建国中之云南》《建设中之新云南》等，共拍了 11 部，还有昆明防空、滇军出省抗日等纪录片，都曾在国内外上映。中国远征军中的美军顾问也曾拍摄过滇西大反攻的纪录片，并在美国放映。1944 年，中国电影制片厂专员韩仲良和周教三在滇西拍摄《松山战役》《腾龙战役》《保密公路》《惠通桥通车》《高黎贡山》等新闻纪录片。

1946 到 1947 年，昆明维纳斯照相馆的老板郭子雄购置了箱式摄像机，拍摄了《市运动会盛况》《学生运动》《双十运动会及童子军表演》和《芹菜冲水库》等纪录片和一些生活短纪录片，都有资料性质，没有公开放映。1950 年，郭子雄又拍下了欢迎解放军入城的镜头,拍下了热烈欢呼的群众和经过金马坊的部队,成为十分宝贵的历史影像资料,有关镜头在后来的许多电影中多次出现。

○唐继尧自演《洪宪之战》:第一部云南故事影片

这张《洪宪之战》电影海报突出"中国历史政治伟大战事巨片"

这张《洪宪之战》海报强调的是"空前国产历史战争巨片"

20世纪50年代以前,云南仅拍摄过一部本省题材的故事影片,片名叫《洪宪之战》,是无声影片,反映的是护国战争,时间在护国战争胜利10周年的1926年。当时的云南督军唐继尧刚刚重掌云南大政,为了替自己树碑立传,制造声势,下令由省政府出资,聘请上海朗华影片公司担纲编剧、制作,拍摄云南护国起义影片。据说唐继尧拍摄此片,是因为法国人在外交场合放映电影,耀武扬威,并显示中国落后,有藐视之意。唐继尧不堪此辱,决心自制一部大片,表现粉碎帝制复辟、推翻袁世凯的护国战争,以回击法人。这部电影被拍成一部战争题材的爱情片,唐继尧将其定名为《再造共和》,并亲自"领衔主演"片中的主角之一的"唐继尧",可见其实。

据说唐继尧对此片相当重视,曾召集一百多个滇军将领讨论电影剧本内容、配合电影摄制、解决制作费用等问题,先后开会达数十次之多,筹备时间延长到5个月,投资达10万元之巨。电影还没拍完,就撞上了"二六政变",唐继尧被迫下台,不久因病去世。后来得到龙云帮助,这部电影才得以完成。考虑到市场需要,该片以《洪宪之战》的片名问世,此中"洪宪"是袁世凯复辟帝制的年号。影片号称"革命荣史战争哀情巨片",主线是一个少妇送郎参军,护国讨袁,最后双双战死,突出表现的是唐继尧护国首义的历史业绩。1928年夏天,《洪宪之战》在上海首映,大受欢迎,连映四十多天,轰动一时。在昆明公映时,据说也一再加映,盛况空前。

如今已无法一睹这部"国产空前政治革命历史战事伟大名片"的真容了,只能从当年的电影广告中知道其中有这样一些场面:

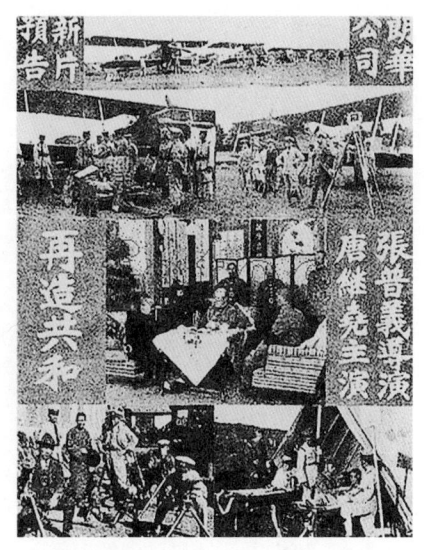

这张《洪宪之战》海报表现了拍摄场景,似乎还动用了飞机

有农工商学兵数万人浩荡之北伐大运动;有现任要职之革命将领政客名流之五十余人之军事会议;有云南义军数万以上步马炮工辎之大阅兵;有军用飞机数十架装满炸弹出发到阵地去;有敌我两军严阵在战线上顽强抵抗;有敌我两军各以大炮猛攻步兵节次前进;有飞机在天空大战侦察事也;有无数北伐健儿浩浩荡荡口唱军歌出征数次;有军阀走狗的拉夫队拆除民间母子夫妇之残忍情形;有一对富于情爱的小儿女为国捐躯同死在战场上;有战地难民数千人护送到收容所中缝纫军衣;有打倒洪宪(皇帝)后革命将领之庆祝胜利大会等。

《洪宪之战》中出现的昆明地标性建筑不少,据说有五华山的云南都督府,有设在云南讲武堂、拓东路迤西会馆、双塔寺的护国军各军司令部,有巫家坝校场,有从金马坊、碧鸡坊、拓东路、岔街、状元楼到菊花村的沿街景象,还有北门街的唐家花园,有翠湖、大观楼、西山及金殿等风景名胜等。

有人认为,《洪宪之战》创下了三个第一:第一部描写护国运动的故事影片,云南历史上第一部故事片,还是第一个主角原型"自己演自己"的故事影片,"堪称史无前例"(见陈秀锋《一部展现护国风云的战争大片》等)。

○影院的另类"男女有别"

电影院在昆明出现后,也仿照戏园,自觉实行"男女隔离观影"。为了"防闲男女",有的影院更充分利用电影的特点,把电影银幕设置在影院中间,前为男宾区,后为女宾区,并在前后各开"男门"与"女门"。这样,出入则"男女异途",观影则"男女隔绝",以防微杜渐,"防闲男女"。

但当局将影院等同于戏园管理,于1915年6月下令戏园分日售卖男女戏票,电影场也得照此办理。影院老板不满如此"一刀切",上书抗争,亦无效果。强制

大众电影院，位于劝业场（今五一电影院），由原来的城隍庙改建。影院工作人员的裤子上缝有一条红线作为标志成为昆明第一家有工作制服的影院。1941年遭日机轰炸，起火焚毁。虽得重建，却沦为二轮片影院

推行"分日售卖男女票"后，一些影院竟因此倒闭。但当局并不为之所动，不仅坚持影院"分日售卖男女票"，1917年底更规定影院晚间不准售卖"女票"。当时昆明电影仅仅上映夜场，晚间"女票"遭禁，女观众无从看电影，对影院营业影响就大了。各家影院向当局请求解禁不成，只好用黑布遮住影院窗户，加映日场电影，供女宾观看。这个办法得到当局批准，影院得以继续生存。

后来"分日售卖男女票"无疾而终。1927年，官办的土主庙市立电影院仍然遵循老传统，把银幕挂在影场中间：男宾看正面，由土主庙街（今武成路东段）的正门出入；女宾看反面，由登华街的后门出入。

○电影院的"现场口译"："玛丽，你要哪样？"

昆明电影院早先放映的多是法国影片，20世纪30年代后又多放映美国好莱坞电影。早期电影放映质量很差，常见影像模糊、上下倒放、正反翻放、破裂中断，观众十分不满。更要紧的是，这些影片都是"进口"的，早期是无声片，又称默片，本来就没有声音，多半是风景片之类，外文字幕看不懂，采用中文幻灯补充就解决了。后来出了故事片，情节复杂，翻译必不可少。1917年，位于三市街教子巷的新世界电影场首开风气，请讲解员"现场口译"，用方言或"国语"讲解故事内容，效果不错，被各家影场沿用，持续了二十多年。

早期的"现场口译"比较简单，讲解员先了解故事情节，到时候现场发挥，把内容大概讲出来就行了。为了方便讲解，有的电影场还搭建一个独座小楼台，让讲解员在台上用扩音器讲解。这些讲解人被称为"演讲"，想象力极为丰富，先根据别人的翻译，把影片看个滚瓜烂熟，开映后就端着小茶壶坐在小楼上，随着放映即时讲解。"演讲"人有的懂英语，但不精通；有的则是按别人翻译的大意，结合自己的理解，时而说几句剧情，时而用剧中人的口吻对上几句话。

如此"讲电影"，开始还可以应付一下，放映有声电影以后，问题就来了：一

是翻译粗糙。比如,无论什么电影,男主角统称约翰,女主角统称玛丽。二是讲解干扰看电影。外地学者李长之在昆明观看电影后说:"电影没有字幕,倘若是外国片子,便有一位口述的翻译,提高了嗓子,逐节解说。搅得我们听片子里的声音也不清楚,听他的解说也不明白。"(《昆明杂记》)

汪曾祺也记有一件趣事:"我们刚到昆明时,昆明的电影院里放的都是美国电影,有一个略懂英语的人坐在包厢的一角以意为之的加以译解,叫作'演讲'。有一次在大众电影院(今五一电影院),影片中有一个情节,是约翰请玛丽去'开餐'。'演讲'的人说:'玛丽呀,你要哪样?'楼下观众中有一个西南联大的同学大声答了一句:'两碗焖肉米线!'这本来是开开玩笑,不料'演讲'人立即把电影停住,把全场的灯都开了,厉声问:'是哪个说呢?哪个说呢?'差一点打了一次群架。"汪曾祺说:"'演讲'人认为这是对云南人的侮辱,其实焖肉米线是很好吃的。"(《昆明的吃食》)

抗战时期的南屏大戏院

为解决这些问题,有的电影院请外语专家精心翻译,制作幻灯字幕,但当时的观众文化水平不高,并不买账,只好又改回来。影院又在讲解上下功夫,请西南联大学生担任讲解员,提高讲解质量,效果较好。

抗日战争时期,昆明涌进了大批学校、机关、工厂,带来了大量文化水平较高的观众,观看电影的要求也更高了。为适应这个变化,1940年南屏电影院开业后,率先放弃"现场口译",而请来高手,先把影片的情节、人物、对白翻译出来,制作成幻灯片,放映电影时打在下方,类似今天的字幕。南屏影院此举大受欢迎,其他影院竞相采用,对学习英语也大有好处,有英语老师甚至自己掏钱买票请学生看电影学英语,"现场口译"从此走到了尽头。

不过,插科打诨式的讲解也造就了一些人才。当年大娱乐电影院的一位"演讲"失业后拜师学评书,得益于"演讲"电影,其擅长于说"册册"——脚本,进入书场,大显身手,很受欢迎。

○ "少奶奶的扇子"和"大逸乐的房子"

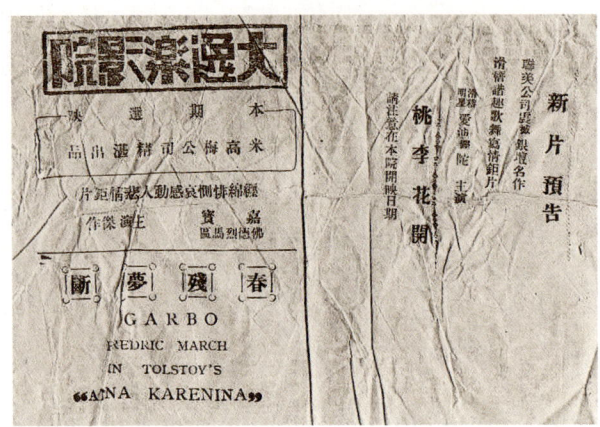

早年昆明大逸乐戏院的电影《春残梦断》节目单,背面印有剧情介绍

抗日战争胜利时的大光明戏院

早期昆明电影院和旧式戏园、茶楼差不多,搭个大棚子,里面摆上几十排木靠椅,最后一排作为"弹压席",专供维持秩序的警察下坐。当年兵痞、恶棍横行,总会跑来白看电影、白吃白喝,还寻衅滋事,没有军警"弹压",影院就吃不消。电影放映中间要休息15分钟以更换炭精,场内小贩乘机叫卖香烟、花生、米花糖、炒板栗等零食,夏季还卖汽水,乱成一团,加上影场建设仓促,设施不完善,很容易发生事故。1921年5月,三市街教子巷口新世界电影场失火,三层楼的院场全部烧毁。事隔一年,1922年6月,位于昆明贵州会馆的大乐天电影场失火,全场付之一炬。幸而失火时没有营业,否则后果不堪设想。事后当局通查全市影场,竟无一合格,于是全市影场停业,昆明人一时无电影可看。

昆明影场最大的悲剧发生在1941年2月27日晚11时左右,宝善街大逸乐电影场(今星火剧院址)放映《少奶奶的扇子》最后一卷时,观众正看得哈哈大笑,不料影场外墙向内倒下,接着场屋倒塌,观众被"盖大被窝",压死16人,重伤30多人,轻伤者难以计数。"大逸乐"是昆明的第一家"千人影院",据说当晚售出的影票近600张,幸而院墙倒塌前有部分"信号土"落下,不少观众先逃出影场,否则,后果更不堪设想。

大逸乐影院原在光华街云瑞公园旁,后来与大中华影戏院合并,成立大中华逸乐电影院,再迁到宝善街鼎

大逸乐戏院倒塌后,"龙三公子"龙绳武在其废墟上建起了大光明戏院,在当时也算一流水平,上层管理人员多系帮会人物。由于场内设备尚好,营业颇有起色,与南屏大戏院有得一争。其选择影片多重票房,缺少文艺性,又逊南屏一筹。

新街口,1940年3月开建,不到5个月就于8月1日建成,更名为大逸乐影戏院并开映电影。这是一座现代影剧院,号称昆明的第一家"千人影院",因为放映设备较好,又有后台供戏剧演出使用,放电影、演戏两用,上座率较高。

据后来的调查,大逸乐影场建筑质量本来就低劣,建成不久就发现外墙倾斜,经营者未进行处理。大逸乐影场倒塌前一天,日寇出动飞机27架次轰炸昆明,"大逸乐"斜对面的蔡公祠是宪兵司令部,是敌机轰炸的重点,附近建筑多处中弹,影场斜墙也被震裂,出现两寸宽的裂缝。工程师提出修理,而经营者置之不理,终于酿成惨剧。事后大逸乐的常务董事孙用之被当局戴上脚镣关押起来,后竟死在看守所中,经营十多年的大逸乐宣告"结束",只留下一句民谣:

少奶奶的扇子,

扇倒了大逸乐的房子。

据说就因为这句民谣,昆明的影戏院很长一段时间都不敢放映这部《少奶奶的扇子》。

老吃场

罗养儒在《纪我所知集》(《云南掌故》)中说:"昆明人殊重口腹,讲吃早午点心,讲吃宵夜,此却是一般居民抱守着传统习惯,似非此不足以言生活。是则享受食不厌精美,更不厌繁多。"这和老昆明人闲散自得、慵闲恬退的习性分不开。昆明坊间有"宁肯眼睛瞎,莫把嘴放塌"的说法,把好吃、能吃、会吃看作一种福气,即"口"上之福气,称为"口福"。有人能吃而且吃得好,就说他"太有口福了"——这绝对是恭维之语。做客时有幸品尝美味,也会说"我太有口福了",这又是恭维主人。

昆明人崇敬神佛，也崇尚口福，视肚腹为神庙，叫作"五脏庙"。人必吃好喝好，以神佛事之，又叫"盖五脏庙"——以饮食吃喝为神圣之事，充分表达了老昆明人对"民以食为天"的终极理解，即所谓"吃场"。"云南十八怪"中的"拿顶草帽当锅盖""三个蚊子一盘菜""蚂蚱当作下酒菜""米饭粑粑叫饵块"和"土锅通洞蒸鸡卖"，都和昆明的"吃场"有关。

昆明人"口福"不浅，"吃场"很多，而且很有名堂：有野味，吃尽时鲜，可称"土"；有小吃，吃尽典故，可称"古"；有席菜，吃尽天下，可称"杂"。

特产：山珍"海"味

俗话说"靠山吃山，靠海吃海"，人间美味的极致，无非就是山珍海味。昆明城四面是山——"东骧神骏，西翥灵仪，北走蜿蜒，南翔缟素"，又有"五百里滇池奔来眼底"（孙髯《大观楼长联》）。这滇池又叫滇海，北湖则称草海，于是昆明山"海"俱备。山有山珍，如鸡𢱍、干巴菌、蕨菜；"海"有"海"味，如金钱鱼、乌鱼、细虾——这是昆明人一大口福所在，正如昆明童谣所唱：

天上星斗，地上鸡狗。

园里葱蒜，河里鱼藕。

至于昆明平头百姓，唾手可得的山珍海味不仅是"口福"，更是"民以食为天"的生活必需。如清代昆明才子戴䌹孙所说，昆明"蔬种最繁而熟早甚，其值也贱。山肴野蔌之属都可登盘，不必餍鸡豚也"（清道光《昆明县志》）。滇池周边有不少"贝丘文化遗址"，那是一万年前昆明人"吃"出来的，他们以滇池螺肉为主食，用丢弃的贝壳堆成了山丘。以"贝丘"之大，足够后人在"丘"上建起规模不小的村镇——这听起来简直就是神话，你信吗？

○昆明奇菌

　　云南多山多菌，昆明有山有水，又多奇菌，为昆明山珍之首。早在明代，杨林人兰茂就在《滇南本草》记录了灵芝草、帚菌、黄菌、大毒菌、松橄榄、牛肝菌、羊脂菌、青头菌、木上森、杉菌、松菌、皂荚菌的药用价值，显现了古人对菌类的认识。如"菌感天地阴阳湿之气而生"，故而美味，性寒而可治热证，但不能多吃。又如解释菌毒，"非菌之有毒耳，以菌下多有蛇卧""食之令人毒杀，不可不慎也"。验毒可以用姜，炒食时放入大姜，"若姜米色黑，必有大毒"。或用铜锅做菌菜，铜锅变色，则菌有毒。"既中其毒，须掘地浆水、或苦茶同明矾调水解之"——兰茂说了这么多，可见昆明菌之美味，时人不惜"冒毒"而食之，中毒者不少。

　　清嘉庆年间，山东进士桂馥到云南做官，写了一本《滇游续笔》，记载了不少滇菌，如青头菌、鸡油菌、老虎菌、牛肝菌、扫帚菌、羊肝菌等，这些菌至今仍然见得到。清乾隆年间，安徽进士檀萃所撰《滇海虞衡志》也说"滇南山高水密，臭朽所蒸，菌蕈之类无不有"。清道光年间，昆明进士戴䌹孙在《昆明县志》中记载了不少昆明本地菌的"昆明名"，大多以色得名：青色的叫"青头菌"；黄色的叫"腊栗（癞痢）头"，又叫"荞面菌"，还叫"鸡油菌"；红色的叫"燕支（胭脂）菌"；白色的叫"白参菌"，又叫"茆（茅）草菌"；黑色的叫"牛肝菌"等。因形状得名的也有：直径大到一尺的叫"老虎菌"；又大又香的叫"鸡葼（㙡）菌"；长得较小又聚团而生的叫"一窝鸡"；丛生而无菌盖的叫"扫帚（把）菌"；生有皱盖的叫"羊肚菌"等。还有以生长得名的，如生在冬天的叫"冬菌"；生在松树根上的叫"松菌"；生在柳树根上的叫"柳菌"；生在树上的叫"树窝"；生在粪土上的叫"猪矢（屎）菌"等。最生动的是把一种剧毒菌称为"撑脚伞"——谁不小心吃了，"脚"一"撑"就要命。此外还有羊肝菌、羊妳菌、鸡冠菌、松毛菌、一窝蜂、黄罗伞、红罗伞、木莪菌等。

　　民国《昆明县乡土教材》中专列《昆明县的菌》一章，称"本县东西北三乡的山上，在六、七、八、九这四个月里，都能产菌，以七八两月产得最多"。因为是针对学生的教材，书中按有无毒性对昆明出产的菌子进行了分类："无毒菌中，最好的第一要数鸡㙡，味极鲜美，为本省特产。其次，如青头菌、牛肝菌、栗树菌、荞面菌、鸡油菌、羊肚菌、燕支（胭脂）菌、白参菌、茆（茅）草菌、一窝蜂、柳树菌、树窝菌、扫帚菌、羊肚菌、松树菌，以及生于秋末冬初的冬菌、北风菌等，每年约产数万斤。有毒的，如撑脚伞、黄罗伞、红罗伞、猪矢菌、羊肝菌、羊妳菌、鸡冠菌、松毛菌、木莪菌等，还有些不知其名的"。

　　菌是昆明人传统的好食材，这本教材说，"无毒的菌，以青头、牛肝、北风三种产量最多。其味清香甜美,能滋养人的身体,所以成为夏秋两季很好的蔬菜"。书中还谈到了"毒菌识别方法":"据产菌地方的人说:'有毒的菌,是有苦涩或苦辣的味,无毒的菌,都是有点甜味'。"

早年西南联大学生、著名文学家、美食家汪曾祺对昆明的菌情有独钟,他在《昆明的雨》一文中写道:"雨季逛菜市场,随时可以看到各种菌子。最多,也最便宜的是牛肝菌。牛肝菌下来的时候,家家饭馆卖炒牛肝菌,连西南联大食堂的桌子上都可以有一碗。牛肝菌色如牛肝,滑,嫩,鲜,香,很好吃。炒牛肝菌须多放蒜,否则容易使人晕倒。青头菌比牛肝菌略贵。这种菌子炒熟了也还是浅绿色的,格调比牛肝菌高。"此外,他还提道:"有一种菌子,中看不中吃,叫鸡油菌。都是一般大小,有一块银圆那样大的溜圆,颜色浅黄,恰似鸡油一样。这种菌子只能做菜时配色用,没甚味道。"反过来说,就是口味一般的鸡油菌,也可以为菜肴"增色"。昆明之菌,善哉善哉。

○天下鸡㙡

清人檀萃在《滇海虞衡志》中大赞滇中"菌蕈之类无不有"时,接下来还有一句话:"而鸡㙡之名独闻于天下。"明代景泰年间的《云南图经志书》早就说这鸡㙡难得,"每夏秋间雷雨之后生于原野,其色黄白,其味甘美",大胜内地之菌。明人李时珍的《本草纲目》说"鸡㙡出云南"。而明嘉靖年间谪戍云南的状元杨慎更专著《鸡菌》一文,称"鸡菌尤奇",为"云南名菌"。民国《昆明县乡土教材》也说鸡㙡"肉质最腻嫩,食味更觉鲜甜""味极鲜美,为本省特产"。

鸡㙡之食,历史久远。清人桂馥在《滇游续笔》中说,《庄子》中有"朝菌不知晦朔"之句,说这种菌朝发夕死,出土"寿命"极短。宋人的《毛诗名物解》把这个"朝菌"称为"鸡菌",桂馥认为就是鸡㙡。其实早在明代,《本草纲目》就说了:"鸡㙡又名鸡菌"。鸡㙡最佳采摘时间也就是一天左右,似乎也证明了庄子所记"朝菌"非鸡㙡莫属——在食用菌史上,这两千年的鸡㙡大概是一个世界之最了。

"鸡㙡"名称由来,一说因其美味得名:明人李时珍在《本草纲目》中说鸡㙡在南方之所以叫鸡㙡,就因为吃起来味道很像鸡肉。一说鸡㙡因其形状得名:明代状元杨慎就说,当时鸡㙡在云南叫"鸡堫":"堫"从"土",说此菌生于土;"夌"的意思是"鸟飞而敛足"——小鸟展翅而双脚收敛,正好是此菌的形状(《升庵文集》)。清道光《云南通志》采用杨慎之说,称鸡㙡形似"鸟飞而敛足",因似鸡而得名。清人田雯在《黔记》中另有一说:鸡㙡长在草里,初破土时状如草帽的帽顶,渐渐长大后,又像伞盖,如果不及时采食,这"伞盖"马上会披散、萎败,如同被雨淋过的鸡毛,所以称"鸡";又因为其生于土,所以叫"㙡"。后人又把田雯说法的前半部分提出来说,鸡㙡形如伞盖,就可以采食了。如采掘过晚,"伞盖"散开,形状如同鸡的羽毛,所以叫鸡㙡(鬖)。几种说法都有一定的道理,就兼收并蓄吧。

藩台衙门菜市是早年山珍海味集散之地

鸡㙡营养丰富,又有益味、清神、治痔之功效,被誉为"菌中之王"。明嘉靖年间,世代镇守云南的黔国公沐氏赠给谪滇状元杨慎一些鸡㙡,杨慎大喜,有《沐五华送鸡㙡》诗云:

海上天风吹玉芝,樵童睡熟不曾知。
仙翁住进华阳洞,分得琼英一两枝。

清乾隆年间进士、大学问家赵翼随军入滇,但尝鸡㙡,大为赞叹,有《路南食鸡㙡》记之曰:

老饕惊叹得未有,异哉此鸡是何族?
无骨乃有皮,无血乃有肉,
鲜于锦雉膏,腴于锦雀腹。
只有婴儿肤比嫩,转觉妇子乳犹俗。

清嘉庆年间,游宦内地多年的昆明五华书院山长刘大绅也有《食鸡㙡面》诗:

旅食北方久,啖面心所甘。
温凉性虽异,下箸正自堪。
调和邻珍惜,鸡㙡维产南。
釜鬵齐水火,几案恣咀含。
口腹固人贱,加餐亦常谭。
老翁异馐膳,一食叹可三。
由我知饥饱,任人论廉贪。

另一位清人贾杰的《鸡㙡》诗比较从容:

至味常无种,轮菌雪作肤。
茎从新雨茁,香自晚秋腴。
嫩鲜头番秀,肥抽九节蒲。
秋风菁菜客,食品列兹无。

○神菌鸡㙡

每年七八月，昆明街头多有鸡㙡上市

在昆明民间，鸡㙡还被神化了。石林民间传说，从前有一个穷苦的农民，妻子生小孩病故，下葬那天，突然跑来一只大母鸡，天天下蛋，农民就靠卖鸡蛋还清了债，日子也好过起来。一天，农民烧水时大母鸡不慎掉进锅里烫死，农民没有办法，就把鸡煮了。当天晚上梦见妻子说："我变母鸡下蛋帮你还了账，我该回来了。"农民很难过，不忍心吃鸡，就连锅带鸡一起埋了。后来，埋鸡的地方长出了肥壮的菌子，吃起来鲜嫩可口，像鸡肉一样。因为此菌生于埋鸡之处，农民就称之为鸡㙡。如今在山上拣到菌子，刨开根土，里面都有一个小圆坑，像口小铁锅，据说那就是当年农民用来煮鸡、埋鸡的锅。

昆明民间还传说，采摘鸡㙡，若今年某月某日得之，则明年此月此日又可于此地复得。所以，采鸡㙡者多为行家，既知其时，又知其地，而且独家所知，往往秘不告人。

中国著名作家、美食家汪曾祺在《昆明的雨》中也写到了鸡㙡。他说，"有人从昆明坐火车到呈贡，在车上看到地上有一棵鸡㙡，他跳下去把鸡㙡捡了，紧赶两步，还能爬上火车。这笑话用意在说明昆明到呈贡的火车之慢，但也说明鸡㙡随处可见"——这仅仅是个"笑话"，并不能证明鸡㙡"在云南并不难得"。

鸡㙡得来不易。清人师范在《滇系》中说，鸡㙡在六七月大雷雨后冒出沙土，多在松下林间，新鲜鸡㙡多半有虫（应是蚂蚁），间或还有毒。鸡㙡出土一天就要赶快采，过了5天就腐坏了。采来后过一天，香味就会消失，这也是它的珍贵之处。民国《昆明县乡土教材》也说，鸡㙡"出土一日，就要采取，经过一日，甜味就淡，四五日不采，就腐烂"。

一般来说，鸡㙡生于夏至以后、秋分以前，趁暑湿气长成。采鸡㙡要在其冒土之前就去查看，如果面土已经松动，就轻轻刨开土，小心地把菌子取出。这时的鸡㙡头像戴了顶帽子，肥美异常，是上乘之品。如果面土还没有松动，就勉强把菌子刨出来，鸡㙡就太嫩了；反过来，等到鸡㙡自己破了土，菌头像伞盖一样张开，质地就过老,味道不鲜——庄子说鸡㙡"不知晦朔",就是这个意思。

更神秘的是,据说鸡㙡生长的地方,下面有一窝像蚂蚁的虫子,成百上千,还有个形状像蝼蛄的虫王。虫窝有拳头大小,虫王居中,自营一巢,其他虫子则在土窝的四壁上构巢而居,有层次、有章法,看去很像蜂房。刨鸡㙡的时候千万不能惊动虫子,否则虫子搬家,此处即不再有鸡㙡了。

昆明民间称找鸡㙡的人"命苦":一是鸡㙡难找,正当时的鸡㙡更难找;二是"吃的不找,找的不吃"——采菌者多是穷人,好不容易采得鸡㙡,自己却不能吃,要拿去出卖求钱。

○御用鸡㙡

鸡㙡生得奇,味也奇,明代就成了昆明星回节(火把节)的祭品。明嘉靖年间,四川状元杨慎的《渔家傲·滇南月节》中就有"松炬荧荧宵作午,星回令节传今古,玉伞鸡㙡初荐俎"之句。而在此前,鸡㙡就是昆明一大贡品。那是明正德年间,云南巡抚何孟春上奏说,驻滇镇守太监强取民财,其中"鸡㙡户无日不征",而"跟役小人百样生事,害人光棍、牢子一时纵横取索,椎髓剥肉,倡言不恤,夷民畏死,莫敢不从"。每年从云南征取贡品鸡㙡两百多斤,还另征大量"鸡㙡工食银","所在官员乘机科敛,无不忍心以害""被害军民逐年办纳,莫敢吐气",造成了严重的社会问题(见《何文简疏议》)——滇人因进贡鸡㙡而被敲骨吸髓,真让人始料未及。

明代镇守太监巧取豪夺,云南鸡㙡批量进入宫廷,成为一道御膳美食。据清雍正《云南通志》所记,早在明孝宗时,主管"御膳"的光禄寺就把鸡㙡做的菜端上了孝宗的餐桌,孝宗吃了大赞鸡㙡味美,光禄寺准备接着上鸡㙡,却被孝宗制止。这位被称为贤君的皇帝说:"鸡㙡费用高,如果朕总吃鸡㙡,光禄寺就要储备以待,所费多矣。"

后来的明熹宗朱由校最爱吃云南鸡㙡,他效仿唐玄宗千里驿传荔枝之法,每年仲夏让驿站飞骑传递鸡㙡。鸡㙡送到北京,熹宗多半留下自己享用,只分一点给最得势的乳母客氏和有"九千岁"之称的大太监魏忠贤,连正宫娘娘张皇后也吃不到,足见鸡

早年热闹的昆明菜市

坝之珍贵，可谓"一骑红尘乳母笑，无人知是鸡坝来"。据说广东人称鸡坝为"荔枝菌"，即由此而来。明末江苏诗人秦元方有《熹庙拾遗杂咏》诗称：

春来保母骤承恩，御膳鸡坝肋赐频。
纱盖轻舆来往路，几人错认是妃嫔。

秦元方在诗序中说，此之"保母"就是明熹宗的乳母客氏，其受封"奉圣夫人"，待遇"与妃嫔无异"。熹宗"酷嗜滇南鸡坝菜"，也多"赐客氏"，以示恩宠。清康熙年间直隶学者胡介祉的《浣衣局·序》也说"滇南鸡坝菜价最贵"，但为"熹宗性所嗜"，曾以之"赐客氏"。清康熙年间湖南诗人张九钺也为《鸡坝》诗作注称"明熹宗嗜此菜"，让"滇中岁驰驿以献，惟客（氏）、魏（忠贤）得分赐，而张后不与焉"（见清道光《昆明县志》）。张九钺的《鸡坝》诗云：

翠篱飞擎驿骑遥，中貂分赐笑前朝。
金盘玉箸成何事？何须山厨伴寂寥。

可见，从明孝宗的弘治年间到明熹宗的天启年间，至少在此130年间，"滇南鸡坝"一直是皇宫御膳桌上的极品珍肴。如果没有特殊的保鲜技术，这些"驿传"到京城的不是"过时"鸡坝，就是今天的油鸡坝或腌鸡坝之类，而竟让天子"爱不释口"，可见鸡坝之味绝天下。清光绪年间，云南诗人赵藩也为此写了一首《鸡坝》诗：

松根沙土润，孕此肉芝鲜。
雷雨空山霁，樵苏小摘便。
餐云净渣滓，下箸绝腥膻。
争怪劳驰驿，当时进御筵。

○赤鹫名菌

提到鸡坝，民国《昆明县乡土教材》还说，鸡坝"出土一日，就要采取，经过一日，甜味就淡，四五日不采，就腐烂。还可以用盐腌成干的，名为腌鸡坝；或熬液为油，用来做酱豉，这两种的食味，也是很好。北乡（今厂口）迤六村，每年约产鸡坝千多斤"，"富民、嵩明等县所产的数也很多"。这几个地方如今都在昆明市境内。

鸡坝可分青皮鸡坝、黑皮鸡坝、黄皮鸡坝、白皮鸡坝和火把鸡坝等。古人说鸡坝有肥瘦之分，肥的味厚，瘦的味薄。出自山中的鸡坝失之瘦弱，而且有失鲜美，而平地上的鸡坝较好，红土平地上的鸡坝最好——照此说，最佳鸡坝就出自昆明附近的富民县赤鹫乡。

罗养儒就在《纪我所知集》（《云南掌故》）中说，云南鸡坝以昆明的富民等地出产的"最为有名",别有一种鲜甜味。这里的富民鸡枞产于富民的赤鹫乡。赤鹫鸡枞不仅肥嫩鲜甜,而且出产多,每年可出好几千斤。民国年间曾对赤鹫鸡枞抽税,虽然税率不高,也有新滇币三四千元,还用这笔钱在当地开办了一所小学。而据民国《新纂云南通志》记载,当时的富民不但输出鲜品鸡枞,还把鸡枞"曝干盐渍",制成腌鸡枞,"远销各处""尤称大宗"——形成了一个产业。

○鸡枞大席

鸡枞的吃法也有点神秘,明代云南人张志淳的《南园漫录》说,鸡枞采来之后,要把土洗尽,放适量的盐煮后烘干,但不能被烟熏到,否则就吃不成了。鸡枞采回之后,一两天内还有生气,但一遇冷水,生气全无,吃起来就不鲜、不甜了。徐霞客在云南旅行途中,也遇见牧童手里拿着一朵鸡枞,又大又新鲜、洁净。当时鸡枞已过时令,最后出土的鸡枞就特别大。看来徐霞客对鸡枞也是内行,"大"而"过时",非上品也。但久闻其名,徐霞客还是将此鸡枞买下,煮汤泡饭,味道"甚适"(《徐霞客游记》)。

昆明人吃菌,就数鸡枞菌的吃法最多。早在明代,李时珍的《本草纲目》就记载说,鸡枞可以"益胃、清神",当时云南人采来烘干,作为特产寄给远方的亲友,用来点茶、烹肉,都是美味——这就是鸡枞干,如今此俗犹存。清人曹树翘在《滇南杂志》中还说,采得鸡枞,用盐腌制,全年可食。还可以用油慢炸而后食用,味道浓鲜美艳,浸溢喉舌,比酱豉好多了,被称为"滇中佳品"到了近代,民国《昆明县乡土教材》也说鸡枞"可以用盐腌成干的,名为腌鸡枞;或熬液为油,用来做酱豉,这两种食味,也是很好。"——后者就是今天的油鸡枞。至今昆明人还用来做米线的"帽子",鲜嫩可口,如有鸡香,如有鸡味。

今日食用鸡枞,更可以凉拌,可以生煎,可以急炒,可以慢煲,可以清蒸,可以红烧,烹制出鸡枞松、三丁拌鸡枞、葱汁鸡枞、麻酱鸡枞、盐水鸡枞、糖套鸡枞、芥末鸡枞、椒麻鸡枞、红油鸡枞、网油鸡枞、红烧鸡枞、白汁鸡枞、蜜汁鸡枞、龙须鸡

老昆明沿街卖菜的小贩

伿、文武鸡伿、太极鸡伿、如意鸡伿、火夹鸡伿、生煎鸡伿、套炸鸡伿、软炸鸡伿、锅贴鸡伿、三夹鸡伿、椒盐柴把鸡伿、金钱鸡伿盒、斗笠鸡伿、汽锅三鸡、纸包鸡伿、菜衣鸡伿冒、云腿烩鸡伿、鱼球爆伿冒、乳饼烩伿冒、荷包豆烩伿冒、鲜菱角爆伿冒、鸡腰烩伿冒、兔丁爆伿冒、伿冒汤爆肚、清蒸伿冒、伿冒云腿汤、伿冒鸽蛋汤、伿冒玻璃鸡片汤……菜谱达数十种之多，可称鸡伿大席。

汪曾祺曾称赞"菌中之王是鸡伿，味道鲜浓，无可方比""可以说这是植物鸡，味正似当年的肥母鸡。但鸡肉粗，有丝，而鸡伿则极细腻丰腴，且鸡无此一种特殊的菌子香气"。虽然"鸡伿是名贵的山珍"，但当年"并不真的贵得惊人。一盘红烧鸡伿的价钱和一碗黄焖鸡不相上下"（《昆明的雨》《昆明食菌》）。旅居外地的昆明游子，思乡之时，也常吟"云南珍品忆鸡伿"。清代昆明举人赵元祚远在浙江做官，却忘不了家乡的鸡伿，赋《怀滇中诸友》诗曰：

几番春事已阑珊，梦里痴人尚未还。
听熟筝琶思白雪，离多花鸟忆青山。
鸡伿雨长琅玕蕊，蚕豆风翻蝴蝶斑。
细细敲诗还煮字，十分清兴让君闲。

真是乡思乡愁，乡菌系之。

○干巴菌

昆明的另一大"神菌"是干巴菌，因形似昆明一种叫"干巴"的腌牛肉得名。

干巴菌的"形"与"味"反差极大。罗养儒在《纪我所知集》（《云南掌故》）中称其形状粗劣，而"味殊清甜，且有香气"。汪曾祺写得更直白，说它"颜色紫褐，不成模样""像一个被踩破的马蜂窝，颜色如半干牛粪，乱七八糟，当中还夹杂了许多松毛、草茎""乍一看那样子，真叫人怀疑：这种东西也能吃？！"

不过，在昆明人眼中，黑色的干巴菌如同一幅水墨画，白中嵌墨，墨中见绿，浓淡得宜，极雅极美，其余牛肝、虎掌之类，在它面前都显得平庸而俗气。干巴菌生长在松树林中，濡染松风松露，嵌入松针腐叶，自有一种奇香，但清捡费事，清洗也难。洗不净则有杂物杂味，洗得太净则鲜香打折——这是老天专门安排给慵懒闲适的昆明人来做的，也只有慵懒闲适的昆明人能把这个技术活儿做到极致。

这样，干巴菌吃起来就不一样了。汪曾祺说，干巴菌"择起来很费事"，但"收拾干净了，撕成蟹腿状的小片，加青辣椒同炒""入口细嚼，半天说不出话来。只觉得：世界上还有这么好吃的东西？"其中兼有"陈年宣威火腿香味、宁波曹白鱼鲞香味、苏州凤鸡香味、南京鸭胗肝香味，且杂有松毛的清香气味""一箸入口，酒兴顿涨，饭量猛升，这真是人间至味"、"菌中之王"。他认为此菌"中吃不中看"，是"菌子里味道最深刻、样子最难看的"，但"味道最为隽永深长"，成为当年汪曾祺的至爱，并有顺口溜称："人间至味干巴菌，世上馋人大学生"（《七载云烟》《昆明的雨》）。

干巴菌香味芳醇、肉质脆嫩，吃法不少。汪曾祺记述了一种："干巴菌晾干，与辣椒同腌，可久藏，味与鲜时无异。"此外，干巴菌还可炒、可炸、可干煸等，荤素皆佳，如青椒干巴菌、鸡丝炒干巴菌等，若以宣威火腿煸炒，更是鲜香浓郁，滋味醇厚，为佐酒下饭珍品。

○蕨菜

昆明人餐桌上的"龙爪菜"历史最为久远。所谓"龙爪菜"，就是蕨菜，昆明人又称"蕨蕨菜"，颇有亲切感。早在春秋时期的《诗经》中就有记载，其《国风·召南·草虫》有句"陟彼南山，言采其蕨"，此中之"蕨"说的就是山蕨。相传古代西周灭了商朝，贵族伯夷、叔齐"义不食周粟"，隐居首阳山"采薇而食之"（《史记·伯夷列传》）。有人认为，那"薇"也是山蕨的一种，不知依据所在。但薇和蕨同属野菜，古已有之，为贫苦者所常食。明人顾炎武《复庵记》中有句："知君秉性甘薇蕨，暇日相思还杖藜"。可见这龙爪菜之古老，历史之悠久。

早年不少蔬菜经滇池运到大观河边交易

虽然只是一种山毛野菜，但蕨菜入口软嫩、清香味浓、富于营养，有"山菜王"之誉，谓之山珍可也。其分水蕨和山蕨两种，山蕨略有涩味，做菜前要用开水漂过，炒菜时佐料要多放一些。如今昆明食馆和居家菜谱上总会有一个"酱爆龙爪菜"，做的就是蕨菜。蕨菜还可以用来做卤饵𬳽，也是美味。昆明民间有民歌唱道：

远方客人进城来，昆明山中有蕨菜。

若是山珍不爽口，好吃不过卤饵𬳽。

○ "花菜"

　　昆明多花，不但可供观赏，还可供食用。昆明名花杜鹃、百合、玉兰都是常见"花菜"。

　　昆明民间吃得最多的是杜鹃花。云南杜鹃花极多，清代学者檀萃的《滇海虞衡志》称"杜鹃花满滇山"，花林数十里，花高好几丈，红云夹路，疑入紫霄，整整一天还走不出杜鹃花林。檀萃感叹道，如此奇花，被抛弃在蛮夷之地，被砍去做烧柴，"何其不幸也"。如果檀萃知道杜鹃花还是昆明人餐桌上的一道"花菜"，不知还会如何感叹。

　　每到农历四五月间，昆明"满城开遍杜鹃花"（清·师范《杜鹃花》），城乡菜市总有大白花杜鹃出售，成筐成担，沿街叫卖。市民称斤买回，先用沸水烫煮几分钟，再入冷水浸泡三数日，漂除涩味，然后炒食，也可以和蚕豆米、火腿一起煮汤，都是美味。据说此花有鸡肉之味，而清香还在鸡肉之上。能如此做菜的还有锈叶杜鹃、粗柄杜鹃、厚叶杜鹃等。此外还有荷花，烹调方法和大白花杜鹃差不多。

　　严格地说，杜鹃花微毒，如果不煮沸浸泡，不但吃来苦涩，吃多了还有可能中毒，但昆明人靠山吃山，总是"宁可眼睛瞎，莫把嘴放塌"，只要处理好，这些口福是绝不能放过的。

　　玉兰是昆明名花，花瓣敦厚、脆嫩、清香，洗净后入沸水稍煮一下，又用凉水漂去涩味，然后和蒸扒的五花肉丁一起下锅烧制，再用小粉勾芡就成了。这道菜，肉质鲜嫩，如樱桃色红酸甜，有玉兰花香沁人，叫作"樱桃肉烧玉兰"。玉兰花洗净后，还可以多裹面粉、白糖调糊，油煎之后，便成玉兰饼，极香嫩可口；如果用玉兰花瓣糖渍，又可做成上乘的蜜饯，别具风味。

　　百合是昆明人宴席上必不可少的八宝饭中之一宝，用的是百合的鳞茎。百合鳞茎可以蒸煮为食，也可以捣制成粉调食，还可以加冰糖蒸水做成夏季清凉饮料。昆明人有个偏方，用百合鳞片拌蜂糖蒸食，可润肺止咳、清火散热、补中益气，不仅好吃，还可治气管炎，效果很不错。

进城摆摊卖菜的农夫

昆明人吃玫瑰也很有特点，用玫瑰花酿成玫瑰糖，顿添异香，用来做包子馅、饼馅，做木瓜水、米凉虾配料，都有画龙点睛之用。玫瑰糖还可以用来制作大头菜，号称玫瑰大头菜，吃来玫瑰香扑鼻，成为昆明特产。近年兴起的鲜花饼，"花料"也是玫瑰。早年昆明人用玫瑰酿成著名的玫瑰酒、玫瑰升酒，玫瑰重升酒，看来清亮透明，喝来满口异香，也是名品。

此外，昆明人还吃棠梨花、苦刺花、金雀花、银雀花、石榴花、核桃花、棕榈花、芭蕉花、三七花、芋头花、南瓜花等等。如金雀花入药可滋阴和血，健脾散瘀，做菜时先摘去花蒂，然后漂洗，挤干水倒进鸡蛋清拌匀，再慢慢地放进烧开的汤锅里，成片状后起锅，撒上熟云腿末就做成了。这道菜白中泛黄，花香袭人，鲜美可口，正是昆明名菜——鸡茸金雀花。

〇 以粮为菜的炒苞谷

苞谷在北方是粮食，而在昆明还可以做菜，而且美味。这让许多外地人大出意料。但吃过的都想再吃，而且回到老家还依样画葫芦，自己下厨做这道"昆明菜"。

汪曾祺说："炒苞谷只有昆明有。每年北京嫩玉米上市，我都买一些回来，抠出玉米粒加瘦肉末炒了吃。有亲戚朋友来，觉得很奇怪：'玉米能做菜？'尝了两筷子，都说'好吃'。"另有联大同学也做炒苞谷，但做得不怎么样，汪曾祺对他说："你这样的炒苞谷，能把昆明人气死！"（《昆明菜》）

尽管不少人都认为苞谷是舶来品，但仍有学者坚持苞谷出自云南，果真如此，昆明人擅长吃苞谷，擅长炒苞谷，就不足为奇了。

〇 "辣不怕"的"冲菜"

昆明人很有特点的一道小菜叫"冲菜"，用芥菜薹或青菜薹做成，或凉拌、或炒食，看上去青翠，吃起来香爽，闻起来可不得了，那辣味能冲得你直淌眼泪，呛得你直打喷嚏，因此又得名"冲菜"和"呛菜"，还有叫"辣菜"的。

制作冲菜要头一天就动手。把切好的芥菜薹或青菜薹或油菜薹用干锅炒至半熟，腾干水汽，装进大土碗，乘热压紧，立刻捂上新鲜的青菜叶，再扣上大碗，要注意密封，不能跑气。经过几个小时的发酵，揭开菜叶，一般辣味会呛得人喷嚏连连，涕泪交加。此前大人会把感冒鼻塞的娃娃叫来一旁，碗一揭就凑到娃娃鼻子前，把娃娃呛得嚏喷连连，鼻塞马上就通了。

早年穿心古楼附近的米厂心菜市场

有的昆明人还怕冲菜不辣,延长捂盖、发酵时间,更在里面加上辣椒、花椒、盐巴,做成凉拌菜吃,这菜就更"冲"了。反过来,如果怕辛辣气太重,就少捂一阵,揭开后下锅再炒一下,散掉一些辣味再上桌。无论凉拌还是小炒,冲菜都香辣爽口,让人胃口大开,成为昆明冬春季的一道特色小菜。

○滇池打鱼和昆明"海味"

早年大观河边的水上人家

大观河上纯朴的渔民

昆明水产最多的是滇池,早年常见的水产品以鱼类为主,其中最多的是鲤鱼,还有白鱼、金线鱼、鳝鱼、鲇鱼、鲫鱼、黑鱼、鲢鱼、细鳞鱼、红鱼、花鱼、海鳅、鱼䱵头、马鱼等,还有小虾、螺蛳、海菜、藻类、小蟹、龟、鳖、甲鱼、娃娃鱼等。到20世纪中期,滇池每年的水产量约为300多吨。旧时滇池虾的捕捞量不多,除少数鲜虾上市,大都晒干后卖干虾。螃蟹都很小,多不拿来上餐桌,而是给娃娃们当活玩具。昆明爱吃鳅鱼、鳝鱼,但滇池出产不多,多半要从外地输入。

旧时在滇池从事渔业的大小船舶约有三百多艘。使用的渔具主要是渔网,有用麻丝织成的篓网、麻遮线笼、线花篮、线网、丝网、撒网、挟网,还有竹制的篾笼子、篾花篮等。此外还有用罾网和水老鸹(水乌鸦)来捕鱼的。昆明城内外是滇池渔产最大的市场,其次是沿湖各县的县城。早年昆明附近的草海上,渔船穿梭来往,打得鱼后,装在木盆里,沿着大观河划到篆塘,有的在船边就出售了,有的直接挑到菜市上出售,还有的卖给鱼贩子,鱼贩子再拿到城内市场上销售。昆明市场上售卖的主要是鲜鱼,也有腌鱼,主要是腌白鱼,还有旺季捕得太多一时卖不出去而腌制的其他鱼。(参见民国《昆明市志》《续云南通志长编》等)

早年草海船民的晚餐

昆明有三大"名鱼":"一为黑鱼,亦称乌鱼;二为王宝海所产之元宝鱼;三为昆池所产之金线鱼。"此中"元宝鱼所产无多",市面上极少见到。乌鱼和金线鱼较多,"味甚鲜美",被誉为"上品",价格自然也高得多。其中"黑鱼(乌鱼)去皮炒之,金线鱼和豆豉蒸之,更别具异味"(见民国《昆明市志》)。

○ "海味"金线鱼

滇池金线鱼自古有名,与抚仙湖鱇浪鱼、洱海弓鱼并称"云南三大名鱼"。昆明人称滇池为"滇海",则金线鱼又是昆明的一大"海味"了。

民国初期的《昆明市志》称:滇池金线洞所产金线鱼"生殖较繁,味甚鲜美,人恒称为上品,价值亦较他种鱼类为昂。"近代《新纂云南通志》也提到了金线鱼,说滇池鱼类不少,而以金线鱼最著名,其"金色细鳞,侧线明显","长不盈尺,肉多刺少,质亦细腻,为滇池珍品"。

金线鱼头小,长不盈尺,小口细鳞,脊背上拱,鱼鳞细腻,鱼肉厚嫩,味美异常。因其常年生长在洞中,见不到阳光,鱼眼逐渐退化,鱼体呈半透明状。明崇祯十一年(1638年),徐霞客游历到昆明,就在昆明的城西太华山(今西山)脚下见到过金线鱼。那天,徐霞客跋山涉水,游过太华寺、罗汉寺(今天的三清阁),从又陡又窄的小路下山,下到西山脚下今天的龙门村附近,找到了金线泉。泉水从西山腹部山洞穿出,外面分为三道石门,每道门只有瓦盆那么大,中间是空洞,但全是倾斜的巨石,不能进去。泉水从石门流出,分别注入滇池。滇池中有小鱼溯流进入洞中,

滇池边的渔家娃娃

名叫金线鱼。金线鱼长不超过四寸,首尾之间有一缕金线,鱼味鲜美,堪称"滇池珍味"(《徐霞客游记·游太华山记》)。清道光年间的《昆明县志》也有一段记载,说太华山下有金线泉,泉水从山洞里流出,注入滇池。滇池中有小鱼溯流游入洞中,叫"金线鱼"。此鱼长约四寸,鱼肚肉厚,首尾嵌有一条金线,是"滇池佳品"。

金线鱼鳞细、肉厚而细嫩,其味之鲜美,为鱼中之冠。徐霞客称金线鱼为"滇池珍味",看来他也品尝过这道昆明"海鲜"。金线鱼吃法有四种:按清代《滇中琐记》所记,煮金线鱼而用金线鱼生活其中的泉水来煮,煮到油膏浮出汤面,"味极鲜美";另据民国《昆明市志》,"金线鱼和豆豉蒸之,更别具异味";如今的吃法可以油煎,然后撒上花椒末、细盐,这样做出来的鱼皮脆而肉嫩;还可以配上鸡蛋清和云腿小片清蒸,这样做出来的鱼色彩鲜艳,味道鲜美。

○清代"贡鱼"和"私鱼"

金线鱼产于滇池,却不是整个滇池都有。相传金线鱼多集中在两个地方:一处就是徐霞客考察过的西山龙门村金线泉,面积只有六七平方米;另一处在晋宁区牛恋乡西南湖岸的岩石洞下。据《新纂云南通志·物产考》所记,晋宁牛恋乡金钱洞所出金线鱼品味最佳,昆明城附近罗茨、嵩明、寻甸和易门大、小龙泉也出金线鱼,"但不可多得"。

谈到金线鱼的鱼性、鱼味、鱼的身价,清代文人师范曾写了一首《昆明池金线鱼》云:

欲泛昆明海,先问金线洞。
洞水深且甘,嘉鱼果谁纵。
罟师向予言:秋风昨夜动,
内腴体外热,衔尾游石空。
本畅清凉怀,转作羹胔用。
或应上官需,或诣高门送。
我时获一二,不减熊蹯重。
那羡瑶池仙,烹鳞渝紫凤。

产非太避远，拟向天庭贡。

置之滦鲫前，坐看尹邢哄。

诗中的"罟师"指撒网的人，就是渔人。这渔人告诉到金线洞游玩的师范说，秋天到来的时候，金线洞里十分闷热，金线鱼耐受不住，往往会游到洞外"乘凉"。遇到秋雨连绵、秋风阵阵之时，金线鱼更是成群结队地游出洞外，此时撒网，总会有收获。但每天最多只能捕到五六斤，要先进贡给北京的皇帝，还有"上官""高门"要用，即使是师范这样的官宦文人，也只能"时获一二"，贵重如熊掌。金线鱼被贡献到宫中，宠妃们都争相品尝，至于普通百姓，就只能望"鱼"兴叹了。

秋收后的大观河渔村

清末民初，昆明城里卖鱼，就数滇池的金线鱼最抢手，价格也高，无论大小，三文铜钱一条。加上当时的官吏倚仗权势，巧取豪夺，许多渔民不敢进城卖金钱鱼，平民百姓想尝尝这种滇池水鲜，只好跑到滇池湖边，先把钱付给渔民，等他们打到了鱼又"提货"（清 杨琼《滇中琐记》）。这在当时叫"私购"，金线鱼的珍贵，可想而知。

○传说金线鱼

金线鱼最奇妙的地方，就是鱼身两边各有一条金黄色的线，晶明透亮，闪闪发光。清末民初邓川人杨琼《滇中琐记》说金线鱼大仅三四寸，身体修长，鱼鳞细致，脊上有一条金线，金线鱼由此得名，也由此出了名。

鱼的身上为什么会有金线？滇池南岸的晋宁传说，早年那里有一个靠叉鱼为生的人，一天从早上到下午都没叉到一条鱼，饿得头昏眼花，多亏一个过路人把自己的绿豆稀饭分了一半给他，他才挺了过来。那个过路人还告诉他，傍晚时分到岩脚底出水洞前就可以叉到鱼，只是千万别叉领头的那条大鱼。他来到出水洞前，正好游出一大群鱼，领头的鱼又大又肥，他高兴得忘记了过路人的话，马上用鱼叉叉过去，鱼肚子被叉破，冒出许多绿豆稀饭，他才后悔莫及。从此，这些鱼身上被鱼叉叉过的地方就留下了两条金线，大鱼也从此不见了。

由于过度捕捞和滇池的污染，金线鱼一度在滇池消失。随着滇池治理，近年才又重新出现。昆明民间传说，滇池边一个村庄里住着两兄弟，秋天月明水清时，弟

大观河边的渔家草屋

弟发现湖边沙滩上有十几个白衣娃娃在滚铁环。见他们玩得高兴，弟弟不觉"啊"地叫了一声，娃娃们把铁环套在身上，跳进湖里，化为金线鱼游走了。有一个娃娃忘了套铁环就跳进水里游走，弟弟拾起铁环一看，原来是个金环。贪心的哥哥知道了，骗走了弟弟的金环，又在下一个月明湖静之时，找到那些滚铁环的白衣娃娃，把他们全赶到崖下，想抢走他们的金环。不料娃娃们落水后又化为鱼，金环也重新变成鱼身上的金线。金线鱼逃离滇池时留给弟弟一句话："等到海晏河清的那一天，我们再回来。"

○滇池神鱼名虾

据说早在三国时，威震中原的曹操就爱上了昆明滇池的鲫鱼。明万历年间的《滇略》引魏武帝曹操的《四时食制》说："滇池鲫鱼，至冬极美。"作者也弄不明白："曹操没到过云南，怎么知道滇池鲫鱼的味道极美？大概也是从传闻得知的吧。"直到明代，昆明最好的鲫鱼是滇池冬月（农历十一月）捕捞出来的，此时鲫鱼肚里有长达六七寸的脂肉，形状如同白面，烹调以后，味道特别甘美。当年长住高峣的杨慎也说："滇池鲫鱼以冬月的最好，这时鱼肚里有洁白的脂肉，叫作'水母线'，北方来的客人乍吃此鱼，还以为是面条。"明代《大理府志》称："洱河鲫，美魏武。"意思是曹操盛赞的鲫鱼出自洱海。《滇略》的作者谢肇淛则说："滇池鲫鱼自有美味之处，不在洱海鲫鱼之下。"

明代传说滇池有两种神鱼：一种叫发鱼，在明天启《滇志》中叫"白发鱼"，此鱼头披白发，全身无鳞，又白又肥，如同妇人一般，出产于滇池。在明万历《滇略》中，此鱼又叫"发鱼"，称此鱼有头发，形如妇人，产于滇池，"肥白无鳞"；另一种叫竹头鲜，又叫"竹丁"，滇池多有出产，做成鱼酱下酒，口有余香。如此神鱼，明万历年间的云南右参政谢肇淛也说"今未见之"。一说"竹丁"就是丁鱼，待考。

据清人檀萃的《滇海虞衡志》记载，除顶级的金线鱼外，上得了官府正式筵席和高级酒席的滇池"海鲜"还有不少。如"滇池多乌鱼"，将乌鱼去皮，切片爆炒，肉极白嫩，是清代官宴上的一道大菜。民国初期的《昆明市志》也说，乌鱼"去皮切片炒"是昆明一大美味。近代《新纂云南通志》称乌鱼"体色苍黑"，又叫黑鱼，"为食用美品"。在当时昆明城里的菜馆和筵席上，都可以见到剥皮爆炒的乌鱼片，"极白鲜嫩"，但可惜有小小的鱼刺，是美中不足之处。乌鱼片还另有一种做法，见之汪曾祺的《昆明菜》，那是20世纪40年代昆明护国路食馆东月楼的一道名菜：现杀乌鱼，旋批鱼片，两片夹一片宣威火腿，那火腿须兼肥带瘦，在平底锅上以文火烙成，不加任何佐料，"鲜嫩香美，不可名状"。

渔家儿女乐在打鱼捞虾

昆明人爱吃乌鱼，还有一个理由，就是乌鱼"命大"——生命力超强。就是开完膛破完肚，乌鱼常常还会猛地蹦得老高。吃乌鱼而让其超强生命力附身，是餐桌上的一种不是迷信的迷信。

《滇海虞衡志》说滇池草多，草鱼也多，有黑白两种，"极明透"，早先滇人置之不食，"食之者见笑"。后来檀萃和友人用草鱼烧汤吃，其味"甚美"，而"草鱼从此贵矣"。可惜"檀氏草鱼汤"没有流传下来，不然，也有可能成为一道有历史、有文化的昆明鱼菜。

《滇海虞衡志》还说"滇池多藻"，又出细虾，渔民捞起来晒干，拿到市场出售。当时昆明渔民对斤斤两两还分不清，干虾论筐卖，一筐要100文制钱。滇池当时还出产大虾，长达数寸，其味极鲜，官府常常强迫索取，渔民打得大虾，都悄悄藏起来，又悄悄卖出去，叫作"私市"。

此外，昆明还出产一种"三尾鱼"，其"形状奇离"，兼有金、白、黑、花各色。这鱼不是拿来吃的，昆明人总是把它养在鱼缸里，"以供观玩焉"（民国《昆明市志》）。

至于滇池的"粪草"，如水藻之类，早先会被渔民捞起来做成饼状晒干，每块重五六斤，是很好的氮肥，可以用来肥田，被农民称为"海粪"，很受欢迎。旧时还有"海粪"专业户，在滇池中捞取海藻，制成"海粪"出售，以此谋生（民国《续云南通志长编》）。

○"海""河""潭"奇鱼

　　鳝鱼古称黄师鱼，昆明人称黄鳝，自古就是本地餐桌上的家常菜，而且有很浓的神秘色彩。清人檀萃在《滇海虞衡志》中说："滇池多黄师鱼，亦鲜美"，又说这黄师鱼是周代秋天祭祀宗庙的神物，古人把它捉来充当巫师，其能发声祭天。更早的《山海经》则说此鱼不能吃，"食之杀人"——会被骨头鲠死。由于黄鳝入菜后口味滑腻，不少昆明人至今认为，吃了黄鳝生意会脱手，经商者忌食。

　　檀萃还听说"滇池产海参"，这海参是大海咸水动物，而竟然出于滇池湖中，有点不可思议。但《滇海虞衡志》中写得清清楚楚，这滇池海参"长大白色，味美"，也是当时官府筵席上等珍品之一，常常通过向渔民强迫索取而获得。于是"每年水涨时，渔人于得胜桥柱下得十数枚"，往往避开官府，悄悄拿到市场上私下出售。海参如何从"海中物"变身"湖中物"再变身"河中物"，值得琢磨。

　　民国《昆明市志》提到昆明王宝海（今宝海公园）所产元宝鱼，也是名品，因为出产不多，市面上都难得一见。

　　昆明北郊黑龙潭里有一种驼背鱼，民国《续修昆明县志》说它"身长似白鱼，脊凸眼红"。《滇海虞衡志》说得更形象，谓其"脊起如蛋，眼如朱砂"。更奇的是，黑龙潭里"鱼种类多"，此鱼会不时出现，但"人不敢犯"是因为此鱼的奇异相貌，还是因为这里有清初投潭而死的薛大观冤魂，不得而知。

　　黑龙潭还有一种"无脊鱼"，传说古时有一屠户，因老婆不守妇道，愤而离家到龙泉观做了道士。后老婆人老珠黄，回心转意，数次请他回家，都被拒绝。老婆心生一计，做了他最爱吃的油炸白鱼送来。道士抽出鱼骨头，表示已经"吃"过，领了女人之情，然后把鱼放到潭里，那鱼竟活了起来。从此，黑龙潭之鱼即全无脊骨，成为"神鱼"。

○滇池蛤、螺、蟹、蚬

　　滇池非鱼类"海鲜"也不少。如清人檀萃在《滇海虞衡志》中所记"滇池四时皆有"的田鸡，当时又称蛤，也是官家宴席上的一道好菜。其中较大的称石蚌，叫声如鸭，又称"土鸭"，其后腿壮如笋鸡，性纯阳，"大补衰损"。据说天天食用此蚌，可以医治痨病——肺结核。

　　滇池的螃蟹也是一大"海鲜"。《滇海虞衡志》说它的价钱很便宜，一个也就一文制钱，但经过大厨之手，仔细将蟹肉挑出，做成蟹汤，就成了昆明达官贵人宴席上的一道佳肴。

滇池还出产蚬，民间叫"歪儿歪儿"，早先昆明人不吃，后来学着江浙人用来做汤。当年滇池"歪儿歪儿"不少，小孩下水摸到几个，就先把它踩到湖底泥中，再潜水捞出，半天可得几大筲箕。民国《新纂云南通志》称此湖蚬"嫩美，煮食味佳"。

滇池盛产螺蛳，民国《昆明市志》称，早年渔民在滇池捕捞的螺蛳特别多，总可以见到一只只渔船装满螺蛳，划到篆塘河边，敲去螺壳，取出螺肉洗干净，再拿到菜市上出售，每天入市的鲜螺蛳肉数量很大。

大观河奋力行船的渔民

早年的篆塘码头是滇池水产品的物流中心

昆明城南有螺蛳湾，早年是滇池湖湾，在附近挖地数尺，就可见大量螺壳，旁则泉涌如注，檀萃认为这是昆明人几百年间吃螺蛳留下来的，可见昆明食螺历史之悠久。他在《滇海虞衡志》中说，小贩们将螺蛳肉取出，早晚挑到昆明，沿街叫卖。卖时拌上碎姜、辣油，人们争相购买，现买现吃，一下子就卖光了。还有人把螺黄挑出来做汤，这更是一种"天下所未有"的吃法，成为"天下所未有"的美味。当年翠湖边有个姓曹的人还靠螺蛳肉成名，被称为"曹螺蛳"。

罗养儒在《纪我所知集》（《云南掌故》）中也提到了滇池"海螺"的凉拌吃法。这些螺蛳形体不大，"壳圆而长，有旋而癞，干则色白"，掏出螺肉收拾干净后，"配以芝麻酱、甜酱、芫荽、蒜泥等，入口脆而且滑，复饶有滋味"，昆明人特别喜欢吃。至于螺黄，"入于荤汤内，加韭菜而烩之，可供酒席上用"。

清人张咏在《云南风土记》记录了滇中吃螺的另一种方法：用大针刺穿螺蛳口，就会流出白浆。把白浆"沥入沸汤"，烫成"匀圆莹洁"的小浆团，再"调入羹汤"，其味"鲜美异常"。但不能煮久，否则会"失其脆嫩"。

○滇池"海菜花"

早年在草海捞海菜花的小渔船

早年滇池还盛产海菜花，那是中国独有的沉水植物，还是老昆明人桌上的一道"海味"佳肴。

海菜花的名称不少，又叫水白菜、海花菜、海茄子、水青菜、水莴苣等。清道光年间的云南巡抚吴其濬写过一本《植物名实图考》，就说"海菜，生云南水中"，有"长茎长叶""皆藏水内""十数花同一苞，花开则出于水面""黄蕊素萼，照耀涟漪"。白花开过，会结几个尖角，"弯翘如龙爪，故又名龙爪菜"。人们常把海菜茎采来"炸食"。如今这种吃法几无踪迹，而多用其茎其苞烧汤，即地方志书所记谓"可瀹而食"，也可以炒吃，多要搭上芋头，更绵软滑润、鲜甜美味。高原气候干燥，喝几碗海菜汤，不仅可口，还可清热降燥，有养身之效。昆明人吃海菜花还另有特点，多会加盐、辣料、米粉等做成咸菜，叫作海菜酢，用来下饭，鲜脆爽口，还有人腌制海菜，拿到菜市出售（民国《续云南通志长编》）。

海菜花多生长在湖泊、池塘、沟渠和深水田中，早年的滇池就盛产海菜花。海菜花对生长条件要求苛刻，对水质很敏感，只能生长在纯净清澈的水中，如果水质稍有污染，水田施过化肥，就会受影响甚至死亡，被称为"富贵菜"。凡有海菜花之水，必有好水质，海菜花由此又称"环保菜"。如今海菜花已在滇池销声匿迹，成为"中国独有的珍稀濒危水生植物"，仅在一些龙潭、泉水中，还可以见到它的踪迹，老昆明的童谣已经远去：

海菜花，开白花，
爱洗澡的小娃娃。
清清的水，不带泥也不带沙，
滇池就是海菜的家。

小吃："周饵"古韵

有人以"五小"为昆明小吃立传：小本经营、小量消费、小价出售、小百姓喜爱、小城特色——为名副其实的小吃。昆明本为市井小城，市民"多半以开店或摆小摊为业，专售日常需用的物品"，"业之者须十分小心，勤谨谦和，始可维持永久"（《中华全国风俗志》）。历史上昆明人"相尚以质朴"（明万历《云南通志》），"性甘俭约""撙节爱惜"，甚至不得不"以银钱为命，锱铢之细，视若切肤"（清《张允随奏稿》）。老昆明人早上要吃早点，下午要吃"晌午"，晚上还要吃宵夜，于是小吃不能不发达。

一说小吃本为乡间农忙时的方便食品。其饭菜合一：既是饭，又是菜；既糊嘴，又饱肚；既有味，又快捷，为农忙时节吃得"多快好省"的杰作。又说小吃源于古代军队出征时携带的干粮。在《周礼》中，就记录了军粮"饵"，是一种又小又薄的块状饼类食物。西汉《急就篇》中的"饵"被注为"溲米面蒸则为饵"。东汉《说文解字》释"饵"为"粉饼"，"饵之言坚若玉珥也"。有学者认为，这个"玉饵"就是如今昆明小吃之一的饵块，则饵块可称"周饵"，而昆明的另外两个重要小吃米线和卷粉，包括包子、馒头、粑粑之类，都从"溲米面蒸"的"周饵"流变而来。这样，"周饵"大全，就不能不在昆明了。清代云南学者师范记录当时滇中民间食物，"多糅杂而成缕，切饼饵而暴之，其乱如蓬，曰'蓬饵'"，即如今的干饵丝；又"磨蒟蒻而浇之，曰'鬼药'"，今称魔芋豆腐；还有"熟糯粉和芋为泥而膏沃之，缀以米糁，曰'饧枝'"，似为今之糕饼；至于"浓煎乳酪而揭之，曰'乳线'"，今称乳饼；更有"糅糯及山药圆而炸之如荔，曰'粉荔'"，如今之油炸面果（《滇系》）。所有这些，大都可以列入"周饵余韵"之列。

饵块、米线和卷粉同为"周饵"余韵，制作的原料都差不多，"不同之点实在是在感觉上。米线松软，滋味易入。卷粉稍有韧性，卷成的卷儿煮开了便如宽面条儿。饵块最难嚼，可是也就是爱吃它那股子硬劲，觉得这才有个嚼头儿。另有一种饵丝，做就的丝，细得很，偏有饵块硬"（鹿桥《未央歌》）！

○ "云南十八怪，粑粑叫饵𬡞"

"饵𬡞"是云南特产，外地人没见过，就说"云南十八怪，粑粑叫饵𬡞"。老昆明人以山歌答道：

远方客人莫奇怪，昆明粑粑叫饵𬡞。

圆圆月亮炉上摆，饵𬡞本是天上来。

据学者考证，这个饵𬡞并非"天上来"，而是自"周朝来"——从"周饵"而来。

清乾隆年间，山东曲阜人桂馥到云南做官，也探讨了一番"饵𬡞"的来历，有昆明人告诉他，因为街头烧饵𬡞的形状像野兽的耳朵，所以叫"饵𬡞"。桂馥一查《周礼》，其中有"饵"，是糕饼之类的干粮，又说"合蒸曰'馈'"，饵𬡞正好是用粳米和糯米蒸舂制成的，所以饵𬡞应该叫"饵馈"而非"饵𬡞"。这位桂馥说得有根有据，《周礼》是儒家"十三经"之一，记的是两三千年前的西周礼制，如果要"克己复礼"，这"饵𬡞"非改为"饵馈"不可。只是桂馥在云南做的官不大，只是个永平知县，若是做到总督、巡抚之类，难说昆明人今天就只有"饵馈"而没有"饵𬡞"了。云南也会少了一怪，岂不可惜？

后来又有人据《周礼》考证，认为当时的"饵"是又小又薄的块状饼类食物，是当时军队出征携带的干粮。还有人在不少古书淘出这个"饵"字，在孔丘编定的《礼记》中有"饵"，还有一条注解，认为这个"饵"就是"筋腱"；西汉《急就篇》中的"饵"下面也有注解，认为泡米舂成面再蒸熟就是"饵"。东汉《说文解字》说"饵"就是"粉饼"，意思是这粉饼"坚若玉珥"。这些"饵"貌似为米糕之类，但保留了稻米原有的筋芡，而且"坚若玉珥"，应该是一种特殊的米糕，即用米饭舂捣制成的食品，也就是如今昆明的饵𬡞。

从"周饵"发展而来，3000年的历史可谓不短，饵𬡞也真算是文物级食品了。

○ 从"军粮"到"民粮"

有学者认为，周代以后，"饵"食有了不同变化。北方多产小麦，饵食发展为麦饼、馒头、面条之类的主食，而在南方，饵食流变为糍粑、年糕之类，退居副食之位。宋代诗人苏轼有"春畦雨过罗纨腻，夏垅风来饼饵香"（《南园》）的诗句，可见到了宋代，中原的饵和饼还是同类食物。但真正的"周饵"仍然仅在军中作为干粮，一直留存下来，并由明初征滇大军带进昆明，和屯田军士一起落籍云南，经历了"军"

转"民"的过程之后，成为今天的饵块。当"饵"在内地消失后，封闭在云南的"饵"就成了特产，在美食界大出风头。

另一种说法是，饵块是云南本土彝族的传统食品。内地汉族进入昆明，看见本地人吃的饵块味道好，又经久不坏，也觉得奇怪，后来入乡随俗，跟着吃，学着做，饵块就成了云南各族群众共同的食品。早在清代，昆明人黄丹崖就有《竹枝词》唱道：

早年昆明东郊集市上的小吃摊

时近年节且上街，近日楼前买红梅。
瞥见子间兜裙屣，上市传呼饵块来。

这里说的是当时近日楼前"年货街"的情景，有卖花的，也有卖食品的，而叫得最响的就是饵块。词中的"子间"是官渡的一个地名，以产饵块著称。有人考证，这个"子间"就是"子君"，是彝族的一个支系的名称，官渡至今有子君村。官渡饵块为云南极品，质量特好，口感特佳。

罗养儒在《纪我所知集》(《云南掌故》)中也说，昆明附近的彝族撒尼人用他们的特产稻米舂粑粑、舂饵块，拿到城里出售。撒尼人所做米面粑粑"由二十里路外背入城来，温热可食，尤细润极，有谷米真味"，而"饵块亦舂得好，食馆极重之"。昆明好饵块均出自彝家之手，或许与"祖传秘籍"有关，值得探讨。

○官渡饵块：踩碓"团颗米"

昆明饵块佳品出在城郊的官渡，有"官渡饵块"之称。其洁白细腻、清香软糯、滑润爽口，为滇中之最。早在清代，春节前官渡饵块一上市，常常就被抢购一空。官渡饵块成功的底气有三：一是米，二是水，三是工艺。

制作饵块的原料是大米，这米品质至关重要，要有香味、有黏性。当年的首选是"团颗米"中的"麻早"品种，其次有"老来黄""黄牛尾""里子红"等。如果用"长颗米"，饵块味道就差劲了。

煮饵块米的水必须无碱性，而以宝象河的长流水最佳。如果河水发浑，要挑回来倒在水缸里，加豆面搅拌澄清后再使用。如果要用井水，只能用螺峰村的大井水和后来官渡小学的井水。

汪曾祺爱吃昆明的饵块，但是他到头来也没想通："有一个做饵块的作坊，我去看过工人做饵块，小枕头大的那么一坨，不知道怎么竟能蒸熟。"（《白马庙》）须知饵块不是做好才蒸的，而是蒸好才舂制而成的。

"舂饵块"又叫"踩碓"，这是个力气活儿。舂饵块用的是砂石碓窝，槐木碓身和碓翼，还有杉木或桑木碓嘴。木碓棒头又大又沉，吊在舂房里的门形架上，八个壮汉拉着从顶棚垂下来的绳子，用脚把棒尾蹬到齐大腿深的凹槽里，那边棒头高高扬起，等在一边的妇女连忙把蒸熟的新米饭倒进石臼，这边众汉子放脚，棒头落下，这叫一"脚"。熟饭倒入碓窝后，要先轻舂20"脚"，接着才"重舂"，一般要舂70多"脚"，才舂得出好饵块来。过年前为了赶制饵块上市，

昆明南郊官渡村出产的饵块至今有名

往往要两班轮换，昼夜不停，赶舂饵块。

最后一道工序是"揉"。饵块制作讲究揉功。将舂好的饭团取出后一分为二，分由两人揉制，先揉成球形，再揉成圆条形，最后成筒，一筒重约两斤，揉制完成，要在饵块上加盖坊主私章，以便认清好坏，以示负责，维护信誉。

如今舂制饵块多用机器，自然无须如此费力，但就不如"踩"出来的饵块那么细腻有劲了。

保存饵块要选择背阴的屋子，先垫上松毛，再把饵块码成一堆，稍加阴干，再泡到水缸里，可放置数月不坏，甚至半年或更长，但须经常换水。即使饵块表面起了少许霉斑，用刀刮去便可，仍然新鲜如常。

官渡人还常常将饵块捏成小松鼠、小白兔、小猫、小狗之类，用高粱壳点上眼睛，拿给娃娃当过年礼物。娃娃舍不得吃，玩上好几天也不会坏。清人戴絅孙有诗曰《家山好》，写的就是饵块：

为忆家山好，城春逼岁华。

镫回榲贴换，饵煮灶烟斜。
白酒开香糯，青松幂晚花。
群芳谁第一，雪意上红茶。

○街头烧饵块："揩酱"很有讲究

人类烹调食物始于烘烤，方法有两个：一是在火上直接烤食物，或者用火灰烘焙食物；一是把食物放在石板、石片上，隔着火烘烤。从这个意义上说，饵块最早的吃法就应该是烤，就是昆明人说的烧饵块。春节之时，昆明人买到筒状饵块，多会将它切成片，放在栗炭火上烤熟，抹上芝麻花生酱和辣子酱，又香、又辣、又甜、又酥、又脆，味道极好。后来为了方便，做饵块时就擀成圆圆的薄片，像个大饼，买来不需刀切，直接放到木炭火上烤就行了，烤到两面发黄、皮脆内软时，再"揩"上甜酱或芝麻花生酱，就是一道美味。昆明街头一年四季都有烧饵块摊，现烤现卖，一般多用它当早点，味美实惠，快捷方便，是名副其实的"饵块"。

烧饵块"揩酱"很有讲究，酱分甜、咸、辣、香等六七种，放在烧饵块摊前。标准"揩酱"法是：第一道"揩"咸酱油，第二道"揩"甜酱油，第三道"揩"辣椒油或甜面酱，第四道"揩"芝麻花生酱。也可按客人要求"揩"，或者干脆让客人自己随意"揩"。如果在烧饵块中夹上一根油条，更喷香回甜，另是一番风味。抗日战争时期，在西南联大读书的汪曾祺在昆明街头见过这样的饵块摊："用一盆炭火，上置铁箅子，将饵块饼摊在箅子上烤，不停地用油纸扇扇着，待饵块起泡发软，用竹片涂上芝麻酱、花生酱、甜酱油、油辣子，对折成半月形，谓之'烧饵块'。入夜之后，街头常见一盆红红的炭火，听到一声悠长的吆唤：'烧饵块！'给不多的钱，一'块'在手，边走边吃，自有一种情趣。"

1958年，邓小平在昆明吃的早点中也有烧饵块。他才咬了一口，就说："好吃，这东西我还是第一次吃，想不到这么好吃。这昆明的小吃也不亚于我们四川的嘛！"

昆明人还爱在烧饵块中间夹上一两片卤牛肉来吃，被称

早年昆明近日楼外的烧饵块摊

为"滇味汉堡包"。有人考证,烧饵块之夹牛肉,源于中国周代"八珍"中的主食"糁",有两千年的历史了——那时候还没有"汉堡",何来"汉堡包"。这样说的依据是儒家经典《礼记·内则》,其中提到"糁"时这样写道:"取牛羊豕之肉,三如一,小切之,与稻米二肉合一,以为饵,煎之。"此中之"饵",就是饵块的前身。

除此之外,饵块还可以切片蒸熟后又"揾"酱吃、切成小块油炸做零嘴吃等,现在已经少见了。

○大锅、小锅煮饵块

人类有了陶器、铜器、铁器后,烹调食物就进化到了第二个阶段:借助于水来蒸、煮、焖食物了。于是,昆明又有了蒸饵块和煮饵块。人类烹调手段再发展,更利用油脂导热,做起了煎、炸、炒、烩食品,昆明的炒饵块、炸饵块、烩(卤)饵块也应运而生。可以说,昆明饵块的种种做法,正是人类烹调食物手段进化全程的一个缩影。

煮饵块是昆明饵块较早的吃法。可以"甜煮"——把饵块切成薄片或细丝,加糖、甜白酒和麻花煮上几分钟就可以吃了。用冰糖煮的叫冰糖饵块,用牛奶煮的叫牛奶饵块等。饵块还可以"咸煮",此"煮"花样更多:高汤用猪排骨或鸡、或鸭熬成,更讲究的是"冒子",多用猪肉或牛肉做成焖肉、扒肉、脆冒、炸酱等,也有用鳝鱼做的。吃的时候先把饵块烫熟,再加一瓢汤、一勺臊子,就是氽肉饵块、清汤饵块或扒肉饵块了,都"快"得可以,全是美食。

更有特点的是小锅煮饵块,做时要先热铜锅,然后放入高汤,汤开后放饵块或饵丝,再烧开后放入肉末、豌豆尖、葱花、咸酱油、甜酱油、辣子油等。肉末煮得变色就可以起锅了,一锅一碗。这"小锅"比"大锅"稍慢,但味道更为浓郁,昆明人各有所爱:急时吃"大锅",不急时吃"小锅",不亦乐乎。

过去文明新街上有家"小只园"餐馆,以鸡㙡、豌豆尖煮饵块闻名,总是座无虚席。清光绪年间昆明进士张学智有诗称:

几人大嚼过屠门,准备年节不断荤。

最喜饵块蔬食处,文明街上小只园。

○"大救驾"炒饵块

饵块在昆明方言中读作"饵快",据说还救过一位皇帝的命,特称"大救驾"。

传说明末清初之时,南明永历帝朱由榔被清军赶出昆明,仓皇逃到边境小城腾冲,饥饿难耐,命当地百姓速献饭食。百姓见皇上饿到这个地步,自然不敢怠慢,取出家中自备的饵块、猪肉切片,配上家常菜番茄、葱白、菠菜、糟辣子,匆匆炒成一大碗饵块,再烧一碗酸菜肉汤端了上来。朱由榔狼吞虎咽,一扫而光,填饱肚子后,长叹一声:"这可真是救了孤的驾了!"就是360年前南明皇帝的这一叹,成就了云南的一个美食品牌:"大救驾"炒饵块。

老昆明街头卖的大锅煮品

腾冲"大救驾"传到昆明,成为昆明名小吃。但昆明也有自己的炒饵块,不是切片而是切丝,再配上鸡肉丝,又按"宫保鸡丁"的套路做出"鸡丝炒饵块",另是一种美味。据说这一"炒",起于清代的咸丰年间,是当时云南巡抚徐之铭的厨师胡某创造的,深得巡抚大人的厚爱。后巡抚大人作恶而不知所终,炒饵块这才走出衙门,传到民间。有人再将饵块切成薄片,划成菱形,另配酸腌菜、云腿片、豌豆尖、韭菜来炒,味道又不一样,为昆明再增一种"好吃场"。

○端仕街卤饵块

在昆明,最有名的饵块美食是小锅卤饵块。这个"卤"是炒后细煮。炒到入味,倒入少量高汤,稍焖即起锅。有汤但汤窄,有味而味醇。云南花灯《游春》中就唱"油漉漉的卤饵块最香"。

昆明卤饵块做得最好、最有名的馆子是端仕街上的"永顺园",过去只要一提"端仕街的卤饵块",昆明无人不晓。"永顺园"老板翟永安是玉溪人,民国初年到昆明谋生,后来到端仕街经营小锅卤饵块、卤米线、卤面,并加罩脆哨、鲜豌豆等,口味极好。传说翟永安早先做的是小锅肉汤煮饵块,有一天刚刚把小锅饵块架到火上,那边官渡街上的饵块坊主正好来收账,翟永安忙着算账付钱,小锅里的汤就快煮干了。翟永安舍不得倒,就自己吃,没想到味道奇特,别有风味——小锅卤饵块就这样产生了。据说早先卤饵块叫"干汤饵块",就是这个原因。又传说某年某日,翟永安在灶上焖饵块,抱着水烟筒在一旁吸烟,竟忘了及时起锅,锅汤几乎熬干,没想到反而进味,揭锅后浓香四溢,入口味道鲜美,昆明从此又得一名小吃。

其实,让翟永安成功的还是一些"笨"功夫。其选料认真,用猪肉首选鲜嫩的小公猪肉,饵块要用官渡冬吊米舂成的饵块,米线要用复兴村纳家榨出来的米线,腌菜要用威远街"丁腌菜"家的腌菜,蔬菜要用张官营的韭菜和豌豆尖,酱油用老家玉溪的上等酱油,炒制的时候,还必用特制铜锅,才有特别的味道。卤饵块的火候、下料先后都有讲究,卤制出来的饵块清亮红润,浓香扑鼻,油而不腻,鲜辣爽口,老少咸宜,早、午、晚堂,无不门庭若市。据说抗战时期,有人特别到此买几碗卤饵块,装进保温瓶,登上飞机直奔香港,让亲朋好友共尝此滇中美食。

○米线:从精米到"精制餐食"

米线是昆明人的最爱,昆明最常见的小吃,广东称之米粉,广西称之线粉、粉干,而云南米线最为有名。

米线也是一种古老的食物,被认为是饵食类的"延伸产品"。在中国古代的烹饪书《食次》中,米线被记为"䊦"。"䊦"的本意为精米,引申义为"精制餐食"。北魏《齐民要术》中曾记载了"䊦"的制作方法,因其乱如线麻,纠集缠绕,又称"乱积"。到宋代,米线又称"米缆",已有干品,洁白光亮,细如丝线,可馈赠他人。其时米线干品为鸟窝状,与如今昆明所制干米线如出一辙。后到明清之时,才出现"米线"名称。

制作米线要选用优质大米,经过发酵、磨浆、澄滤、蒸粉、挤压、煮制等工序制成,其状如长线,洁白柔韧,吃法

在昆明东郊小食摊上吃米线的彝族姑娘

多样。如今昆明米线制作分两大类：

其一，取大米发酵后磨制而成，俗称"酸浆米线"，其工艺复杂，生产费时，然筋骨好，滑爽回甜，有大米清香，为传统制法。

其二，取大米磨粉后直接放在机器中挤压，靠摩擦的热度使其糊化成型，称为"干浆米线"，其晒干后即为"干米线"，方便携带贮藏。食用时再蒸煮涨发。干浆米线筋骨硬、有咬口、线条长，但没有酸浆米线香。

○传奇"过桥米线"

1945年出版的《昆明导游》中有"滇味食馆"一章，其中又有"仁和园"一条，其称："仁和园，为三牌坊脚一家相当老牌的食馆，饭菜面点齐全，上午夜间过桥米线，为特产。所谓过桥者，设鸡汤一碗，如沸水，另切生腰、鱼、鸡等片，及生菜、滑米线（即光米线）于汤中烫而食之。由此碗入彼碗如过桥然，故名。亦有加生鸡蛋者。该馆以此为主，但有人谓不及羊市口之某无名店，该店专卖过桥米线，为滇人所悉知者，但始终不挂招牌。"

这家"仁和园"早在1920年就开张了，老板是个旧人孙三，专门经营蒙自过桥米线，颇有名气。后来羊市口的云南过桥米线馆名气也很大，直到20世纪六七十年代，仍然是昆明人吃过桥米线的首选之所。

过桥米线为云南名小吃，其食法甚为独特。先烧制滚烫鸡汤一碗，因其汤汁至浓，上罩浮油，可以保持较高的温度，据称可达170℃以上，将薄如蝉翼的生肉片、乌鱼片、火腿片、腰肝片、玉兰片等放进汤内，待生菜变色，再加入腐皮、韭菜、辣椒、葱头等，最后放入米线拌食，或取米线在汤中涮过再食用，其味鲜甜异常，品格高雅，在各类小吃中独占鳌头。其中又以"菊花过桥米线"最具特色。每到秋天，取鲜白菊花瓣入"过桥汤"，美色美汤美味，又平添许多诗情画意。还有素制清汤过桥米线，以菜油和豆腐、豆腐皮、黄豆芽、冬瓜等为佐食，称"白头翁"。过桥米线上桌时每客一份，还被称为中国分餐式筵席的萌芽。

老昆明街边的大锅小吃

过桥米线出自滇南的蒙自，一说已有近200年的历史。蒙自有南湖，湖心有岛，岛上茂林修竹，有曲桥接岸。传说清代当地有位举人，立志在秋闱大考中独占鳌头，便隐居岛上，发愤苦读。为使其专心读书，举人的妻子每天按时送饭。但路远桥长，饭到已凉，举人所食甚少。妻子心焦，后杀一母鸡炖好，另配米线，送上岛去。鸡汤被一层厚厚的鸡油罩住，上岛后滚热依旧，正好烫食米线，且味美异常。此事一时传为美谈，重油热汤烫食米线成为一种时尚，迅速流行开来。因举人妻子送米线上岛要经南湖曲桥，时人又称之为"过桥米线"。后人食用过桥米线时，往往还配上一盘油煎藕片，称"十七孔桥"。后来又有配鸡、鸭肉片的"双凤朝阳"；配猪、鸡、鱼片的"白露抬鱼"；配乌鱼片的"乌龙奔海"；配鳝鱼片、青豌豆的"黄龙载珠"等。如此名称，无不雍容风雅、吉祥贵气。

早在清光绪年间，过桥米线就"过"到了昆明城里的三牌坊下，又有人说过桥米线是民国初期滇军将领谢汝翼的马弁首先带到威远街的，那就晚多了。近年"过桥米线"声名鹊起，仅昆明市就有一两百家专营餐厅，并走向全国，到处开花。

过桥米线的关键在汤，这汤也非常神奇。昆明有民谣曰：

桌上抬来汤一碗，一层鸡油不冒烟。

米线肉片烫得熟，过桥米线天下传。

就因为这个"不冒烟"，还引出了一段传说：清光绪年间，李鸿章某次出使俄国，俄国人用冰激凌招待他，才抬上桌时冷气直冒，李鸿章不知就里，以为太烫，对着吹了几口气，俄国人在旁忍俊不禁，窃笑不已。李鸿章心中恼怒，又不便发作。待到俄国人回访时，就上了云南的过桥米线。俄国人不知有诈，见汤不冒气，以为是温汤，俯身就喝，结果被烫得哇哇叫，李鸿章终于靠过桥米线报了一箭之仇。而据有关资料，20世纪60年代，来自非洲的几内亚总统杜尔到访昆明时，过桥米线还真的上过国宴。

过去昆明人做过桥米线，都要到武定选购壮鸡。这种鸡肉特别香嫩，而鸡汁特别清纯。此中秘密，据汪曾祺打探到的消息，"从前用的鸡不是一般的鸡，是'武定壮鸡'。'壮'不只是肥壮而已，这是经过一种特殊的技术处理过的鸡。据说是把母鸡骟了。"这证实了坊间的一个传说：武定壮鸡之"壮"，源于一"劁"（阉割），而且劁的是一公斤左右的本地纯种小母鸡。劁过之后，母鸡激素极少，加上长时间的罩养，肉质又肥又嫩，又鲜又美，无论熬汤切片，都是上品。当时汪曾祺对此颇难全信，他在《昆明的吃食》中称："我只听说过公鸡有骟了的，没有听说母鸡也能骟。母鸡骟了，就使劲长肉，'壮'了。这种手术只有武定人会做。武定现在会做的人也不多了，如不注意保存，可能会失传的。我对母鸡能骟，始终有点将信将疑。不过武定鸡确实很好。"

罗养儒的《纪我所知集》(《云南掌故》)中有《武定之骟母鸡》一篇，说得更为神奇："武定骟鸡在滇中尤为驰名，又不特公鸡可骟，而母鸡亦可骟，且能使雌鸡化雄，顶冠而鸣。"至于汪曾祺将信将疑的骟母鸡之法，罗养儒是这样说的："骟母鸡，是将母鸡肋胁划开，将公鸡之腰子纳入母鸡腹内。母鸡有此一对腰子后，头上冠子便能渐次长大，能作长声而鸣。"罗养儒还说，骟母鸡必须用武定斑鸠河旁之鸡而在斑鸠河旁骟之，骟后可长到十四五斤之大，否则"鸡又无不死也""顾此实属水土之关系"。

○大锅米线和小锅米线

和饵块一样，昆明人吃米线，也有大锅、小锅之分。

大锅米线有四讲究：猪筒子骨熬的汤，有豌豆尖、韭菜、豆芽等垫的底，有多种多样的冒子和佐料以供"自选"。先把米线烫熟捞起，再加上肉汤和不同的冒子、佐料，就有了鸡丝米线、焖肉米线、粑肉米线、脆哨米线等。对于好辣者，有鳝鱼米线、肠旺米线；对于吃素者，有豆花米线。到了中秋节，还有赶时令的羊血米线等。

小锅米线又称小锅余肉米线，是昆明人最喜欢的小吃之一。烹制时要用特制的小铜锅，放在专门的灶眼上，注汤烧沸后放入肉蓉，再下米线，然后顺序加入佐料、韭菜、豌豆尖等，起锅时淋入辣椒油，一锅一碗，汤热味鲜，爽口宜人。还有小锅炒米线，则以火急爆炒为要，鲜嫩麻辣，别有风味。其味多辣，有民谣曰：

米线摊前吃米线，热的放汤凉加蒜。

阿妹要的油辣子，嘴巴吃个红圈圈。

如果你怕辣，告诉伙计，他就会大叫一声："免红。"意思是不放辣椒。想多加蔬菜就叫："多青！"还可以"宽汤"，就是多加汤。如果两个人分吃一锅，就是"一带二"了。大概是米线馆里人多声杂，伙计这样一喊，立马"鹤立鸡群"，大厨师就听得清楚了。

远道而来的西南联大学生大多入乡随俗，爱上了昆明的米线。大西门内的几家米线馆很受同学欢迎，文林街的一家米线馆被取了个"米线大王"的绰号，府甬道路口的一家则被称为"米线二王"。劝业场一家米线馆的鸡汤很地道，周末来吃米线的青年情侣特别多，又得名"鸳鸯米线"。

初到昆明，不少联大同学对米线佐料之辣不习惯，但是用不了多久，他也会由了两腿走进随便一家小米线馆："来碗川（余）肉米线！"那"加青"也是必需的，但"要看季节而定，春秋是豌豆尖，夏季是菠菜，什么都没有时，韭菜是一定有的。云南青菜是四季皆多的，在冬季吃一碗鸡丝豌豆是一件平常的事"。（鹿桥《未央

早年遍布昆明街头的小吃摊

歌》）汪曾祺也在《米线和饵块》一文中说："米线洁白、光滑、柔软。有个女同学身材细长，皮肤很白，有个外号，就叫'米线'。"他还说："巴金先生怀念沈从文先生的文章中，说沈先生请巴金吃了两碗米线，加一个鸡蛋，一个西红柿，就算一顿饭。这家卖米线的铺子，就在沈先生住的文林街宿舍的对面。沈先生请我吃过不止一次。他们吃的大概是'爨肉米线'"——"这个'爨'字实在难写，但是昆明的米线店的价目表上都是这样写的。大概云南有《爨宝子》《爨龙颜》两块名碑，云南人对它很熟悉，觉得这样写很亲切"（《昆明的吃食》）。如今改为"余肉"，好是好写了，但好像又失去了什么。

○凉米线

米线又可凉拌而食，称凉米线，风行昆明城乡。凉米线做法简单：取新鲜米线拌入芝麻酱、芝麻泥、香椿水、盐水、蒜汁、辣椒油之类，再放韭菜、香菜、剁腌菜等，即可食用。其味清凉酸辣，香郁鲜美，为夏、秋两季美食。其又有特殊做法者，或配以鳝鱼，称"鳝鱼凉米线"；或配以水豆腐，称"豆花米线"；或配以特制之酸汤，称"酸汤凉米线"，等。昆明有民歌曰：

米线摊上最热闹，辣子酸醋加花椒。
一堆阿妹吃米线，嘴巴辣得吹哨哨。

传统滇味宴席上，也以凉米线作冷盘，放红、白萝卜丝、韭菜段、水发木耳、海蜇丝、薄荷、鸡丝、香酥、卤鸡蛋等，圆周配置，酸、辣、麻、甜、香五味俱全，红、绿、黄、紫、黑五彩缤纷，以添喜庆之气。

○卷粉

在昆明小吃中，和米线、饵块并列而且同出于"周饵"的小吃还有卷粉。卷粉的制作方法和米线差不多，取白米淘净碾碎，煮为米糊，倒进蒸笼，摊成圆圆的薄片，再蒸之后，卷为一卷，横切成条，即可下锅煮食。

和米线一样，卷粉也分为大锅卷粉和小锅卷粉，因冒子、佐料不同，大锅卷粉也有鸡丝卷粉、焖肉卷粉、粑肉卷粉、脆哨卷粉等。小锅卷粉也是余肉卷粉。如果凉拌，就是凉拌卷粉，口感比米线还好。

饵𫗦、米线和卷粉同为"周饵"余韵，制作的原料都差不多，"不同之点实在是在感觉上。米线松软，滋味易入。卷粉稍有韧性，卷成的卷儿煮开了便如宽面条儿。饵𫗦最难嚼，可是也就是爱吃它那股子硬劲，觉得这才有个嚼头儿。另有一种饵丝，做就的丝，细得很，偏有饵𫗦硬！"（鹿桥《未央歌》）。

早年状元楼集市也有小吃摊

○破酥包子

古代饵食发展为面食，昆明人也有创造。

清光绪二十八年（1902年），玉溪人赖八在翠湖大门附近开了个"少白楼"包子铺。他的包子重油、重糖，甜中带咸，以酵面做皮，以油和面，形成皮坯酥层，酥软化渣，尤其适合老人和娃娃食用。其用云腿、白糖和蜂蜜为馅，做成糖腿破酥包子，甜而不腻，甜不压咸，先甜后咸，更是佳品，备受欢迎。台湾教授张起钧在西南联大读书时就吃过破酥包子，多年以后，他在《烹饪原理》一书中写道："破酥包子则是下午吃的点心。最有名的一家是在昆明端仕街，那铺子小到蒸笼炉子都放在廊檐下面。"这家铺子的破酥包子堪称紧俏食品，"去早了没有，去晚了卖完了"。

汪曾祺也吃过昆明的破酥包子，对这种"油和的发面做的包子"另有一番感受。他在《昆明的吃食》中说，破酥包子"糖馅肉馅皆有，吃是很好吃的，就是太'油'了。你想想，油和的面，刚揭笼屉，能不'油'吗？这种包子，一次吃不了几个，而且必须喝很浓的茶"。汪曾祺还对"破酥包子"的名称有点儿说辞："包子的名字中带一个'破'字，似乎不好听，但也没有办法。因为蒸得了皮面上是有一些小小裂口。"

但昆明人认为，这个"破"字也是有来历的。据说有老人带着小孙子到"少白楼"买包子,小孙子没有接好,包子掉到地上,竟然摔成好几瓣,围观者无不称奇。赖八另给小孩一个包子,接着就打出了"破酥包子"的招牌——意思是我这包子破酥得厉害,落地都会摔成八瓣!

○摩登粑粑

早年城外集市上的小吃摊也不少

摩登粑粑是近代昆明人的发明。昆明乡间有做麦粑粑和椒盐饼的传统,但味道偏咸偏重。抗日战争时期,外省人大量涌进昆明,口味就不一样。当时大西门外凤翥街有一家麦饼店,其舍弃椒盐,结合中西风味,用牛奶、奶油、白糖做成麦饼,再用干松毛扭成的松毛绳烤制,吃来清香沁人,松软回甜,成为附近西南联大女生的最爱。

后来长春路的昆明女子中学前也开了一家"凤翥麦饼店",应该是分店,主要食客是女中学生。吃"凤翥麦饼"成了一种时髦,英语称时髦为Modern,用昆明"马街英语"译为"摩登粑粑",成为一个从"名"到"实"均为中西结合的食品。

汪曾祺另有看法,他在《昆明的吃食》一文中说:"这种面饼只有凤翥街一家现烤现卖。西南联大的女生很爱吃。昆明人叫女大学生为'摩登',这种面饼也被叫成'摩登粑粑',而且成了正式的名称。"

也有人认为,这个"摩登"指的不是女学生,而是卖饼的老板娘或老板的女儿;还有人说老板娘和女儿学着联大女生赶时髦,喝牛奶,吃奶油,一不小心把牛奶和奶油打翻在面团里,将计就计做成了别有风味的粑粑,所以叫"摩登粑粑";还有人认为这"摩登"二字是从卖饼老板或老板女儿的名字谐音得来的。

后来"摩登粑粑"曾一度沉寂,近年又重新走红昆明,但早年"凤翥麦饼店"的那道风景是再也见不到了:案桌面板上安放一杆小称,制饼师傅每揪起一团和面,都要放到小称里称一下,虽然大都是"一揪准",还是每"揪"必称,见少就补,以示公平。

○"都督烧卖"

"烧卖"就是烧麦，是用麦面做的，但不是烧而是蒸出来的，类似小笼包子，但其面皮以热油汤和成，成形后顶端蓬松，束折如花，内馅出露，又有"鬼蓬头"之称。其形如石榴，清香

早年昆明衔署（今如安街）前的小吃摊

可口，中国南北都有，唯南方称烧卖，北方称烧麦，在昆明却叫都督烧卖。

昆明烧卖出自早年的宜良映兴园，其制作又别具一格：外皮用麦面加鸡蛋和骨头鲜汤揉团、揪坨、擀制而成，内馅既有鲜猪肉末，又有熟猪肉丁，还有云南特产笋丝末、火腿丁、冬菇丝等。制作时以面皮包馅，捏成石榴花状，然后入笼蒸熟、装盘上桌。如此制作，费事费时，但做成的烧卖口味极佳，面皮软糯回甜，内馅鲜嫩香醇，多肉而不腻，蘸醋而不酸，加盐而不咸，兼具南北风味，深受欢迎。

尽管生意火爆，但映兴园的老板祝氏仍然坚持不降低标准，不偷工减料，供不应求时每客限购3个。传说民国初年，云南督军唐继尧慕名而来，想多买几个，祝氏死活不卖，称："就是都督驾到，也只卖三个。"唐继尧一笑了之，买了三个烧卖走了。此事传开，祝氏烧卖被戏称为"都督烧卖"，远近闻名，后走进昆明城，成了昆明的又一道名小吃。

○吃了避邪的"赤豆羹"

明代昆明人过节总要喝"赤豆羹"——红豆稀饭，还说喝了这种稀饭可以避邪。据明人谢肇淛的《滇略》所记，"元旦、清明、端午、七夕、长至（夏至）"之时，滇中人家都要熬煮"赤豆羹"，并相互赠送，以求吉利。谢肇淛认为此俗出自唐代的《初学记》，其中记载远古之时，共工氏有7个不才之子，死后变成厉鬼，最怕红豆，人们纷纷喝红豆稀饭避邪，从那时就传下来了。

明天启《滇志》和清道光《昆明县志》都说，昆明"腊八日做五味粥"，此之"腊八粥"，也有祈福祛邪之意。

可惜这"赤豆羹"也好、"腊八粥"也好，后来都难得一见了。

○从甜浆馆、甜食店到甜品馆

昆明有句老话："酸姑娘，甜儿子。"这里说的是口味，昆明人特别喜欢甜食，这大概和昆明人温和的性情和云南盛产好糖有关。

据罗养儒的《纪我所知集》（《云南掌故》）记载，清末民初，昆明城内城外有甜浆馆近40个，多卖甜浆（甜豆浆）、油条、炸糕、包子、烫面饺、花卷、饼子、豆粑粑、西洋糕、麻花、糯米团等。另外还有甜食馆10多个，甜食摊子10多个，多卖八宝饭、莲子羹、大枣羹、西米冻、芝麻糊、荷包鸡蛋、冰糖鸽蛋等。

后来有变，值得一提的是甜品馆，更是中西食品的完美结合之地，卖牛奶，或牛奶煮鸡蛋，煮糖饵饮，煮麻花、汤圆、调糕藕粉等，后来也加上冷饮，如刨冰、冰淇淋、冰红果、汽水、酸梅汤、冰咖啡、冰可可、冰牛奶等。

滇越铁路通车后，咖啡也大举传进昆明。早年越南是法国殖民地，法国人爱喝咖啡，"坐"着"小火车"就进了昆明城，冒出了"新越"和"南来盛"咖啡室等，都是越南人开办的。后来昆明规模大一点的咖啡店就有11家：南屏咖啡室、西风咖啡室、大光明咖啡室、友聊咖啡室、华达咖啡室、长城咖啡室、平民咖啡室、红豆咖啡室、菁华咖啡室、醉英咖啡室、上海咖啡室、（民国《昆明导游》）。和咖啡一起进入昆明的"甜品"还有雪糕、棒冰、刨冰、冰激凌等，让昆明人大饱口福、大开眼界。

○街巷小吃馆子、摊子、担子

老昆明人重视口福，每天有午饭、晚饭，这叫正餐；除此之外，早上要吃早点，下午要吃"晌午"，晚上还要吃宵夜，这又是小吃。小吃本出自农村，是农忙时节的方便食品和快餐，饭菜合一，吃得快，吃得有味，还吃得饱。此类小吃进入城里，从自食变为售食，经营方式又分沿街摆摊和开店售卖两种。

据罗养儒的《纪我所知集》（《云南掌故》）所记，清末民初，昆明城内城外的小吃馆不少，计有饺面馆20多家，面馆10多家，卖的多是北京面和湖南面。至于米线，仅豆花米线馆就有十多家、摊子30多个。还有上面提到的50多家甜食馆。

早年昆明城内外，每天都有大量小贩走街串巷，他们手拎竹篮、肩挑担子、脖挂木盘、身背背篓，四处吆喝叫卖白糖凉糕、油炸树皮、饺子包子、煎年糕、稀豆粉、米凉粉、糖稀饭、豆腐脑、小米糖、米花团、叮叮糖，还有各种各样的瓜子，有糖蘸山林果、酸水米线等。农村妇女也会进城来卖苞谷花、糯米花、煮芋荠、焖豌豆、板栗、煮梨、花生米等。

这是早年昆明街头的大锅煮品，卖的应当是汤圆甜食之类

到了夜晚，常有人在昆明街边铺户屋檐下支起一口锅、一个炉、一张桌，就摆起小食摊来了，或做太师饼、眉毛酥、炸春卷、烧油饼，或煎苞谷粑、炸豌豆饼、炕糍粑粑、烤洋芋、烧苞谷、煮红薯等，随处可见，让人从早吃到晚。

这些小吃摊点数量很多，经营品种不少，但也难尽如人意。民国《昆明市志》中有"吃食杂馆"一条，记载民国初期昆明城内有二百多家小吃店，其中有六成是供应饭食，四成供应小吃之类杂食，"设备多未改良，厨室与座位毗连，烟气熏人，于卫生殊欠适宜，近日稍有改进，亦不过百分之四五而已"。

○烧臭豆腐

烧烤是昆明夜市随处可见的风味小吃。烧烤荤素并用，制法简单，经济实惠，兼有主、副食，随烤随吃，颇见情趣。每至夜晚，昆明街头巷尾，均可见烧烤小摊，顾客团坐，炭火泛红，火星炸响，青烟袅袅，香气四溢，成为夜昆明的一道风景。

昆明烧烤中最有特色的就是烧豆腐，其为"云南十八怪"之一："豆腐烧着买"——其实不是"烧"，而是"烤"。烧豆腐最早出自滇南的石屏，据当地志书记载，明朝初年其地即有臭豆腐之生产，清末选为贡品。后从滇南传入昆明。

昆明臭豆腐颜色乳白，发酵后有特别的霉臭香味，性味适中、鲜嫩味美，然而吃进嘴里，却细嫩味美，异常可口。所谓"闻着臭，吃着香"，在烧豆腐上得到了淋漓尽致的表现。

专供烧烤的臭豆腐约一寸见方，质地细密，柔美清香。烧制之时，在栗炭大火盆上放上一个铁条网架，烧热后抹上菜油，再摆上小块豆腐，边烤边翻动，并抹鸭油，烤至黄灿灿、香喷喷、烫乎乎、气鼓鼓之时，一掰两半，香热撩人，外焦里嫩，内里洁白如玉，香而不燥，为昆明人宵夜佳味。蘸烧豆腐吃的调料有"干"、有

早年祖遍山上的炭火小吃，卖的应该就是烧臭豆腐

"潮"。用花椒盐、辣子面等配制而成的是"干"调料；用甜酱油、咸酱油、卤腐汁、花椒油、香菜、薄荷、煳辣子面兑制而成的是"潮"调料——随人所好，趁热蘸吃，各有味道。

卖烧豆腐的计数方法也有意思，摊主凭你尽兴享用，你每吃一块，他就暗中往一个小盒里丢一颗苞谷籽，最后数苞谷籽结账，顾客再多，摊主也不会弄错，而顾客也不会生疑。

更绝的是"云南十八怪"中的"豆腐长毛才出卖"。这种长毛的豆腐是昆明呈贡七步场出产的臭豆腐。据说这种臭豆腐始创于清康熙年间，当时村中有孤儿寡母相依为命，以做豆腐为生。后老母卧病不起，儿子四处求药，家里无人看管，做好的豆腐掉在当地叫"光光头"的麦秆草上，多日以后，那豆腐长满白毛，散出异香。因家中无食，儿子捡起两块豆腐，洗去绒毛，加油盐和辣椒面蒸熟，母亲连吃三天，那病竟然奇迹般地好了。由于味道独特，这种豆腐还被选为贡品，送到皇宫。康熙皇帝吃了大为满意，将臭豆腐列为"御膳坊"小菜之一，并赐孝子名为"敬（晋）荣"。后来村民就以"晋"为姓了。今七步场人家多姓晋，又多为制作"臭豆腐"的高手，所做"晋氏臭豆腐"远近闻名。

除七步场外，呈贡安江、殷练所产臭豆腐也很有名。"火车通后，每天用篾箩运好几百挑到昆明出卖，以八、九、十月为旺"（《昆明市志长编》）。抗日战争时期，日寇轰炸昆明，昆明人"跑警报"跑到山野之地，常有小贩随之而来，出售烧豆腐。青年学生相约而至，总要吃上几块。时间一久，就有男生和女生在烤豆腐摊上吃出了恋情，于是烧豆腐又被戏称为"恋爱豆腐果"。

糕饼:"三派"融合

昆明糕点集近代京式、广式、西式糕点三者之长,重油、重糖,醇厚朴素,自成风格,又称"滇式糕点"。

京式糕点最早于清咸丰年间随中原封疆大吏进入昆明。滇越铁路通车之后,西式糕点传入昆明。为适应"洋点"的制作,洋行大量办进洋面、洋冰糖、白砂糖,又办进大批洋纸,印刷后用来包装西式糕点。这些洋货不久就挤占了土面、土糖、土纸的大部分市场——最早的洋货在昆明站稳脚跟,竟也和糕点有关。

经滇越铁路进入昆明的还有广式糕点,主要产品有切酥、薏米饼、麻通等。广式月饼则有五仁月饼、甜肉月饼、莲藕月饼、蛋黄月饼、豆沙月饼等。此外还有川式糕点,主要是红白糖心大麻饼和小麻饼。

此时正是清末民初,三大糕点流派在昆明相遇相融,催生了昆明滇式糕点。

○ "三派一身"的昆明滇式糕点

昆明童谣曰："大眼睛，偷钱买点心"——此之"点心"，糕点是也。糕点之"糕"音同于"高"，有"步步高"之美意，昆明人不能不爱，平时"嘴闲"要吃糕点，招待客人要请糕点，逢年过节要品糕点，订婚贺寿要送糕点，祭祖拜神要敬糕点——如此一来，昆明糕点就不能不精，不能不多。昆明糕点集近代京式、广式、西式糕点三者之长，重油、重糖，醇厚朴素，自成风格，又称"滇式糕点"，可分8大类、300多个品种。

据民国《昆明市志》记载，民国初年昆明登记在册的糕点铺有107家，其中八成为酱菜糕饼并营，"驰名"产品有"合香楼""大吉祥""清香楼"的糕饼，"允香斋"的黑大头，"芝兰轩"的什锦南糖，"除销省内各县外，尚有运销外省者"。到民国后期，"合香楼"的火腿四两坨和回饼、"吉庆祥"的硬壳火腿月饼、"桂美轩"的芙蓉糕，还有"清香楼"的荞坨，"大吉祥"的雪片，"翠香楼"的火腿坨，"冠生园"的西点等，都是昆明"名点"。

据罗养儒《纪我所知集》(《云南掌故》)所记，清末民初，昆明本土糕点"货色"有七十多种："糕"有芙蓉糕、沙琪玛糕、泡料鸡蛋糕、重油鸡蛋糕、夹沙鸡蛋糕、重油绿豆糕、泡料绿豆糕、桃片糕、云片糕、雪片糕、玉带糕、砂仁糕、松子糕、白果糕、米酥糕、水晶糕、白糖软糕等；"酥饼"有东坡酥、核桃酥、杏仁酥、金钱酥、棋子酥、淡盐酥、蛋黄酥、燕窝酥等；"饼"有洗沙饼、白糖饼、椒盐饼、麻盐饼、山楂饼、枣泥饼、梅甘饼等；还有荞坨、猪油麻花、回饼、麻饼、茯苓烘片、兰花根、乌梅糖、山楂糕、姜糖、各色饼干和什锦南糖，其中酥糖、麻片味道极好。中秋佳节则有硬壳火腿饼、酥皮四两坨、黑芝麻四两坨、白糖或洗沙大白饼、大红饼等，还有专供吃素者食用的素荞饼和素面饼。

○ 合香楼：昆明最早的糕点铺

昆明最早的糕点铺是"合香楼"，创办者是清代后期云南官府厨师胡增贵。这位胡大厨师是满族，据说祖籍奉天(今沈阳)，正蓝旗人，其父胡善为北京宫中御厨，专做糕点，后胡氏父子随云南做官的大员来到昆明。这个"大员"是谁？各说不一，一说是总督刘长佑，一说是巡抚舒兴阿，又说是另一位巡抚徐之铭。不过最可能把胡氏父子带到昆明的应该是同为满族的云南巡抚舒兴阿。清咸丰七年(1857年)，舒兴阿于大乱中托病回京，胡氏父子留在昆明，不久后开了家"合香楼"糕饼店，地点就在距巡抚衙门（今福照街老昆八中址）不远的三转湾（今如安街），旁边就是满洲巷（今华兴巷），当时是昆明城内满族聚居之地，又叫"旗人街"。胡氏也是满族，所做清宫糕点，当有满族口味，以此为生，应该没有问题。多年以后，昆明人但凡遇事顺利，朋友就会恭喜说："你给是坐（住）在'合香楼'底下了！"

但合香楼开办之初并不顺利。清咸丰年间，昆明兵乱不已，胡氏父子只能靠制作一般糕饼维持生计。直到清光绪年间，社会逐渐安定后，"合香楼"的生意才出现转机。子承父业的胡增贵推出了不少京式宫廷糕点，初步打开了市场，又用本地特有原料创制出上百种滇式糕点，如鸡蛋糕、芙蓉糕、口酥等，成为昆明最有名的糕点铺。

据说走红昆明之后，胡氏父子把不少糕点精品带到北京，送给老东家舒兴阿；又据说舒兴阿吃得满口喷香，时逢慈禧太后寿辰，舒兴阿就让胡氏父子贡献寿礼，于是合香楼的祝寿饼盒就送进了皇宫；更据说慈禧太后吃得高兴，提笔写了"合香楼"三个大字，赐给胡氏父子，并诰封父子俩承袭奉直大夫；还据说那是清光绪十年（1884年），正好是慈禧太后50大寿之时；最后据说慈禧太后最爱吃的，是合香楼的菊花酥工。

○ "坨名'四两'：火腿、洗沙、白糖"

"四两坨"是合香楼创造的"标杆"滇式糕点。

相传明末清初，南明永历帝朱由榔退守昆明，困居五华山宫中，终日愁郁不解，茶饭不进。后来宫中厨师蒸成一种包子，以云南火腿丁做馅，吃来香浓味醇，朱由榔胃口大开，称赞不已。后来"火腿包子"传入民间，很受欢迎。到清同治年间，合香楼胡氏父子又对其加以改进，用云南特产火腿丁加蜂蜜、猪油、白糖调制为馅，用呈贡紫麦面粉为饼料，并改蒸制为烘烤，做成火腿饼。当时的火腿饼每四"坨"重一斤，老称一斤有16两，每"坨"饼正好4两，于是有"四两坨"之称。

关于"四两坨"的来由，昆明民间有两个传说：一说是做饼师傅误将火腿屑加入白糖馅的结果；一说胡老板苛待帮工，帮工制作月饼之时，便多加火腿、糖、油，想让老板亏本，不料所做月饼货真价实，昆明人争相购买，销量大增，四两坨一时远近闻名，远销北京等地，老板也发了大财。

据说清同治年间，云贵总督岑毓英的母亲爱吃月饼，更爱吃"四两坨"，大小官员争购进献，"合香楼"生意兴隆。此时"四两坨"也多有改进，又增加了麦面酥皮的白饼"四两坨"、荞面包心的红饼"四两坨"，更有白糖、豆沙、麻仁、枣泥、玫瑰等十多种馅料的"四两坨"，形成"四两坨"系列产品，各有口味，任人选购。

"火腿四两坨"香味浓郁，甜咸相宜，酥松脆软，食之不腻，加上其直径可达一尺，正好全家分而食之，以示不分彼此、同饼共享、同舟共济，极受欢迎。昆明人中秋节赏月，请客送礼，此"坨"不可或缺。每年中秋节前，"合香楼"总是顾客盈门，排着长队争购"四两坨"。因此，每年中秋前三个月，合香楼就专门雇工，精心制作四两坨，以应市场急需。据说，当年慈禧太后吃了赞不绝口的，就有这"火腿四两坨"。

早年昆明有对联盛赞"四两坨"曰：

品字三坊：金马碧鸡忠爱；

坨名四两：火腿洗沙白糖。

○ "返工"造就的"西点"回饼

回饼也是"合香楼"的创造，是昆明特产。传说"合香楼"师傅李清祥做面包之时，因醉酒误事，将面团和酸，其急中生智，连忙掺入纯碱，以中和酸性，又加上生面、白糖，糅成面团，擀成小块，再行烘烤。不料烤出的新面包色如白雪，柔和松软，甜中回咸，清香爽口，畅销一时，成为合香楼又一当家产品。因此面包由发面返工制成，得名"回饼"。

后来"合香楼"制作回饼时，又精益求精，在配料中加上适量的椒油、精盐，口味更是不同。又或添加适量奶油、奶粉，所制回饼呈乳白色，更为清香，又称奶油回饼，已有几分"西点"的味道了。20世纪40年代，回饼还为西南联大师生所喜爱，扬名学界。

○ "吉庆祥"取信于客：来店退货，代付车钱

清光绪三十三年（1907年），又一家糕点铺"吉庆祥"在马市口开张。因老板得妹夫大力相助，就从老板兄弟的小名和妹夫大名中各取一字，定名"吉庆祥"，商标为一戟在右，一磬在左，取"吉庆"谐音。

"吉庆祥"早年铺面不大，在华国寺巷设有糕点作坊，主要生产鸡蛋糕、芙蓉糕等，中秋节前则生产火腿月饼应市。进入民国时期，"吉庆祥"后来居上，超过合香楼，成为"昆明第一"糕点品牌，这和吉庆祥的经营分不开。

相传1928年中秋节前，吉庆祥做红饼时，一个伙计将料配错，误将纯碱当作

白糖和入馅内。老板发现后，及时用大红纸写出启事，声明凡购买不合格红饼的人，都可来店退货，坐车来的由店家代付车钱。此后"吉庆祥"声誉倍增，生意兴隆。

据说，20世纪二三十年代，"吉庆祥"一大喜事，是掌柜陈惠泉把女儿嫁给了龙云的侄子。这个联姻让"吉庆祥"获得了更多的资源，产品向高端发展，备受当局照顾和优待。中秋节前大卖月饼，吉庆祥门前拥挤不堪，还有军队维持秩序，显示了不一般的实力。吉庆祥店铺也从1个发展到4个，成为昆明糕饼业第一大户。

○硬壳火腿月饼"天下第一"

硬壳火腿月饼出现于民国初年，是"吉庆祥"在"四两坨"的基础上几经周折烤制出来的。

硬壳火腿月饼和"四两坨"一样，也用上等宣威火腿蒸熟、剔净、切丁再拌上蜂蜜、白糖、熟面作饼馅。二者不同的是面皮，制作硬壳火腿月饼要在面粉中加入白糖粉、蜂蜜，混合加水打浆，再加猪油糅合成面皮，成坯后入烤炉用中火烤熟，其外皮不分层，出炉后色泽金黄，油润艳丽，不易破碎，故称"硬壳"。这种月饼不但酥松香软，而且保质期长，便于携带，面市之后，极受欢迎，成为中秋紧俏商品。20世纪三四十年代，每逢中秋，不但昆明人争相购买，还远销省外。东南亚国家如越南、缅甸、泰国的华侨富豪，还会雇马帮来昆明采购。

汪曾祺在《昆明的吃食》中说："昆明吉庆祥火腿月饼天下第一。因为用的是'云腿'（宣威火腿），做工也讲究。"在《昆明菜》中，他又说："昆明吉庆祥的火腿月饼甚佳。今年中秋，北京运到一批，买来一尝，滋味犹似当年。"可见火腿月饼在美食名家心中的地位。

滇菜："五味杂陈"

中国南北菜肴有"八大菜系"之说，各种版本不同。有专家认为，滇菜也是其中之一。著名学者张起钧以哲学论中国菜，曾多次到外国讲学，其著有《烹饪原理》一书，评述各地菜品，被业界奉为经典。张起钧把中国菜分为京朝（山东）、淮扬、四川、广东、云南、福建、河南、湖南等八大菜系，其中云南菜被排在第五。张起钧毕业于西南联大，对昆明的云南菜有不少切身的体会和中肯的评价。他在《烹饪原理》中说："云南虽僻处西南，但在文化方面则与中原反倒较之湘黔为近，而在生活艺术方面尤其具有极高水准"。他分析道："云南的生活水准这样高，据我揣想，第一是受了吴三桂带来的那一些懂得生活艺术的'京油子'的影响，第二则是受了充军到云南的落魄官员们的影响。请想能犯罪充军到云南的，一定都是很大的官。这些大官尽管在政治上失意了，而其文化的熏陶，生活的经验仍然存在；只要他们稍一指点，便不同了。正因为这两个原因，所以云南菜的水准非常高。"

抗战时期，全国各地饮食汇集昆明，种类繁多，滇味之外，川、湘、蜀、闽、粤、苏沪、平、津等地的菜肴，无所不有。昆明厨师博采众才，自创一体，谓之"昆明菜"可也。作家兼美食家汪曾祺写了一篇《昆明菜》，他说："昆明菜是有特点的。昆明菜——云南菜不属于中国的八大菜系。很多人以为昆明菜接近四川菜，其实并不一样。四川菜的特点是麻、辣……而昆明菜则比较清淡纯和。四川菜调料复杂，昆明菜重本味。比较一下怪味鸡和汽锅鸡，便知二者区别所在。"

昆明的滇菜历史悠久，云南本为"植物王国"和"动物王国"，食材丰富鲜活，各民族烹调方式千差万别，世代相承，再与中原传入的烹调技艺相融合，烤食、蒸食、煮食、焖食、炸食、煎食、烩食兼备，成为人类烹调历史、文化的活化石，并逐步形成了"鲜辣香浓"的地方特色。有人这样概括道：

鲜辣香浓滇味菜，扒烂淡烫是传统。
果蔬山珍广博野，民族风味各不同。

○ "五味杂陈"的滇菜

明清两代大批内地移民涌入昆明，改变了昆明的人口结构。各地移民带来了祖居地的食俗和菜品，和昆明的原生食俗和菜品不断融合发展，形成了独特的滇菜。

到清代的光绪年间，昆明就出现了"三冷荤、四热吃、四座碗、八小碗、十二围碟"的旧式筵席及"十大件"的新式筵席。这时在菜海子（翠湖）已出现包办酒席的大饭馆。最早的是"玉春阁"，据说是云贵总督李经羲的"跟官大师傅"开设的。其次是著名厨师陶品掌灶的"长美居"。以滇菜著称的有翠湖边的"玉春园""临春园""滇南第一楼"等，还包办满汉酒席。

到清代末年和民国初期，老昆明人家中请客，都讲究"八大碗"，有红烧肉、千张肉、炖黄条、回锅肉、粉蒸肉、炸排骨、蒸百合（或芋头）、清炖鸡等，有的加上烤鸭、湖鱼、扣百合和八宝饭之类，就成了"十二大碗"。富贵人家更有"燕菜烧烤席""海参全席"和"鱼翅全席"等。一般食馆对刀工火候也很讲究，色香味俱全，滇味已初现端倪了。时鲜小炒则以味道鲜美取胜，更是滇味十足，如炒鸡𣎴、牛肝菌、青头菌等，这在前面已经提到了。据民国《昆明市志》记载，到民国初期，昆明酒席馆业计21户，多为中餐，除前面提到的"滇南第一楼""长美居"外，还有"菊华楼""九华楼"等，都"比较完善，宴客者亦常假座焉"。

抗日战争时期，昆明成为大后方，人口暴增，八方客至，全国各大菜系荟萃昆明。据汪曾祺描述，当时大西门外的凤翥街上共有五家饭馆，其中一家是扬州人来开的，以淮扬风味著称。由于"本地人实在吃不惯这位大师傅的淮扬口味""光顾的多为西南联大师生"。"他的拿手菜是过油肉，确实炒得很嫩"。也许，他就专为西南联大师生而来。另外四家饭馆也各有特色："一家回民开的牛肉馆，隔壁是一家汉民小饭店，只卖串荤小炒。另两家是地地道道的云南饭馆，顾客以马锅头为最多"（《凤翥街》）而据罗养儒所记，早年昆明还有一些广东人开的粤菜馆，如岭南楼、宴乐楼、来宾楼等，主要菜品有红烧鲍鱼、炒蚝豉松、蚝饷豉、瑶柱羹、鱿鱼卷、炒鸡球、冬瓜桩等，"又别有风味焉"〔《纪我所知集》（《云南掌故》）〕。

西南联大学生张起钧在昆明菜馆里看到的是早期"京朝菜"（鲁菜）的云南版。他说："在我的观感，云南菜可说是早期京朝菜的地方化。所谓地方化并不是水准低，而是因迁就其地的特产特技而有许多特别的菜。例如乳饼、鸡𣎴（一种菌子）、宣威火腿（较金华火腿味厚而肥）等特产，及作鸡子的特技等等。许多别处没有的菜。例如火腿乳夹、鸡蓉鸡𣎴、带骨鸡（外面鸡肉很嫩而里面的骨头则炸酥了，可以连骨一起吃，不要吐出）、汽锅鸡，酒席上的炸火腿皮，配花卷更是酥脆肥腻兼而有之，为别处所无。有一次我在海棠春吃酒席，看着端上来一盘菜，我以为是红烧肘子呢，结果一吃才知道是一个整个的火腿，切成一片片，但还保持原形如蹄膀，而用冰糖红炖的，真是妙极了，那绝非现在台北流行的富贵火腿所能比（至少你找不到那么好的宣威火腿）。至于小馆子则如昆明甬道街的兴宝园，小小矮矮的一家馆子，整天门口排满汽车（按那时能有汽车坐的，少而又少）等着吃，不论是现成的菜，苦菜汤、夹沙肉，或是现炒的菜，爆双脆、炒肚片等，无不水准高而精美。并且所有这些大小各菜包括做的鸡㙡乳饼等味道都非常正，而绝无偏颇怪邪的味道，所以我才说他是京朝菜的云南版。"（《烹饪原理》）

此时昆明人家的餐桌上也是"五味杂陈"，兼有川菜、苏菜、淮扬菜、粤菜、鲁菜风味。如宫保鸡丁、回锅肉、麻辣豆腐等菜，有川味的麻、辣、咸、鲜，而又有所弱化；再如糖醋里脊、糖醋排骨、糖醋莲花白等，又引入了糖醋，偏向苏菜的甜、醋、淡；还有黄焖鸡和荷叶蒸肉等，体现的是淮扬菜的清香入味；至于清蒸肘子、葱白鸡片和清蒸鱼等，其生鲜清淡又来自粤菜；而著名的宜良烤鸭，据说就是鲁菜名品北京烤鸭的改进版，只是把明火叉烧改为焖炉烘烤，滇味大增。

至于菜食加工，昆明不但有汉族的蒸、炸、熘、卤、汆、炖之作，还有各少数民族的烤、舂、焐、腌、隔器盐焗之法，古风、土风犹存，融合中国各大菜系的特点，以酸辣为主的"滇菜"正在成形。1950年2月21日，解放军入城之后，当局在五华山摆下2500桌迎军宴，赴宴者两万多人，其菜谱中有千张肉、火夹乳饼、软炸里脊、红烧圆子、武定凉鸡、牛肉冷片、糖醋鱼、大拼盘等，全为滇味。

○餐桌上的"西风东渐"

清末滇越铁路通车，法国人在云南府城（昆明城）的滇越铁路总车站旁开办了商务酒店，揭开了昆明餐桌"西风东渐"的大幕，西餐开始大举进入昆明。此后石龙坝电厂的主家耀龙公司也开了个"万家春"，从香港请来西餐名厨主理。还有家"金墨沙洋酒店"，聘请的也是外国头等大厨。据民国《昆明市志》所记，民国初期，昆明的名牌西餐厅有"得意春""正丰大酒店"，还有外国人开设的"商务酒店""达时酒店""东亚大餐馆"几处，而"得意春"设备较周，宾客多假座于此。后起的西餐馆又有"西风"和"南屏"，与"商务酒店"齐名。还有越南在金碧路开的"南丰"、在拓东路开的"荣利"，法国风味十足。

当时西餐风头正劲，还波及官场、商场应酬和富人亲友往来的宴席，西式盘餐成了看家菜，洋酒成了看家酒，所谓"滇越路成，外侨渐多，而西餐亦多""官家豪富宴客，竞尚盘餐"（陈古逸《昆明近世社会变迁志略》）是也。"一宴会必以西餐为贵",社会风气如此,"一席之费,可抵贫民一家数十日之粮"(民国《云南风俗改良会会刊》)。

西餐进入昆明的另一个渠道是公馆。滇军将领李鸿谟就从越南请来一位西餐厨师,能做地道的法式西餐、蛋糕和点心,人称"老安南"。龙云和卢汉在家设西餐宴客,都要把"老安南"借去一用。"老安南"会为孩子做西式生日蛋糕,也会为来访的宋子文、宋美龄做西餐,他做的枣仁巧克力让宋美龄赞不绝口,吃够了还要兜着走。

昆明民间最有名气的西餐馆也是越南人带进来的。那是20世纪30年代后期,出身太原望族的女老板阮民宣来到昆明,在种满梧桐树的金碧路东段开办了"新越西餐室",经营西式牛排、薄荷酱小羊排、洋葱蘑菇浓汤、牛尾浓汤、四季海鲜色拉、芝士意大利通心粉等,吸引了不少来昆的外国人、华侨和本地新派人士。当年到"新越"用过餐的名人不少,据说有东南亚华侨领袖陈嘉庚、大学者胡适和著名作家沈从文等。越南领袖胡志明在昆明进行革命活动时,公开身份就是"新越"面包师。"新越"面包早年叫越南面包,昆明人叫硬壳面包,其源于法国面包,外壳烤得金黄脆硬,内里却柔韧绵软,味道微咸略酸,可抹果酱、黄油而食,那是西式吃法;到了昆明人手上,却常常揾卤腐而食,又成了"滇式吃法"。后来西餐经营不下去,"新越"改名"南来盛",转营现磨咖啡。据说当时的《世界旅游》杂志曾专门介绍过南来盛咖啡店,还说"南来盛"是世界旅游组织官方唯一推介过的云南餐馆。坊间说周恩来也喝过它的咖啡,而且评价不错。再后来,南来盛的咖啡也停了,再转营越南小卷粉和米线、面条。几经辗转周折,唯有硬壳面包得以保留至今,可见这个"滇式吃法"的重要。

○神秘的"宫保菜""公馆菜"和"宾馆菜"

"公馆菜"指达官贵人的私房菜,出自官府公馆之中,私家大厨之手。其既有一日三餐,养生养嘴,主人喜爱,又办主人家宴,红白喜事,迎来送往,各有不同。这些菜以各种方式流出公馆,进入社会,就成了特殊的公馆菜。公馆菜中,各大菜系都有,还少不了本土菜和西餐菜等,都别有风味。如滇池出产的螃蟹,坊间多用来做一道平常的"湖鲜"菜,但经过官府大厨之手,将蟹肉仔细挑出,做成蟹汤,就成了官府大席上的一道佳肴了(清 檀萃《滇海虞衡志》)。

现代昆明公馆菜源于清代后期。如"宫保鸡丁"据说就是清咸丰年间云南巡抚徐之铭的厨师创造的。这个徐之铭劣迹斑斑,不但残民而且坑官,动摇了大清王朝在云南的统治,其被革职后,府中厨师流落民间,"宫保鸡丁"才流传开来。清代后期,岑毓英先后担任云南巡抚和云贵总督,他把早年自创的烤鸭技艺搬到昆明官府,大宴宾客,结果也成就了"宫保烧鸭",一直红到今天——"宫保"本为"太保""少保"之类荣誉称号的统称,岑毓英死后受封太子太傅(太子太保),可称宫保,但那徐之铭的菜也称"宫保",有点怪。

官家公馆大厨走出馆衙开馆设店,历来是公馆菜走向社会的一大坦途。清代光绪年间,菜海子(翠湖)首先出现包办酒席的大饭馆,最早的一家是"玉春阁",据说就是当时云贵总督李经羲的"跟官大师傅"即官家大厨开办的。民国时期滇军将领李鸿谟聘有中、西餐高厨,公馆里中、西餐厨具、餐具齐备,成为当局的重要接待地。接待过蒋介石、宋美龄、宋子文、杜聿明、史迪威、陈纳德和西南联大校长梅贻琦、京剧名家程砚秋、马连良等。李公馆的中餐主厨石槐清有个弟子叫王富,后来做了滇军主帅卢汉的公馆大厨,再后来又开办了富春酒楼,把昆明的顶级公馆菜带到了民间。20世纪50年代后,王富进入政府宾馆担任厨师长,接待过不少中、外国家领导人,成为昆明"宾馆菜"的开山人之一。

1980年,王富创作了"滇味羊全席"。他以云南特产的黑山羊为原料,采用云南少数民族的烹调之法,取羊全身各部分作为食材,炒、炸、煮、烧、煸、蒸,做成66道菜肴,其中36品冷盘、28道热菜、1个火锅、1种面食。以此为基础更可做出五六百种菜品,可谓天下一绝。而所有"羊菜"不露一个"羊"字:如羊脑门叫"望峰坡",羊唇叫"草边香",羊舌叫"撩青";羊耳叫"煸风";羊眼叫"灯笼"等。全羊席味美无比,当时的国防部部长秦基伟为之题词:"独一无二"。有西亚国家官员品尝后感叹道,就是他们这些"专门吃羊的人",也没想到滇味全羊会如此美味。

昆明另一家公馆菜饭店叫海棠春,开办于20世纪20年代,是民国初期掌管云南外事的徐之琛家中大厨袁炳奎开办的。徐之琛离开昆明前,帮助袁炳奎在当时的盐道署(今东风西路百货大楼西侧)旁开了这家高档饭馆,主营承包办席,自创锅贴乌鱼、油淋鸡、鸡汤燕窝、虫草炖鸡、炒螺黄和汤料八宝饭等菜品,以滇味打开市场,名列"滇中食肆五老名楼"之首,有"第一滇中菜馆"之称。抗日战争时期,省外流亡到昆明的时代歌舞团曾租海棠春餐厅场地演出,每天演出四场,歌舞餐饮,相得益彰,海棠春又开先河。据说西南联大师生组成的湘黔滇旅行团步行来到昆明,西南联大就在海棠春设宴接风,时间是1938年4月,共有三百多人赴宴,成一时盛事。

1941年,海棠春厨师解德坤被"云南王"龙云看中,聘到龙公馆任大厨。1949年,海棠春停业,解德坤与另外二人合股另办三合楼酒楼,专营大型酒席,后来又任北京饭店主厨。1959年,为搞好中华人民共和国10周年大庆接待工作,举办全国名厨选拔大赛,解德坤代表云南参赛,以炸洋葱、柠檬鸡、金钱洋芋饼等10道菜夺冠,被选为钓鱼台国宾馆12号楼主厨,所做滇味回锅肉、千张肉、扒肉条等,很得毛泽东喜爱。后来解德坤回到昆明,又在连云宾馆工作。1984年,解德坤受龙云的儿子龙绳文邀请,到美国访问献艺,所做云南汽锅鸡、锅贴乌鱼、干巴菌、柠

早年寺庙前的饭食摊，还是比较简陋

檬鸡、金钱洋芋饼、炸洋葱、酱牛肉、什锦拼盘、火腿玉兰片等极受欢迎，当地报纸以"毛泽东生前大厨来美表演精湛技艺"为题进行了报道。

另一位参加全国名厨选拔大赛的昆明厨师彭正芳也表现不俗，名列前茅，他做的滇味红烧肉，不放酱油、红糖，只用白糖，而肉色金红，味不甜不咸，入口不硬不烂，恰到好处，毛泽东特别爱吃，说是他吃过最好吃的红烧肉。彭正芳就此为毛泽东主厨14年。1963年毛泽东七十大寿时办了个家宴，彭正芳特地做了寿字拼盘，还做了红烧肉、油浸鱼、汽锅鸡、辣椒炒火腿、罗锅菌、花生、对虾、八宝饭、三鲜汤等。

盘点老一辈国家领导人喜欢吃的昆明"宾馆菜"，也很有意思。毛泽东除爱吃红烧肉和汽锅鸡外，平常还爱吃鸡油菌和角角辣（绿辣子）——取角角辣一剖两瓣，用点油盐煎一下就吃。昆明是朱德的第二故乡，他对滇菜情有独钟，喜欢吃红薯、南瓜、豌豆尖、辣椒，还喜欢素炒青豆米、青蚕豆焖饭、腌菜炒肉、火腿夹乳饼、糖醋白菜、粉丝豆腐汤、金雀花炒鸡蛋、炒蛤蟆叶、炒灰挑草、炒香椿、炒马豆荚、炒苦刺花等。刘少奇喜欢吃昆明的米线、饵块，而以乌鱼丝为帽子，又爱吃昆明乌鱼，如锅贴乌鱼、翻花乌鱼、柴把乌鱼等，还有昆明烤鸭。周恩来爱吃的昆明菜有豌豆、砂锅鱼头、捆猪头、生蒸云腿、竹荪汤爆肚等。邓颖超爱吃云南墨江紫米熬的稀饭。邓小平爱吃烧饵块，对什锦砂锅赞不绝口。宋庆龄在昆明吃过红葡萄酒炒排骨、番茄酱、火腿末、芫荽三色吐司和豌豆尖。陈毅爱吃风味腊肉、过桥米线、小锅米线。贺龙爱吃蜜汁火腿，那是滇味传统名菜，但是要带皮。

为外国贵宾举办的宴会也有滇味。1965年10月，柬埔寨西哈努克亲王到昆明访问，云南省政府在震庄为他举行了欢迎宴会，主厨是滇味大师王富，主菜为木炭烤乳猪，冷拼是滇味拼盘，配有6个冷碟，有金钱火腿、剥皮酥炸核桃仁、炝黄瓜卷、荷花造型冰糖番茄、灯影牛肉、鱼皮花生等；热菜为烤乳全猪、锅巴海参、金钩玉兰片、网油炸鸡菌、素炒凤尾；甜菜为拔丝苹果；甜羹是冰糖蛤蟆油；汤菜是草芽气锅鸡；面食为四喜饺、担担面；水果则是呈贡宝珠梨。

外国贵宾喜欢的滇味菜也有不同。20世纪60年代来昆明访问的缅甸总理吴努爱吃辣子焖鸡、豆瓣鱼。苏联最高苏维埃主席团主席伏罗希洛夫爱吃蛋黄糕和色拉油凉拌龙须菜（芦笋）。朝鲜国家主席金日成爱吃昆明泡菜。柬埔寨西哈努克亲王爱吃千张肉、荷叶粉蒸肉。几内亚总统杜尔爱吃过桥米线，还有素炒豌豆米、乳饼荷兰豆、草芽鸡丝、金钱火腿。1972年美国总统尼克松访问中国时吃过汽锅鸡。1986年到访昆明的英国女王伊丽莎白对天麻汽锅鸡评价不错，还吃过豌豆角和面点玉兔饺、灌汤煮饺、甜咸芝麻饼、奶油酥饼等。

（见《昆明百年美食》等）

○从家常菜到"饭馆菜"

对于普通昆明人来说，昆明菜就是家里餐桌上的家常菜、街上的餐馆里的"饭馆菜"。而那些独具风味的看家菜，就是"昆明菜"的代表。谈到昆明菜的特点，著名作家、美食家汪曾祺专门写了一篇《昆明菜》，他说："昆明菜是有特点的。昆明菜——云南菜不属于中国的八大菜系。很多人以为昆明菜接近四川菜，其实并不一样。四川菜的特点是麻、辣。多数四川菜都要放郫县豆瓣、泡辣椒，而且放大量的花椒，必得是川椒。中国很多省的人都爱吃辣，如湖南、江西，但像四川人那样爱吃花椒的地方不多。重庆有很多小面馆，门面的白墙上多用黑漆涂写三个大字'麻、辣、烫'，老远地就看得见。昆明菜不像四川菜那样既辣且麻。大抵四川菜多浓厚强烈，而昆明菜则比较清淡纯和。四川菜调料复杂，昆明菜重本味。比较一下怪味鸡和汽锅鸡，便知二者区别所在。"

据罗养儒《纪我所知集》（《云南掌故》）所记，早年昆明人吃菜，平常人家每餐两菜一汤，叫作"一汤两炒"，家里宽裕的是"一汤三炒"，而且串上点肉，"若吃到豆腐圆子，就算是美味了"。开铺子的老板或到饭馆包饭，或让家里送饭，生意做得大的吃的是"两炒、一汤、一咸菜"，生意小的是"一炒、一汤、一咸菜"，公馆衙门里则四碗菜、一盆汤而"荤素各半"，所谓"四菜一汤"是也。昆明人逢初二、十六吃肉，叫作"打牙祭"——"割几斤肉来，或红炖、或清炖、或蒸肉"。至于"宰鸡杀鸭，必得是逢年过节，不然即是有嘉客来临"，那就要讲究"八大碗""十二大碗"了。

当时昆明人平日"不唯不注重肉食，且转不乐于吃肉"，而讲究吃蔬菜——昆明叫"小菜"。这里称"小"也有讲究：一是和肉食"大菜"相对而言，一是和"老菜"相对而言。昆明四季如春，时鲜蔬菜四季都有，吃菜讲求新鲜肥嫩，蔬菜才出不久就采摘上市，"种菜者绝不愿意把韭菜蓄到尺五六长，将苋菜、菠菜蓄养成一株小树"，那就没有"吃场"了。昆明翠湖有清末名士陈荣昌题联：

十里春风青豆角；

一湾秋水白茭牙。

春来青蚕豆，秋有茭白瓜，昆明人的餐桌上从来不缺时鲜小菜。

早年汪曾祺离开昆明北上前"在一家饭馆吃了一盘肉炒菠菜，当时叫绝，至今不忘。菠菜极嫩，油极大，火甚匀，味极鲜"。写到这里，他不禁感叹了一句："北京人爱吃长成小树一样的菠菜，真不可解"（《昆明菜》）。

汪曾祺在这里说的"油极大"，也是昆明家常菜的一大特色。油是猪油，罗养儒就说昆明人家做菜总是"舀些猪油下锅，任何一种炒菜无不吃着油沁沁的"〔《纪我所知集》（《云南掌故》）〕。其中也有讲究，被汪曾祺找到了："袁子才（清代文人袁枚）《随园食单》指出：炒青菜须用荤油，炒荤菜须用素油，很有道理。昆明炒青菜都用猪油。昆明青菜炒得好，因为：菜新鲜，油多、火爆，慎用酱油，起锅时一般不烹水或烹得极少，不盖锅，或盖锅时间甚短。这样炒出来的青菜不失菜味，且不变色，犹如从园里初摘出来的一样。"（《昆明菜》）

这些家常菜的做法，都被搬到了昆明饭馆里，汪曾祺就是在饭馆里吃到肉炒菠菜的，他还发现"昆明饭馆里炒青菜多不盖锅"，这也是从家常菜"移植"过来的。至于菜品，从普通人家餐桌上搬到饭馆的还有火腿夹乳饼、炸乳扇、炸豆腐、螺黄汤，有炒鸡㙡、炒牛肝菌、炒青头菌、炒青苞谷、炒青豌豆、炒茭芽、炒鲜笋、炒蚕豆米、金钩白菜、酱爆茄子、金钩玉兰片等时鲜小炒，还有炒仔鸡、炒腰花、炒猪肝、炒鸡蛋、红烧肘子、炸肉圆子、青辣子炒肉等，构成了饭馆菜的一大类：便菜。再加发展就成了席菜，如红烧鸽蛋、鸡腰竹笋、糯米鸡、什锦冻鱼、凉拌鱼肚、五香鸡、软炸鸡、乌鱼片、鸡丝虎掌、柴把鱼、口蘑面筋、油淋鸡、脆皮鱼、软炸肫肝、软炸腰花、油爆肚、卤鸡等。

昆明人居家常做的蒸肉也上了馆子，成了蒸菜馆，制售蒸猪肉、蒸排骨、蒸羊肉、羊拐骨和粉蒸鸡等。早年昆明出名的蒸菜馆有三家：一是"老岳家"，兼卖火腿、卤鸡、卤肚、卤肝等；一是"门神馆"，兼卖蹄花、烂肉、火腿、卤菜等；一是"新春园"，兼卖炒菜，还专卖昆明人"吃出来"的金线鱼、豆豉鱼〔《纪我所知集》（《云南掌故》）〕。

汪曾祺认为"昆明人尚食蒸菜"。他说："正义路原来有一家，蒸鸡、蒸骨、蒸肉，都放在直径不到半尺的小蒸笼中蒸熟。小笼层层相叠，几十笼为一摞，一口大蒸锅上蒸着好几摞。蒸菜都酥烂，蒸鸡连骨头都能嚼碎。蒸菜有衬底。别处蒸菜衬底多为红薯、洋芋、白萝卜，昆明蒸菜的衬底却是皂角仁。皂角仁我是认识的。我们那里的少女绣花，常用小瓷碟蒸十数个皂角仁，用来'光'绒，取其滑润，并增光泽。我没有想到这东西能吃，且好吃。样子也好看，莹洁如玉。这么多的蒸菜，得用多少皂角仁，得多少皂角才能剥出这样多的仁呢？"

汪曾祺对"玉溪街蒸菜馆"的"瓤小瓜"十分推崇。并记录了这道菜的做法:"以小南瓜去瓤,塞入切碎的猪肉,蒸熟去笼盖,瓜香扑鼻"——这也是从昆明人家搬到饭馆的一道特色菜。后来汪曾祺自己做过,却不得其味。他总结道,蒸菜馆把瓤小瓜"和许多其他蒸菜放在一起蒸,鸡、骨、肉的蒸气透入蒸小瓜的笼,故小瓜里的肉有瓜香,而包肉的瓜则带鲜味,单瓤一瓜,不能腴美"——这又是饭馆对家常菜的改进。

汪曾祺在昆明饭馆的发现还不少,如"炒鸡蛋天下皆有,昆明的炒鸡蛋特泡,一颠翻面,两颠出锅,动锅不动铲,趁热上桌,鲜亮喷香,逗人食欲"。而"西红柿炒鸡蛋,西红柿炒至断生,仍有清香,不疲软,鸡蛋成大块,不发死。西红柿与鸡蛋相杂,颜色仍分明",这都是从昆明家常菜发展而来的。当时的映时春饭馆"还有菜为别家所无",叫作"雪花蛋","乃以鸡蛋清、温熟油做成,嫩如鱼脑,洁白而有亮光,入口即已到喉,齿舌都来不及辨别是何滋味,真是一绝"。"另有桂花蛋,则以蛋黄以同法制成。雪花蛋、桂花蛋上都撒了一层瘦火腿末,但不宜多,多则掩盖鸡蛋香味"(《昆明菜》《昆明的吃食》)。这又是家常菜的"升级版"。

○ "饭馆菜"精品

清末民初,昆明有名的饭馆有长美居、彩珍园、林春园、玉春园等,后来又有共和春、得意春、海棠春、冠生园、第一楼、鸿春园、鸿美园、双合园、菊花楼等24家。这些饭馆大多既办酒席,又卖便菜,推出的云南名菜有锅贴乌鱼、酱汁鸡腿、夹沙肉等,常见的菜品则有什锦冻鱼、芙蓉鱼翅、锅巴海参、鸡腰竹笋、五香鸡、软炸鸡、乌鱼片、鸡丝虎掌、脆皮鱼、火腿夹乳饼、油淋鸡、汽锅鸡、炸乳扇、螺黄汤等等,其中如乳扇、螺黄之类,不少都是本土特产。

抗日战争时期,昆明饭馆名菜更有特色,进入美食家汪曾祺法眼就有"培养正气"的气锅鸡、"东月楼"的锅贴乌鱼、"映时春"的油淋鸡、"新亚"饭店的过油肘子、小西门马家牛肉馆的牛肉、甬道街的红烧鸡𡒄、"厚德福"的铁锅蛋、"松鹤楼"的腐乳肉等。他认为昆明菜别有风味,"不像四川菜那样既辣且麻,而比较清淡纯和,重本味"。

东月楼早先在大东门瓮城卖饺面、米线兼炒菜,因炒菜油多,营业兴旺,后发展到以炒菜为主。汪曾祺所见东月楼在护国路上。"这是一家地道的云南饭馆,其名菜是锅贴乌鱼。乌鱼两片,去其边皮,大小如云片糕,中夹宣威火腿一片,于平铛上文火烙熟,极香美。宜酒宜饭,也可作点心。我在别处未吃过,在别家饭馆也未吃过,信是人间至味""鲜嫩香美,不可名状"。东月楼还有一道名菜是"酱鸡

抗日战争时期昆明街头饭馆用餐人

腿""入味,而鸡肉不'柴'""也极好"。

"映时春"在武成路东口。"这是一家不大不小的饭馆,最受欢迎的是油淋鸡,生鸡剁为大块,以热油反复浇灼,至熟,盛以一尺二寸的大盘,蘸花椒盐吃。一盘上桌,顷刻无余"——如此吃鸡,平生一快。

护国路还有做白汤羊肉的,按部位卖,带骨腿肉的叫"拐骨",羊腰叫"油腰",羊眼叫"灯笼",汤白如牛乳,蘸花椒盐吃,味道极好。昆明人把白斩鸡叫"凉鸡",味也"极好"。"坐食凉鸡"成为西南联大同学一大乐事。"昆明吃火腿特重小腿至肘棒的那一部分,谓之'金钱片腿',因为切开作圆形,当中是精肉,周围是肥肉,还有一圈薄皮"。当年大西门外有家饭店,马锅头兄弟一进门,先就大叫一声:"切一盘金钱片腿!"

（见汪曾祺:《七载云烟》《食道旧寻》《昆明菜》《昆明的吃食》等）

○ 昆明的"牛菜"

汪曾祺特别喜欢昆明的"牛菜",他说:"我一辈子没有吃过昆明那样好的牛肉。"他认为,当年昆明"牛菜"有三大特点:一,"昆明的牛肉馆的特别处是只卖牛肉一样,外带米饭、酒,不卖别的菜肴"。二,"昆明牛肉馆用的牛都是小黄牛,老牛、废牛是不用的"。牛肉馆大多自宰壮牛,以保质量。宰牛之前要贴公告,为待宰之牛披红挂彩,牵之游街,以示其牛壮质好,以此招徕顾客,于是宰牛之日,食客盈门,生意火爆,可谓经营有方。三,牛肉馆的牛肉是分门别类地卖的:

最常见的是汤片和冷片。白牛肉切薄片,浇滚烫的清汤,为汤片。冷片也是同样旋切的薄片,但整齐地码在盘子里,蘸甜酱油吃（甜酱油为昆明所特有）。汤片、冷片皆极酥软,而不散碎。听说切汤片冷片的肉是整个一边牛蒸熟了的,我有点不相信:哪里有这样大的蒸笼,这样大的锅呢?但切片的牛肉确是很大的大块的。牛肉这样酥软,火候是要很足。有人告诉我,得蒸（或煮?）一整夜。

其次是"红烧"。"红烧"不是别的地方加了酱油焖煮的红烧牛肉,也是清汤的,不过大概牛肉曾用红染过,故肉呈胭脂红色。"红烧"是切成小块的。这不用牛身

昆明小西门内的小饭馆经常卖牛菜

上的"好"肉,如胸肉腿肉,带一些"筋头巴脑",和汤、冷片相较,别是一种滋味。

还有几种牛身上的特别部位,也分开卖。却都有代用的别名,不"会"吃的人听不懂,不知道这是什么东西。如牛肚叫"领肝";牛舌叫"撩青"。很多地方卖舌头都讳言"舌"字,因为"舌"与"蚀"同音。无锡陆稿荐卖猪舌改叫"赚头"。广东饭馆把牛舌叫"牛脷",其实本是"牛利",只是加了一肉月偏旁,以示这是肉食。这都是反"蚀"之意而用之,讨个吉利。把舌头叫成"撩青",别处没有听说过。稍想一下,是有道理的。牛吃青草,都是用舌头撩进嘴里的。这一别称很形象,但是太费解了。

牛肉馆还有牛大筋卖。我有一次同一个女同学去吃马家牛肉馆,她问我:"这是什么?"我实在不好回答。我在昆明吃过不少次牛大筋,只是因为它好吃,不是为了壮阳。"领肝""撩青""大筋"都是带汤的。牛肉馆不卖炒菜。上牛肉馆其实主要是来喝汤的——汤好。

昆明还有牛干巴,乃将牛肉切成长条,腌制晾干。小饭馆有炒牛干巴卖。这东西据说生吃也行。马锅头上路,总要带牛干巴,用刀削成薄片,酒饭均宜。

最后,当时的牛菜还便宜,"吃一次牛肉馆是花不了多少钱的,比一般小饭馆便宜，也好吃，实惠"。

汪曾祺对小西门外的马家牛肉馆印象很深，那是昆明最大的牛肉馆，楼上楼下，有几十张桌子，但"只卖牛肉一种，亦无煎炒烹炸，所有牛肉都是头天夜里蒸煮熟了的"。这里还"常有人托一搪瓷茶盘来卖小菜，薤头、腌蒜、腌姜、糟辣椒……有七八样。两三分钱即可买一小碟，极开胃"。

（见汪曾祺《昆明菜》等）

○ "培养正气"汽锅鸡

汽锅鸡始创于清乾隆年间，正式得名于20世纪60年代，"出生"200年后才正式得名，堪称食品史之最。近代"云南十八怪"中有"土锅通洞蒸鸡卖"，说的就是汽锅鸡。

汽锅鸡的发明者一说是临安府（今建水县）"福德居"的厨师杨沥，他综合滇南火锅和蒸馒头之法，用建水土陶制成形制独特的钵形汽锅，选用刚下蛋的嫩母鸡或刚开叫的小公鸡入料，再加几片生姜、几根小葱、少许胡椒、精盐。揭盖之后，汤清如水，原汁原味，鸡香扑鼻，肉则滋嫩，汤则鲜甜，营养丰富，多食不腻，成为滇南名菜，被称为"杨沥鸡"。

汽锅鸡中也有昆明元素，那就是"杨林鸡"。早年"用云南特产的药材虫草煨仔鸡，以之送礼，名为杨林鸡"。到民国时改用汽锅，"以之烹制杨林鸡，才改称为汽锅鸡"（《昆明市志长编》）。

云南汽锅古朴别致，形状如同一个小小的扁鼓，正中有一个笋状的空管，可以像蒸笼一样层层叠加，蒸汽沿着笋管直入锅盖，冷却为水，滴入锅内，即成鸡汤。汪曾祺说："汽锅以建水所制者最佳。现在全国出陶器的地方都能造汽锅，如江苏的宜兴。但我觉得用别处出的汽锅蒸出来的鸡，都不如用建水汽锅做出的有味。"（《昆明菜》）

抗日战争胜利后，建水人包宏伟夫妇把"杨沥鸡"带到昆明，在福照街上开了家"培养正气馆"，一时大受欢迎。包宏伟又延伸建水燕窝鸡的思路，在汽锅中加入其他云南特产名贵药材，做成"三七汽锅鸡""虫草汽锅鸡""天麻汽锅鸡"等，既保持了鸡汤的营养，又能滋补强身，更受昆明人青睐，被称为"培养正气鸡"，成为昆明品牌，有"云南第一菜"之称。

汪曾祺对"培养正气鸡"情有独钟。他在《昆明菜》一文中写道："过去昆明人一说：'今天我们培养一下正气。'听话的人就明白是去吃汽锅鸡。'培养正气'的鸡特别鲜嫩，而且屡试不爽。""培养正气鸡"还向过桥米线学习，采用武定壮鸡即劁过的母鸡为原料，一般"鸡瘦则肉柴，肥则无味，独武定鸡极肥而有味"。

汪曾祺认为，"中国人很会吃鸡"，如"广东的盐焗鸡，四川的怪味鸡，常熟的叫花鸡，山东的叫八块，湖南的安东鸡，德州的扒鸡……"他断言："如果全国各种做法的鸡来一次大奖赛，哪一种鸡该拿金牌，我以为应该是昆明的汽锅鸡。"

据说 20 世纪 50 年代初，曾为"云南王"的龙云到北京任职，把汽锅鸡搬到首都招待国家领导人，毛泽东吃了称好，从此汽锅鸡就列入了国宾馆的菜谱。在 1963 年毛泽东七十大寿的家宴上，汽锅鸡也上了餐桌。此后，1972 年，汽锅鸡还"接待"过美国总统尼克松，尼克松对汽锅鸡赞不绝口，风趣地说："味道太鲜美了，真想连汽锅都一起吃进去。"1986 年，英国女王伊丽莎白到访昆明时也品尝过天麻汽锅鸡，据香港媒体报道称："女王对汽锅鸡尤感兴趣。"在 1999 年举行的昆明世博会和 2005 年大湄公河区域国际会议上，汽锅鸡也曾登堂入室，端上了为各国领导人举行的国宴的餐桌。

1967 年，就在"汽锅鸡"正式命名后不久，河南安阳殷墟妇好墓中出土了一个"青铜汽柱甑形器"，和云南建水汽锅形制几乎一模一样，被称为"商代铜汽锅"，此中奥妙，深不可言。

○ "狗街烧鸭"和"宜良烤鸭"

据说北京烤鸭了得，走遍天下无敌手，唯独在昆明吃不开，"勾不走"，红不起来——为什么？因为昆明有宜良烤鸭。

宜良烤鸭有两支，一支是宜良烤鸭，一支是狗街烧鸭。关于宜良烤鸭来源的说法不少，甚至成为一个社会学课题，有人为此做过硕士论文，又为宜良烤鸭增添了许多神秘色彩。

狗街烧鸭极有名，才出炉时特别香，一凉味道就差了。早年昆明城里人闻香而来，大清早坐小火车赶到宜良狗街，趁热一饱口福之后，再坐晚班车回城。滇南开远的食客为了口福，当天回不去，只好在狗街住上一夜。抗日战争时期，著名女作家冰心从北京迁居昆明，就常常乘火车到狗街吃烤鸭，有时还带几只回昆明，全家享用或招待客人。

狗街烧鸭真和北京烤鸭有关。据说清光绪二十一年（1895 年），宜良人刘文跟随同乡前往北京赶考，住在一家烤鸭店隔壁。刘文用心观察店中如何烤鸭，竟也学了一手。返乡之后，刘文在狗街开了家"质彬园"，经营"京都烧鸭"——在昆明方言中，这个"烧"就是"烤"，如烧饵块实为烤饵块等。刘文的狗街烧鸭又自有特点：北京烤鸭用明火叉烧，刘某改用土坯焖炉，松毛暗火，热度均匀，无烟无尘。

他又对选鸭、汤褪、成型、配料适当改进,所烤烧鸭肥瘦相宜,鲜香油润,皮酥内嫩,骨脆可嚼,吃完后全鸭只丢四大骨,不负盛名。

"质彬楼"注重信誉,鸭不壮不杀,烤不扒不出炉。传说旧时一军官路过狗街,跑到店里催要烤鸭,喊了几声不见动静,他不管火候不到,自己动手揭开炉盖,刘文气得七窍生烟,和那军官大吵。那官拔出枪来威胁,刘文就抓起菜刀拼命。后来还是旁人劝解,才没有酿成大祸。那炉烤鸭闪火走了味,刘文一只都没有卖。宜良人称"刘文烤鸭好吃,脸嘴难瞧"。

狗街还有个"李烧鸭",其年代更早,据说明初的洪武年间就有了,和北京烤鸭的历史有得一比。当时统帅明朝大军平定云南的主将傅友德有个叫李海山的大厨,以做烧鸭闻名。后来傅友德被朱元璋召回赐死,李海山流落昆明,先后在宜良狗街、蓬莱经营烧鸭为生,世代相传,已传28代。

另一支宜良烤鸭据说起于清咸丰六年(1856年),当时的宜良知县岑毓英和几个士子结拜兄弟,在宜良大街花桥下的"顺河楼"喝鸡血酒。岑毓英让店家用栗炭火烤全鸭佐餐,从此就有了宜良烤鸭,岑毓英后来被追赠为太子太傅,位列"宫保"之列,他发明的宜良烤鸭也从而得名"宫保烧鸭"。后来宜良烤鸭也改用土炉暗火烤制,与狗街烧鸭的做法合流了。抗日战争时期,被誉为"国学大师"的西南联大教授钱穆到宜良岩泉寺编写《国史大纲》,就品尝过宜良烤鸭。那是一次"独享",他在《师友杂忆》中写道:"宜良产鸭有名,一酒楼做北方烧鸭,外加烧饼,价值币六元,即国币六角。余一人不能尽一鸭,饱啖而去。"

早在20世纪初,狗街烧鸭就成了省城达官贵人宴席上的一道大菜。为吃个正宗和新鲜,他们还常把刘文请到城里亲自烤制,宜良烤鸭从此叫响昆明。至今到宜良吃烤鸭仍是昆明城里人一大乐事,只是如今不是乘火车,而是自驾私家车了。

除宜良烤鸭外,早年昆明还另有一种烧鸭,做法是"将子鸭用挂炉烧制,较肥嫩。昆明每到秋季(上市),售者多为玉溪人。其特点为滋嫩,与宜良狗街的以肥壮著称的有些差别"。此外,昆阳、晋宁的卤鸭也很有名,以体壮肥嫩的麻鸭制成,"因为靠滇池,产量很多","夏末秋初大量上市"(《昆明市志长编》)。晋宁人制作卤鸭,要用云南中草药,工艺特殊,成品色泽金黄,卤味香醇,皮薄肉嫩,肥而不腻,很受欢迎。

○ "花宴"和"药膳"

"吃花"是昆明民间食俗一大特点,更因特有的药用价值步入宴席,成为一大特色"滇味"。如杜鹃花可镇静止痛,入菜后有"冻鱼酿杜鹃花";"干煸苦刺花"

为美味山珍，有清热消炎之用；"凉拌棠梨花"可健胃养颜；"清拌茉莉花"能抑菌消炎；"老树花"能防动脉硬化和脑血栓；"三七花粉烤牛排"中的三七花粉可清热降压、平肝补气；"土鸡蛋煎金雀花"中的金雀花可滋阴和血，健脾强壮；"紫茄子蒸芋头花"中的芋头花治胃痛吐血、痔疮脱肛；"麦瓜花"则清利湿热、消肿散瘀；"香菊花过桥米线"中的菊花镇静解热、抑菌降压；"椒盐兰花饼"中的兰花驱虫催生"孔雀桂花冻"中的桂花化咳止痰、活血止痛；"八宝饭"中的百合鳞茎可润肺止咳、补中清火等。

昆明人做菜时还会加入一些草药，叫作"补膳"。如前面提到的"三七汽锅鸡""虫草汽锅鸡""天麻汽锅鸡"等。此外还有"天麻炖鸡"，用昭通野生天麻和还没下蛋的嫩母鸡做成，不仅汁香味美，还能清火安神，对肢体麻木、神经衰弱、头昏失眠等有特殊疗效。"黄芪炖鸡"可疗治脾胃虚弱、中气不足、脱肛、子宫下垂等。"山药枸杞蒸鸡"可益精血，健脾胃，治疗头晕、眼花、耳鸣、腰膝无力等。"虫草鹌鹑"能补肺气、培肾脾，可疗治肺肾虚弱引起的咳嗽、痰中带血及精神恍惚等虚症。"荠菜豆腐"是素菜，也有凉肺止血、利湿通淋的功效，可治高血压、水肿、便血、尿血等。再如"当归羊肉""党参排骨""茯苓包子""清蒸鲫鱼""鸡汁粥"等等，各有药用价值，备受民间推崇。

○素酒馆的"玫瑰重升"和发芽豆

老昆明市井好酒之人也有好去处，那就是散布在街头的素酒馆。此之称"素"，只卖酒不卖饭也，早期还无大菜，仅以素菜下酒。早年昆明多有"南田酒"。清人檀萃在《滇海虞衡志》中说，省城昆明的酒清冽香醇，值得一饮。东门酒铺的酒特别好，叫作南田酒——那是清乾隆年间的事了。

罗养儒对昆明素酒馆另眼相看，说旧时"城里城外之素酒馆甚多，任人取择。素酒馆中，不卖市酒，独沽升酒，且多是'玫瑰升'"〔《纪我所知集》（《云南掌故》）〕。这"玫瑰升"是早年昆明名酒，是加用玫瑰花酿制而成的。早年昆明的酒有市酒、升酒之分，低度的叫"市酒"，用市酒发酵制成的高度酒叫"升酒"，如果用升酒再发酵，酿成的就是"重升酒"了。昆明的玫瑰酒就分"玫瑰升"和"玫瑰重升"两种。汪曾祺有诗句称："重升肆里陶杯绿"。这个"重升"就是玫瑰重升酒，"肆"就是素酒馆。他解释说："昆明的白酒分市酒和升酒，市酒是普通白酒，升酒大概是用市酒再蒸一次，谓之'玫瑰重升'，似乎有点玫瑰香气。昆明酒店都是盛在绿陶的小碗里，一碗可盛二小两。"由于"市酒比升酒要便宜一半。昆明人有一种喝法，叫作'升掺市'，即一半升酒、一半市酒掺起来喝"（《凤翥街》《七载云烟》），这也是普通人在素酒馆过酒瘾的方式。

至于素酒馆的下酒菜，罗养儒说："送酒有菜，是油煎鳡浪鱼、油炸小鱼、产油炸兰花豆、油焙蚂蚱、卤豆腐干或炸豆腐干，炸豆豉粑及咸蛋、皮蛋、凉拌豆芽、煎乳饼、连壳煮的鸡蛋。"〔《纪我所知集》（《云南掌故》）〕此中乳饼"为宜良、路南（今石林县）所产""以羊乳煮起凝固，做成长方形"，除了煎以外，还可烩、可软炸等。类似的还有乳扇，"亦为羊乳熬炼成，作长方形薄片。昆明各食馆以油炸黄出售，极香脆"（《昆明市志长编》）。这乳饼和乳扇都是昆明的"特色菜"，出自滇西大理的白族，历史渊源很深。汪曾祺说："乳扇是晾干的奶皮子，乳饼即奶豆腐。这种奶制品我颇怀疑是元朝的蒙古兵传入云南的。然而蒙古人的奶制品只是用来佐奶茶，云南则作为菜肴。这两样其实只能'吃着玩'，不下饭的。"（《昆明菜》）

此外，素酒馆的下酒菜还有炸花生、炸洋芋片、炸豆腐、炸虾巴、凉拌灰蛋、卤鸡蛋、咸鸭蛋等，最让外地人惊悚的是油炸沙蛆和竹蛆。"此外，更有一种下酒食物，是煮发芽豆，香料十分齐全，仅五文铜钱一碟。其他之菜，无非十文一碟，到二十文为尽头，若二三酒徒入馆作陶然一醉，要不过耗去二三百文钱。此足以证当时之一班酒徒，绝不至'道逢曲车口流涎'，更不至举瓶而喝寡酒也。"〔《纪我所知集》（《云南掌故》）〕

老昆明必不可少的下酒素菜是五香兰花豆，又叫油酥开花蚕豆。其做法很简单，先将蚕豆浸泡好，然后用刀在豆的顶端拉两刀，一横一竖，开出个"十"字形小口，然后下油锅一炸，炸得金黄酥脆，皮褐瓣黄，"十"字口处炸开，如同兰花绽放，因此叫"兰花豆"。再撒上些五香椒盐，就可以上桌下酒了。兰花豆不仅素酒店有，小摊贩也会挑着走街串巷，边走边吆喝："五香兰花豆——呱呱叫（那个）、梆梆脆（那个）；还有卤猪肉——越吃越有味……"

至于素酒馆卖卤肉，那是后来的事了。

○名士酒菜："兴余无别物，下酒是蚂蚱"

在昆明普通人的下酒菜中，油焙蚂蚱和炸虾巴显露了另一个昆明食俗——吃虫。虫即所谓虾巴，一说就是蜻蜓的幼虫。以炸虫下酒，是昆明喝酒人的至爱，"云南十八怪"中的"蚂蚱当作下酒菜"是也。

清道光《昆明县志·物产志》中称蚂蚱为"蚱蜢"。吃法有两种："每岁秋获时，儿童攫而煮之，作老红色"——这种娃娃发明的"煮蚂蚱"如今见不到了。另一种是从街市上买来，"掐而去其项与翼，油炸之，蘸以椒盐，味绝佳，可下酒"，这就是油炸蚂蚱，且有药效——"土人又谓能解炉烟毒，消积滞也"。

汪曾祺1944年在昆明黄土坡一个中学教了两个学期的书，学校发不出工资，只发米，菜得自己想办法。"有一个时期附近小山下柏树林飞来

早年昆明寺庙里的素食摊

很多硬壳昆虫，黑色，形状略似金龟子，（校工）老鲁说这叫豆壳虫，是可以吃的，好吃！他捉了一些，撕去硬翅，在锅里干爆了，撒了一点花椒盐，就起酒来。在他的示范下，我们也爆了一盘，闭着眼睛尝了尝，果然好吃。有点像盐爆虾，而且有一股柏树叶的清香——这种昆虫只吃柏树叶，别的树叶不吃。于是我们就有了就酒的酒菜和下饭的荤菜。这玩意儿多得很，一会儿的工夫就能捉一大瓶"（《七载云烟》）。

以虫下酒，本为"名士风流"。早在清乾隆时，昆明布衣文人孙髯有《咏蒹瓜》诗，奉蚂蚱为佐酒极品，其句有：

露湿莲雨冷，风高雁阵斜。

菰芦何处是，携带好蚂蚱。

又有：

雁啄沉云黑，龙啖秋月斜。

兴余无别物，下酒是蚂蚱。

既起兴于蒹瓜西葫芦，诗人待蒹瓜也不薄：

滋味吾心薄，清秋得此嘉。

淡中无系累，归去足生涯。

还有：

淡泊平生志，蒹瓜较肉嘉。

绿排江上阵，香老水之涯。

旧时昆明蒹瓜以翠湖出品最有名。清乾隆年间檀萃的《滇海虞衡志》称："蒹瓜，滇城九龙池有之。"清末昆明名士陈荣昌也在翠湖留下一联，既有"十里春风青豆角"，又有"一湾秋水白蒹牙"，这个"白蒹牙"就是蒹瓜。

昆明人爱吃烧茄子。将长茄架在炭火上烤熟去皮，又用甜酱油、咸酱油、酸醋、葱姜、卤腐汁、花椒油、碎辣子、香菜、薄荷、煳辣子面兑制调料，浇上烤茄，香鲜得宜，爽口开胃。若以之下酒，就是一道名士菜了——见之孙髯的《咏烧茄》诗二首，其一曰：

名似神仙着，担来老圃家。
余霜犹在蒂，嗜痂不如茄。
取火求□□，挑泉剥紫霞。
相烦盐大使，猫踏醋瓶诨。

其二：

未过屠门嚼，取茄漫火烧。
不须叹四篓，可也醉千瓢。
姜桂虽润性，盐梅未许调。
古来多好手，风雨自魂消。

可见当年做烧茄子，比今天要简单。而"醉千瓢"之酒，也非重升酒而是菊花酒，见孙髯《咏菊》诗：

野色团天地，秋光入酒瓢。
未能成一醉，也不负今朝。

孙髯自负"得酒即为家"，其以瓢饮酒，酒为菊花酒，下酒有烧茄、荚瓜、炸蚂蚱等，酒尽品茶，就有了"明月千杯酒，秋风七碗茶"之诗意，驾鹤西去之时，就可以在墓前留这么一副对联了：

这回来得忙，名心、利心毕竟糊涂到底；
此番去甚好，诗债、酒债何曾亏负着谁。

而在清道光年间昆明进士戴䌹孙眼里，家乡的蔬菜品种最多，即使是山毛野菜，一经调烹，都是佳肴，不必非吃鸡肉、猪肉不可，而其中最美味的，是冬末的苦菜。这苦菜看似平常，却很有来历。南朝学者陶弘景在《名医别录》中称，苦菜生于益州（云南及周边地区），长在河谷、山道旁，严冬不死，照样生长。唐人慎微的《本草》有一条注解，认为龙葵就是苦菜，叶圆花白，适于煮食。清人戴䌹孙在《昆明县志》

街边小饭馆的本土菜非常受欢迎

中说，昆明所产苦菜非常特别，一棵就有3斤多重，煮吃的时候放进油炸臭豆腐，其味之美，为菜汤第一。

可见昆明的这款"臭豆腐煮苦菜"，也算得上源远流长了。

不仅是布衣名士，就是在昆明做云贵总督的儒学大师阮元，也在城中府第的庭院里挖地种菜。收摘之时，阮元兴致特别好，赋《摘蔬》诗曰：

摘我园中蔬，古人诗可味。
譬如嚼菜根，其香涤肠胃。
我园春菜多，绿畦隔花卉。
每看家僮锄，亦课园丁溉。
折腰手亲摘，倾筐盈且塈。
呼儿共晚餐，使识蔬笋气。
一家肉食者，远谋问能未？
岂可对陶诗，不自惭其贵。
此以淡性情，非复计惠费。
若云拔园葵，在今亦无谓。

阮元是大吏，不缺几个小菜钱，诗中也声明其种菜无关银钱，而在乎以此"淡性情"。做官的是"肉食者"，吃多了肉，不利于"远谋"，必须用蔬菜来"淡"一下。阮元写的是摘菜，诗句中却处处透着富贵之气。阮元也是一代名士，不过是"肉食名士"，和布衣名士孙髯不一样。

○豆焖饭和洋芋红薯焖饭

豆焖饭本来是昆明乡村居民踏青时吃的时鲜食物，因为色香味美，经厨师改进提高之后，不仅进入了饭馆，还进入了筵席。

昆明人喜欢"吃青"，除了用新鲜蚕豆做菜外，还用青豆米加火腿焖饭吃，叫作豆焖饭。其焖法有两种：一种是生焖，一种是熟焖。生焖则鲜甜，熟焖则香爽，各有所长。豆焖饭色红、绿、白相映，味香甜糯，别有风味。吃豆焖饭时，多佐以凉拌菜，如莴苣、韭菜、绿豆芽等，再加一碟卤腐，以解油腻。

和豆焖饭类似的还有洋芋红薯焖饭。其本亦为农家的家常饭，今亦登堂入室，入市上席了。其之制作，将洋芋、红薯切成坨，云腿切成丁，用旺火猛炒，再用米饭盖严，下盐淋汤，焖至溢香，即可食用。其口感酥嫩，甜香爽口，富于营养，亦菜亦饭，富于农家气息，大受欢迎。

咸味：盐鲊腌菜

　　制作咸菜、腌菜是老昆明人的一大特长，而且做出了不少精品，无论是黑大头、韭菜花、糟辣子、骨头醡，还是泡菜、卤腐、豆豉、虾酱，还是茄子鲊、海菜鲊、萝卜鲊、肉鲊，无不味厚而美，久存而鲜，无一不是"大米饭的冤家，小门第的亲家"。

　　昆明四季如春，不缺蔬菜，唯有淡、旺季之分。昆明人居家过日子，差不多户户都有几个腌坛鲊罐，赶在旺季蔬菜便宜时趸买一些，做成咸菜，又方便，又开胃，又好吃，蔬菜淡季也常吃常有，何乐而不为？那掏出的第一碗，多半要送给隔壁邻居，大家品评一番，既是一种技艺的交流，更是情感的交融。在早年绷得很紧的生活中，平添不少温情。旧时昆明娃娃常在门前巷口相对而坐，相互拍手而唱：

偏偏镲，偏偏镲，
卤腐萝卜鲊。
妈妈不在家，
弟弟抓两把。
妈妈回来啦，
拿起棍子打，
打得啪啪啪……

○玫瑰大头菜

昆明最有名的咸菜是玫瑰大头菜，因其色泽黑亮，俗称"黑大头"，又叫黑芥，有玫瑰黑芥和甜味黑芥两种。

大头菜始创于明末清初，已有三百多年历史。据民国《续修昆明县志》记载："大头菜，甘香脆美，以三牌坊允香斋及西仓坡下的羹酱园所制最佳，运销亦广。"罗养儒也在《纪我所知集》（《云南掌故》）中说："昆明之允香斋，系百余年来一老酱菜铺也，制出之玫瑰黑芥，实异于众，入口嚼之，不仅香甜，而又脆嫩。所以然者，因酱缸老，做酱又概用好黄豆，酱里又落有玫瑰糖，故酱出来之黑芥，能得如此美好也。"

坊间相传，早年昆明某酱园老板的女儿爱吃糖，不小心把一罐玫瑰糖泼进腌菜缸里，因怕挨打，没有声张，悄悄把腌菜缸封好了事，不料却做成了一缸口味绝佳的咸菜。

其实昆明大头菜制作并不简单。如罗养儒所说，用料要精选昆明官渡特产上等新鲜芥菜根，削皮切块后，又用磨黑盐多次腌制，再淋入陈年老酱浸泡，配入红糖、玫瑰糖、饴糖、老白酱、酷子酱等，腌制七八十天而成。其色黑，表里如一，切片透明，滋润脆嫩，咸而适口，鲜而回甜，兼有芥菜冲香及酱香、玫瑰花香，营养丰富，长存不干。食法不拘一格，可切片，亦可切丝，可凉拌生吃，又可炒肉熟食、剁肉蒸食等。昆明人吃凉面、凉米线，常配以黑大头丝，制作春卷、烧卖时，亦加黑大头少许，吃凉米线也会加一点黑芥丝，颇能抬味，且有增进食欲、开胃生津之效。

汪曾祺也吃过黑大头："昆明谓黑大头为黑芥。袁子才（清代文人袁枚）以为大头菜宜肉炒，很对。大头菜得肉，香味才能发出。我们有时几个人在昆明饭馆里吃饭，一看菜不够了，就赶紧添叫一盘黑芥炒肉。一则这个菜来得快，二则极下饭，且经吃。"（《昆明菜》）

早年昆明做黑大头的有允香斋、永香斋、桂香斋、颐和斋、和羹园等几家铺坊，其中又以永香斋所制最有名，可惜产量少而价格高，平头百姓很少吃得起。1911年，昆明大头菜在巴拿马国际博览会上拿过大奖，1921年参加云南省劝业会物品展览又得了奖状、奖章，"行销于港、沪及其他省，都认为是云南酱菜中的唯一佳品也"〔《纪我所知集》（《云南掌故》）〕。

○路南卤腐

20世纪60年代，时任越南主席胡志明到昆明访问，用餐时突然想吃路南卤腐，当时宾馆没有准备，临时上街也没有买到，大家都十分遗憾。早年胡志明曾多次到昆明进行革命活动，算得上昆明通。他对路南卤腐的喜爱，并非偶然。

路南县今称石林县，境内有黑龙潭，出水而成巴江，水质清冽甜美，两岸多产黄豆。当地人制作卤腐，要精选当年所收最饱满、粒圆、干燥的黄豆，再用清甜的巴江水制成豆腐，经发酵后划为小块，再晒、捂为豆腐坯，浸酒控干后，裹上用磨黑盐、茴香籽、辣椒、八角、花椒制成的配料，此后如果先滚熟香油再裹配料装罐，做成的就是油卤腐；如果用洗净晒蔫的菜叶将豆腐块带配料包起来装罐，做成的是叶卤腐；如果蘸白酒裹配料装罐，又是酒卤腐。三者都是冬制、春贮、夏食，揭开罐封，浓香扑鼻，满罐橘红，色泽鲜丽，味美回甜，细腻化渣，用以佐餐、解油、醒食，都是上品。昆明人身体不适、不思饮食，往往就想吃路南卤腐，其开胃之美，可想而知。

○太和豆豉

昆明另一个咸菜名品是太和豆豉，据说起源于江西太和镇，清康熙年间传到四川三台，后再传到昆明。百年之间，因地而异、因俗而异，太和豆豉也成了昆明的一大特产。

昆明太和豆豉用料要选昆明特产乌嘴豆，用盐要用磨黑盐，另加糯米、上等红糖、八角、茴香籽，经浸泡、蒸料、制曲、拌料、入罐、发酵，历时三月而成。太和豆豉色泽红褐，酥化而分颗，味咸而回甜，美味鲜香，荤素、蒸炒皆宜，营养丰富，食用方便，为人所好。

○茄子鲊·肉鲊·虾酱

昆明有一种称为"鲊"的传统咸菜。"鲊"本来指用盐和红曲腌制的咸鱼，但在昆明方言里，鲊通常指腌制的干菜。最常见的就是茄子鲊。早年夏秋之际，昆明巷尾院坝，房头田场，常可以见到用簸箕、草席摆晒的茄子条，那就是做茄子鲊的头道工序。做茄子条以团茄为好，晒干后上甑蒸熟为鲊条，另用大米炒黄磨细，做成鲊面,再备糟辣子、盐、八角、草果和鲊条一起拌匀入罐,用泥土密封,过一个月就熟了。食用时取出茄子鲊用香油炒食,鲊香醇厚,软腻适口。类似的咸菜还有萝卜鲊、芥菜鲊等,做法大同小异,只是不蒸也不加鲊面。

据清人檀萃所记,早在清乾隆年间,昆明人家做鲊就很普遍了,"每岁腊中,家家造鲊",便可吃上一年。做鲊要放酒,清代昆明士大夫家藏有"老酒","以麦面酿,酒密封藏之,可数年,土人尤贵重"——"有贵客则设老酒、冬鲊,以示勤;婚娶亦以老酒为厚礼"。

汪曾祺也对茄子鲊进行过考证。他在《昆明菜》一文中把茄子鲊称为茄子酢。他说:"茄子酢(鲊)是茄子切细丝,风干,封缸,发酵而成。我很怀疑,这属于古代的菹。菹,郭沫若以为可能是泡菜。《说文解字》'菹'字下注云:'酢菜也。'我觉得可能就是茄子酢一类的东西"。他认为,"古书里凡从酉的字都跟酒有点关系",而茄子酢"是经过酒化了的,吃起来带酒香"。

鲊不仅有素的,还有荤的,那就是猪头肉鲊,又叫萝卜丝鲊。制作时先将肉煮扒,肉汤分开,用食盐、辣子面、八角、草果、红糖,分别拌汤和炒米面,再用干萝卜丝、猪头肉片入汤,最后放进鲊面,拌匀冷却就可以入罐密封了。这种鲊可以现做现吃,也可以放上一年而不坏。农村中有大年三十做鲊,吃到下一年除夕的习俗,取常吃常有、年年有余之意,讨个吉利。

昆明的荤腌菜还有一绝,那就是嵩明杨林的虾酱。其制法奇特:先用嘉丽泽所产鲜虾洗净装缸,灌进白酒,虾醉昏变红,即捣碎拌入胡萝卜干、配盐、八角、花椒、辣椒面等,装罐密封,数月而成。其多含蛋白质、胡萝卜素等,食之鲜甜略辣,甜咸得当,又久储不变,携带方便,早先农民多自制自食,后来也有人拿到市场上出售,很受欢迎。

○腌姜·甜蒜·糟辣子·韭菜花

昆明人有一句老话:"姜开胃、蒜打毒,辣椒吃了走筋骨。"姜、蒜含辛辣素和芳香成分;蒜能解毒、抗菌、消炎、驱肠道寄生虫;姜有温中祛寒、健胃止呕、温肺化痰、发表解毒的功能。生病不思饮食或禁忌油荤,吃点腌姜、甜蒜,就能生津开胃,促进食欲、调理病体。

昆明人会做玫瑰子姜,精选白露时节采收的玉溪沙地新姜,配上精盐、来年老白酱、上等红糖和玫瑰糖,腌浸后再晾晒而成,其脆嫩、鲜辣、无渣、香郁、回甜、暖胃,多成零食。类似的还有玫瑰子瓜,主要原料是官渡黑土下凹所出小黄瓜,个小、色绿、质脆、肉厚，还带瓜刺，配以玫瑰糖腌制而成，色泽深绿，呈半透明状，味美适口，脆嫩宜人，除佐餐外，昆明人还把它作为零食，久负盛名。

昆明人一般不适应大蒜的辣冲味，说是吃了"口臭"。但昆明所产甜大蒜，经过腌制，既减少了辣冲味，又保留了生蒜杀菌消炎的药用价值。这种甜大蒜分红糖大蒜和白糖大蒜两种，甜咸适中，又脆又嫩，南方人喜爱，北方人也欢迎。夏天容易流行肠道病，昆明人特别喜欢吃几瓣腌大蒜解毒。

昆明人居家常吃"糟辣子"。其做法十分简单：把红辣子剁细后加盐入罐即可，再放入藠头则成糟辣藠头，放入片姜则成糟辣子姜，放入茄子又成糟茄子等。但选料很有讲究，藠头以昆明西山猫猫箐所产为好，茄子要用小团茄子，其肉质丰满，细嫩无籽，做成的糟茄子特别好吃。

昆明人家还自己腌制韭菜花。这款咸菜用新鲜韭菜花和苤蓝丝、辣椒腌制而成，甜、咸、辣各味俱全，脆嫩可口，而以韭菜花味突出，鲜香扑鼻，被汪曾祺誉为"中国咸菜里的神品"。韭菜花原出于滇东的曲靖，早在清末就有了，抗日战争时期更远销贵阳、南京、香港、澳门等地。当时还用切得极细晾干的萝卜丝做主料，"按说不用多少成本，但价钱却颇贵，想是因为腌制很费工"（《昆明菜》）。

○泡菜·酸腌菜

"昆明酸腌菜，云南人最爱"。"云南十八怪"之一有"萝卜也当水果卖"，指的就是腌泡的酸萝卜。

昆明民间家制咸菜中，最简单、最常见的就是泡菜了。用开水冲一罐盐水，晾凉之后，加入盐、糖、料酒、八角、辣椒（或干辣子面）等佐料，然后将时鲜蔬菜洗净、晾干、切好，放进罐里就行了。可以做泡菜的有鲜辣椒、白萝卜、红萝卜、黄瓜、洋丝瓜、莲花白、莴笋、刀豆、小茄子、嫩姜等。放盐要适量，过多不易熟，而且没有酸甜之味，过少则易酸易腐，而且要注意不能沾油和生水，以免生花起霉。

泡菜做起来简单，夏季三五天就可以取食，鲜酸脆嫩，特别适宜暑天食用，不但可以做菜，还是昆明姑娘、小孩的零食和冷饮。昆明街头巷尾常有人摆摊卖泡菜，大姑娘、小娃娃当街买来，边走边吃，迫不及待，正应了昆明坊间的那句俗语："酸姑娘，甜儿子。"

如果非"泡"而"腌"，又可做成老昆明的另一道家常咸菜——酸腌菜。酸腌菜在清道光《昆明县志》中就有记载，每年十一二月间，昆明人家都要买来苦菜，洗净晾干后用盐巴腌制，再封装进大瓦罐，做成"酸菜"。第二年春天，开罐取出食用，酸辣鲜脆，味道极美，比得上古代美食"金荪玉脍"。至今每年冬春之时，老昆明人会从菜市上"趸买"一大堆苦菜，洗净晾干切小，拌上盐巴、辣椒、花椒、生姜、八角、茴香和料酒，装罐密封，全程无"油"操作，腌制一个月后便可食用了。腌得好的酸腌菜就妙在一个"酸"字上，要酸得不浓不淡，"适口"而止，既可以单独食用，用以开胃，更可以当作佐料，加入荤肉、素菜中，无论炒、蒸、煮、炖，都别有风味。抗日战争时期，哲学家冯友兰的女儿宗璞在西南联大附属小学读书，对昆明的酸腌菜就"爱不离口"。后来她在《东藏记》中写道，当时凤翥街相连的好几个小杂货铺都摆着一排玻璃罐子，最大的罐里装着酸腌菜，这是昆明特产，所有女孩子都爱吃。

在昆明菜街子上、公园门口，近年又悄悄兴起了一种无腌咸菜：麻辣海带、豆腐丝等，其味浓烈，制作简便，颇受欢迎。而昆明大厨做的泡菜，竟然得到来自"泡菜大国"的领导人金日成的喜爱，更是昆明泡菜最出人意料的成就。

昆明家制腌菜"名品"还有腌香椿、腌韭菜、腌洋姜等，品种繁多，风味各异，但鲜、甜、脆、辣是不变的。

○油鸡枞·腌菌

家制咸菜之上品，非油鸡枞莫属。鸡枞本来就是山珍，以之入席，便有数十种菜可做。若把鸡枞加盐，腌上一天，晒到六、七成干，再用文火菜油一炸，就成油鸡枞了。经此烹调，其香愈浓，其味愈鲜，且可存放经年，随时享用。昆明人喜欢吃清汤米线、饵𫗦、面条，又喜欢吃拌凉菜，只要加几滴鸡枞油，顿时鲜味大增，妙不可言。

干巴菌也可以做成咸菜，更是云南独有的美味。先把干巴菌拣干净，洗好晾干后掺进韭菜花、糟辣子腌制，就成了干巴菌韭菜花。如果掺的是红糖再加苤蓝，腌制后就是干巴菌苤蓝丁。腌制的时候，自然要配上盐、八角、花椒、辣椒面等，因为各种原料的需盐量不等，要先分别腌制，三五天后再拌和在一起，装罐密封，数月而成，开罐异香扑鼻，吃来鲜甜略辣，昆明人常常用来炒剁肉，鲜美之极，无可言状。

如此腌菌，一般昆明人家多是自制自食。因为干巴菌很难收拾干净，大量做有困难。有时咸菜铺里也会出售，但其中干巴菌成分极少。尤其是近年，干巴菌身价日高，做咸菜更不划算了。

老茶馆

旧时"昆明人都喜欢吃茶。城里城外,从最繁荣的市中心到最荒僻的小村落,可以说没有一条街上没有茶馆"(班公《昆明的茶馆》)。据民国《昆明市志》统计,1924年,小小的昆明城就有茶铺136户,资本小的几十元,多的达四五千元,"其中有唱留声机者,有打围鼓者、有说评书者,而华丰茶楼、沁芳园、雅叙园、天然茶楼等,房舍较为宏敞,设备服务也较周至完备,业务甚为发达。"而据昆明茶馆同业公会1929年的会员名册,就有341家茶馆赫然在目。

昆明人散淡温厚、慵闲恬退、好古自得的真性情,在茶馆里表现得淋漓尽致。旧时昆明茶馆有楹联曰:

为名忙,为利忙,忙里偷闲,且喝一杯茶去;
劳心苦,劳力苦,苦中作乐,再倒一碗酒来。

著名女诗人、建筑学家林徽因也有《昆明即景·茶铺》一诗,生动地描绘了老昆明顺城街茶铺的情景:

这是立体的构画,
描在这里许多样脸,
在顺城脚的茶铺里,
隐隐起喧腾声一片。

各种的姿势,生活,
刻画着不同方面:
茶座上全坐满了,笑的,
皱眉的,有的抽着旱烟。

老的、慈祥的面纹，
年轻的、灵活的眼睛，
都暂时间在茶杯上，
停住，不再去扰乱心情！

一天一整串辛苦，
此刻才赚回小把安静，
夜晚回家，还有远路，
白天，谁有工夫看云影？

不都为着真的口渴，
四面窗开着，喝茶，
跷起膝盖的是疲乏，
赤着臂膀好同乡邻闲话。

也为了放下扁担同肩背，
向命运喘息，倚着墙，
每晚靠这一碗茶的生趣，
幽默估量生的短长……

这是立体的构画，
设色在小生活旁边，
荫凉南瓜棚下茶铺，
热闹照样又过一天！

○家居"九道茶"·茶铺"乌龙吐水"

早年昆明城南石桥铺集市茶水摊上的长嘴茶壶

昆明市花山茶之所以叫茶,在于其可饮用。李时珍的《本草纲目》说,山茶花的叶子类似茶叶,可以泡饮,因此叫"山茶"。老昆明人家居饮茶很讲究,有"九道茶"之俗。至于街巷茶铺,那又是另一种景象了。罗养儒在《纪我所知集》(《云南掌故》)中写道,晚清昆明"茶铺内之一切设备极其朴陋,大火炉上支一把大至无比之铜茶壶,内能容水四至五大桶,壶把粗若孩童臂,以铁链套住,扣在一比较粗实之尾柱上。旁为砖砌蓄水塘,塘近于墙,墙上则绘一乌龙吐水"——这和后来的茶馆大不一样,确实只能称"铺",而不能称"馆",但也自有特点。老茶铺用以待客的是"半土半瓷之茶杯",还有大、中、小三种小茶壶,"俱是用最不纯净之锡制成,形式极粗恶",但这种茶壶也有可取之处——其"壶厚、把粗、嘴直,开水贮于其中,斟茶入杯时既不烫手,又不泼洒"。

老昆明人多半不说"泡茶"而说"冲茶"。为什么?徐刚在《茶铺》一文中解释说,昆明茶倌倒茶,很讲究手法。你一入座,他就提着一把长嘴铜壶或是白铁皮长嘴壶过来,先用毛巾将桌擦干净,再摆好茶杯茶碗,放上茶叶,然后一抬胳膊肘,握紧壶把,接着壶嘴一斜,开水就像一根弧线,不偏不倚,正好冲进茶碗,把茶叶冲得团团转,"然后一收手,利索得滴水不漏,就将茶水冲好了"。

老昆明的茶馆用水是有讲究的。早先大多用井水,昆明"名井"不少,井水特别适于沏茶。如螺峰山下的石崖井和广佛井,就适宜"煮茶";城南菊花村有吴井,据说井水特别重,取水贮存,"久藏而不腐";用来泡茶,香气清洌,即使是苦茶,用吴井水一泡,也会变得甘甜,"弥久如故"。另有两口石井,一口在旗纛庙(在今福照街),水质堪比吴井,"以供上官"——专供高官饮用。(明天启《滇志》)直到民国时期,以"名井"之水泡茶仍是昆明茶馆的好招牌。正义路上的华丰茶楼就专用吴井水沏茶,生意十分红火。不少茶馆争相仿效,在门前挂出"吴井水茶"的牌子,以吸引客人。

抗日战争时期,昆明人口大增,用水量直线上升,茶馆用水也出现了新情况。据20世纪40年代初对昆明50家茶馆的抽样调查,其中有38家使用自来水,11家使用井水,1家使用河水。就当时的水质标准而言,以自装水龙头的自来水水质最好,请挑夫挑来的自来水次之,井水位居第三,而以河水最差。可见当时水环境已有问题,导致井水品质下降,而从翠湖九龙池取泉水处理的自来水很受欢迎。河水的水质更差,但仍然可以泡茶。

○坐茶馆·蹲茶馆·泡茶馆

老昆明的茶馆既有接地气的,也有高雅的,而以接地气的为多。找一间房屋,或大或小,砌一口土灶,然后再"摆上几排长桌或者'八仙桌',支起一条条的长板凳,很少有用靠背椅的",茶具使用最普遍的是粗瓷的"盖碗茶"碗,如此而已(杨树群《老昆明风情录》)。高雅的茶馆也有不少,如华丰茶楼、双合园、天然茶楼、陶然茶楼、风月茶社、龙池茶社、益和公、物我春、花园茶社等。那里用的是细瓷茶碗,桌凳都比较上档次,还有细条藤椅、宽条藤椅、小圆藤椅、木太师椅等。这样,从白丁劳工到学生教师,从官僚商人到市井百姓,五湖四海,三教九流,都可以在老昆明的茶馆中找到自己的位置。喝茶、闲聊之余,还可以听评书、听清唱,可以看戏剧、看围鼓,可以走象棋、下围棋,还可以提笼斗雀、玩桥牌、搓麻将等。

抗战时期在昆明求学的汪曾祺是茶馆的常客,其写有《泡茶馆》一文,描写当年在昆明泡茶馆的经历。他说:"'泡茶馆'是联大学生特有的语言。本地原来似无此说法,本地人只说'坐茶馆'。'泡'是北京话,其含义很难准确地解释清楚。勉强解释,只能说是持续长久地沉浸其中,像泡泡菜似的泡在里面。'泡蘑菇''穷泡',都有长久的意思。北京的学生把北京的'泡'字带到了昆明,和现实生活结合起来,便创造出一个新的语汇。'泡茶馆',即长时间地在茶馆里坐着。本地的'坐茶馆'也含有时间较长的意思。到茶馆里去,首先是坐,其次才是喝茶(云南叫吃茶)。不过联大的学生在茶馆里坐的时间往往比本地人长,长得多,故谓之'泡'。"一般情况可能如此,不过昆明也有不少本土茶客从茶铺开张坐到关张,直到茶水"泡"得没有了茶色、没有了茶味。早在清代乾隆年间,昆明就出了个"金半夜",还有个"姚天亮"。这两位"坐茶馆"都要"坐"通宵:每天晚上准时到文庙旁的"四合园"喝茶,喝到夜里,店家无须伺候,煨一壶水在炉上,便去歇息。二人自斟自饮,直到东方发白,茶铺伙计起床拨火烧水,二人才缓缓离去。天长日久,常年如此,叫作"喝通宵茶"。汪曾祺如果认识这两位,可能就另有说法了。

其实,除了"坐茶馆",昆明人还有个更形象的说法,叫"蹲茶馆"。这个"蹲"很有意思:一是有时间,一蹲不起;二是有闲,无事则蹲;三是舒坦,喝茶喝出兴致来了,一下蹲到马机上,呷口清茶,全身通泰,指手画脚,口水四溅,谈天说地,岂不快哉!有"民国才女"之称的林徽因在《昆明即景·茶铺》诗中就提到,老昆明顺城街茶铺的茶客总是"跷起膝盖","赤着臂膀好同乡邻闲话"。萧寒的《在老昆明蹲茶馆的日子》一文中说得更清楚:

喝茶的人们五花八门都有,当然以穿着朴素的中老年男子居多。洗得黄生生的木桌子上,一人面前一个盖碗茶,喝茶的时候,大多数人都是左手呈兰花指端起茶碗,右手拿起茶盖一晃一晃地拨开沫子,然后对着嘴嗞地品上一口。喝茶人坐的凳子是如今很少见到的条凳,有的人干脆将剪子口的布鞋脱了,直接打着赤脚歪着身子蹲在凳子上,后来回想起来,才知道昆明人所说的"蹲茶馆"源于此。

老昆明的茶馆就是个小社会,既有正经来"泡"、来"蹲"、来"坐"的茶客,也有趁乱施展"三只手"的小偷,有来"打酱油"的皮条客,有来寻找刺激的瘾君子。更有甚者,个别茶馆还做起了瘾君子的生意,为他们提供隐秘处所,摆出鸦片烟灯、烟枪,甚至出售鸦片烟,成为藏污纳垢之地,备受各方指责(尹建国《民国时期昆明茶馆与社会生活》)。

○ "坐等茶铺":衙门传讯·大索行·站前候车

早在清乾隆年以前,昆明城街面上就出现茶铺了。不过最早的茶客不是文人雅士,也不是城里闲人,而是到城里官府打官司的平头百姓之类。据说最早的茶铺就开在清代昆明县府衙门(今圆通街东段原昆七中处)的隔壁。县衙门管事具体,昆明四乡到此告状打官司的人不少。衙门八字开,官府深似海,递了状纸你得等,让你哪天来也得等,等的人多了,时间一长,风吹日晒雨打,难免心焦火辣,上下不安,四处寻水喝。有人看准这个商机,紧挨着衙门开了家茶铺,让"官司人"有一处喘息之地,花几文铜钱,泡一杯茶,稍安勿躁,坐候衙门传唤。时间一长,衙门差役也知道"官司人"多半在茶铺里,出衙唤人就对着茶铺大喝:"传张三——"

清乾隆年间,一个姓曹的老板在今天的文庙街口开了家"四合园"茶铺,这家茶铺清早七点就开门，昆明人家起床晚，大早蹲茶馆的多半是"大索行"的"棺材汉"，他们在此喝茶闲谈，昆明谁家有人过世，会到这里来请他们做事——说白了，这还是一个"坐候"茶铺。到了下午和傍晚，蹲茶馆的多半就换了和文庙沾边的绅士文人，他们似乎也不忌讳"棺材汉"坐过的桌凳和喝过的茶杯，照样风花雪月，各得其所。

清末云南巡抚衙门前的如安街，一边是食馆，一边是茶铺

也许就因为如此，早期的茶铺还成了"清官"体察民情之处。五华山东坡黄河巷口有一茶铺，早在清乾隆年间就开起来了。据说清道光年间，林则徐任云贵总督时曾"微服"到此茶铺饮茶，并题壁留字。

清末滇越铁路通车，总车站就是原来的昆明南站，四面八方到此等车候车的人不少。为便于这个"等"，不少茶铺在附近应运而生，较大的有"息一亭"和"罗芒楼"。"息一亭"就在车站对面，名字取得好，一看就知道针对过往旅客而来，其店铺也大，楼上楼下，五间茶室，而且便宜，三个铜板一碗茶。无论赶车还是接站，来得早了或者火车晚点了，到茶铺喝杯茶，吃点儿零食，聊聊天，花钱也不多，比起"干等"来，不亦乐乎。

○ "坐闲茶铺"："莫谈国事"·送看手相·水烟筒

昆明到茶馆喝茶叫"坐茶馆"，又叫"蹲茶馆"。一"坐"一"蹲"，都有消磨时间的意思，所谓"坐闲"是也。加上昆明人生性散淡，到茶铺喝"闲茶""散茶"就成了一种习惯。喝"闲茶"的茶铺又叫"清饮茶馆"，意思是只卖清茶，别无所售，是老昆明茶馆的主流。

喝闲茶就免不了闲谈，清饮就免不了清谈："商人的话题始终不离生意经；工人茶客大多谈工事和新闻；学生的话题大多是时局、学习和娱乐；农民则更多地谈论'张家长、李家短'；政客的话题必然离不了政治和时局；军人所谈自然离不开

老昆明茶馆用的长嘴壶是这个样子

女人和情色……"虽然也有"无聊之辈混迹其间,或任意雌黄,混乱黑白,或捕风捉影,蛊惑人心",但更多的还是"纵论古今,月旦人物,是非政治,表彰公益。善者则称诩不置,恶者则贬斥有加"(陈珍琼《茶馆与昆明社会》)。这就很可能招来是非,于是不少茶铺茶铺都贴有"莫谈国事"四字。

汪曾祺在《泡茶馆》中提到不少"闲茶"铺。昆明市中心的正义路上就有一家,其"楼上楼下,有几十张桌子",规模不小,"坐客常满,人声嘈杂"。茶桌都是八仙桌,涂着鲜亮的紫漆,"所有的柱子上都贴着一张很醒目的字条:'莫谈国事'"。有看相人穿行其间,绕来绕去,嘴里念说着"送看手相不要钱"。

钱局街一家老式茶铺也"楼上楼下,茶座不少",最有特点的是茶铺备有"老式水烟筒",可以租用。这在昆明本不足为奇,在外地人眼中就成了一"怪"。汪曾祺如是说:"一段青竹,旁安一个粗如小指半尺长的竹管,一头装一个带爪的莲蓬嘴,这便是'烟筒'。在莲蓬嘴里装了烟丝,点以纸媒,把整个嘴埋在筒口内,尽力猛吸,筒内的水咚咚作响,浓烟便直灌肺腑,顿时觉得浑身通泰。吸烟筒要有点功夫,不会吸的吸不出烟来。茶馆的烟筒比家用的粗得多,高齐桌面,吸完就靠在桌腿边,吸时尤需底气充足。"

水烟筒是昆明茶铺、茶馆的必备之物。大华茶楼的水烟筒外表一般,但制作地道,又备有上好的广黄烟,抽起来"很翻水,很过瘾",甚至有人专为这烟筒来蹲茶馆。茶馆的水烟筒是免费提供的,但客人一般都不自带烟丝,而向茶馆购买。不少茶馆都备有切得细如丝线的刀烟和外国纸烟,免费使用的水烟筒就从这里回本了。茶客交过烟钱,轮流用水烟筒吸烟,即使是一个"苦力模样"的人吸过之后,另一位"穿绸着绢的大少爷"也不会觉得有什么不干净的。虽然也有人用手"在烟筒口轻轻一抹,以示清洁,不过这种见神见鬼装腔作势的人到底是少数"(班公《昆明的茶馆》、尹建国《民国时期昆明茶馆与社会生活》）。

在凤翥街和龙翔街交接处，一家茶馆就开在"八面来风"的铺房里，虽然又脏又乱，但生意特别好。从早到晚，人满为患。喝茶的有本街闲人、外来的马锅头和卖菜卖柴人，他们既喝茶又抽水烟筒。这里地面坑洼不平，一地的烟头、火柴棍、瓜子皮。茶桌也是七大八小，摇摇晃晃，而汪曾祺竟在涂抹得乱七八糟的墙上发现了一首"真正的诗"：

记得旧时好，

跟随爹爹去吃茶。

门前磨螺壳，

巷口弄泥沙。

这诗是用墨笔题写在墙上的。这使得汪曾祺大为惊异：这是什么人写的呢（《泡茶馆》）？

后来有人考证出来了，此诗的原版是："记得儿时好，跟随阿娘去吃茶。门前磨螺壳，巷口弄泥沙。"但后边还有两句："而今人长大，心事乱如麻。"——作者是明代的大儒陈白沙。

○ "坐吃茶铺"：芙蓉糕·煎血肠·炒面·广东点心

老昆明人进了茶铺，又是"蹲"又是"坐"，时间长了，肚子饿了，就要找点吃的。早先是到附近饭店、小吃店解决，后来茶馆老板看准商机，先是卖瓜子、松子之类，后来又供应点心甚至饭菜，以应茶客之需，也可多赚钱，是谓"坐吃"。

早在清光绪年间，昆明南城外的玉溪街（今近日公园西南）有家"陶然亭"茶铺，既卖茶水，又卖破酥包子。清末滇越铁路通车后，有人在巡津街今天市人民医院的对面开起了"罗芒楼"茶馆，卖茶水之余，也卖包子、点心、炒面、火烧等。开在滇越铁路昆明站对面的"息一亭"茶馆，为应旅客之急，更卖饭卖炒菜。

抗战时期，昆明小西门外的凤翥街茶馆林立，有的兼卖地瓜、草鞋，有的兼卖芙蓉糕、萨其马、月饼、桃酥，都装在一个玻璃匣子里——那是一个绍兴人开的茶馆，汪曾祺在《泡茶馆》中说，这位绍兴老板对西南联大同学异常亲热，"我们有时觉得肚子里有点缺空而又不到吃饭的时候，便到他这里一边喝茶一边吃两块点心"。

在汪曾祺的记忆中，文林街上的一家茶馆除了卖茶，更卖煎血肠，"这种血肠是牦牛肠子灌的，煎起来一街都闻见一种极其强烈的气味，说不清是异香还是奇臭"。

文林街东端有家广东人开的茶馆，叫"广发茶社"，这里又卖广东点心，"所谓广东点心，其实只是包了不同味道的甜馅的小小的酥饼，面上却一律贴了几片香菜叶子，这大概是这一家饼师的特有的手艺。"

当时昆明最大的茶馆是市中心的华丰茶楼，楼有三层，门面高大，被汪曾祺称为"正义路上那家兴隆鼎盛的大茶馆"。那"茶馆里摆满了花生、瓜子、橙色子、山楂糕、米花糖、松花糖各种零食。有烟瘾的还可以要来烟筒，抽着玉溪刀烟；另外还有围棋、象棋供顾客对弈"，十分周到（万揆一《茶铺史话》）。只是那茶楼的"吃业"越办越红火，甚至超过了本业，办来办去，多承办婚丧红白喜事和筵席，简直就成酒楼了。

○ "坐商茶铺"："排雀"·生意场·"捐客"暗语

老昆明人到茶馆"坐等""坐吃""坐闲"，还"坐"出了一个"闲人产业"。清末民初，昆明"闲人"盛行"玩鸟"。民国《昆明市志》称："一般无赖中，有以斗鹌鹑、斗蟋蟀、养栀子花雀为正业者，游惰尤甚。当朝日方升或夕阳西下之际，翠湖及护城河之绿树阴中，业此者携笼萃集，钩轮格杰，鸟音聒耳，虽屡经政府出示严禁，尚未尽革。"据说当时又能叫又好看的"美鸟"，售价相当于数十两银子，比有钱人买小老婆还贵。有人看中这个"商机"，开办"排雀"茶铺，又叫"雀茶铺"，专为玩家服务。

罗养儒在《纪我所知集》（《云南掌故》）中说，清末昆明四牌坊（今长春路和正义路交叉口）有一大茶铺，名为"雀茶铺"。每天都有十多个卖雀人坐在茶铺内，各自带来两三个大笼和三五小笼，都关着若干雀子，有紫雀、金翅、叫天、山麻雀、绿豆雀等，卖雀者在此喝茶等待出售，买雀者络绎不绝，卖雀食、雀笼的也来此招徕生意，"此一茶铺热闹已极"，俨然成一鸟市。后经官方禁止，雀茶铺多搬到当时的城郊接合部，如篆塘边、交三桥等处，即便规模不大，也有几十个雀笼挂在茶铺檐前，边听雀叫、边品茶、边做生意，不亦乐乎。

老昆明茶馆还和"非闲产业"有关。在凤翥街和龙翔街交接处，一家茶馆就开在"八面来风"的铺房里，虽然又脏又乱，但生意特别好。从早到晚，人满为患。喝茶的除本街闲人外，就是卖菜、卖柴人和外来的马锅头。卖菜、卖柴的农民从乡间赶来，时间还早，就在茶铺里喝碗茶，稍事休息，同时也在这里寻找买主或二道贩子，如果价钱合适，就可以早点儿把挑来的菜、柴卖掉，好早点儿回家。

早年昆明大西门外凤翥街的茶铺里坐着不少赶马帮的"马锅头"。抗日战争时期，汪曾祺就在茶铺里见过这些大汉："他们都抽叶子烟。要了茶以后，便从怀里掏出一个烟盒——圆形，皮制的，外面涂着一层黑漆，打开来，揭开覆盖着的菜叶，拿出剪好的金堂叶子，一支一支地卷起来。"（《泡茶馆》）商人有货要运进运出，都会到这里来找马锅头，边喝茶边讲价格、谈生意。

昆明大东门外的米厂心茶馆，茶客边喝茶边卖草鞋、卖农产品

在较为高档的茶馆，出入的茶客多是富商和士绅。他们在茶馆会客，同时也洽谈生意。茶馆环境清静，有吃有喝，气氛轻松，易于达成交易。于是，"公私业务之谈判，各种行情的调查"（陈珍琼《茶馆与昆明社会》），都可以在茶馆里进行。商人在茶馆成交，而在集市交割，十分方便。有的茶馆还准备了文房四宝和印泥等，为这些谈生意的商人提供服务（尹建国《民国时期昆明茶馆与社会生活》）。

在这类"生意"茶馆里，总活跃着一群"掮客"，各行各业都有。他们为货主找客户，为客户找货主，并居间促成交易，赚取中间利润。掮客的难处，在于和客户和货主坐在一起，和他们谈货色，说价格，又要从中斡旋，又不能让他们"过河拆桥"，甩了自己直接交易。于是，大家都按照一套规则行事：明话暗说，通过行话术语或者比手势、摸指头等方式讲价，买卖双方都只和掮客"手谈"，觉得价格合适、生意做成了，客户和货主都只知道"掮客价"，而不知道对方的价格，旁观者更是一头雾水。当然，交易双方知道其中必有差价，而这个差价理所当然归掮客所有，这是天经地义的事，只是他们不知道具体数额而已。在茶馆这个公众场合，"明话暗说"还保护了他们的隐私。这些掮客依赖茶馆生存，茶馆也需要"掮客"招揽生意，一些知名度高的掮客往往会吸引更多的商人去茶馆谈生意，而掮客与买、卖三方之间的商业洽谈，往往是一场精彩纷呈的"三国演义"，把不少爱看热闹的茶客吸引到茶馆来。（赵正万《昆明忆旧》）

到茶馆来做小生意的也不少。如擦皮鞋的、如江湖郎中、如算命先生，他们穿行茶座之间，绕来绕去，扣一块红纸牌送到茶客面前："送看左手！"过后又补充着：

"看左手不要钱！"但你"总归会给他说得痒痒地非把面相一相不可"，买卖便成功了。而这些算命先生的结论大概都是可以到机关做大官："将来你家高就了，莫忘了帮帮我们的忙"。还有卖报童子，总是拉长了"喊哑的嗓子"叫卖晚报，如小商小贩，总是托着盘子出售刀烟、香烟、炒花生、炒瓜子、兰花豆、油酥米花糖等等。（尹建国《民国时期昆明茶馆与社会生活》）

昆明老茶馆还是艺人的谋生之地，那里总少不了"嘣嘣册"的打渔鼓和"板咣咣"的金钱板：

各位齐富老、少先生，各位乡亲父老、兄弟姊妹，我脚踏生地，眼观生人，来到贵地，拜望各位，借宝地找口饭吃，有出丑处，请各位多多包涵、原谅。有钱捧个钱场，无钱捧个人场，给两个巴掌……

凤翥街的茶馆则有盲人敲着扬琴说唱：

良田美地卖了，
高楼大厦拆了，
娇妻美妾跑了，
狐皮袍子当了……

○ "坐玩茶铺"：围鼓·乱弹·围棋·桥牌

人在茶铺，有"闲"有"坐"，有"喝"有"吃"，接着便要追求有"乐"，即所谓"自娱自乐"是也。

此之"乐"也，首先是"乱弹"。民间票友清唱戏剧，他们自行组织，自演自唱，自娱自乐，叫"乱弹"，又叫"打围鼓"。"围鼓"一词来源于四川，但昆明人多不喜欢川剧中的高腔，因此"围鼓"大多唱的是滇剧。据说早在清末的光绪、宣统年间，昆明南城外玉溪街的陶然亭，就是那个又卖茶水又卖破酥包子的茶铺，就有了滇戏清唱。卖线街（今华山西路）口的"义和宫"更以清唱为主打。今正义路北端马市口有家"三合园"茶铺，有三四间铺面，也以打围鼓清唱著名，票友们夜以继日，从白天唱到晚上，既满足了戏瘾，又娱乐了观众。观看"乱弹"是免费的，但可以为茶馆吸引茶客，茶当然不免费，因此也受茶馆欢迎，还会主动在闹市中张贴告示："某月某日围鼓。"以吸引茶客。这些茶馆也成了老昆明大众化的娱乐场所。

直到20世纪40年代，昆明的大茶馆仍然在"乱弹""打围鼓"。汪曾祺说："我很喜欢'围鼓'这个词。唱围鼓的演员、票友好像不是取报酬的，只是一群有同好的闲人聚拢来唱着玩。但茶馆却可借来招揽顾客,所以茶馆便于闹市张贴告条:'某月日围鼓'。到这样的茶馆里来一边听围鼓,一边吃茶,也就叫作'吃围鼓茶'。"(《泡茶馆》)

闲来到茶铺一"蹲"一"坐"下棋的人也不少,久而久之,还形成了专供下棋的茶铺,如翠湖西边的"望海楼",前来下棋的高手不少,先是象棋,后来又是围棋,备有4副象棋、2副围棋以及棋盘,用来吸引棋艺爱好者。据老人回忆,到此下棋者间或也小赌一把,有输有赢,还有收钱教棋者。到此下棋的人多,看棋的人更多。下棋的必泡一碗茶,对观棋者茶馆也不强求,但一般都会泡一碗茶,买个立足消闲之地,店家的收入也就上来了。

当年文林街中段正对府甬道处新开了一家茶馆,卖茶不用盖碗不用壶而用玻璃杯,茶桌较少而且覆有玻璃桌面,汪曾祺说:"在这样桌子上打桥牌实在是再适合不过了,因此到这家茶馆来喝茶的,大都是来打桥牌的,这茶馆实在是一个桥牌俱乐部。联大打桥牌之风很盛。有一个姓马的同学每天到这里打桥牌。中华人民共和国成立后,我才知道他是老地下党员,昆明学生运动的领导人之一。学生运动搞得那样热火朝天,他每天都只是很闲在、很热衷地在打桥牌,谁也看不出他和学生运动有什么关系。"(《泡茶馆》)

○ "坐娱茶铺":清唱·彩排·滇剧·评书

茶铺里的"自娱自乐"多了,有些茶馆老板又更上一层楼,走"专业"路线扩展营业——邀请艺人来茶馆清唱折子戏,有锣鼓、胡琴伴奏,演员不化妆、不表演,一唱即可。戏资附在茶钱内,茶馆先收,再付给艺人。这对于票友茶客来说,是欣赏也是提高的机会,对于艺人来说,有戏园演出时可到茶馆练嗓温戏,无戏园演出时更可到茶馆谋求衣食,一般名角多的一晚能赶两三场茶馆演出,收入就更高一些。

有此"三赢"的安排,不少茶馆都成了清唱、评弹的演出场所,让老昆明的"坐娱"茶馆兴盛起来。不少"坐娱"茶铺都有自己的基本顾客。每到下午、傍晚,茶铺里锣鼓声一响,不少中老年人就踱着方步,纷至沓来,风雨无阻,悠然而坐,从容品茶听戏听花灯,直如今天的"粉丝"。

由于生意好,各茶馆竞争激烈。早年昆明有"吃水要吃吴井水,喝茶要喝十里香"的说法,于是就有人在东城外的吴井桥村旁"三公祠"戏台前开办茶园,节假日清唱滇戏,以"吴井水泡十里香茶"吸引大批戏迷,虽然茶资比城里还高,仍然营业红火，茶客爆满。一些茶铺更进一步，不但唱花灯、滇剧，又唱川剧，唱京剧。文明街口的蜀光菜馆以茶社为副业，推出女子京戏清唱，独树一帜。

抗日战争胜利后，更有昆明茶馆把清唱改为彩排，太华春、光华茶社等都先后改成了"彩排茶馆"，让艺人粉墨登场，招揽茶客。威远街和护国路交叉口的"允香馆"甚至自带戏班。"光华"茶馆后来发展为剧场，再后来又成为昆明滇剧团所在地。由此看来，昆明最早的戏园在金碧公园（今昆华医院址）一出现就叫"云华茶园"，也就不奇怪了——喝茶看戏和不喝茶看戏有什么不同？有人说，喝着茶看戏听锣鼓，能听出"得听就听，不听吃茶"的声音节奏，那是笑话，也是一种境界。

也有茶馆另辟蹊径，借助西方科技，把唱机等引进茶馆，开辟新奇的娱乐项目，以吸引茶客。早在清末，昆明的华丰茶楼就买来唱机，定时播放，内容有京戏、有滇戏，还有音乐和歌曲，免费让茶客欣赏，以致茶客倍增，生意红火。后来华丰茶楼又买来哈哈镜，放在三楼，看一次收3个铜板，吸引不少昆明人带着娃娃来逗乐，茶馆经营又上一个台阶。为了竞争，还有茶馆引进当时罕见的收音机，天天广播音乐、戏剧、新闻，以吸引茶客。有的茶馆还可以打弹子，后堂还有洗澡的地方。

老昆明茶铺的另一个重要文化娱乐项目是评书，主要听众是草根市民，但影响甚至超过了清唱和评弹。昆明人本来就好"摆古"，评书艺人的"摆古"更上档次，更吸引人。茶馆无须大，能坐三几十人就行，前置一台，台上一桌，醒木一拍，便可开讲。稍具规模的茶馆，大都有日、夜两场评书，每场两到三板，每讲完一板，由艺人顺着茶桌向听众收钱。所讲的多是古代小说，如《封神榜》《隋唐演义》《薛仁贵征东》《七侠五义》《三侠五义》《水浒全传》《说岳全传》《三国演义》《红楼梦》《西厢记》《聊斋》《施公案》等。近代说书人名气大的有朱光甲、仇炳堂等，每晚都要说上"三板"，手舞足蹈，连比带划，抑扬顿挫，绘声绘色，令人着迷。说到精彩之处，戛然而止，稍事歇息，便端着一个盘子到茶桌前收钱，也有茶馆把听书钱算在茶资里，由茶馆付给说书人。说书人说书而不拘于书，但凭想象，任意发挥，一部《三国演义》，有的说书人可连续说上好几年，而听众不减，越来越火——据说有痴迷评书的老者等不到"三国归晋"，竟撒手西去。

长春路中段的云南大戏院旁有一家茶馆，说书时不但茶座爆满，门外窗外也挤满了"蹭"听人，直到20世纪50年代，还引得不少小学生逃学听书。据说此茶馆的说书人特别能说，能一口气念完梁山好汉一百单八将名号，星号、绰号、姓名全有，按照顺序来，一个不漏，而且不打咯噔——又据说有好事者不信，暗中带本《水浒传》到现场"照本听书"，竟然一字不差云云。

昆明最大的说书茶铺当数文庙魁星楼上的民众教育馆茶室，每天晚上到这里听评书的人都有百人左右。在这里说书的是著名艺人陈玉鑫，他轮番讲述《水浒传》《封神榜》和《三国演义》，日复一日，月复一月，没有一日中断，听书的人也风雨无阻，早早去占位子，每晚都座无虚席。陈玉鑫说书时"语调抑扬顿挫，表情眉飞色舞。绘声绘色的情节叙述，惟妙惟肖的人物对话，声音洪亮得使整个茶馆有'瓮瓮'声，惊堂木则拍得'啪啪'作响"，而听众更是"如痴如醉，不能自已"，时而连声叫好，时而长吁短叹，甚至潸然泪下。而最让听众吊胃口的是，在听到最精彩的部分时，随着"啪"一声惊堂木响："要知后事如何，且听下回分解"；或是"要知后事如何，明天请早"。这时必然会引起听众一阵唏嘘和埋怨，这也是茶客愿意慷慨解囊和第二天及时赶来茶馆的原因（见尹建国《民国时期昆明茶馆与社会生活》）。当时的民众教育馆茶馆高挂一副对联：

魁星楼上，四方客品茗喝茶，且酌且斟，喜怒哀乐，昆明人情杯中现；
评书台前，三寸舌谈古论今，有甚说甚，美丑忠奸，华夏历史耳旁听。

○ "坐读茶馆"：梵文·论文·读书报告·答卷

1912年春，云南"状元"袁嘉毂和几个老朋友在翠湖海心亭喝茶，赋有《品茶海心亭》诗，称亭中老茶倌为"三十九年茶博士"。此前三十九年正是清同治十二年（1873年），当时的海心亭就有茶馆和茶馆"茶博士"了。那时袁嘉毂正在翠湖北岸的经正书院苦读，常和同学到此喝茶，并和茶倌混成了熟人——看来昆明学子读书喝茶，早就代有传承了（万揆一《昆明古城拾遗》）。

抗日战争时期，西南联大条件艰苦，教室、宿舍、图书馆不能满足师生教学需要，进城"泡茶馆"就成了一大去处。这种因地制宜的"教室开发"让大半个昆明城都成了联大学生读书之处，城里的茶馆成了联大的"延伸课堂"，于是有"昆明有多大、联大就有多大"之说，竟缓解了联大校舍不足的"瓶颈"。

当时西南联大附近的文林街、凤翥街、龙翔街等处茶馆不少，在这里除了喝茶外，还可吃些糕饼、地瓜、小点心之类。许多同学常常在这里泡壶茶，于是看书、聊天、讨论、写作、做论文，也会在这里跟老师们辩论一番，饿了就走进旁边的小食店，随便吃碗米线或者饵𫗦。当时昆明茶馆清净，云南茶叶香醇，而且便宜。据一位联大学生回忆："一进去茶馆里头，泡一杯茶，要一碟花生米和瓜子，就可以学习一晚上。老板娘也知道你们这批人是念书来的，你也不会买什么东西，他们就在家里面朴素的地方，弄几张桌子。坐满了以后，她把炉子封了，放两壶开水给你，续一续水就行了。"

许多联大学生在茶馆里完成了毕业论文，不少老师也跑到茶馆里批改作业，一些名家大师也从茶馆起步，走上了辉煌的学术人生舞台。联大物理系学生李政道更把当时的昆明茶馆比为20世纪巴黎的咖啡馆，他还记得和同学们的"茶馆讨论"如何"碰撞"出了一个个惊人的结论，并把"茶馆学术"看作联大教学的一大特色。

汪曾祺回忆道："大学二年级那一年，我和两个外文系的同学经常一早就坐在（钱局街）这家茶馆靠窗的一张桌边，各自看自己的书。有时整整坐一上午，彼此不交语。我这时才开始写作，我的最初几篇小说，即是在这家茶馆里写的。茶馆离翠湖很近，从翠湖吹来的风里，时时带有水浮莲的气味"。

当时昆明茶馆里的"联大奇人"不少。汪曾祺还记得："有一位教授在茶馆是读梵文。有一个姓陆的同学，是一怪人，曾经徒步旅行半个中国。这人真是一个泡茶馆的冠军。他有一个时期，整天在一家熟识的茶馆里泡着。他的盥洗用具就放在这家茶馆里。一起来就到茶馆里去洗脸刷牙，然后坐下来，泡一碗茶，吃两个烧饼，看书。一直到中午，起身出去吃午饭。吃了饭，又是一碗茶，直到吃晚饭。晚饭后，又是一碗，直到街上灯火阑珊，才夹着一本很厚的书回宿舍睡觉。"——此可谓"泡书"。

泡茶馆对联大学生有何影响？汪曾祺答曰："第一，可以养其浩然之气。那是一个污浊而混乱的时代，学生生活又穷困得近乎潦倒，但是很多人却能自许清高，鄙视庸俗，并能保持绿意葱茏的幽默感，用来对付恶浊和穷困，并不颓丧灰心，这跟泡茶馆是有些关系的。第二，茶馆出人才。联大学生上茶馆，并不是穷泡，除了瞎聊，大部分时间都是用来读书的。联大图书馆座位不多，宿舍里没有桌凳，看书多半在茶馆里。联大同学上茶馆很少不夹着一本乃至几本书的。不少人的论文、读书报告，都是在茶馆写的。有一年一位姓石的讲师的《哲学概论》期末考试，我就是把考卷拿到茶馆里去答好了再交上去的。联大八年，出了很多人才。研究联大校史，搞'人才学'，不能不了解了解联大附近的茶馆。第三，泡茶馆可以接触社会。我对各种各样的人、各种各样的生活都发生兴趣，都想了解了解，跟泡茶馆有一定关系。如果我现在还算一个写小说的人，那么我这个小说家是在昆明的茶馆里泡出来的。"（《泡茶馆》）

○"坐讲茶馆":"道理茶"·"吃讲茶"·"吃讲理茶"

老昆明的茶馆还是说理、讲理之地。凡有家中不和、邻里纠纷、同行冲突、债务争端等等,双方"私了"不行,"公了"麻烦——打官司要找路子求人,"吃官司"面子难看,遇上昏官、贪官更倒霉,加上昆明人自古"不好争讼",为"息事泯争",于是就走"中间道路",双方相约到茶馆去"吃讲理茶",简称"吃讲茶",又叫"道理茶"。

"吃讲茶"要请人来主持公道,调解仲裁。一般都是街坊邻居,辈分较高、有声望,或者有过一官半职,或者教过书,当过校长、保长、族长之类等。有时也会直接请保甲长或江湖头面人物来主持"喝讲茶"。这些人说话算数,容易服人。请谁来仲裁由争议双方商定,仲裁者只尽义务,不取报酬。

"吃讲茶"有相对固定的茶馆,如昆明正义路上的宜春园、庆云街安宁巷口的一家茶社等。这些茶馆都有几张像样的茶桌和靠背椅,坐得下几十个茶客,包括来凑热闹的围观者。最后,茶馆的老板要愿意,要有准备,还得有点儿背景,扛得住可能引起的后果。

约定"喝讲茶"的时间后,茶馆会事先摆好桌椅:甲方一桌在左,乙方一桌在右,中间是仲裁人一桌。两边桌上放两把茶壶,壶嘴相对,表示"讲茶"。大家分桌坐定,堂倌抱来一摞摞茶碗,无论是"讲茶"的还是围观的街坊邻居,见人就泡一碗,还特别为仲裁人泡上一壶,以示敬重。另外还会摆上炒瓜子、五香花生米、焖松子、沙琪玛和芙蓉糕等吃食——矛盾当前,众人都在火头上,不到酒店喝昏头涨脑的酒,而来茶馆喝清新醒脑的茶,这是有道理的,是一种良性的"制度安排"。

"讲茶"开始,仲裁人让双方边喝茶边陈述事由,提出自己的要求。旁观的街坊邻居、双方长辈也会评判是非,从旁劝解开导,寻求办法,缓和矛盾。最后仲裁人发话,大谈社会伦理道德,或判定谁对谁错,或各打"五十大板",提出妥善解决问题的办法。如果双方同意,就立字为据,签字保存。然后掺合双方的茶水,各倒几杯。双方先向仲裁人敬茶,表示感谢,然后各自喝下,表示服从仲裁。

"喝讲茶"后,理亏的一方不但要执行仲裁,还要支付这天所有的茶钱,而且是按包场支付,这叫:"一张桌子四只脚,说得脱来走得脱。"对于理亏者来说,付点茶钱比到官府打官司要少受许多气,而且能多少保住一些面子,也容易接受。

"喝讲茶"的结论虽然没有法律效力,却有强大的舆论压力,往往比官府的判决还强势，更能得到遵守。一般情况下，争执双方"邀请硕望乡绅，或保甲人员，品评曲直，辨明是非。曲者负担茶资，以示儆戒，鼠牙雀角，涣然冰释。群众批评，舆论制裁，效力至为宏大"（陈珍琼《茶馆与昆明社会》）。但是，如果遇到一伙"二杠子"或黑道中人，不服仲裁，相互叫骂，也会大打出手，伤了人还砸茶馆。这时起作用的是丛林原则，谁输了谁没理，不但要付茶款，还要赔偿茶馆的损失。不过，事情到了这一步，常常会招致官府介入，警察插手，结果往往是两败俱伤。20世纪40年代初，两个工厂的人员在明香茶馆发生争执，大打出手，打碎茶碗10多个，还伤了人。后来"吃讲茶"调解也于事无补，反而再起纠纷。最后警方出动，把双方闹事者全都抓起来，送到法庭去裁决。（尹建国《民国时期昆明茶馆与社会生活》）

据说早年晓东街上的一家大餐馆得罪了某个矿老板，老板雇了一班叫花子天天到餐馆吃饭，坏了餐馆的环境，生意一落千丈。后来有官员说和，双方"吃讲茶"解决。最后餐馆登报向客人赔礼道歉，又重装门面，重漆板凳，重购餐具，重新开张，才逐渐挽回了局面。

○"交际茶馆"：白围裙·"嘣嚓嚓"·留声机

抗战时期的昆明，还出现过一些"新式茶馆"，引进了不少时尚因素，成为新派人物的交际场所。

多年以后，汪曾祺还记得："凤翥街曾经开过一家专门招徕大学生的新式茶馆。这家茶馆的桌椅都是新打的，涂了黑漆。堂倌系着白围裙。卖茶用细白瓷壶，不用盖碗（昆明茶馆卖茶一般都用盖碗）。除了清茶，还卖沱茶、香片、龙井。本地茶客从门外过，伸头看看这茶馆的局面，再看看里面坐得满满的大学生，就会挪步另走一家了。这家茶馆没有什么值得一记的事，而且开了不久就关了。"

还有一家更时髦，在文林街西口紧挨着大西门处，被汪曾祺称为"一家最无趣味的茶馆"："茶馆墙上的镜框里装的是美国电影明星的照片，蓓蒂·黛维丝、奥丽薇·德·哈弗兰、克拉克·盖博、泰伦宝华……除了卖茶，还卖咖啡、可可"。"进进出出的除了穿西服和麂皮夹克的比较有钱的男同学外，还有把头发卷成一根一根香肠似的女同学。有时到了星期六，还开舞会。茶馆的门关了，从里面传出《蓝色的多瑙河》和《风流寡妇》舞曲，里面正在'嘣嚓嚓'"（《泡茶馆》）——这已经是舞厅了。

市中心也有这类茶馆，名声最大的一家在正义路邱家巷口，直接以"交益"号召茶客，叫作"大华交益社"。这个茶馆的老板是位女士，就是开办南屏电影院的刘淑清。这里是两进五开间的大四合院，天井也搭上了雨棚，成为庭院式的茶馆。摆设走的是本土路线：方桌、独凳、条凳、好茶叶、烫开水、香烟、糖果、煮花生、南瓜子、焖松子等。据老人回忆，"大华"卖的松子，采购来要漂水，去掉空壳、杂质，再洗净煮熟，吃来粒粒饱满爽口。"大华"还有象棋、围棋，更有留声机，放京剧也放流行歌，外加浴室和理发室，特点是整洁干净、服务周到，成为昆明公教人员、商界职工、大学生的聚会场所，这些"中产"约会谈事，都喜欢到"大华"来。每到傍晚周末，这里更是顾客盈门，座无虚席。

老茶馆

老昆明茶馆用过的留声机就是这个款式

老玩场

　　清末民初，昆明"一班未成年的小儿女，于读书习字外，亦有适当的娱乐，如跳黄牛、跳海牌、放响簧、打抛球、踢毽子、滚铁环，或者以钱撞钟、以钱丢坑、以钱杀魁，又有近于文艺者，是下老和尚棋、下三三棋等，此亦可以说是游艺活动。在女孩子方面，亦有踢毽子、打跌落、放响簧者，但跳小黄牛却不能，然群坐而唱古歌谣，则有一极堪意味在，是'张打铁，李打铁……'"〔罗养儒《纪我所知集》（《云南掌故》）〕可见昆明娃娃的不少"玩场"，早在清代就有了。

娃娃的"玩场"全靠民间传承。在小街巷尾，在大杂院里，大娃娃教小娃娃，小娃娃教小娃娃，"门前磨螺壳，巷口弄泥沙"，竟而传承百年甚至数百年之久。直到20世纪50年代，一有"玩场"，一城跟风。娃娃相见，总要问一句："兴玩哪样了？""兴玩"的"玩场"成为大时髦，全城跟风而"玩"。玩得乏味了，又换一种"玩场"，一换则全城换，不换就落伍，没有人和他玩了。此风来无踪，去无影，循环往复，"风水轮流转，明年到我家"。一种"玩场"骤然兴起，娃娃们上学则课间玩、放学则路上玩，这是和同学玩；饭前、饭后院里院外玩，傍晚、假日巷头巷尾玩，这又是和街坊小伙伴玩。十天半月之后，此一"玩场"骤然消失，无影无踪，另一种玩场又勃然而"兴"，全城开花。没有命令，也没有号召，一切约定俗成于无形之中，学校老师想管也管不了，有娃娃想自己另搞一套也搞不成，真是奇了怪了。

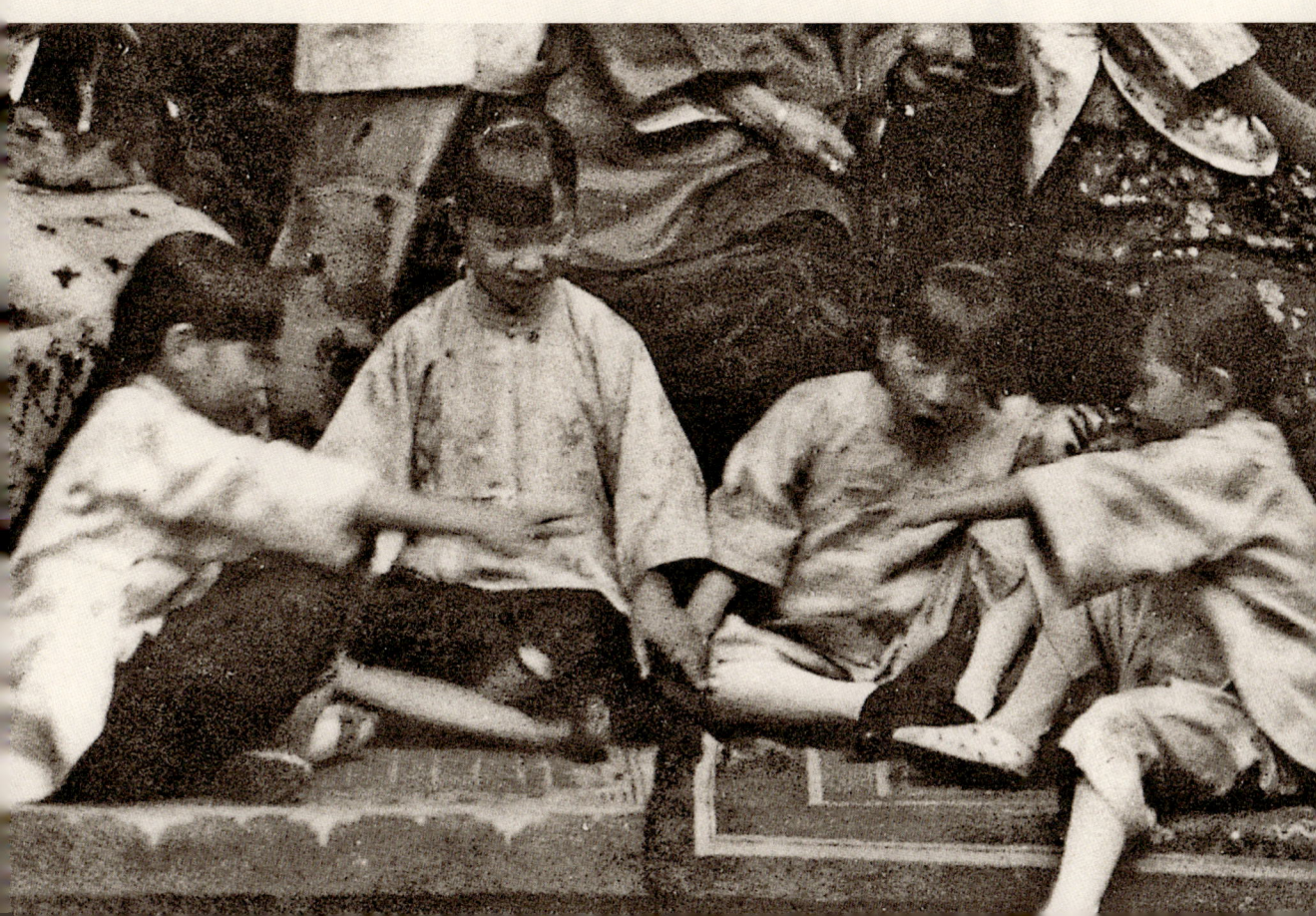

老儿戏

躲猫猫,拿耗耗。
耗耗紧紧躲,老猫来拿喽。
冷茶,热茶,吃了快快拿。
冷酒,热酒,吃了快快躲。
躲得脱,吃糖果。
躲不脱,不得活。
哎,咯来啦?
来得喽。
一阵子,二阵子,
放出老猫拿耗子。
逮着。
——老昆明童谣

顶锅盖,油炒菜,
抓着哪个莫来怪。
——老昆明童谣

各回各的家,扁担开花;
各洗各的脚,喏喏睡着。
——老昆明童谣

○ "颠磕膝"·"逗虫虫"

早在昆明娃娃牙牙学语时,大人会把娃娃"顿"在膝盖上,轻轻地一边颠一边念:

咕嘟咕嘟颠颠,

颠到外婆门前。

外婆出来赶狗,

骑着花马就走。

念到"走"字时,用手指伸到娃娃胳肢窝处戳一下,引得娃娃大笑。后来只要念到"走",娃娃自己就笑起来了。这是不少昆明娃娃和大人做的第一个游戏、听到的第一首儿歌。

娃娃的手心也是一大"笑点",大人常常会拉着娃娃的手心戳几下、抓几下,划几下,一边念道:

清早起来喂小鸡,

鸡挃挃,

猫抓抓,

狗咬咬。

娃娃大一些,大人就会拉着他们的双手,食指碰食指,做"逗虫虫"游戏,边做边念:

逗虫虫,咬手手。

虫虫咬着手。

叽,叮着,叮着!

嘟!虫虫飞掉了——

念到"飞"字时,把娃娃的两个食指碰到一起,逗娃娃大笑。随着娃娃长大,逗虫虫歌也复杂起来了:

斗虫虫,斗虫虫,

咬手手,鸡飞飞,

飞到后院下个蛋,拿给妈妈做晚饭。

还有更长的:

斗虫虫,斗虫虫,

虫虫虫虫飞。

飞到王婆瓦檐,王婆拿棍打打;

母亲怀里的老昆明娃娃

打到张家瓦瓦，揭开瓦瓦看看；

里面有个小鸡蛋蛋，炒炒给宝宝做馒馒。

这些"亲子"游戏既可以教娃娃学说话，又可以锻炼娃娃的反应能力和肢体活动能力，还可以增进大人和娃娃的感情。它能自古传到今，都是有道理的。

○摆"咕嘟馒馒"

老昆明的女娃娃爱玩"摆咕嘟馒馒"，就是所谓"过家家"的游戏。她们相约在院内院外，模仿大人组成一家子，有的当"爸爸"、有的当"妈妈"、有的当"弟弟"，还有"洋娃娃"。这一家子要找个地方过"日子"，有的"种菜"，有的"买菜"，有的"煮饭"，有的"炕粑粑"，有的"抱娃娃"，有的"缝衣服"等等。做饭多就地取材，取来花花草草，枝枝叶叶，搭锅砌灶，烧饭做菜，若有其事，共同分享。有认真的，把家里的咸菜拿来，还真吃起来了。她们总是边做边吃边唱儿歌：

小娃娃，做粑粑。

抓把灰，撮泥巴。

没有盐，墙上刮。

没有酱，用泥浆。

没有菜，草里拔。

没有筷子用手抓。

另一首儿歌这样唱道：

做粑粑，请姑妈，姑妈不在家；

请老伯，老伯脚疼来不得；

请大舅，大舅屁股上生研臼；

请大哥，大哥屁股上生菠萝。

老昆明娃娃在嬉闹

女娃娃会用折纸为自己的"洋娃娃"服务，折出小衣裳、小鞋子、小花朵、小盒子、小纸包等，还有碗、筷之类。有的女娃娃还省下零用钱，花几分钱买来蜡光纸当材料，折出来的"纸具"就更好看，更吸引人，称之为"女纸"手工可也。这也有儿歌：

一块布，两块布，

开个裁缝铺。

千家裁衣又缝裤，

裁缝苦又苦，娃娃光屁股。

○ "吼赢家"·"弹蚌壳"·"弹脑包"

老昆明的娃娃长大一点,就会自己成群结队地玩游戏了。玩游戏要先定个"头机"和"后机""输家"和"赢家"。为了公平,又有许多定先后、输赢的办法,叫作"吼赢家"。

用得最多的是"吼揍揍包"。

小伙伴们凑到一起,吼一声"揍揍——包!"一齐出手:伸掌为"包",握拳为"锤",伸开食指、中指为"剪"。"包"克"锤","锤"克"剪","剪"克"包",被"克"到最后的人就是"输家",玩游戏的顺序就可以定下来了。"吼揍揍包"又叫"吼包剪锤",还发展出了儿歌:

先出锤,后出叉,
三量量,四钉耙,
五瓜子,六老美,
七小鬼,八老白,
九老黑,十烟锅。
拱拱拱。

这个"吼"法有点儿不一样,大家边唱儿歌边用手比出形状,谁比画错了,谁就是"输家"。

除此之外,女娃娃定玩游戏的先后顺序还有三种方法:

第一,"黑白手"。类似"吼揍揍包",大家一起出手,手心向上为"白",手背向上为"黑",多的一方为赢家,因为非黑即白,选择余地不大,最后一个输家常常要来好几轮才能确定。

第二,"蹲的蹲,站的站"。大家边跳边喊:"蹲的蹲,站的站;哪边多,哪边赢"。喊声落时,大家或者站直,或者蹲下,人少者输,如果输家只剩两人,就"吼揍揍包"定输赢。

第三,叉腿。大家齐呼:"一、二、三!"或"包、剪、锤!"一同起跳,落地时两脚或前后叉开为"剪",或左右叉开为"包",或并住不动为"锤",由此"吼"定输赢。

老昆明娃娃玩游戏:"揍揍——包!"

后几种办法的身体活动幅度比较大，比"吼揍揍包"要活泼得多，筛选速度也快得多，男孩子们也会偶尔来上几回。

还有一种"吼"法，要唱儿歌。一娃站定，伸出一手，展开手掌，一群娃娃站在对面，伸出食指抵住他的掌心。那站娃口中念念有词：

点瓜子，种瓜秧。

瓜子种瓜秧，落在小地方。

我得着，吃红糖，

得不着，得吃一碗裹脚汤。

念完最后一字，站娃立马合拢手掌，谁的手指被抓住，谁就是输家。

惩罚输家的方式可以是扮演游戏中的某个角色，也可以"体罚"。如让输家双手合掌为蚌壳状，让赢家用中指弹若干下，这叫"弹蚌壳"；更重一些的是弹脑门，叫"弹脑包"，又叫"吃爆栗子"——大多是象征性地弹一下，"翻脸"和"有过节"的例外，但极少。"弹脑包"也有儿歌：

揍揍包，揍揍包，你出锤来我出包，

输了支着弹脑包。

弹脑包，数脑包，头上长出大包包。

你一包，我一包，弹得头上大包包。

脑壳上尽是老糟包。

比"弹"更厉害的是"砍"，叫"砍猪肝"，同时还要掐，要边"砍"边"掐"边唱：

砍猪肝，掐你呢肉（念"入"），

拖你上山喂老虎。

"砍""掐"不止一下，就念：

一二三，砍竹竿，

四五六，掐你呢肉（念"入"），

七八九，送你上山喂老虎。

○ "躲猫猫"

玩"躲猫猫"时，"吼"赢者为"鼠"；"吼"输者为"猫"。这只"猫猫"要先蒙脸对墙，大声唱道：

躲猫猫，拿耗耗。

耗耗紧紧躲，老猫来拿喽。

冷茶，热茶，吃了快快拿。

冷酒，热酒，吃了快快躲。

躲得脱，吃糖果。

躲不脱，不得活。

哎，咯来啦？

来得喽。

一阵子，二阵子，

放出老猫拿耗子。

逮着。

老昆明娃娃做游戏："一趟飞撒紧紧躲"

乘"猫猫"唱儿歌之时，"鼠"们要赶快四处躲藏。"猫猫"唱完之后才能"逮老鼠"。第一个被逮住的"鼠"，就是下一轮的"猫"了。

游戏完了，夜深了，该回家了，娃娃分手告别了，也要念首童谣：

各回各的家，扁担开花；

各洗各的脚，喏喏睡着。

另有：

各回各的城，找老陈；

各回各的家，洗脚盆。

还有：

一把沙林果，撒下河，

漂呢漂，落呢落。不漂也不落，

扁担开花，各回各呢家。

散伙喽！

○ "拉人"·"打死救活"·"烂网捕鱼"

昆明娃娃经常玩的游戏是"拉人"。

"拉人"开始，先"吼"出"拉家"，小伙伴们一哄而散，"拉家"随后猛追，斗智斗勇，跑得天昏地暗。这又有三种玩法：

一种是"拉着哪个哪个拉"——"拉"到了谁，谁就成新的"拉家"，原来的"拉家"就成了"挨拉家"。

一种是"过人"——"拉家"和被拉到的人都当"拉家"。玩到后来，"拉家"越来越多，最后一个"挨拉家"就得当下一轮的"拉家"。

老昆明娃娃游戏雕塑："躲猫猫，拿耗耗"

一种是"救人"，又叫"打死救活"——"拉家"拉着谁就把谁"关"起来，就算"死"了。所谓"关"，即定住不动，其中一个必须手摸柱子、树干、电线杆等，其他被"关"者和他手牵手站成一排，等待"活人"来救。而逮到一两个"俘虏"后，"拉家"往往就不主动出击了，而守株待兔。其他"活人"见无人来逮，也觉无趣，便冒"死"来救，向"拉家"挑衅，寻找机会。他们会不停地移动脚步，如同拳击场上的拳手，击剑场上的剑客，同时不停地叫：

打死救活，你死我活。
你着打死，我敲大锣。

如此大喊，一可活跃气氛，还可以逗引"拉家"，或转移"拉家"注意力，只要出其不意地碰一下被"关"的"死人"就算"救活"，全部跑散。"拉家"又得从头来。但如果"拉家"先摸到被"关"的人，那就连"救人"的勇士也"电死"了。

这种玩法最刺激，气氛特别热烈，但"拉家"的难度大，适宜人不多的时候玩。如果人多，就要考虑多设几个"拉家"。

玩"拉人"之时，被捉住的垂头丧气，遇救的欢呼雀跃，大喜大悲，好似一场人生小演习。不但可以锻炼身体，还可以培养合作精神，提高应对环境的能力，可惜现在不多见了。

还有"烂网捕鱼"，和"拉人"很相像。"拉家"拉到谁就和谁手拉手结成"网"，再去捕"鱼"，边捕边喊："好网捕虾，烂网捕鱼！"结果是"网"越来越大，"鱼"们越来越难逃脱，惊得大呼小叫，跑得笑不成声，十分热闹。

另一个拉人游戏类似于"拔河"，多是女娃娃玩的。先通过"黑白手"或"蹲的蹲、站的站"分成人数相同的两拨人，然后"吼"出输家和赢家，两拨人各自手拉手，有进有退，相对而唱：

赢家：我们要求一个人！
输家：你们要求什么人？
赢家：我们要求张小娃。
输家：什么人来出大力？

赢家：就是我来出大力！

唱完之后，一拨赢家就来拖被"求"的娃娃，输家则拉着不放，形同一场拔河比赛，充满了拔河的兴奋和热烈，失望和泄气。被"求"的娃娃被拖到哪边，就成为那边的成员。然后互换角色，输家来"求"而赢家被"求"，接着"拉人"拔河，直到最后一个娃娃被对方拖走。

○ "挤油渣"

冷天，孩子们都喜欢玩"挤油渣"。玩法很简单，大家凑在墙角，拼命往中心挤，边挤边喊：

挤油渣，炸麻花，
炸出油来打嘴巴，
炸出麻花笑哈哈。

谁被挤出人堆，就算"炸出油来"或"炸出麻花"，大家只是笑，并

老昆明娃娃挤作一堆

没有真打嘴巴的。被挤出来的"油渣"可以转身再挤进去。无论天气怎么冷，也不管出不出太阳，只要这样挤上一阵，管叫你气喘发热，再多挤几下，就要出汗了。

○ "跳小黄牛"

"跳小黄牛"有些像跳鞍马，今天是难得见到了。让"吼"出的输家缩头弓身垂手，把手依次拄在脚背、小腿、膝盖、大腿，充当"小黄牛"，最后站直。其他人拉开距离助跑，起跳后双手撑住"黄牛"的脊背或双肩，双腿分开，飞身跃过，屁股没沾"牛"背就算"过了"，否则就是"没过"，就要来当"小黄牛"。每跳完一轮，"小黄牛"就升高一截，跳跃的难度也越来越大，越来越精彩。有的孩子练得多了，特别能跳，即便"小黄牛"直站着，也能拄着"牛"脖子跳过去，博得一阵喝彩，那是十分荣耀的事。

有时参加跳"小黄牛"的孩子特别多，排队跳不过瘾，就来他个"一条龙小黄牛"：凡跳过"牛"的人就和原来的"牛"一起弓身当"牛"。"牛"越来越多，

直到全部人都成"牛"了,最后的"牛"又起身继续跳。这样循环往复,整个队伍就像长龙摆尾,缓缓地向前移动,来劲儿时可以在巷巷里、操场转上好几圈。这样玩,跳的机会增加了不少,人也累得不行。但就是累得气喘吁吁,也很少有退出来的。玩得高兴了,个个又喊又叫又笑,真不知人间还有愁事。

○ "背牛":"揍,揍,什么羊?"

这种游戏适于人不多的时候玩。玩的时候一个人面墙站好,身稍前倾,双手抵墙。另一个人跳上他的背,骑在腰上,一只手扒住他的肩膀,一只手轻轻地拍他的背,嘴里有节奏地念道:"揍,揍,什么羊?"随即用手比出一种形状,藏在身后,表示一定的意义。比如用手摸着自己的下巴是"胡子小山羊"等等。什么手形表示什么意思都要事先约好,玩的时候背"牛"的人不得偷看"牛"的手形,"牛"也"一手既出,驷马难追",手形不得中途变换,也不得欺负背"牛"者看不见,猜对了也说不对(当然玩的人多时,别人可以监督),否则就是"骗脸"。背"牛"者猜中了就可以和"牛"交换位置,猜不中就得继续背"牛"。如果"牛"老是赢,时间长了,支持不住掉下"牛背",也要算输。还有娃娃创新,喊过"揍揍什么羊"后,把两个拳头放在身后,这叫"双枪李向阳",还有儿歌:

双枪李向阳,坚决不投降。
敌人来抓我,我就爬城墙。
城墙有大炮,我就钻地道。
地道有杆枪,打死日本小队长。

昆明娃娃玩游戏"骗脸"后果很严重,叫作"输不起",不但要算输,小伙伴们还会叫他"骗脸鬼",以后就难得再和他玩了。这种不打不骂的惩罚谁都害怕,玩游戏时都不敢轻易"骗脸"。

昆明冬天冷,娃娃爱烤太阳,一窝地玩起"背牛"来,热闹非凡,暖得快,时间也过得快。

○ "斗鸡"·比架

"斗鸡"其实是"斗腿",对抗性极强,斗法有两种:
"斗公鸡",各自用双手握住一只脚掌,使大、小腿弯成三角形,膝盖抬与腰平,另一只脚则"金鸡独立",单腿蹦跳,用抬起的膝盖冲击对方,又顶又撞又挑又抬又压,谁的弯脚落地或身子跌倒谁就算输。

"斗母鸡",一只脚向后弯曲,用手从背后握住脚掌,斗的时候用膝盖猛挑对方,攻击力很强。

"斗鸡"可以单挑独斗,两人对战,也可以两队相抗,胜起来如泰山压顶,败下去如落花流水。斗到激烈的时候,笑声、叫声、骂声、跳声、喘气声、倒地声响成一片,常常是刚刚斗倒对方,还没笑出声,又被对方绊倒,马上又轮到对方笑了。

至于"比架",昆明民间又叫"封缸",和"打架"不同,有比赛性质,类似于拳击,甚至有"排跎""连环跎""揍揍跎"等固定招式,不能不按规定出拳,"裁判"没叫"开始"也不能出拳,那叫"偷冷宝",会被众娃娃鄙视。但比急了"玩真"了,后果也和打架差不多,不足为训。

○ "背石板"

昆明娃娃玩游戏的时候嘴也不闲,总要唱几句儿歌童谣。如玩"背石板",两个娃娃背靠背,臂箍臂,相互一背一放,齐声唱道:

青石板,石板青,青石板上钉银钉。

青石板,石板青,青石板上小星星。

○ "过城门"

玩"过城门"时由两个娃娃伸直手臂,高高举起,相对搭成"城门",其余娃娃排成纵队,顺序绕圈从"门"下钻过,这时一问一答地唱道:

城门城门几丈高?

三十六丈高。

三千兵马可容过?

有钱只管过,无钱耍大刀。

什么刀?春秋刀。

什么春?草春。

什么草?铁线草。

老昆明娃娃:"各回各的家,扁担开花"

什么铁?马口铁。
什么马?大花马。
骑花马,拿宝刀,
钻进城门挨一刀!
还有"简版"的:
城门城门几丈高?三十六丈高。
骑匹马,买把刀,钻进城来挨一刀!
"刀"字音落,"城门"倒下,罩住谁谁就是输家,就该他来搭"城门"了。罩不住的就可以轻松地念道:
城门城门几丈高?
城门三十六丈高。
骑匹马来么坐着轿轿,
走进城来么到处绕绕。

○ "丢沙包"

丢沙包又叫"肉包子打狗",多是女孩子玩。用碎布缝成小口袋,装进细沙封口,做成沙包,这就是"肉包子"。玩的时候人越多越好,先"吼"出两个"输家",隔10多米远每头站一个,然后把小沙包扔向站在两人之间的小伙伴。谁躲避不及被打中了,就轮到谁来丢沙包,打不中就重来。一般一次扔一个沙包,也有一次扔好几个沙包的,那就难防了。

还有一种玩法,站在中间的某个小伙伴被沙包击中就得出局,站在一边旁观。接下来,他的小伙伴要努力抓住丢过来的沙包,抓住了就可以让出局者"起死回生"。如果抓不住而被沙包击中,就轮到出局者来丢沙包了。

○ "老鹰叼小鸡"

这个游戏有三个角色:一个是"老母鸡",一个是"老鹰",还有一串"小鸡"。
玩起来时,"老母鸡"在前,后面跟着一串"小鸡"。"小鸡"排成一列,"后鸡"双手扶着"前鸡"的肩或腰,或者就拉住"前鸡"的后衣,最后拉住"老母鸡",形成一条长龙。"老鹰"站在对面,不时左右移动,伺机发起"攻击",来"叼"小鸡。

"老母鸡"则平伸双手，拦住"老鹰"，保护"小鸡"。于是，"鸡"们不断与"鹰"跑动周旋，左右辗转，上下腾挪，欢笑声、惊叫声此起彼伏，十分热闹。

昆明有儿歌唱道：

你牵我，我牵你，

大家牵着衣，来玩抓小鸡。

老鹰来，飞得低。

抓不着，叼不起。

饿死老鹰只剩皮。

○"老虎抱蛋"

三五个娃娃，一个扮老虎，四肢着地，肚皮下放几块石子，就是"蛋"。剩下了几个孩子弯腰伸手来抢"虎蛋"，"老虎"则伏地旋转腾挪，护住"虎蛋"，并伸手踢脚，拼命触碰抢蛋者，被触碰者"死"，轮换为"老虎"。若"虎蛋"被抢光，则"老虎"就"死"，下一转还当"老虎"。

○滚铁环

做铁环最好用钢筋，但不好找，用粗铁丝也行，家里没有，就满街去找。找来后把铁丝两头弯个钩，结个扣连起来，再用钉锤敲平就成了。这种铁环滚起来会打隔蹬，不太顺畅，但总算一个玩场。有时找来个废汽油桶，锯下一圈当铁环，亦无不可。另找根铁丝，这头弯个把手，那头弯个钩子，钩住铁环往前跑就行了。如果在铁环上再套几个小小的铁环扣，滚起来环环相撞，声响叮当，又别有风味。

滚铁环容易，但滚法不少，近乎体育项目。作力量之滚，可比快，可比慢，可接力；作花样之滚，有对滚，有翻滚，有空滚，还有绕障碍等。旧时上学路上，有的娃娃从家里一直滚到学校，边滚边唱：

老昆明街旁彝族女孩

滚铁环，滚铁环，你的某得我的黄。
我的滚上黄土坡，你的还在西仓坡。
还有一首：
铁环铁环团团转，一转转到墙角上。
树枝儿弯弯，小鱼儿翻翻。
睁开眼，抬头看，开了一朵红牡丹。
再有：
我滚的是哪吒的圈圈，手拿的是李天王的鞭鞭，
一回要滚一百圈，一天要滚一千圈。

○ "闷老姆" "拄地澡" "挝老埂蹬"

老昆明男娃娃长大的重要标志，就是跑到圆通山下的八大河去"洗澡"（游泳）。

盘龙江从小菜园流到北河埂，转了个"八"字形大弯，被昆明坊间称为"八大河"。也有人说旧时盘龙江在这里有条岔河，远望形状如同"八"字，所以叫"八大河"。早在明代，这里就是昆明男子春季嬉游求子之地，时间是农历二月初二，昆明男人出城拜谒龙泉观，再回到石嘴庄（石苯庄，今圆通东路西段）八大河旁，让童子用竹筐抬来瓦石，众男子用瓦石远投石洞。投中就高兴得不得了，认为可以生儿子了。直到20世纪五六十年代，八大河仍然是昆明男孩的"裸泳"胜地，也算古风遗存。

早年八大河两岸都是田野和小树林，这里离城近，"八"字形的河湾水清水缓，有浅有深，堤岸下还有一片沙滩，比较隐蔽。每到夏天，昆明10岁上下的男娃娃都会跑到这里来游泳。热天的下午，八大河水下岸上，密密麻麻地挤满了脱光的男娃娃，游水的、跳水的、打水的、嬉戏的，热闹非常。春天才长成的草地被踩成了光秃秃、黄生生的泥地、泥埂。

那时来八大河"洗澡"的娃娃多半是"裸泳"，叫"解放式"。有的娃娃大了，不好意思"解放"，会穿一条"东京大汗裤"。

"洗澡"的姿势全是民间的，而且循序渐进。初来的"小弟弟"只有坐在岸边当"旱鸭子"看衣服。时间长了，左右的"大哥哥"会教你"洗澡"。开始是"闷水"，下到水齐胸处，一手捏住鼻子，头一低，闷在水里，闷不住了就抬头喘气，慢慢地增加闷水时间。适应之后，接着就是"拄地澡"，找个河底浅平之处，让身子浮起，双手拄地爬行。差不多了，就把外裤的裤腰、裤脚用线头扎起来，放到河里浸透，再往里面吹气，做成一个"丫"形救生圈。有的高手可以先把长裤打湿，扎上裤脚后，再双手抓住裤腰向下朝水面上猛地一扑，只听"澎"的一声，两只裤腿就直立起来，

娃娃们管它叫"海马",扒在两个裤腿之间,就可以双脚打水,练习"挝老哽蹬""洗狗趴澡"了。有时不注意,"海马"的两条腿总是翘在水上,时间一长,被太阳晒干,就会漏气,你不小心就会沉入水中,歪歪倒倒地站起来,呛得直咳嗽。

"洗澡"上岸的老昆明男娃娃

八大河"洗澡"的最高阶段是跳水,昆明娃娃叫"闷老姆",又叫"插水"。这里本来是男娃娃的天下,有时附近田里有农家妇女劳作,也有女孩误行到此,一旦靠近河边,站在河岸上的"解放"男孩会大叫一声,一手捏着鼻子,一手捂着小鸡鸡,来个集体"跳炸弹"(又叫"插冰棍"),从高高的岸上成群地立着跳进水中,扑通扑通,全"闷"到水下,然后露出头来怪叫,吓得妇女们掉头就跑,男孩们大笑。那时男娃娃把女孩、小孃、大妈都叫"老姆","闷"水避"老姆"就叫"闷老姆"。会"闷老姆"的娃娃是八大河的"明星"。一个"闷老姆"插进水中,"东京大汗裤"往往会悠悠地飘出水面,激起一阵欢笑。

老昆明娃娃独自逛街

当时河中有个小岛,不过两张乒乓球桌大,形状像个枣核。娃娃们都叫它"台湾岛",常常在这里演练"解放台湾"。一排娃娃从岸边游过去,游到岛上就"解放"了"台湾",先到者能获得一个泥巴捏的奖章。能"闷老姆"的娃娃下水快,跳下水去还能冲一截,最先冲上"台湾岛"并挂上奖章的都是他们。

一些"闷老姆"的高手会跑到八大河北边的铁路大桥上站成一排,等火车开近,汽笛怪叫,领头的娃娃叫声"预备——齐!"十几个娃娃齐刷刷地从桥上跳进河里,然后浮出水面,看着火车大吼一声,轰隆隆地从桥上飞驰而过。水性好的娃娃还会踩着"哑水"、挥着手向火车司机大声打招呼，然后翻身漂在水面上，顺着清清的河水漂到八大河，这又叫"漂水"。从"闷老姆""踩哑水""挝老埂蹬"到"漂水"，从容不迫，潇洒自如，让旁边的娃娃羡慕得不行。

八大河水涨之际，也是"闷老姆"高手表演之时。他们会从铁路桥、敷润桥上跳进混浊的河里，顺着盘龙江洪水往下游，唱着吼着钻过下游淹得仅剩几尺高的一个个桥洞，在漩涡里打着转转往下游，直到南太桥甚至双龙桥才靠边上岸。

当然，在八大河"洗澡"也有危险，年年都有淹死人的事。家里的大人都担心出事，不让娃娃去八大河。不过，昆明娃娃总能找到机会偷偷跑到八大河去。时间一长，大人有了检查的办法：娃娃回来，用指甲在他的手杆上轻轻地划一下，如果皮肤上出现灰白的痕迹，那就是去了八大河。因为下水之后被太阳一晒，都会有这种划痕。把柄被抓住，挨骂是轻的，搞不好就要吃"跳脚米线"了。不过，娃娃们马上有了应对的办法："洗澡"归来，叫声"热死了"，不等老妈老爸来"划手杆"，就打盆水来擦手擦臂，让大人查无实据，最后不了了之。

玩转了八大河和盘龙江，昆明娃娃就算长大成人，可以直下滇池、横渡草海了。

1967年整治盘龙江，八大河被截弯改直，从此消失。但从卫星地图上还看得出一段浅"八"字形的河道，如果不注意，还真不知道那就是老昆明男娃娃曾经的"洗澡"胜地。

玩泥巴

小娃娃，撒尿拌泥巴，
爸爸回来打嘴巴，
妈妈回来戳脑瓜。
——老昆明童谣

小娃娃，做粑粑。抓把灰，搓泥巴。
没有盐，墙上刮。没有酱，用泥浆。
没有菜，草里拔。没有筷子用手抓。
——老昆明童谣

咯噔咯噔丫杈，老娘给在家？
老娘不在家，只有小娃娃。
娃娃在家玩泥巴，做个泥娃娃。
娃娃笑哈哈，开口叫妈妈。
——老昆明童谣

泥娃娃，你坐好，我来帮你洗个澡。
打了一盆水，洗手又洗脚。
哎呀，真糟糕，越洗越脏了，再洗没有了。
——老昆明童谣

记得旧时好，
跟随爹爹去吃茶。
门前磨螺壳，
巷口弄泥沙。
——民国时小西门茶馆题壁诗

○弹珠珠"玻得"

路边发呆的老昆明娃娃

所谓"珠珠",就是玩跳棋的玻璃弹子,昆明话叫"玻得"。其中有各种形色的"月牙",于是就分红月牙、黑月牙、白月牙和五彩月牙等,这是上品,没有"月牙"的只算是中品。玻璃弹子费钱,玩不起就玩废钢珠,连废钢珠也找不到,就用石头、砖块、瓷珠磨成"玻得",或者干脆用泥巴搓成圆珠,这些就是下品了,再多都抵不得一个"月牙玻得",打起来还容易碎,被人笑话。所以"弹玻得"一般是分"档次"玩的,不同的"玻得",各玩各的,免得一个嫌一个,麻烦。

"弹珠珠"时先找一小块泥地抠个小洞,在一两米外划定起弹线,几个伙伴从线外瞄着小洞弹去,进洞者获先弹权。开始时争先进洞,先进洞者可以获得一拃近"敌"、一枪毙"敌"的优先权;未进洞的不但无一拃之利,还须要连中三枪才能"击毙"进过洞的弹珠。因此大家都力争先进洞,后比"枪击"。有的娃娃为缩小"战时"目标,常常把珠子磨小,成为专业"打子",以利取胜。输家按约定"械"给赢家"玻得",一般是一颗。

"弹珠珠"玩法不少。有"撬罐":双方轮流攻守,守方先在洞里放一颗珠子,打家对着洞弹珠射击,"撬"出对方珠子为胜,如果不但"撬"出了对方珠子,自己的打子还占了泥洞,就可以"械"得双份。还有"扫框",先在泥地上画个框,几个玩家各自拿出若干珠子放进框内,"吼"出先后,用"打子"弹射框内珠子,打出几颗"吃"几颗——如果"打子"被"困"在框内就悲剧了:不但"吃"不了子,自己也得留得框内,成了"吃子"。

"弹珠珠"是早年昆明街巷常见的儿童"玩场",玩到激烈之时,观者如堵,喊声阵阵。如果再有一两个女孩子参战,那就更热闹了。

"珠珠"的弹法分男女两式。手作握拳状,把珠子放在拇指指甲和食指尖当中,这是男式;女式则应将珠子夹在拇指指甲和食指弯里。若男孩误作"女式",就会遭到嘲笑。

○抠窑泥·掼手枪

昆明娃娃把黏土土叫"窑泥",有的黝黑发亮,叫黑窑泥,也有白的,叫白窑泥。娃娃们喜欢到郊外抠回来玩,叫作"抠窑泥"。抠回来后,或者玩"罗锅通洞",或者做窑泥枪。不管如何玩,都要先拣去窑泥里面的沙粒、石子,然后在平滑的石板上反复掼"熟",然后开玩。

用窑泥捏成开口的薄底小锅,就可以玩"罗锅通洞"。一个娃娃先唱道:

罗锅罗锅我问你,老天为何生白米?
咯晓得?晓不得。打破砂锅问到底。

这边的娃举起泥锅问对方:

罗锅罗锅给通洞?

对方答"通呢"或者"不通",也得按着节奏念。

于是这边念声:

八十老人抬不动。

有心事的老昆明娃娃

念完就把泥罐"嘭"的一声扣在地上,气流直冲罐底,往往就把罐底冲破了,对方猜中为赢,猜不中为输。输家要被弹脑门,叫作"弹脑包",或双手空心合掌让赢家弹,这叫"弹蚌壳",或者就输一块窑泥,都是事先约定好的。

更多的是做窑泥枪。窑泥抠来后掼成十多厘米见方的板块,稍稍阴干,即可画线,用小刀把多余部分切下,什么"壳子炮""小拉七""双管信号枪""左轮",都是电影和连环画上看来的,大致切成形后,又继续阴干,再切削出枪管、准星、枪把、扣机等大部位,直到全干了,才刮雕出细部纹线,如手柄、弹仓等等,有的还用墨汁精心涂描一番。这样做出来的窑泥枪闪闪发亮,有做得精致的,简直可以乱真。拿着这样的枪穿街走巷,大打"野战",威风无比,有时竟被警察追来"缴械",误会解除之后,手中那枪自然就身价百倍了。

用窑泥还可以做冲锋枪，但长了容易断。窑泥还可以做其他玩具，女孩爱捏小猫、小狗、小兔，男孩爱做飞机、大炮、坦克，有的还做攒钱罐，但工艺、兴致都差多了，因为只能摆着玩，不像枪可以"用"来跑着打野仗。

○ "和尚棋"·"三三棋"

老昆明娃娃玩"和尚棋"和"三三棋"都是在地上，可以归于"玩泥巴"之类。不同于大人的象棋、围棋，几个娃娃凑在一起，捡块瓦渣或石头在地上三笔两下画个棋盘，再拣几个石子、折几根树枝、弄几个小干果，团几张课本纸，就是棋子。再约定个规矩，或者是抢到终点，或者是"碰吃"，最后"吼揍揍包"确定谁先谁后，就可以走棋了。

比起来，"和尚棋"和"三三棋"在"地棋"中还算是比较复杂的两种。"和尚棋"除了独特的"米"字格棋盘外，还有一个"田"字形的"和尚庙"，双方以"夹""挑"方式对战，"翻吃"对方棋子，变"敌子"为"己子"，把对方最后一颗棋子逼进"和尚庙"的"死角"，就算赢棋。"三三棋"的棋盘是套在一起的3个大小不等的正方形，并划画连接各个正方形的相对应的顶角，中间的正方形空心。下棋时双方轮流布子，谁先走出"三子一线"，就可以提掉对方任何一子，谁无法走出"三子一线"或无路可走，谁就输棋。

这类"地棋"简单易学，灵活多样，益智逗乐，不但娃娃们爱玩，大人也会凑过来下几步看热闹，一时大大小小，老老少少，玩得不亦乐乎。

○ "仙人针"

找半截筷子稍稍削细，剖开一端，扎上一根缝衣针就成"仙人针"了。没有缝衣针，大头针也行。有的还要把尾端剖个十字口，夹进一个纸折的四叶舵，以求"运行"稳定。

玩的时候找一块泥地，人站好了，把"仙人针"针尖朝下，轻轻搁在身体的某个部位上，轻轻放开，或稍稍用力，让"仙人针"落下，针头扎地站稳为赢，倒地为输。有的还在泥地上画圈，必须扎到圈内并且站稳才算赢。搁针的部位，先是膝盖、五指、臂肘，后到下巴、鼻尖、额头，难度越来越高，谁玩到最后，谁就大赢。

还有一种玩法是"探雷"：双方先在泥地上划出自己的碉堡，并在进攻路线上预埋若干石块瓦片作为"地雷"。攻方用"仙人针"沿路进攻对方，半路中"雷"倒下即输，最后击中碉堡且直立不倒为赢。

玩"仙人针"是个技术活儿，不管是玩家还是看家，都屏声敛息，全神贯注，一副小大人模样，认真之处，绝不亚于在学校考试做题。

○抓"小胰子"·抓猪拐骨·抓羊拐骨

旧时昆明人称肥皂为胰子，娃娃玩的"小胰子"指1寸见方的小布袋，内装沙子或小石子，有小肥皂那么大，其称"小胰子"，大概就是这个原因。

玩这类游戏的多是女娃娃。玩的时候单手把四五个"小胰子"抓在手心，抛起一个，马上放一个在地下，再接住被抛起的小胰子。或者反过来，把四五个"小胰子"放在地下，抓一个抛起来，再从地下抓起一个，然后迅速接住被抛的"小胰子"——成功了就接着玩，失败了就让给对方来。

唱儿歌是女娃娃的强项，她们常常边玩边念：

小胰子，小礅子。小三三，三来排；

排子对，游子对；一尾子，尾来上；

上一粒，一粒起，上二粒，二粒起……

还有：

小胰子，小胰子，小胰子；

小对子，小对子，小对子；

小三三，小三三，小三三；

小平平，一把抓。

一点空，一丫丫；

二点空，二丫丫；

三点空，三丫丫；

四打把，四打把。

一采一个，二采二个，三采三个。

扒个豆，扒个豆，扒个豆，

鸡进厩，鸡进厩，鸡进厩。

鸪鸪请进洞，鸪鸪请进洞，鸪鸪请进洞。

啄脑缸，啄脑缸。

玩这种游戏也可以不用"小胰子"，而用小石头。此时又会唱：

小核桃，一把捞，把捞起。

老昆明娃娃雕塑："跳海牌，给你猜"

起一颗，抓三颗，三来排。

排子时，游子队。

一尾子，尾上尾。

上一粒，一粒起。

起一颗，抓三颗。

三来排，排子对，游子对。

一尾子，尾尾上……

如果用猪拐骨（膝关节骨）或羊拐骨来做"小胰子"，那就叫"抓猪拐"或"抓羊拐"了。早年吃肉不容易，找"拐骨"更不容易，有的娃娃会到馆子想办法，凑齐一两副"拐骨"，那是很"牛"的事。这种"拐骨"有四个面，两面较平，分别涂上红色和绿色，另两面一凸一凹，都留为本色。开玩之时，先把四个"拐骨"撒在地下，朝上的一面常常有红有绿，此时要抛起沙包，再翻转拐骨，然后接住沙包。如此先后把"拐骨"朝上一面翻为全红、全绿、全凹、全凸，就算"通关"而赢，如果没接住沙包而落地，或者"拐骨"颜色"正"不过来，就算输，得让对手来"抓"了。

○ "跳海牌"

这是女娃娃的游戏，用粉笔或瓦渣在地上画线框，计两排十个，每个长宽各几十厘米，框内写上数字，从"10""20"到"100"。再准备一块瓦片作"海牌"，讲究的也可以用化妆品小圆铁盒，装满沙子就行了。

"跳海牌"开始，"吼"得"头机"的娃娃先用手把海牌"梭"到面前的写着"10"的线框内，然后单脚跳进框里，将海牌逐框踢到写有100字样的框内，然后转个方向跳回原位，单腿而立，拣起海牌为胜。下一轮就可以把海牌"梭"到更前面的线框里，这是对胜者的奖励。但海牌全程不能压线，娃娃的脚也不能压线，否则就算"死"，就得出局让其他娃娃上。

玩得熟了，有的娃娃嫌太容易，不够刺激，于是自加压力，增加难度。一是闭上双眼"梭"海牌，二是背对线框丢海牌，海牌不到位或压线就出局。地下的线框里会有几格写上"油锅"，海牌不能进，脚不能沾，非跳过去不可，否则也"死"。当然，有"油锅"就有"天堂"，只要把海牌踢进去，就完胜一局。

玩木头

小板凳,脚歪歪。
　歪到哪里去?
　歪到婆家去。
　婆家吃哪样?
　婆家吃红米饭。
　　——老昆明童谣

我的马儿好,我的马儿跑。
　不吃草,不吃料,
　骑着竹马进学校。
　　——老昆明童谣

小马小马四只脚,
　两只起来两只落。
　小马跑到蒲草田,
　　掉下洗马河,
　急得马夫干跺脚。
　　——老昆明童谣

○扯"嗡"

"扯嗡"最有意思。先找来一截叫作"白蜡条"的小棍子,剥去皮,削得光滑了,截下一寸半长的一段,拦腰刻道槽,找一根底线(纳鞋底的线)系个"目"字扣(又叫猪蹄扣)拴牢腰缝,双手拉线,就可以把那截白蜡条扯得飞转,"嗡嗡"声一阵紧过一阵,因此有"扯嗡"之称。

○放"响簧"

看热闹的老昆明娃娃

"响簧"是早期昆明娃娃的木玩具,现在已基本见不到了。取一截小圆木或竹筒、两头拼上更大一些的木盘,再在木盘外边刻上几道"风门"就成了。玩的时候找两根细竹竿,两头拴上棉线,两手握竿,把响簧放在地上,用竹线绕上两圈,向上一提,一松一紧,响簧一转,"嗡嗡"直响。这是简单的玩法,玩得好的还可以玩出"抛挂""抛天挂""地转转""弹棉花""放地老鼠"等,让围观的娃娃羡慕不已。

自己制作"响簧"难度大,要到街上去买。早年卖"响簧"的多是四川人,大概价格也不低,娃娃手上闲钱有限,能买来玩的人不多。这可能是后来"响簧"失传的原因。

○挑冰棒棍儿

"挑冰棒棍儿"一般两个人玩。双方席地而坐,各"逗"(凑)数目相等的冰棒棍儿若干根,先"吼"出赢家。赢家将冰棒棍捏成一把,一端齐地,轻轻放开,棍散落地,然后另取一棍,将倒地的冰棒棍一一挑开,只要不动着"第二者",挑开的冰棒棍就归挑棍者"吃",如果"第二者"稍有动弹,就算"死"了,轮到对方来挑。

如此"挑冰棒棍",最容易"吃"的当然是散倒在一边的"单棍",一般都是先"吃"完散棍,再吃"堆棍"。挑"堆棍"最考人,也最吸引人。挑棍的娃娃总是屏息凝神,左看右看,上看下看,选准小棍之后,还要调整好下手的角度,动作要"稳"、要"准"、还要"狠",成功则叫好一片,失败则一声叹息,十分令人着迷。

惊奇的老昆明娃娃

○"竹人人"·"竹马"·"吸铁走人"

木料手工有"竹人人",做来也不难:找根筷子粗细的竹棍,截成1厘米长短的小段,用线穿起来,连成"大"字,似人之形。再在这竹人的手上绑上一根小棍,算是某种兵器,一个竹勇士就做成了。玩的时候把脚线穿过桌椅板缝,把线拉紧,勇士就会站起来,再扯动脚线,勇士立刻龙腾虎跃。如果有两个勇士,就可以来一场刀对刀、枪对枪的大战。线扯得猛了,竹人还会"嗒嗒"作响,主人呐喊助阵,声势就更大。更有的孩子把竹勇士的脚线穿到旧式房屋的门板或壁板缝里,来一场飞墙走壁大战,那场面就更刺激、更壮观了。

照"竹人人"的做法,还可以做成竹马,在木桌、木壁上"驰骋"一番,早年有儿歌唱道:

我的马儿好,我的马儿跑。

不吃草,不吃料,骑着竹马进学校。

"吸铁走人"和"竹人人"类似。先折一个纸人,脚上装一小块铁片,放在硬纸上,隔着硬纸用吸铁石(磁铁)引动纸人,可跑可跳,还可以两人相斗,吸走对方的纸人就是胜利。玩起来还是够迷人的。

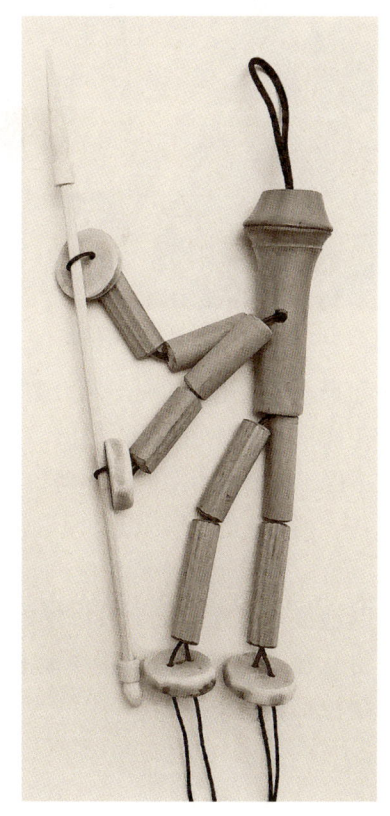

老昆明娃娃的"竹人人"

○抽"得儿螺"

警觉的老昆明娃娃

昆明方言把"陀螺"叫作"得儿螺"。早年买不到现成的,一般娃娃也没有那么多的钱去买,多半是自己削。锯一截四五厘米粗、七八厘米长的圆柴棒,用刀把一端削成圆锥形就行了。但要削得圆、削得尖、转得正、转得长,还真不是一件容易的事。有时还在"得儿螺"上涂几圈颜色,转起来就更好看。因为得来不易,还常常在陀螺尖上钉一颗钉子,让它更耐玩,更耐旋转,有时不小心反而把陀螺给钉裂了,真会急得哭一场。

抽"得儿螺"很简单,用拇指和食指"捻"转"得儿螺",丢到地上抽几鞭就"活"起来了。还有更好的办法,用抽鞭上的麻线把"得儿螺"绕起来,放在地上立住,握紧鞭杆,猛地朝旁一甩,或者绕好"得儿螺"悬起来,猛一甩鞭,把"得儿螺"甩到地上,"得儿螺"就站着旋转起来了。这样"得儿螺"一开始就转得更猛,只要继续"啪啪"抽打,"得儿螺"便"嗡嗡"地转个不停,越转越快,越转越响。

抽"得儿螺"可以自娱自乐,也可以比赛较劲,可以比谁的"得儿螺"转的时间长,也可以在地上画个圈,把"得儿螺"抽进圈内,继续抽打,"得儿螺"出圈算"死",倒地也是"死"。更可以抽赶着正在地下旋转的"得儿螺"互相撞击,或者用"甩得儿螺"的方法撞击正在地上旋转的"得儿螺",先倒下者输——斗智斗勇的体育精神都表现出来了。

○"水枪""竹筒枪"和"纸枪"

"水枪"安全得多。打一根小竹筒，一头留节，钻一小眼；一头去节，再用一根小木棍绑上布条为活塞。将节眼伸入水中，抽塞子就可以把水吸进去，捅塞子就有水喷出。只要水干净，大热天来一场"水战"，就是娃娃的泼水节了。有的娃娃把竹筒另一端也挖空，塞进纸团，这边猛捅塞子，那边纸团飞出，就成了"纸弹"，这种玩法就有点儿危险了。

更安全的是"纸枪"，这"枪"做也容易，搓根纸棍儿，穿进一个纸"井"就成了。打起野仗来，举枪比个动作，嘴喊"叭叭叭"作为枪响，也还热闹。

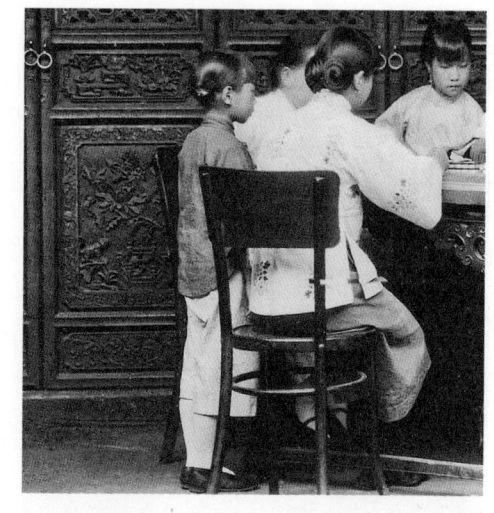

好奇的老昆明娃娃

○打弹弓

弹弓也算是一种枪，做起来也简单，用树杈或铁丝做个叉子，加上两条橡筋、一块皮就成。当年跑到郊外去打鸟，是一大乐趣。还有手皮枪，类似弹弓，只是用拇指和食指代替叉子，做两个皮套套上指头即可。互相闹着玩时，为减轻"杀伤力"，"子弹"就不用石子了，改用卷起来的小纸条，打个对折，卡在橡筋上就可以"射击"。但"对射"仍有危险，和弹弓一样，还是用来练习打靶最好。

弹弓是男娃娃的至爱，但也容易闯祸，不是伤人，就是毁物，成为大人没收的对象。但因为制作容易，没收了一把弹弓，娃娃又会马上做一把。聪明的家长就因势利导，让娃娃用弹弓赶鸟，保护树果、晒谷等，都有用武之地。

○橡筋枪

受惊的老昆明娃娃

橡筋枪多用筷子、小木片或铁丝以橡筋绑扎而成，或似弩，或似手枪，有扣机，长短大小不一，做法各有千秋。或以冰棒棍为箭，或以小石子为弹，用来打靶，很有趣味，但如果用来"打野仗"，搞不好就容易闯祸。

大一点儿的娃娃还会捡来子弹壳，锯下"屁股"，装到橡筋枪上，再用钉子做击发器，绑上橡筋发力，先剥下火柴棍上的火药，填进子弹屁股的小坑里，再扣动扳机，释放钉子，击发火药，发出"啪"的一声炸响，如同真枪，十分诱人，但也更加危险。

有的娃娃还以同样的原理做成"落地响"：用橡筋把钉子和弹壳屁股绑在一起，把火柴棍上剥下来的火药抖进子弹壳里，再把钉子顶进弹壳，压住火药，然后高高抛起，落地击发，"啪"地炸响。只要多加注意，还可以算是一项好手工和好游戏。

玩虫草

马豆马豆响响,买只胖猪养养。
你吃小半,我吃大半。
——老昆明童谣

我开门,你进城,开进门来吃一刀。
死头干将军,断头将军。
铁头将军,常胜将军。
——老昆明童谣

老鸹老鸹张开嘴,
哥哥喂你糖开水。
哪样糖?鸡屎糖。
哪样开?鲜花开。
哪样水?米泔水。
——老昆明童谣

斗"嘚嘞"

昆明娃娃管蟋蟀叫"蛐蛐儿",又叫"嘚嘞"。这"蛐蛐儿"和"嘚嘞"都是象声词,蟋蟀发声,开始是"蛐蛐儿",后来就"嘚嘞"了。

早年文庙旁的小巷、胜利堂大门外的云瑞公园都是昆明的蛐蛐儿市场和"斗场",有人捉到蛐蛐儿,装在竹筒或螺蛳壳里,用草塞上外口,拿到这里来出售。这些蛐蛐儿不让看,分成几堆让你"摸",有1分钱一"摸"的,两分钱一"摸"的,最高的是5分钱一"摸"。"摸"到哪个是哪个,抖出蛐蛐儿来看,不死就成交。蛐蛐儿贩子也讲诚信,一分钱一分货,5分钱常常能摸到"大将军",拿到"斗场"上,总能胜人一筹。

但娃娃攒零用钱也不容易,有的娃娃买蛐蛐儿要货真价实,不仅要看货,还要先斗一场,看其表现,这才出手,这个价钱就贵了。最能打架的是"金嘚嘞",个子比较大,背翅上还有两个金色的斑点。反过来,"土嘚嘞"较小,是土黄色的,又叫"火黄",咬架不行。"嘚嘞"以"腿儿"论数,斗"嘚嘞"的时候,先把两腿儿"嘚嘞"放进垫了一层土的小瓦缸、小瓷缸或洋铁桶里,"嘚嘞"跑不出来,只能"狭路相逢勇者胜",这叫"封缸"。

为促使"嘚嘞"拼死相斗,娃娃先找一根冰棒棍,在一端扎上一小撮头发,做成"捄草",频捄"嘚嘞"之尾,引得"嘚嘞"们振翅大鸣,跃跃欲斗。"嘚嘞"斗架的高潮和看点,是双方咬死不放,这叫"咬死嘴"。有的娃娃在"嘚嘞"咬架前喂一点小米辣,如同今天运动员吃兴奋剂,效果十分显著,常常把对方的两条后腿咬下来,成为"棒头核(音'胡')",也叫"研棒头"。斗败的"嘚嘞"眼看没气了,只要放到泥地上,多半就恢复过来了,这叫"沾地气"。不斗"嘚嘞"时,用捄草长捄

老昆明娃娃捉蛐蛐儿

"嘚嘞"后腿，引得"嘚嘞"掉头打转咬捵草，这又叫"打胯磨面"。公"嘚嘞"发情时既无心恋战，又得将其尾部囊状精球挤出以恢复斗志，这又叫"挤沙"。经过多轮"咬架"，最后留下来的"嘚嘞"叫"头缸"，最为值钱，接下来是"二缸""三缸"等等。蛐蛐儿的"天敌"是家里养的鸡，有时在院子里斗蛐蛐儿斗得正欢，大公鸡突然一啄，猝不及防，蛐蛐儿就成了鸡食。娃娃们一怒之下，还会上演一场"人鸡大战"，甚是热闹。

还有娃娃钱包捂得紧或有嗜好，总是自己动手捉蛐蛐儿，这在昆明话里叫"瞄嘚嘞"。多半是晚上看准蛐蛐儿叫的地方，第二天就撬石块、掏墙缝地找，或者到郊外野地扳石头、用棍子"打草惊蛐"、双脚"跺地惊蛐"，惊得蛐蛐儿跳出，赶紧把手掌窝起来，迎头罩在地下就"有"了——如果总"瞄"不到蛐蛐儿，娃娃们就边找边唱儿歌：

金蛐蛐儿，银蛐蛐儿，

石头底下嘚嘞嘞。

搬开石头来瞄瞄，

逮着你就跑不掉。

据说边唱边"瞄"，蛐蛐就会出现了。

○冲"牛屎拱拱"

"牛屎拱拱"就是蜣螂，长约一寸，全身黑色，翅壳上有金属光泽。最奇特的是它的雄虫有一个扇形的头，头顶上更有一支弯弯的尖角，酷似独角龙，所以又叫黑牛儿、触角牛、铁角牛等。牛屎拱拱总是栖身在牛屎堆里，或者在牛屎下面打洞藏身，产卵后还会推积粪土，把卵包裹成一团，有的大如鸡蛋，因此又有屎蜣螂、滚屎虫、推屎虫、牛屎虫，粪球虫的大号。昆明娃娃叫它"牛屎拱拱"，形容此虫总是在牛屎里拱来拱去，非常生动。

牛屎拱拱多半昼伏夜飞，而且总是朝

老昆明娃娃找"玩场"

这个老昆明娃娃有点儿烦

着有光亮的地方飞。有的小贩晚上点灯诱捕牛屎拱拱，一堆堆地拿到文庙旁的小巷和胜利堂前的云瑞公园，卖给贪玩的小娃娃。不过，也有的娃娃执意要自己去捉牛屎拱拱，认为这样才过瘾。几个娃娃约着跑到郊外，看见牛屎就扒开来观察，如果牛屎堆下面有洞，洞口还堆着浮土，洞里多半就有牛屎拱拱了。只要把随身带来的水灌进洞里，牛屎拱拱就会自己爬出来。如果水不够就到附近去找，或者几个小伙伴轮流瞄着洞里冲尿，硬把牛屎拱拱"冲"出来，这就叫"冲牛屎拱拱"。牛屎拱拱"冲"到手，玩场不少。

牛屎拱拱性格温顺，不会打架，但可以让它"顶牛"：找几本书对垒成一条夹巷，宽窄刚够一只牛屎拱拱容身，再把两只牛屎拱拱放进"巷"里，一头一只，让它们相对而行，不断向前拱，狭路相逢之时，再抓抓它们的屁股，让它们勇敢前冲，两角相触之时，就顶起牛来了。结局当然是力大者胜，不是拱翻对手，就是拱得对方往后滑，引得娃娃们笑个不停。

牛屎拱拱还可以"拉车"。找一个火柴盒做车厢，再剪两个圆纸板做轮子，用冰棒棍横着一穿，固定在"车厢"上，再用冰棒棍做两个车杠，直穿"车厢"，前端并联一根棉线，中间挂在牛屎拱拱的翘角上，再抓抓它的屁股，牛屎拱拱就拉着"车"往前走了。如果多套几只牛屎拱拱，来一场"跑车"大赛，娃娃们在一边加油打气，那就更热闹了。牛屎拱拱拉车，很可能是一种"古玩场"。南宋的《普济本事方》称牛屎拱拱为"推车客"，清代的《医林纂要探源》称其为"车屎客"，近代的《药材资料汇编》又称之为"推车虫"，都和车有关。只不知牛屎拱拱"推"起车来，会是何等模样。

有一种牛屎拱拱较小，轻轻捏着它凑近耳朵，可以听见它嗡嗡嗡地叫，发声时高时低，像唱戏一样，这种牛屎拱拱就叫作"戏子"。傍晚时分，用缝衣线拴住牛屎拱拱的脖子，托着它往空中一抛，就可以放飞了。几个娃娃牵着牛屎拱拱满院子飞，虫子嗡嗡嗡地唱，娃娃哈哈哈地笑，甚是热闹。直到天黑，才把牛屎拱拱放进瓶子或盒子里，这些瓶、盒里有沙土，牛屎拱拱可以拱进去睡觉。有的牛屎拱拱不安分，夜里会钻出来乱飞，嗡嗡嗡地吵人睡觉，落到哪里也不知道。第二天早上起床，娃娃们又得满屋子地抓牛屎拱拱了。

在昆明人的眼里，牛屎拱拱老实而笨拙，和机智灵活的蛐蛐儿完全不一样，于是又有了一句攒言子：牛屎拱拱戴眼镜——装懂！

○斗将军草

旧时昆明街头巷尾、后院路旁都会有长满野草的荒地，虽然也就有一两张乒乓球桌那么大，但也是昆明娃娃的乐园。斗将军草更是娃娃们的一大乐事。

将军草随处可见，草秆丛生于地，高约二三十厘米，顶端有指状草穗，长七八厘米。其草秆坚韧，又称"牛筋草"。昆明娃娃将其草秆采来，把草脖子弯起来打个"R"型活结，就成了"草将军"。然后两两捉对相斗：一个娃娃松开草结，让另一个娃娃把草秆穿进去，然后收紧活结。等两个草结"头"套在一起，两个娃娃就各捏一头，朝后猛扯，"将军"头断者输，输家可以换一个"将军"继续斗。百战百胜者为"铁头将军"或"常胜将军"。

早年昆明城里草地见得到两种将军草，一种又细又长，容易断，不太受欢迎。另一种又短又粗，韧性好，很得娃娃的青睐。有的娃娃还把将军草收来阴干再用，这样更加坚韧，叫作"死头干将军"，只要申明一下，也不算作弊。有的娃娃求胜心切，在草秆里穿上铜丝，于是所向无敌，百战百胜。但"杀"敌太多，外皮被磨掉，难免"露铜"，对手就会说此人"骗脸"，大家就不会和他"斗将军草"了。

老昆明有童谣唱道：

我开门，你进城，

开进门来吃一刀。

死头干将军，断头将军。

铁头将军，常胜将军。

○吹马豆

老昆明娃娃斗将军草之时，正是地里长马豆的时候。马豆就是野豌豆，因为马爱吃，又叫马豆草、马豌豆，多半长在田埂上，当时城里路边草地和居家后院也能

老昆明娃娃吹"马豆"

跟着大人劳作的老昆明娃娃

见到。马豆荚很小,有点像菜籽荚。昆明娃娃摘来挤出豆米,掐掉荚头荚尾,塞进嘴里,鼓着腮帮子一吹,马上发出"叽叽"的哨音。吹马豆的高手,能吹出忽高忽低的音调,吹出各种调子歌曲,让人羡慕不已。

马豆成熟在清明时节。此时昆明家家户户门头要插柳,还要折来柳枝,编成柳帽让娃娃戴在头上,还要多采"马豆",让娃娃吹豆作乐。传说这天阴气重,而娃娃阳气弱,戴柳吹豆,可以避邪。旧时有童谣曰:

马豆角,轻轻剥。

挤完果果莫丢壳。

嘴皮咂着吹,叽叽声如雀。

声如雀,你快跟她学。

昆明娃娃还唱道:

马豆马豆响响,买只胖猪养养。

你吃小半,我吃大半。

男孩女孩围坐草地,头上戴着柳条帽,嘴里吹着马豆,手上斗着将军草,旁边的娃娃唱着童谣,成为清明时节老昆明的一幅温馨的风俗画。

明天启《滇志》的"物产"篇中就有一条"马豆",称此豆"青时以饲马,故曰'马豆'"。当时的"儿童就田间采其角,去其实,群吹有声,铿然相应"。可见早在三四百年前的明代,昆明娃娃就吹马豆玩了,可以算是历史最悠久的娃娃"玩场"了吧。

○比"老鸹嘴"

早年昆明城里的草地上还会有羊耳菊,其茎直立,高达一米多,枝、叶、花上都长着密密的茸毛,貌似羊耳朵,昆明娃娃称之为羊耳朵花,又叫羊咩咩花,一般称羊耳菊。羊耳朵花新叶抽芽时总是两叶抱茎,状如闭合的老鸹(乌鸦)嘴。昆明娃娃摘来新芽,用两个手指一捏,让"老鸹嘴"张得老大。然后互相"斗嘴",看谁的"老鸹嘴"更大,咬得住对方。"嘴"大能含住对方的"嘴"为胜者。输者就去找更大的"老鸹嘴",以一决高下。娃娃们边玩边念:

老鸹老鸹张开嘴,
哥哥喂你糖开水。
哪样糖?鸡屎糖。
哪样开?鲜花开。
哪样水?米泔水。

○撕长草

老昆明娃娃在草地上随便扯来一根长长的草叶,掐掉两头的根和尖,两个娃娃面对面坐好,一人捏住长草的一头,喊一声"开始",就小心翼翼地双手对撕。如果两条撕缝正好相遇,草叶一撕两半,就算两人赢了;如果两条撕缝错开,草叶被撕成"N"状,那就输了。输家要受罚。接着让另外两个娃娃上,如法"对撕",决定输赢。

"撕长草"最早的用处是预测街坊某位孕妇生男或生女,由一男一女两个娃娃"对撕",撕成两半则生女孩,撕成"N"状则

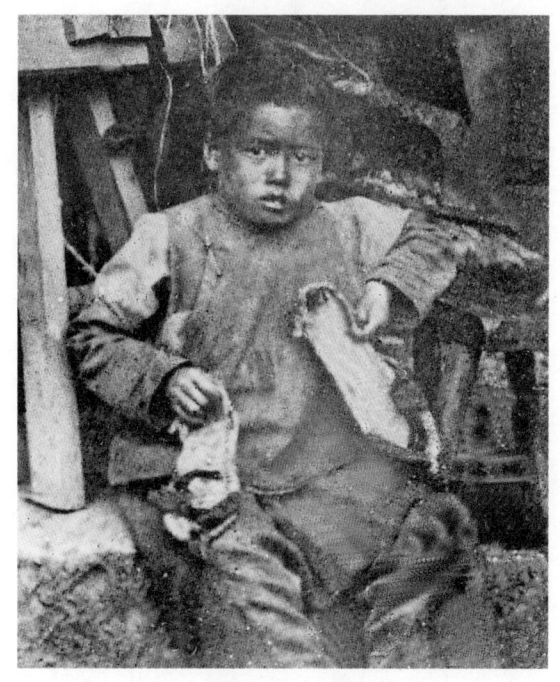

编草鞋的老昆明娃娃

生男孩。如果预测的结果与预期的性别不一样,撕草的娃娃还会节外生枝,以"三打两胜"来决定,直到预测符合预期为止。由于这样的"预测"总是"扑空","撕长草"就慢慢地转化成草地游戏了。

○锁眉"节节草"

早年昆明城街巷、小院、水沟边的草地上还会长出节节草。节节草茎长而有节，节为空心，直径两三毫米，每节长四五厘米。此草一节套着一节往上长，高可达四五十厘米，称之为节节草，十分形象。

旧时昆明娃娃在草地上玩游戏，如斗将军草、比老鸹张嘴等等，赢家会折来节节草，一节节拨开，然后取两节轻轻地"锁"住输家的眉毛——节节草又叫"锁眉草"，就是从这里来的。如果输家下一回赢了，就可以把节节草取下来，如果还不停地输，就要不停地在眉毛上"链接"节节草。有的娃娃总是输，两边眉毛都锁上了节节草，一节套一节，一直垂到胸前，酷似寿星老人的长眉，引得众人笑个不停。

怯生生的老昆明娃娃

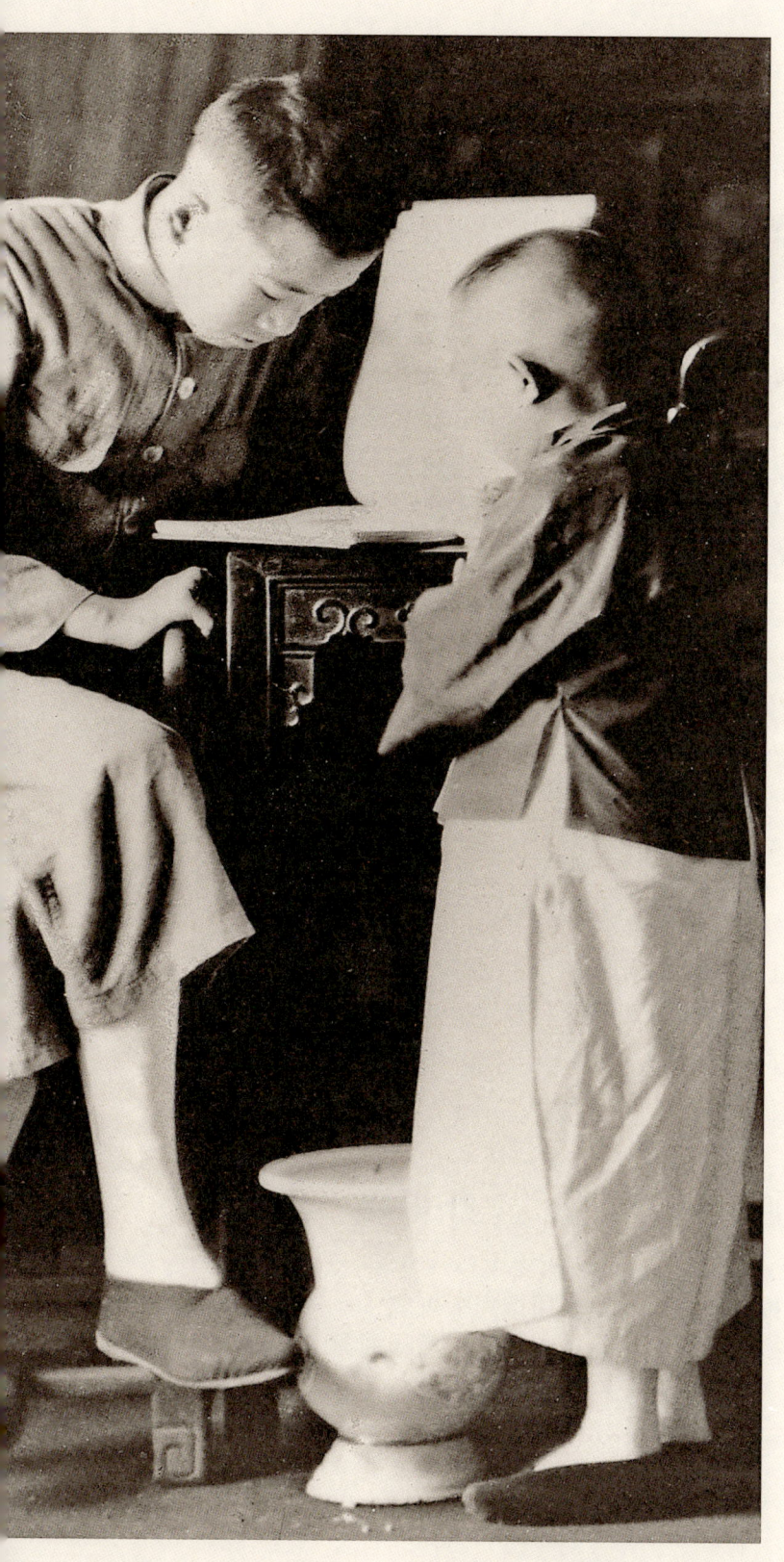

玩纸张

张打铁,李打铁,
打把剪刀送姐姐。
姐姐留我歇,
我不歇。
我在耗子洞里歇,
耗子把我的耳朵咬个缺。
张补锅,李补锅,
赶紧来帮我补补烂耳朵。
——老昆明童谣

一摇一摇,神仙过桥。
风吹不倒,水淹不潮。
——老昆明童谣

驾扁舟,下扬州,
扬州路上有好花,
采回家来给娃娃。
——老昆明童谣

老奶奶,编菱角,
稻草秆秆卖得脱。
再编草鞋配一双,
正好合了我的脚。
——老昆明童谣

哪个头上有根草,
今天明天倒粪草。
——老昆明童谣

○"男纸"和"女纸"

街市上的老昆明娃娃

早年用过的写字本、学过的教科书,都是娃娃玩折纸游戏的材料。男娃娃和女娃娃都玩折纸,只是折得不一样,玩得也不一样。

女娃娃的折纸很秀气,如小衣裳、小鞋子、小花朵、小盒子、小纸包等,还有碗、筷之类,大多拿来"做家家",玩"摆咕嘟馒馒"的游戏。有的女娃娃还省下零用钱,花几分钱买来蜡光纸当材料,折出来的"纸具"就更好看,更吸引人,称之为"女纸"手工可也。

相比之下,男娃娃的折纸就粗犷得多:折顶"乌纱帽"(又叫贪官帽)戴在头上,折条纸腰带系在腰上,再折把"二十响"手枪拿在手上,就可以威风凛凛地去打野仗、打巷战去了。这又是"男纸"。

男孩、女孩都喜欢的折纸也有,如折纸船,可以放在水盆里漂,也可以在一边搅水、吹气,让船前行,甚至还可以吹船斗战,谁翻船谁输。如果能到郊外的湖里、河里、沟里漂船,那就更快活了。为了让纸船漂得久,最好用画报纸来做"建船"材料,找不到就在"纸船"底上滴点蜡再抹平,也能增加"耐水性"。

○拍洋画·拍"菱角"·拍烟壳

拍纸菱角、拍洋画又叫拍纸块儿。菱角多用烟壳纸折成,呈三角形,故名。因为这种纸厚,有蜡质,最耐玩,所以也最宝贵,而以名牌烟壳最好,如"红山茶""大重九""云烟"等,要想办法去捡去要。洋画是印在卡纸上的小画,多是古人,还有连环画式的,要出钱买,但也便宜,一分钱可以买好几张。早年的香烟里常常夹着一两张洋画,作为促销手段。对于娃娃来说,常常是有了烟壳就有洋画了。

拍菱角、洋画的时候,一人逗(凑)出几张,先"吼揍揍包"定出"头机""二机""三机"等。"头机"把这些纸玩意儿叠成一摞,翘起两侧,放在地上,用手掌猛拍其旁地上,也可甩开手掌猛扇其上,一般是拍翻、扇翻几张"吃"几张,有的要全部"翻"完才能"吃"。还有玩"独儿滚蛋"的,如果"翻"得独剩一张,你不但不得"吃",还得"滚蛋",然后"二机""三机"接着拍、接着扇。

○掼"豆腐块儿"

"豆腐块儿"是用纸折的,多半用旧作业本纸来做,先折成一个个"Z"形的纸条,再套折成正方形,形状如方块的豆腐。玩的时候双方先"逗"几个放在地上,再另用"打子"豆腐块儿对准猛击,这叫作"掼",被"掼"翻了个面的豆腐块儿就算"吃"了。

做"豆腐块儿"不难,但做"打子"就有讲究,多半要用画报厚纸来做,以加强它的重量和"打击"力。后来逐渐加码,再浇上一层蜡,或者在中间夹上一块罐头皮,用脚跺实,更有敢冒险的,拿着"打子"跑到街上,等到汽车开来,把"打子"扔到汽车轱辘下碾压,反复几次之后,"打子"被压得又铁又重又薄又扎实,据说可以无往不胜。

"呆脸"的老昆明女娃娃

○冲"烟壳"·冲"菱角"

这些折纸游戏还有另一种玩法:用粉笔画个小框,把纸菱角、洋画、纸豆腐块放在小框里,又在七八米外画一条白线。小伙伴们站在白线外,用胶皮块作"牌",轮流冲向那白框,被冲出框外的纸菱角、洋画、纸豆腐块就"吃"掉。如果哪个倒了霉,把"牌"冲到白框里出不来,不但被冲出来的纸块不得"吃",连以前"吃"

下去的都要"吐"出来，这叫"烧死"。

有的调皮鬼一时找不到胶皮，就脱下鞋子当"牌"，马上就可以"冲"了。如果被爹妈发现，少不了要挨一顿骂，但也不见有谁后悔的。

○吹"青蛙"

上学的老昆明娃娃

"青蛙"是用纸折成的，式样多变，可以有几十种。玩的时候，两个娃娃对战，一人出一只"青蛙"，头对头放好，两人各自猛吹自己的青蛙屁股，两只青蛙迎头相撞，撞翻了身就算失败，青蛙就归对方了。"青蛙"头相接，娃娃头相对，鼓腮瞪眼，风声呼呼，顽童稚气尽露无遗。为了追求胜利和神武，每有一种新品式出现，模仿者总是很多，一时成风。"青蛙"魅力之大，不可思议。

为了使自己的"青蛙"在"吹战"中不易被掀翻，大家都想方设法加工改造"青蛙"，如加重、加厚、加长等等，有的甚至在"青蛙"里塞铁片，不过这是"歪门邪道"，会被众娃娃小瞧，认为这样做的人是"玩不起"。"玩不起"的后果很严重，昆明童谣唱道：

　　玩不起，玩不起，
　　一碗鸡蛋一碗米，
　　放在你柜头起。

这就是说，如果你"玩不起"，就要告你家的家长了。

○放纸飞机

和折纸青蛙差不多的，是折纸飞机、纸火箭。这两种手工现在的孩子还常做，不过用橡筋弹射的纸火箭却少见了。这种纸火箭只要在普通纸火箭上剪一个倒挂缺口，用橡筋钩住缺口，拉开一放，纸箭马上冲到空中。如果做火箭的纸硬些，缺口再加固，换上更粗、更长的橡筋，如同打大弹弓一样，二个人固定橡筋，一个人"放火箭"，甚至可以放到一百多米高。

○放风筝

旧时最简单的风筝只要撕下一张课本纸，上端两侧开个孔用线穿过拴好，穿孔处黏层纸加固一下就成了。这种纸风筝飞不高，又容易坏，只能在巷子里放一下。不少昆明娃娃又另打主意，做起了纸糊竹风筝。

旧时做竹风筝不难，材料来得方便：从家里的扫帚上抽几根竹枝剖成条，向奶奶讨几根纳鞋底的底线，撕几张用过的课本纸，以描红本的薄纸为佳，再拿两勺家里吃的灰面（麦面）搅成面浆——材料备齐之后，用竹条扎成大小几个圈，合为"菩萨"形状，再糊上课本纸，耐心等它阴干，不用花一分钱，风筝就做成了。

这种风筝可以拿到圆通山、大观楼和翠湖去放，只要过了"下风"，冲过"中风"，接了"上风"，就只管"冲"线，一直"冲"到奶奶给的底线放完，放风筝放得高时，远远看去只有针眼大，那才算"牛"。

○"刻古人"

刻纸，也叫"刻古人"，貌似木刻，说是"纸刻"也可以。

"刻古人"很简单，先找一张厚纸，用简单的点、线描绘出古代英雄，如岳飞、赵云、关羽、张飞等，再用刀片把点、线刻空，再涂上一层蜡

困惑的老昆明娃娃

自信的老昆明娃娃

演戏的老昆明娃娃

夹在书里。

"刻古人"是娃娃的宝贝，不是好朋友不轻易相传。但要传也简单：把刻好的纸当模子，蒙在准备刻的纸上，用铅笔或毛笔在刻空处轻轻涂抹一阵就翻印过去了。再经翻刻，又是一张新的"刻古人"。当然，这样传来传去，当然就难免走样，但刻纸不求形似，也还过得去，只是原始图样从何而来，往往就秘不可考了。那图样的始创者总是很自豪，能把英雄画得很英雄的人，起码也是半个英雄。

玩手脚

大拇指,煮肉吃。
二拇指,煮饭吃。
中三娘,来添汤。
王八所,来烧火。
小外郎,来筛糠。

一螺巧,二螺笨,
三螺、四螺捡狗粪。
五螺、六螺甩团棍,
七螺逗人恨,
八螺不下田,
九螺发大财,
十螺全,中状元。
——老昆明童谣

三只老虎三只老虎跑得快,跑得快,
一只没有尾巴,两只没有脑袋,
真奇怪,真奇怪。
——老昆明童谣

花绷绷,花绷绷,一头紧,一头松。
往下翻个梅花朵,往上翻个花八角。
翻不来就换换手,一换换个大洞洞。
——老昆明童谣

○编手指

沉思的老昆明娃娃

两个娃娃对坐,用手指编为各种造型,连续变化,如眼镜、开关门等,这叫"编手指"。一面编还一面唱道:

机司眼镜,娃娃洗澡,
开门倒水,关门睡觉。

还有:

天上星斗,地上鸡狗。
园里葱蒜,河里莲藕。

做错的要挨罚,伸出手心让对方抓几下,此时也有儿歌:

猫抓抓,狗咬咬,
猴子锥个洞,老牛拖上坡。

○猜中指

老昆明娃娃:坐的坐,站的站

玩"抽中指"游戏,一个娃娃用右掌握住左手五指,仅露出指尖,有意混乱排列,让另一个娃娃来猜中指,边看边摸边念:

大拇指,煮肉吃。
二拇指,煮饭吃。
中三娘(中指),来添汤。
王八锁(无名指),来烧火。
小外郎(小指),来筛糠。

猜完就紧紧捏住那指头,被猜者手一放开,就有了结局,抽中为赢,抽不中为输。于是赢家拍打输家的手心,边拍边唱:

抽中指,打五十。

失落的老昆明娃娃

五十不在家，打六十。

六十不在家，打七十。

七十不在家，打八十。

八十不在家，打九十。

九十不在家，打一百。

一百在家了。

老妈妈，弹棉花，

弹得三文猫屎钱儿，

买个土大碗儿，

早上做饭碗儿，

晚上做尿盆儿。

猫抓抓，狗咬咬，

锥子擂个洞。

唱到"猫抓抓"时，赢家会抓输家的手心；而唱到"狗咬咬"时，输家要学狗叫；唱到最后一句时，赢家会用食指擂输家的手心。而如果唱错，就到此为止。

○ 顶"锅盖"

这个游戏适合多个娃娃玩：一个娃娃平伸手掌，掌心向下，几个娃娃食指向上，顶住他的手心。大家齐声念道：

顶锅盖，油炒菜，

抓着哪个莫来怪。

"怪"字落音，伸手的娃娃马上合拢手掌，其他娃娃则迅速缩回食指，谁缩得慢指头被抓住，谁就是输家，就得伸出手掌让别人用指头顶。

玩其他游戏时，"顶锅盖"也可以用来"吼赢家"。

○ "花绷绷"

"花绷绷"是女孩的"玩场"，不费力，轻巧、灵敏。随便找一根"底线"（纳鞋底的线）或"油线"（塑料线）系成圈，套在双手的指头上，来回交叉，"绷"

东张西望的老昆明娃娃

出各种形状。另一个小伙伴伸出双手，用手指或挑、或勾、或穿、或撑、或套、或绕、或夹、或绷、或屈、或伸、或捏、或翻、或压，把这线接过去，翻转之间，马上又变了花样。两个女孩你挑过去，我接过来，反复循环。只要手巧，一挑一接之间，能变出小衣裳、小裤子、小床、花床单、蚊帐、蚊子、楼梯、箱柜、盒子、喇叭、刀剪、面条、乌龟、金鱼、小桥、秋千、飞机、降落伞和其他叫不出名来的十多二十种形状。昆明娃娃玩的时候还会唱：

花绷绷，花绷绷，一头紧，一头松。
往下翻个梅花朵，往上翻个花八角。
翻不来就换换手，一换换个大洞洞。

如果谁变出一种大家都不会的花样，那就是莫大的荣耀。

○弹酸角核

"弹酸角核"也是女孩子的游戏。昆明女娃娃爱吃酸角，吃完留下酸角核，洗净晾干，就成了小玩具。玩的时候，参加者先"逗"（凑）若干颗酸角核，混在一起，轻轻撒在地上或桌上，然后在要"弹"的两颗核之间用小手指画一条线，就可以用食指配合大拇指来弹了。弹中哪颗"吃"哪颗，高高兴兴地收进包包里，还可以接着弹，如果弹不中或弹中的是其他酸角核，就算输，这时就要换给小伙伴来弹了。

○做手影

这是晚间的亲子游戏。有一灯、一烛就行，如果灯烛都没有，抬个小板凳到院子里坐在月亮下也可以。让娃娃坐好，大人或坐或站，侧对灯光、烛光或月光，伸出双手，把手影投在墙上或地上，随着十指和手臂的混搭变化，呈现出种种形象：有狼、羊、兔、狗、猫、猪、羊、大象、小鸟、老鹰、乌龟、蜗牛等等，当然还有人的形象。此中高手还变得出双羊、双狗等等，一边表演一边念儿歌：

娃娃娃娃莫出门，野狗躲在北城门。

下下听见野狗叫，莫让野狗进家门。

这些形象还可以随时转换，或远或近，或大或小，妙趣横生，再进一步，手口配合，变换角色，就可以表演简单的"手影"故事了。

可以用人物形象表演儿歌：
从前有座山，山上有座庙，
庙里有个老和尚，老和尚讲故事给小和尚听
从前有座山，山上有座庙……
可以用狼和兔子的形象表演小"歌剧"：
小白兔乖乖，把门儿开开，
不开不开不能开，
妈妈没回来……
还有对话情节剧，如《狼吃小羊》和昆明坊间的《老背儿伎》等故事。

手影游戏简单易行，既有声效果，又有光效果，绘声绘色，生动有趣，娃娃们边看边学，手舞足蹈，大人乘机教娃娃做手影，讲故事，唱儿歌，不亦乐乎！

呆坐的老昆明娃娃

○跳橡筋

三只老虎三只老虎跑得快，跑得快，
一只没有尾巴，两只没有脑袋，
真奇怪，真奇怪。

这是一首真正可以"唱"的儿歌，是昆明女娃娃跳橡筋的时候唱的。

跳橡筋又叫跳橡皮筋，两个娃娃拉开一根长三四米的橡筋，开始时套在脚腕上，其他娃娃两脚交替跑跳，有点、迈、勾、挑、跨、碰、压、踢、绊、搅、绕、盘、踩、掏、摆、顶、转等十几种基本动作，可简可繁，跳完一组，没有失误，橡筋升高一次，再跳一组。橡筋最高时娃娃双手高举过头，而其他娃娃仍然跑跳自如，这是要一点儿功夫的。

跳橡筋是全身运动，跳法多变，可以单脚跳，也可以双脚跳，可以一人跳，也可以两人或多人集体跳，集体跳时还可以把几根橡筋拉成各种图案，如三角形、四方形、五角形、多边形、菱形、斜线形、人字形、八字形、波浪形、扇面形等，由多个娃娃同时跳，不仅热闹，也很好看，深受女孩喜爱。放学下课以后，校内走廊、操场、校外街头、巷尾，都有女孩子跳橡筋的身影。

新衣裳"罩身"的老昆明娃娃

跳橡筋就要唱儿歌，昆明的女娃娃经常边跳边唱：
小皮球，橡胶泥，胶泥开花二十一，
二五六，二五七，二八二九三十一，
三五六，三五七，三八三九四十一，
四五六，四五七，四八四九五十一，
五五六，五五七，五八五九六十一，
六五六，六五七，六八六九七十一，
七五六，七五七，七八七九八十一，
八五六，八五七，八八八九九十一，
九五六，九五七，九八九九一百一！
这样一来，游戏也玩了，身体也练了，还会数数了，多好。

○"香炉香炉三只脚"

这是女娃娃的游戏,三个人玩,大家一只脚立地,一只脚收起,围成一团,跳着转圈,口念儿歌:

香炉香炉三只脚,一只起来一只落。

这边敲小鼓,那边敲大锣。

念完一遍,大家一齐换脚,原来立地的脚要收起来,原来收起的脚要立到地上,没有交换或双脚着地就输了。

○解"疙瘩"

这是一个很有趣的游戏,小伙伴要多才好玩。

"解疙瘩"之前要"结疙瘩"。先"吼揍揍包"决定"解疙瘩"之人,让他背过身去,站到一边。剩下的娃娃手拉手围成一圈,然后你穿我绕,或下钻,或上跨,但手不能放开,最后缠做一团,结成"死疙瘩"。这时才让"解疙瘩"的娃娃转过身来,指挥大家穿来绕去,解开"死结",但手不能松,"别"了"扭"了也不行。解不开他就输了,大家重新结个"死疙瘩"让他接着解;解开了他就赢了,大家再"吼"出新的"解疙瘩"者,继续游戏。

又一个好奇的老昆明娃娃

○跳"大火钳"·跳"石门坎"

两个娃娃相对坐地,张开双腿,伸出脚尖,两两对拢,对接成菱形,这叫"大火钳"。另外几个娃娃横跳而过,这就叫"跳大火钳"。

游戏前先"吼揍揍包",输家坐地当"大火钳",赢家则"跳大火钳"。每一次跳过之后,坐地娃娃都相对前移,腿脚张开,"大火钳"的宽度随之不断增加,"跳大火钳"的娃娃跳不过去,就来当"大火钳",坐地娃娃就可以爬起来当跳家"跳大火钳"了。

两个娃娃相对坐地，伸直脚杆，脚掌交叉搭高，称作"搭石门坎"。几个娃娃顺序来跳，跳过则赢。坐地娃娃搭脚不断增高，跳家娃娃跳不过或碰到"石门坎"则输，转过来坐地搭脚。坐地娃娃反为跳家，继续游戏。

○"脚狸斑斑"

娃娃们围坐成一圈，一个娃娃站在中间唱歌谣，边唱边按拍子逐一拍打大家的膝盖：

脚狸脚狸斑斑，狗踩南山。

南山北斗，养窝小狗。

小狗磨面，磨到呈贡县。

呈贡买米，买着清官大老爷的珍珠玉米。

清官上任，百官缩脚——

念到最后一个字时，唱歌谣的娃娃拍到谁，谁又后缩不及被拍中，谁就是输家。输了就得站起来，唱着歌谣拍击别人了。

○踢毽子

老昆明的娃娃爱踢毽子。毽子做起来很容易，找几根鸡毛，插在铜钱中间的小孔上，外面裹上一小块布，缝上几针就成了。用脚背、脚侧都可以踢，以连续踢的次数多者为胜。女娃娃踢得多，边踢还边唱儿歌：

小毽子，脚上飞，

飞到上，飞到下。

蝴蝶来采花，姐姐鞋上开花花。

还有：

踢毽子，脚上飞，

飞得高，飞得低。

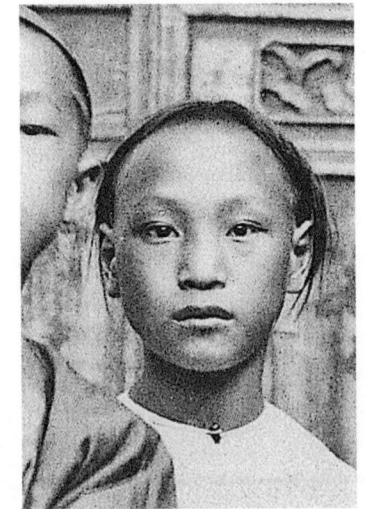

目不转睛的老昆明娃娃

姐姐脚上有只鸟,

想飞飞不跑。

踢毽子踢得好的,不但用脚,还可以用头,头顶、额头、鼻子、嘴巴、肩膀、后背、肚子都用得上,以"顶"代踢,而"毽子绕身不止,终不落地,以多者为胜"(陈古逸《昆明近世社会变迁志略》)。

○ "咯噔咯噔丫杈"

一群娃娃围成圈,各自用双手抱住右脚杆,用左脚转圈跳行,一边跳,一边对唱儿歌,一问一答:

咯噔咯噔丫杈,

王老妈,咯(是否)在家?

不在。

去哪点儿去了?

扯樱桃去了。

咯给我吃?

给你个核吃。

狗东西,你骂哪个?

我骂天上的王二哥。

他是我亲哥哥。

我骂地下的王二嫂。

她是我亲嫂嫂。

管你亲不亲,

打断你的脚软筋。

"夹"在大人中间的老昆明娃娃

唱完最后一句,大家放开手脚,从地下捡起竹棍,互相追打。

○ "扯锯拉锯"

两个娃娃相对而坐,脚掌顶着脚掌,互相拉手作扯锯状,身子前后反复扯动,前仰后合,边扯边念儿歌:

扯锯，拉锯；烧火，放屁。
赶老牛，犁田地；撒苦荞，放臭屁。
扯锯，拉锯；拉老牛，犁田地。
老牛拉不动，放个大臭屁。
还有：
扯锯，拉锯；你来，我去。
买老牛，犁田地；买粑粑，敬土地。
土地放个屁。把你冲到贵州去。
贵州地不管，冲去又冲来。
另一个儿歌版本要简单些：
拉锯扯锯，
外婆门口有好戏。请我狗狗来看戏，
没得哪样吃，买个包子夹狗屁。

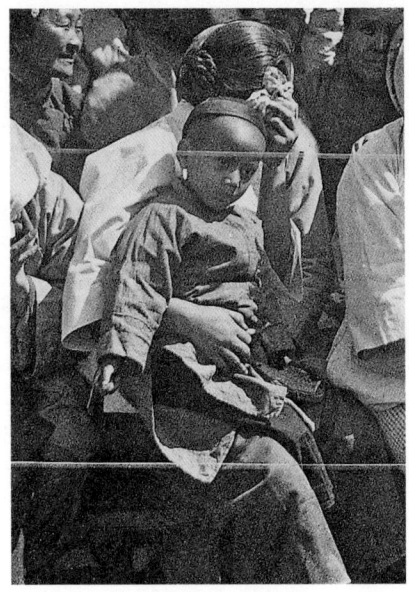

看热闹的老昆明娃娃

玩零嘴

金钩钩,银钩钩,
你的东西给我吃,我的东西给你吃。
从小挨到老,不挨就是短命佬。
——老昆明童谣

绞绞糖,绞绞糖,越绞越长,
绞给老爹和老娘,
就是不绞给懒婆娘。
——老昆明童谣

一出东门东又东,东门买点小花红。
二出南门南又南,南门买点小橄榄。
三出西门西又西,西门豆腐白稀稀。
四出北门北又北,北门买点烧玉麦。
——老昆明童谣

老倌的东西吃不得,吃了会害猩红热。
全国医生医不好,拉的老倌来呱吵。
——老昆明童谣

○唱零嘴

是娃娃都爱吃零食,昆明人叫"零嘴"。旧时昆明娃娃的零用钱不多,一天也就几分钱,吃的是薄荷糖、花生糖、炒铁豆、葵花籽、西瓜子之类,小姑娘爱吃咸菜,有酸腌菜、腌萝卜等,甚至用火柴盒把家里的卤腐装上一小坨,用火柴棍边走边挑着吃。这时,吃就变成玩了。如拿来做煮饭炒菜的游戏,真菜假菜混在一起都行,叫作"摆咕嘟馒馒",一般女孩子玩得多。

因为零嘴匮乏,"互通有无"就是常事。为保证公平互惠,"拉钩钩"是个办法,而且要唱儿歌发誓:

金钩钩,银钩钩,
你的东西给我吃,我的东西给你吃。
从小挨到老,不挨就是短命佬。
小渣筋,偷钱卖点心。
你不给我吃,告你老父亲。

简单一点儿的是:

拉钩,上吊,
一百年不变!

跟在卖零食的游贩背后唱儿歌,又是一种方式:

叮叮糖,叮叮糖,吃了不想娘,
想起娘来哭一场。

另有:

绞绞糖,绞绞糖,
越绞越长,绞给老爹和老娘。

再有:

买橄榄,吃橄榄,
橄榄回甜想亲娘。

看见卖粑粑饼子的这样唱:

翻粑粑,结果果,

"搅搅糖,搅搅糖,越搅糖越长"

"叮叮糖,叮叮糖,吃了不想娘"

你卖胭脂我卖粉,买在云南省。
买个小饼哄媄媄(小娃娃),媄媄要我背,
我不背,丢着饼饼就起身。
就是卖零食的坐商,也逃不过此"劫":
高楼高,高楼高,高楼底下卖元宵。
元宵圆,元宵圆,元宵不圆不要钱。
有钱吃不成零食的,还会被嘲笑:
瘪嘴老奶奶,走到三市街。
想吃糯米饭(糍粑),嘴也张不开。
能吃很多零食的,结果也不妙:
米花米花炸炸,三间房子装不下。
米花米花泡泡,嘴巴嚼起大绿包包。

○转"糖人人"

　　转"糖人人"是以上学娃娃为"目标人群"的"专业"零嘴。操此业者被称为"糖老倌"。每到上学、放学之际,糖老倌就会挑个担子,在学校大门旁边找个位子,摆个摊子,放个炉子,支个大理石台子,安个大转盘子,竖起个草捆子,还有一大一小两个勺子,就开始营业了。

　　那糖并不神奇,无非是白糖而已。糖老倌拿来放在铜锅里,在小火上熬成糖稀,用勺淋在石台上,一堆一推,一涂一抹,于是"勺下生花",鸡、蛇、狗、兔等十二生肖,还有高马、大刀、花篮、寿桃、金鱼、蜈蚣、螃蟹、蝴蝶、鸡鸭、小鸟等就都出来了,更有文官、武将等,被叫作"糖人人"。做出形状后再按上一根竹签,糖干后用铲刀取下,插在草捆上,招揽过路娃娃。有的糖老倌还

如今还有转"糖人人"

如今的娃娃也喜欢转"糖人人"

会做"3D"糖货，一吹一挤，一拿一捏，一揪一按，空心糖鼠、糖雀之类就做出来了，也一并插到草捆上。糖老倌做的"糖吹机"还真吹得响，只是吹来吹去，"糖吹机"就吹没了，全化作糖水进了肚子。草捆上的"招牌货"是叫作"板龙"的大蟠龙，块头很大，鹤立鸡群，威风八面，活灵活现，这是糖老倌用看家本领做出来的看家货，看得不少娃娃眼红口水淌。这条"板龙"标价很高，非一般娃娃买得起，而糖老倌似乎也不鼓励你直接花钱买，而让你用转盘来碰运气。

那转盘是圆的，类似赌盘，按圆周划为若干大小不一的扇形格子，里面画着各种糖货图案，中间有轴，安着一个大指针，娃娃随便花几个钱就可以拨转指针，试试运气。有娃娃挡不住那大蟠龙的诱惑，攒够了零钱跑来小试身手。其他娃娃不看白不看，纷纷跑来围观。但等交钱的娃娃一拨，指针一停，众娃娃或叹息，或叫好，成不成功，都感同身受，绝无幸灾乐祸之意。

当然，那板龙的格子最小，转到它就等于中了大奖。一般就转得一把刀、一条鱼之类，转到线上则什么都没有。但糖老倌还是会点几块"狗舔糖"给你，算是个"安慰奖"。不过，吃过的娃娃都说，这"狗舔糖"又香又甜又软，"大板龙"中看不中吃，一股煳味，反而不如"狗舔糖"好吃。

○打糕·转糕·漂糕

早年昆明米糕的"目标人群"也是娃娃，少吃点就是零食，多吃点就是晌午饭。最常见的是米酥糕，用米面蒸制而成，松软而细腻，又香又甜，又干又散，又叫沙糕。还有水晶糕，用吊浆糯米面做成，晶莹透亮，软滑清甜，另有一种味道。昆明人做沙糕时还会加上松子瓤，就成了松子糕，再在沙糕上加一层松花粉，又是松花糕，二者都是特产，松软细腻，入嘴即化，罗养儒用了三个"清"字来形容："清香、清甜，清凉极"〔《纪我所知集》（《云南掌故》）〕。

娃娃爱玩，好奇心强，卖糕人有备而来，卖糕时总要弄出点儿玩场来，以吸引娃娃。他们把糕做得奇形怪状，大大小小，沙糕更可以用模子压成各种形状，有女孩喜欢的猫猫狗狗、花花草草，也有男孩喜欢的孙猴子、大关公、小罗汉，甚至还有男孩女孩的爹妈喜欢的寿星和财神。这财神做得最大，高达一尺多，手上拿的元宝和钢鞭都一清二楚，而最小的沙糕只有一个铜钱那么大，一分钱就可以买三四块。

形状不一，大小不同，就有了"玩"的空间。最简单的是在不远处放一块米糕，让娃娃用钱币去打，打中大糕吃大糕，打中小糕吃小糕，打不中就没有糕吃，钱币当然就收入"糕主"囊中了——这叫"打糕"。

有的小贩只做小糕，放在木盘里顶在头上沿街叫卖。如果该回家了还卖不完，就把糕盘放在路边，铲起一块小糕放在木盘的一角，吆喝娃娃来打糕。按照前清惯例，打糕用的还是铜板（铜钱）。娃娃没有不要紧，小贩有，两分钱或五分钱换一块，看剩下的米糕多少而定。娃娃拿着铜板隔着五六尺远打过去，如果打中，那木盘里剩下的几十块米糕全归你，小贩收回铜板。如果打了几次打不中，铜板也归小贩，但他会送你几块米糕以示安慰。有的娃娃为提高命中率，还会自己找铜板来事先练习，到时候就不会吃亏了。

有的卖糕人大概是从侦探小说或电影中得到启发，用酸矾（一说是米汤）在纸条上写好糕大糕小、有几块糕，字迹一干，痕迹全无。然后把纸条收成一捆，让娃娃出钱"抽签"，而且可以边翻边看边抽，抽出纸条后放到一碗水里，字迹就会显现出来，你该得的，都写在上面，这叫"漂糕"。

最吸引娃娃的是"转糕"。这种玩法应该是从"转糖"借鉴来的，它把"转糖"的圆转盘立起来，在宽窄不等的扇形格子里分别写上糕名和糕数，自然是大糕格子窄，小糕格子宽。和"转糖"不同，"转糕"不用指针选择，而装一个貌似弩的机关，是用夹板绑上橡筋做成的，扳机可以事先卡上，再装上一支箭，你这里掏腰包交钱，他那里将转盘一转，你看准了一扣扳机，箭头直扑旋转中的转盘，射中哪里就可以"吃"那里的糕。

以"玩"得"吃"，既得好吃又有刺激，娃娃都很高兴。但卖家总是比买家精，有时"精"过头了,娃娃得到的总是很小很少的"铜钱糕",而"财神""寿星""二龙抢宝"和"关公骑白马"总是可望而不可即,他们也会和卖糕人理论几句。当然,娃娃小,不一定说得赢卖糕人,但娃娃另有"撒手锏"——儿歌:

老倌的东西吃不得,吃了会害猩红热。

全国医生医不好,拉得老倌来呱吵。

口碑如此,卖糕人的生意就岌岌可危了。

○摸"红鸡蛋"

旧时昆明街头,总看得见一些小贩挑着煮熟的红鸡蛋,提着一个小蓝布口袋,在菜市、街头或坐或站,大声唱道:

鸡蛋鸡蛋,红鸡蛋,

两百块一摸,摸到个红鸡蛋。

要是摸不到,摸到颗罗松糖。

这些小贩多是广东人,吆喝声中也带着广东口音。

昆明老人王业伟回忆说,这些小贩的蓝布口袋里总是装着16颗白

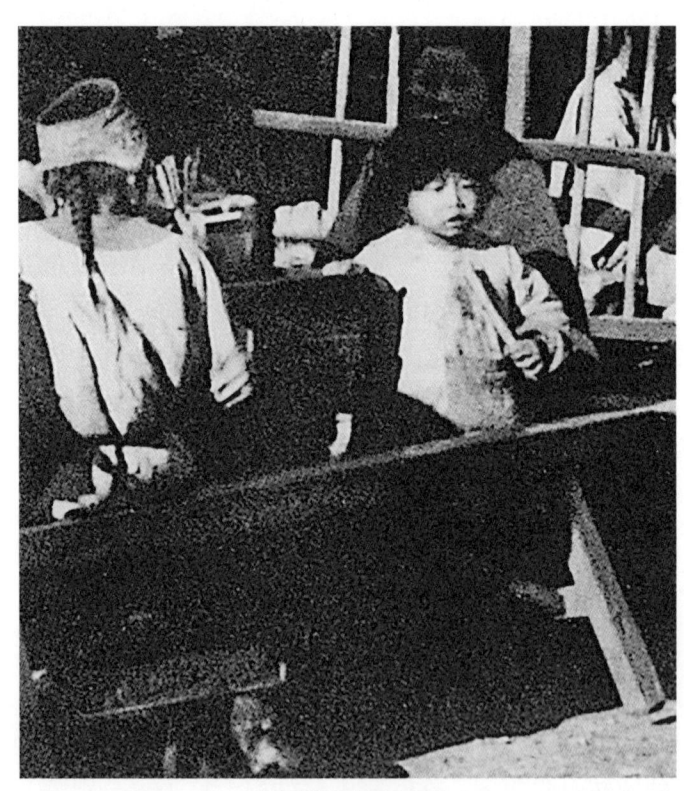

"馋嘴"的老昆明娃娃

果,8颗是紫红色的,8颗是墨绿的。他们吆喝的是"两百块一摸",其实是两分钱一摸,说是"两百块",意思是你那两分钱就值了两百块。

被吸引来的娃娃交过钱后,先看清蓝口袋里确实有16颗白果,八红八绿,随后小贩把布袋收紧,只露出一个小口子,让娃娃把手伸进去,随手抓出8颗白果来,手太小抓不下8颗,分两次抓也行。如果抓出来的8颗白果有6颗是同色的,就可

以得到一个红鸡蛋，那可是值六七分钱的宝贝。如果有7颗同色，可以得两个红鸡蛋；而8颗同色，就可以得到3个红鸡蛋了——这叫"两百块一摸，摸到个红鸡蛋"。

要是娃娃运气不好，摸不上6个同色白果，小贩也会给你几颗鱼皮花生表示安慰。这又叫"要是摸不到，摸到颗罗松糖"。

参考书目

〔明〕谢肇淛撰：《滇略》，载《云南史料丛刊》第六卷，云南大学出版社，2000年1月第一版

〔明〕刘文征撰、古永继点校：《滇志》，云南教育出版社，1991年12月第一版

〔清〕张廷玉等修：《明史》，上海古籍出版社、上海书店，1986年12月第一版

〔清〕谢俨纂：《康熙云南府志》，载《中国地方志集成·云南府县志辑》，凤凰出版社，2009年3月第一版

〔清〕戴絅孙辑：《道光昆明县志》，载《中国地方志集成·云南府县志辑》，凤凰出版社，2009年3月第一版

〔清〕檀萃辑，宋文熙、李东平校注：《滇海虞衡志校注》，云南人民出版社，1990年12月第一版

〔民国〕赵尔巽主编：《清史稿》，上海古籍出版社、上海书店，1986年12月第一版

〔民国〕昆明市政公所编、字应军校注：《昆明市志校注》，云南民族出版社，2011年7月第一版

李春龙主编：《正续云南备征志精选点校》，云南民族出版社，2000年3月第一版

〔民国〕云南通志馆纂：《新纂云南通志》，云南人民出版社，2007年3月第一版

〔民国〕云南通志馆纂：《续云南通志长编》，云南省志编纂委员会办公室，1985年12月印行

昆明市志编纂委员会编：《昆明市志长编》，1984年3月印行

罗养儒著：《云南掌故》，云南民族出版社，1996年3月第一版

〔法〕奥古斯特·弗朗索瓦等摄影：《历史的凝眸——清末民初昆明社会风貌摄影纪实》，云南美术出版社，2000年4月第一版

万揆一著：《昆明掌故》，云南民族出版社，1998年3月第一版

龙东林主编：《昆明历史文化》，云南科技出版社，2008年8月第一版

沈海梅著：《明清云南妇女生活研究》，云南教育出版社，2001年8月第一版

昆明日报编：《老昆明》，云南人民出版社，1997年12月第二版

秦桂珍主编：《昆明民俗》，中国文史出版社，2006年3月第一版

徐刚著：《根究昆明》，云南民族出版社，2004年8月第一版

王定明主编：《昆明歌谣》，云南民族出版社，1991年12月第一版
宋海昆主编：《五华童谣》，云南民族出版社，2006年12月第一版
罗新元主编：《老昆明童谣》，云南民族出版社，2007年4月第一版
马学才主编：《安宁歌谣谚语》，安宁县民间文学集成办公室，1993年6月印行
云南省烹饪协会编：《滇菜文化》，云南大学出版社，2008年1月第一版
杨文军主编：《昆明百年美食》，云南美术出版社，2011年9月第一版
梁玉虹编著：《云南小吃》，云南科技出版社，1998年7月第一版
龙东林主编：《昆明历史文化寻踪》，云南科技出版社，2008年8月第一版
云南戏剧创作研究室编：《云南戏曲曲艺概况》，云南人民出版社，1980年第一版
李道生主编：《云南社会大观》，上海书店出版社，2000年1月第一版
郝正治编著：《汉族移民入滇史话》，云南大学出版社，1998年2月第一版
王定明主编：《昆明人物传说》，云南民族出版社，1999年6月第一版
周忻、叶铸、徐刚编著：《文化昆明》，云南美术出版社，2008年12月第一版

后 记

二十载心事，千余日行笔，故纸与故土并重，苦行共苦乐一体，终于某日凌晨完稿，点了个存盘，突然发现自己如此幸运，一时毫无睡意，"幸"思泉涌，于是开列"幸事"如下：

幸逢古今贤士

行路遇仁人，行笔逢高士，成事之幸，莫过于此。今必谢者，如明代的刘文征先生（纂《滇志》）、谢肇淛先生（纂《滇略》），如清代的谢俨先生（纂《康熙云南府志》）、师范先生（纂《滇系》）、檀萃先生（辑《滇海虞衡志》）、戴絅孙先生（纂《道光昆明县志》），如近代的袁嘉榖先生（纂《滇绎》等）、周钟岳、赵式铭、秦光玉诸先生（编纂《新纂云南通志》《续云南通志长编》）、童振藻先生（纂修《昆明市志》）、梁继先生（修《昆明县小学乡土教材》），如现代的罗养儒先生（著《纪我所知集》）、陆复初先生（主编《昆明市志长编》）、邓广琼先生（主编《昆明市地名志》）、万揆一先生（著《昆明掌故》等）、张增祺先生（著《滇国与滇文化》等）、王海涛先生（著《昆明文物古迹》）等。至于摄影，清末的法国驻云南总领事奥古斯特·弗朗索瓦（方苏雅）先生（见《历史的凝眸》）、抗战时的飞虎队美国大兵伯特·克拉夫奇克（见《一个美国人难忘的云南印象》）都提供了大量的"真相"——伯特·克拉夫奇克当然是"洋贤士"，奥古斯特·弗朗索瓦（方苏雅）作为一个摄影家，也留下了不少"贤照"。当然还离不开云南美术出版社的编辑和出版人，有了他们的策划、组织和运作，才"天降大任于斯人"，于是"苦其心志"于故纸，"劳其筋骨"于田野，于是有了乐在其中的5年，有了这套丛书。笔者还期待更多的贤士不吝赐教，指正错误，弥补缺失，乐吾乐，以及人之乐，大乐哉！

幸逢互联网时代

一个"互联网+"阅读，让人在数年之间，可以做过去可能要耗费数十年甚至穷尽一生才能完成之事。一敲键盘，一点鼠标，世间万象，上下千年，皆可秒现眼前；求诸古籍，求证正误，不过举手之劳。无论查图书馆藏书，读前人原著，览硕博论文，都不在话下。就是一些稀缺古籍，也可以从网上下载影印本，或从网上淘购得来。

于是坐拥书城，从容敲字：足不出户而眼观六路，耳听八方；行程二万而上天有路，入地有门。难禁惊喜连连，令人直呼过瘾。还有无数网友高手，在网上大"晒"图文，有线索，有资料，拜读之余，脑洞大开，顿起"原来如此"之慨——感谢信息时代，感谢互联网，感谢知名和不知名的网友。

幸逢故土好人

本人有幸，且不说亲人好友都理解并容忍了我的选择和放弃，就是上山下乡，田野调查，从未迷途，也多亏了好心的指路人、引路者：小桃源村的娃娃、海晏村的钓鱼人、太华峰气象站的清洁工、安江村的父老、棕皮营的乡民、圆通山的网恋青年……出入庙堂，"精神考古"，多次享受破例，关照多多，又亏了省图书馆的管理员、古旧书店为我打折的老板、翠湖讲武堂的保安、红花巷朱德故居的主管、节孝巷地下党活动旧址小院的执事、抗战昆明广播电台旧楼的录音总监、玉案山筇竹寺的僧人、海源村龙王庙的算卦大妈、海晏村石龙寺的持斋大嫫、沙朗巷大院的看门人和水晶宫社区的小哥……帮忙的还有老天：大雨不期而至，洗刷螺峰山石刻上的拓印墨迹；白云如期而来，抹去东寺街更夫雕像额前的阴影；轻风翩然而起，掀起圆通寺后山摩崖题字前的经幡；太阳及时露面，照亮文明街小巷的"一颗印"民居……吉人天相，莫过于此。

幸逢劝学巷的小伙伴

当年一班熊孩子上天入地，打架干仗、无知无畏、无所不为：翻墙到隔壁后院扯桑子，到文庙"梭坡"，钻进圆通山到接引殿打乒乓球，到飞机场"描蛐蛐儿"，到八大河"闷老姆"，到海埂"挝老埂登"，到"二道铁路"钓鱼，到大观楼外草海捞"歪儿歪儿"，到南太桥跳水"洗澡"，到翠湖放风筝，到金殿"桃园三结义"，到南窑抠窑泥掼手枪，逃学到长春路茶铺"旁听"评书《三侠五义》，偷爬到青年路昆明剧院后台高桥上看京戏，从侧门混进长春路云南大戏院看滇剧，在自家"一颗印"小院里吹"青蛙"、刻人人、扯嗡、叠纸火箭、玩花绷绷、下仙人针、斗将军草，在岔巷"挺排坨""封缸"，玩"拉人"、滚铁环、"躲猫猫""打死救活"、跳"小黄牛"，在电线杆下讲鬼故事、打"豆腐块儿"、弹"玻得儿"、丢"炸弹"……直到天黑很久，家家大人喊归，小伙伴们身子一扭，有节奏地把屁股拍得山响，大吼"扁担开花，各回各的家"，悻悻而归，而意犹未尽。如此等等，皆可入书，岂不幸哉？

幸逢温厚长者

在劝学巷那头的长春小学，有几次起意要收养我的女教师，在劝学巷这头的42号小院里，有没结婚、没孩子却把院子里我们这群淘气鬼当子女的房东三孃。三孃出身医生世家，父亲去世后多年，还有乡间农民来找老医生看病。她说得一口纯正的昆明话，如"藩头儿（藩台）衙门"，如"早期（早上）"和"晚期（晚上）"等等。劝学巷42号是典型的一颗印小院，单层土基房，屋顶下有暗楼，木窗糊绵纸，院里有花坛，还有石缸、盆景。三孃的堂屋里有供桌和佛龛，天天早上都要敬香，我们总是好奇地在一边静静地看。老昆明的风俗在她那里几乎全了：清明上坟、七月半烧纸、中秋敬月等等。我们喜欢跟着她去上坟，走到昙华寺后山，供上七八个菜，然后一起就地坐下野餐，那黄焖鸡的味道好极。三孃是腌菜高手，她做的腌菜鲊、茄子鲊特别好，做成后要给院子里每家送一碗。我们不好意思，以后就会帮着她洗苦菜、晒茄子，不亦乐乎。三孃读过昆女中高中，我们跟她上街，她会给你两分钱让你看一本小人书；自己家太窄，我们喜欢跑到她的堂屋跪上板凳伏桌做作业，她会讲几个老昆明的故事，还会教我们唱抗日歌和学生运动歌，如聂耳的《毕业歌》，唱"同学们，大家起来"，如麦新的《牺牲已到最后关头》，唱"向前走，别退后，生死已到最后关头"等等。

幸逢我的娭毑（奶奶）

娭毑老家湖南浏阳，18岁守寡，纺着石棉线把我拉扯大。娭毑从外省"移民"的角度，给我讲了不少老昆明的人情世故。她牵着我去藩台衙门菜市买菜，到护国路粮店买米，到书林街的东寺塔数砖头，到财盛巷的大坡和小坡"梭石头坡"，到钱局街、文林街、登华街走亲戚。从小和娭毑相依为命，她辞世时我还远在千里之外的遮放插队。后来三孃告诉我，娭毑走前说过："伊爪伢崽（这个娃娃）肯定会写出点麻列（什么）来。"再做梦时，我会把这套书送给娭毑，告诉她哪些是她给我讲过的故事，哪些是她牵我走过的地方……

朱净宇
2020年5月4日